W0273633

Verschiebe nicht auf morgen,
was du heute tun kannst;
denn wenn es dir heute Spaß macht,
kannst du es morgen wieder tun.

Duke of Wellington

ALEMANIA
ERH PH 20

Band 130

OutdoorHandbuch

Hildegard Grünthaler

1.000 Tage Wohnmobil durch USA, Kanada, Mexiko, Neuseeland und Australien

FERNWEHSCHMÖKER

1.000 Tage Wohnmobil

Updates Verlagsprogramm Schnäppchen
www.conrad-stein-verlag.de

© Copyright Conrad Stein Verlag GmbH.
Alle Rechte vorbehalten.

Der Nachdruck, die Übersetzung, die Entnahme von Abbildungen, Karten, Symbolen, die Wiedergabe auf fotomechanischem Wege (z.B. Fotokopie) sowie die Verwertung auf elektronischen Datenträgern, die Einspeicherung in Medien wie Internet (auch auszugsweise) sind ohne vorherige schriftliche Genehmigung des Verlages unzulässig und strafbar.

Alle Informationen, schriftlich und zeichnerisch, wurden nach bestem Wissen zusammengestellt und überprüft. Sie waren korrekt zum Zeitpunkt der Recherche. Eine Garantie für den Inhalt, z.B. die immerwährende Richtigkeit von Preisen, Adressen, Telefon- und Faxnummern sowie Internet-Adressen, Zeit- und sonstigen Angaben, kann naturgemäß von Verlag und Autor - auch im Sinne der Produkthaftung - nicht übernommen werden.

Die Autorin und der Verlag sind für Lesertipps und Verbesserungen (besonders als E-Mail) unter Angabe der Auflagen- und Seitennummer dankbar.

Dieses OutdoorHandbuch hat 345 Seiten mit 27 farbigen und 2 schwarzweißen Abbildungen sowie einer Übersichtskarte. Es wurde auf chlorfrei gebleichtem Papier gedruckt und der größeren Strapazierfähigkeit wegen mit PUR-Kleber gebunden.

Titelfoto: Australien, vor einem riesigen Termitenhügel

OutdoorHandbuch aus der Reihe "FernwehSchmöker", Band 130

ISBN 978-3-86686-130-5 2. Auflage

® OUTDOOR, BASIXX und FREMDSPRECH sind eingetragene Marken für Bücher des Conrad Stein Verlags

© BASISWISSEN FÜR DRAUSSEN, DER WEG IST DAS ZIEL und FERNWEHSCHMÖKER sind urheberrechtlich geschützte Reihennamen für Bücher des Conrad Stein Verlags

Dieses OutdoorHandbuch wurde konzipiert und redaktionell erstellt vom Conrad Stein Verlag GmbH, Postfach 1233, 59512 Welver, Dorfstr. 3a, 59514 Welver, ☏ 02384/963912, FAX 02384/963913, info@conrad-stein-verlag.de, www.conrad-stein-verlag.de

Unsere Bücher sind überall im wohl sortierten Buchhandel und in cleveren Outdoorshops in Deutschland, Österreich und der Schweiz erhältlich.
Auslieferung für den Buchhandel:

D Prolit, Fernwald und alle Barsortimente
A freytag & berndt, Wien
CH AVA-buch 2000, Affoltern und Schweizer Buchzentrum
I Mappa Mondo, Brendola
NL Willems Adventure, LT Maasdijk

Text: Hildegard Grünthaler
Fotos: Peter & Hildegard Grünthaler
Lektorat: Jutta Hanke
Layout: Manuela Dastig
Gesamtherstellung: AZ Druck und Datentechnik GmbH, Kempten

00149000

Inhalt

Über die Autorin

Hildegard Grünthaler, Jahrgang 1949, gelernte Kinderpflegerin, Hausfrau und Mutter, glaubte lange Zeit gegen Fernweh immun zu sein. Ihr Ehemann Peter, seit frühester Jungend an Fernweh leidend, hat sie irgendwann damit angesteckt. Nach einigen zu kurzen Urlaubsfernreisen war der Lebenstraum von Peter auch ihr eigener: Reisen mit viel Zeit und einem eigenen Wohnmobil. Nach einigen Jahren der Planung und Vorbereitung wurden das Haus vermietet, die Möbel verkauft und das auf den letzten Drücker erstandene Wohnmobil über den großen Teich verschifft.

Symbole

🕮	Buchtipp	💻	Homepage	☺	Tipp
✉	E-Mail-Adresse	FAX	Fax	☞	Verweis
📷	Fototipp	☎	Telefon		

Fernweh

"Das Wohnzimmer ist 32 Quadratmeter groß", erkläre ich heute schon zum x-ten Mal, "die Terrasse ist neu verlegt, und die Markise reicht über die ganze Breite." Seit Tagen führen wir Mietinteressenten aller Couleur durch unser Haus, preisen die großen Kinderzimmer, die Sauna unter der Dachschräge, die sparsame Heizung. Nebenbei taxieren wir mehr oder weniger diskret Familienverhältnisse, Beruf und Zahlungskraftigkeit. Eine ordentliche, seriöse und sympathische Familie wünschen wir uns als Mieter, die das Haus in Ordnung hält, den Garten pflegt und pünktlich jeden Monat die Miete zahlt.

"Euer schönes Haus!" jammert die Schwiegermutter, "wie könnt ihr da so einfach fremde Leute reinlassen?"

"Sie werden eure Teppichböden ruinieren, die Fliesen zerschlagen und den Garten verwildern lassen", unkt meine Schwester.

"Wenn ihr Pech habt, kriegt ihr ein Jahr lang keine Miete und müsst noch für die Kosten von Räumungsklage und Zwangsräumung aufkommen!", warnt der Schwager. Er ist Verwalter einer Wohnanlage und kann diesbezüglich mit einer ganzen Reihe an Horrorgeschichten aufwarten.

"Haus vermieten und auf Weltreise gehen", frotzelt Peters Kollege, "etwas verrückt muss man dazu schon sein."

Sind wir das wirklich? Etwas verrückt, nicht ganz normal oder verantwortungslos oder alles zusammen?

Was sonst könnte wohl einen Mann im gesetzten Alter von 55 Jahren veranlassen, in Zeiten steigender Arbeitslosigkeit einen gut bezahlten Job aufzugeben, anstatt an die fehlenden Jahre in der Rentenversicherung zu denken? Was treibt eine Frau von immerhin 47 Lenzen dazu, 130 m² Wohnfläche bürgerlicher Reihenhausidylle mit der Enge eines Wohnmobils zu tauschen? Was bewegt Eltern dazu, ihre Söhne, mögen sie auch erwachsen sein, schnöde im Stich zu lassen, um in die Welt hinaus zu ziehen, anstatt sie mit den wohlmeinenden Ratschlägen und der Erfahrung reifer Jahre zu nerven? - Midlife-Crisis? Überdruss? Abenteuerlust? Fernweh? Die Suche nach dem Paradies? Sind es ein paar lockere Schrauben im Hirnkasten oder ist es ererbtes Nomadenblut unserer Altvordern, das uns unruhig hinaustreibt?

"Wir wollen vier Jahre wegbleiben", erkläre ich dem sympathischen jungen Arztehepaar, "und dass wir dann noch einmal in das Haus ziehen wollen, ist ziemlich unwahrscheinlich." Wie locker sich das sagt - wo wir doch vor 21 Jahren hart an den monatlichen Raten für die Hypothek zu knabbern hatten. Hätte ich mir damals vorstellen können, dass wir es jetzt, so mir nichts, dir nichts vermieten wollen, um ein unstetes Zigeunerleben in fremden Landen zu führen?

Als Junge habe er schon von Amerika geträumt, erzählt er mir, und davon, dass er beinahe auf einem Frachter als Funker angeheuert hätte. Das Fernweh, behauptet er, muss er wohl von seinem Vater geerbt haben, der wäre nämlich bereits mit achtzehn nach Amerika gegangen und dann nach Kanada.

"Er" heißt Peter, ist 25, und wenn er nicht gerade von der Ferne träumt, verkauft er Bohrmaschinen, Stichsägen und andere nützliche Dinge an fleißige Heimwerker. Ich bin unerfahrene siebzehn Jahre jung und halte das Gerede von Amerika und dem Frachter für männliche Spinnerei. Von Fernweh und dessen Folgen, und ob es nun erblich ist oder nicht, habe ich keine Ahnung. Ich mache mir auch keine großen Gedanken darüber, dass Peter alles Heil der Welt und alles Interessante jenseits der Ozeane wähnt, und ein gutes Jahr später sind wir verheiratet.

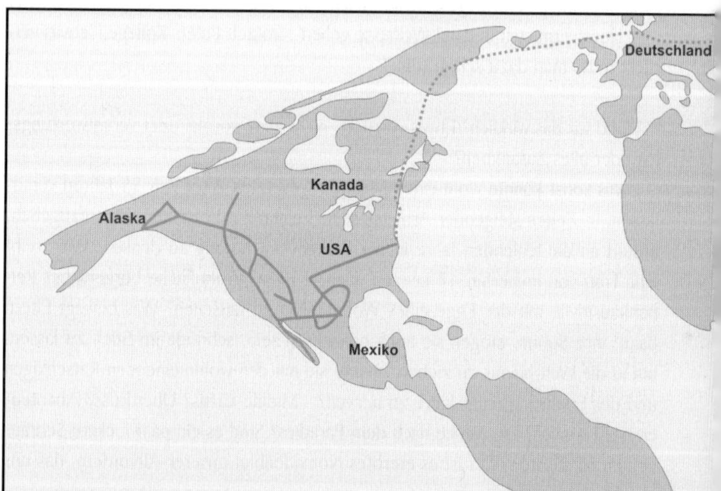

Nicht lange darauf wackelt Wolfgang, unser Söhnchen, auf unsicheren Beinchen und mit nasser Windel durch unsere Dreizimmerwohnung. Das Gehalt ist mager, die Miete hoch - aber Peter träumt davon, dass er dereinst einmal zu Fuß über die Golden Gate Bridge spazieren wird...

In der Realität des Lebens fahren wir zum Badeurlaub nach Italien, machen Wohnwagentrips durch Jugoslawien und Surfurlaube in Holland. Die Hi-Tech-Maschinen, die Peter an die Industrie verscherbelt, haben das Gehalt wachsen lassen, das Reihenhaus ist abbezahlt, und zu Sohn Wolfgang, der inzwischen auch gewachsen ist, hat sich mit einiger Verspätung Sohn Michael gesellt.

Und das Fernweh? Ist ruhiggestellt. Flammt nur noch ab und zu mal auf, wenn der ungebundene Sportfreund erzählt, dass er gerade in Mexiko war oder auf Hawaii. Dann zieht sich Peter zum Trost eine jener lehrreichen und informativen Fernsehsendungen rein - wie diesen Filmbericht über die Familie, die samt Kind und Kegel und einem Privatlehrer an Bord um die Welt segelt. In Großaufnahme zeigt die Kamera, wie sie gerade auf einem wahrhaft paradiesischen Atoll sitzen, während ihnen blumenbekränzte Polynesier ein herzergreifendes Abschiedslied singen, und draußen die weiße Yacht in der sanften Dünung der Lagune schaukelt... Irgendwo in Peters Hirnwindungen macht es plötzlich laut und vernehmlich: "Klick".

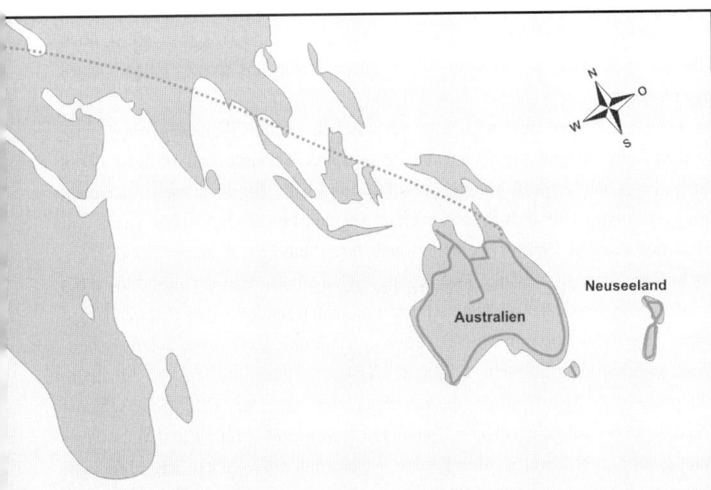

"Weltumsegeln, genau das ist es! Ich will endlich etwas sehen von der Welt, will nicht immer nur nach Holland und Jugoslawien."

Ich diagnostiziere: "Midlife-Crisis im akuten Stadium!" Solche Anfälle von Torschlusspanik sollen zuweilen bei Männern seines Alters vorkommen. Weltumsegeln! - Eine klitzekleine Kleinigkeit hat er dabei wohl übersehen.

"Hör' mal", kläre ich den Weltumsegler in spe auf, "du kannst gar nicht segeln und von Navigation hast du auch keine Ahnung."

"Na und?", Peter zuckt mit den Schultern. "Was man nicht kann, das kann man lernen!"

Da hat er nun irgendwie recht und mir fällt beim besten Willen kein logisches Gegenargument darauf ein.

In unserem Bücherregal sind die Berichte der Weltumsegler, die Navigations- und Segellehrbücher inzwischen auf zwei Reihen angewachsen. Peter übt auf dem Balkon, wie man mit dem Sextanten "die Sonne schießt", und ich sitze über großen Seekarten, berechne Missweisungen und Strom und zeichne mit Bleistift und Navigationsbesteck fiktive Kurse ein.

Im nächsten Frühsommer fahren wir wieder nach Jugoslawien - aber nicht mit dem Wohnwagen - wir lassen uns auf einer Segelschulyacht von der gefürchteten Bora schaukeln, üben Wenden, Halsen, Navigieren und was man sonst noch können muss, und zwei Wochen später ist jeder von uns stolzer Inhaber eines BR-Scheins.

Für die nächsten beiden Urlaube vertauschen wir den Wohnwagen mit einer Charteryacht. Nervös hangle ich mit Peilkompass, Seekarte und Fernglas übers Deck, berechne alle fünf Minuten den Kurs und halte ängstlich nach Anzeichen des gefürchteten Fallwinds Bora Ausschau. Segeln ist für mich der pure Stress und nach der zweiten Charter steht für mich fest: Ständig auf einem Boot leben, kochen im Seegang, schlafen im Seegang, Spielball sein von Wind und Wellen - nein, mit diesem Gedanken kann ich mich nicht anfreunden. Aber Peter ist längst dabei, seine verschütteten Morsekenntnisse aus Bundeswehrzeiten aufzufrischen, paukt elektronische Formeln, bürokratische Vorschriften und legt die Amateurfunkprüfung ab. Sein Fernweh, das jahrelang latent unter der Oberfläche schlummerte, und bis auf gelegentliche "Schmerzattacken" mit Vernunft und Verantwortungsgefühl unterdrückt werden konnte, ist nun mit voller Stärke ausgebrochen. Wenn er zu Hause in seinem Büro sitzt oder im Auto zu seinen Kunden unterwegs ist, lässt er sich von betörenden Südseeklängen einlullen. Denn dort, behauptet er, läge das wahre Paradies: Grandiose Vulkaninseln, liebliche Palmenatolle, blaue Lagunen, weiße Strände und immerwährender Sonnenschein - und glückliche Polynesier, die zum Leben keine computergesteuerten Werkzeugmaschinen bräuchten.

Wegen ein paar Südseeinseln jahrelang Wind und Wellen ausgeliefert sein? Peter lässt sich nicht irre machen, bietet seine ganze Überzeugungskraft auf:

"Nicht nur die Südsee. Wir wollen doch auch Amerika sehen, Neuseeland und Australien - interessiert dich das denn gar nicht?"

"Ja natürlich, grundsätzlich bin ich ja an allem interessiert - aber ich kann durchaus leben, ohne es gesehen zu haben, ich will mich deswegen nicht von Stürmen beuteln lassen."

So viel Ignoranz will Peter einfach nicht in den Kopf. Geduldig klärt er mich über die sogenannte "Barfußroute" auf, jene Rennstrecke der Weltumsegler, die im Gegensatz zur "harten Route" vollkommen harmlos sei: "Reines Passatsegeln mit konstanten drei bis vier Beaufort, das pure Vergnügen!"

Ich sehe mir die Route auf dem Globus an: Wasser gibt's da, nichts als Wasser - von Amerika kriegt man gerade mal den Panamakanal mit, dann kommt wieder Wasser, eine Handvoll Vulkaninseln und Palmenatolle mittendrin, und nach der Torres Strait zwischen Australien und Papua Neuguinea ist es mit dem "Barfuß" ohnehin zu Ende. Mit der Welt, von der er immerzu redet, kommt man zwangsweise erstmals in Südafrika in Berührung. Und was ich vom Kap der Guten Hoffnung gelesen habe, hat mit sanftem Passatsegeln ohnehin wenig zu tun.

"Und was ist mit Amerika, mit Neuseeland, mit Australien?", will ich wissen. "Willst du mit 'ner Yacht den Grand Canyon absegeln oder per Schiff durchs Outback?" Das will er natürlich nicht, für diese Kleinigkeiten könne man sich ja vor Ort ein Wohnmobil kaufen.

Über die Ozeane segeln, um sich dann vor Ort ein Wohnmobil zu kaufen? Das muss doch einfacher gehen? Es geht einfacher. Es gibt nämlich auch Flugzeuge!

"Der Verkehr rast in beiden Richtungen, die Fahrbahn vibriert, die Aussicht ist gewaltig! Ein Wahnsinnsgefühl!", schreibe ich in mein Tagebuch. Mehr als zwanzig Jahre hat es gedauert, bis Peters Traum vom Spaziergang über die Golden Gate Bridge in Erfüllung ging. Seit zwei Wochen sind wir schon im Land der

unbegrenzten Möglichkeiten unterwegs - 8.000 km und unzählige Naturwunder habe ich in die viel zu kurze Urlaubsreise gepackt: Los Angeles, San Francisco, Grand Canyon, Bryce Canyon, Mojave Wüste - pulsierendes Leben und einsame, schnurgerade Straßen bis zum Horizont. Ich könnte weiter und immer weiter fahren - immer mehr möchte ich sehen und erleben. Es ist wie ein Rausch oder wie ein Traum, aus dem man nicht mehr aufwachen möchte...

Der Traum dauert leider nur vier Wochen, und als ich, zurück in der Realität des Alltags, daraus erwache, stelle ich fest, dass ich mich mit dem Fernwehbazillus infiziert habe. Fernweh ist also nicht nur erblich, sondern auch ansteckend. Plötzlich flimmern über unseren Fernseher Western aller Güteklassen, und auf meinem Plattenteller, wo sich früher Mozart und Boccerini drehten, schnulzen Willie Nelson und Boxcar Willie mit ihren Country Songs um die Wette. Aber auch aus Peters Autoradio klingen immer mehr Westernmelodien und verdrängen langsam die Südseeweisen. Vom Segeln spricht er immer seltener.

Über die nächsten elf Monate Alltagstrott helfen uns nur Reiseplanungen, Fotos und Bildbände hinweg, dann leben wir wieder auf: Phoenix, Tombstone, West Texas, Sonora- und Chihuahuawüste - mit allen Sinnen saugen wir den Wilden Westen in uns auf! Reisen ist das einzige Mittel das Fernweh zu bekämpfen! Aber Schmerzmittel heilen nicht, und selten sind sie ohne Nebenwirkungen - sie machen abhängig und süchtig, und Körper und Geist verlangen ständig nach höheren Dosen!

Im Jahr darauf gehen wir das Fernweh mit einer Radikalkur an: Hongkong, Neuseeland, Cook-Inseln. Der Fernwehbazillus erweist sich als ausgesprochen resistent - nur vom Südseefieber ist Peter nach dieser Kur geheilt. Nach einer Woche Cook-Inseln - die Reisebranche verkauft sie als das letzte Paradies in der Südsee, muss Peter enttäuscht feststellen, dass er "sein" Paradies dort nicht gefunden hat - und ich bin heilfroh, dass ich für diese Erkenntnis nicht jahrelang über die Weltmeere segeln musste.

Aber das Fernweh plagt uns stärker denn je. Doch auch die 10.000-Kilometertour durch das südliche Afrika, das wir im nächsten Urlaub angehen, kann es nicht heilen. Im Gegenteil - irgendwo auf den einsamen Straßen durch die Karoo, den Rüttelpads durch Namibia oder den Schlammpisten durch den Chobe National Park müssen wir uns auch noch mit dem Afrikabazillus infiziert haben.

Die Suche nach dem idealen "Rolling Home"

Was sind schon 8.000 km USA in vier Wochen? Was hat man von drei Wochen Neuseeland? Was bringt es, in fünf Wochen ein Mammutprogramm durchs südliche Afrika abzuspulen, wenn man die restlichen elf Monate des Jahres sehnsüchtig in Alben und Landkarten blättert und nur noch den einen Wunsch hat, diese Erlebnisse auszudehnen, und nicht mehr durch die Lande hetzen zu müssen? Ein paar Wochen lang "high" und elf Monate Entzugserscheinungen. Das muss doch auch anders gehen?

Es geht anders. Mit Zeit und einem eigenen Wohnmobil. Fliegen statt Weltumsegeln. Das zukünftige Wohnmobil mit dem Schiff übers Wasser schicken und dann mit Ruhe und Muße durch Amerika, Australien und Südafrika gondeln. Einfach die Handbremse anziehen und bleiben, wo es uns gefällt!

Der Stapel mit den Wohnmobilprospekten hat eine beachtliche Höhe erreicht, aber das, was wir uns vorstellen, ist immer noch nicht dabei. Dabei sind unsere Ansprüche doch gar nicht so groß - oder doch?

Komfortabel muss unser zukünftiges, rollendes Heim sein und wohnlich, schließlich wollen wir mehrere Jahre darin leben. Außerdem soll es natürlich eine Nasszelle mit Toilette und Dusche haben, damit wir unabhängig von Campingplätzen sind. Dann wünschen wir uns unbedingt einen hohen und geräumigen Alkoven, weil wir keine Lust haben, ständig Betten zu bauen.

Selbstverständlich brauchen wir auch genügend Stauraum. Wenn man ein paar Jahre auf Achse ist, schleppt man so einiges mit sich rum. Das wiegt dann viele Kilogramm, deshalb muss unser Wunschmobil außerdem eine hohe Zuladung haben. Es darf aber nicht zu groß werden, sondern soll kompakt und handlich sein und möglichst noch in einen *20 Feet Open Top Container* passen, damit wir es notfalls auf einem Containerschiff übers Wasser schicken können. Ganz wichtig ist außerdem ein stabiler Aufbau, damit uns die ganze Konstruktion nicht auf Waschbrettpisten auseinanderfällt. Und weil gerade in Australien und Afrika vieles Interessante jenseits der befestigten Straßen liegt, und wir bereits eine höllische Schlammschlacht in Botswanas Chobe National Park hinter uns haben, wünschen wir uns zusätzlich einen Allradantrieb und Differentialsperren. Dass es neben einem kräftigen und zuverlässigen, aber gleichzeitig sparsamen Motor, für den es weltweit Service gibt, auch noch gute Fahreigenschaften haben soll, versteht sich von selbst. Und das alles soll natürlich die Reisekasse nicht zu sehr belasten, damit wir unser Haus nicht verkaufen müssen.

"Das klingt wie Weihnachten, Ostern und Pfingsten an einem Tag!", amüsiert sich ein Wohnmobilhändler angesichts unserer Wunschliste. Es ist bereits die dritte oder vierte Wohnmobilmesse, auf der wir uns die Füße wund laufen, und so langsam dämmert uns: Das Wohnmobil, so wie es in unserem Kopf herumspukt, werden wir nicht finden - wir werden irgendwo auf unserem langen Wunschzettel Abstriche machen müssen. Am einfachsten und problemlosesten wären die simplen Kastenwagen. Die gäbe es mitunter auch mit Allrad, sind stabil und kompakt, sind wendig, haben gute Fahreigenschaften und passen sogar in einen Container.

"In so ein winziges Ding zwäng' ich mich nicht hinein!", protestiere ich. "Sieh nur den mickrigen Spielzeugherd! Der reicht gerade mal, um 'ne Dose Ravioli heiß zu machen! Und außerdem will ich eine separate Toilette - keinen Porta Potti unter der Sitzbank. Ich will ein richtiges, schönes Wohnmobil, so eines, wie beim Aussteller nebenan - sieht gut aus und ist auch gar nicht teuer!"

Brauchen wir gar nicht drüber reden. Windiger Holzlatten-Styroporaufbau, keine Zuladung und das Chassis entspricht auch nicht Peters Wünschen. Aber wie wär's mit dem japanischen Pick-up und der aufgesetzten Wohnkabine? Da hätten wir den Allradantrieb, den großen Alkoven, die Toilette, und wohnlicher als ein Kastenwagen sind die Kabinen auch. Na gut, die Zuladung ist mager, und wenn man die ganze Kombination so ansieht - ein beängstigend hoher, schwankender Turm ist das. Trotz Allrad - auf eine Piste würden wir uns damit nicht trauen. Doch draußen, auf dem Freigelände, da klettert ein wuchtiges, hochbeiniges Brummimobil über einen steilen Off-Road-Parcour.

"Ich baue Ihnen Ihr Wohnmobil nach Wunsch!", verspricht der Aussteller. "Es ist alles machbar - klein und kompakt auf Toyota Landcruiser oder G-Mercedes - oder größer und komfortabler auf MAN oder einem Militärlaster von Mercedes!" Er baut wirklich tolle Dinger, die halten was aus und haben fast so viel Komfort wie unser Haus - leider würden sie auch fast so viel kosten.

Enttäuscht drehen wir dem Freigelände den Rücken, wenden uns der nächsten Messehalle zu - und stehen plötzlich vor einem Gefährt, dass beinahe alle unsere Wünsche erfüllt. Beinahe - kompakt ist der amerikanische Dodge-Pick-up mit den wuchtigen Zwillingsreifen nämlich nicht gerade. Aber stabil ist er. Mit seinen zwei Tonnen Zuladung steckt er sogar die kanadische Aufsatzkabine locker weg, die er Huckepack hat. Beim Anblick des bequemen Doppelbettes über der Fahrerkabine, gerate ich in Verzückung. Und dann diese Küche - Doppelspüle, Herd mit Backofen, riesiger Kühlschrank!

Peter kommt angesichts des bulligen Cummins-Diesels mit seinen vielen Pferdestärken und dem großen Hubraum ins Schwärmen - und mit Allrad gibt's den Dodge natürlich auch. Und wenn wir die tolle Kombination nicht beim deutschen Importeur, sondern gleich vor Ort in USA oder Kanada ordern, sparen wir eine Menge Geld und zusätzlich eine Verschiffung!

Nächtelang surft Peter durchs Internet. Wir schreiben amerikanische und kanadische Autohändler an und geraten aus dem Häuschen, wenn wieder mal ein Auto- oder Wohnmobilprospekt im Briefkasten steckt. Zwischendurch klappern wir weiter die deutschen Wohnmobilhändler ab. Ich bin ungeduldig, hätte gerne, dass das Wohnmobil vor der Haustür steht, damit ich sehe, dass es weitergeht mit unserer Planung.

Das Wohnmobil kann man kaufen. Aber wo nehmen wir die Zeit her? Der alles entscheidende Brief an die Firma ist getippt. Aber obwohl wir seit Jahren auf dieses eine Ziel hinarbeiten, bleibt er noch für einen Bedenktag zu Hause liegen. Fast sieht es so aus, als bekämen wir plötzlich Angst vor der eigenen Courage. Peter wird im April 56, und in Zeiten flauer Konjunktur und stetig steigender Arbeitslosigkeit den Job aufzugeben, ist ein Schritt, der nicht mehr rückgängig zu machen ist. Wenn es nach unserer Regierung ginge, müsste Peter bis 65 arbeiten, aber ob wir dann noch den Elan für unsere Reise aufbrächten? Nein, unser Schritt steht fest, mag die Rente auch später magerer ausfallen, wir leben jetzt! Am nächsten Tag bringe ich den Brief zur Post. Im Juli wollen wir starten!

"Was willst du bloß mit den ganzen Sachen in den Schränken anfangen?" Peter macht eine Schranktür nach der anderen auf und starrt mit Schaudern auf Vasen und Gläser, auf Kerzenständer im Dutzend, auf überflüssigen Kram, angesammelt und gehortet in langen Ehejahren.

Wann immer wir durchs Haus gehen, stellt sich die gleiche Frage: "Wohin mit dem Mobiliar von fünf Zimmern? Wohin mit all dem Zeug in Schränken und Regalen, dem Sammelsurium auf dem Dachboden und im Keller? Wohin mit Geschirr, Krügen, Töpfen und Pfannen, mit Büchern und Platten, mit Werkzeug und Gerätschaften? So vieles, das sich unnütz und lange nicht mehr gebraucht im Keller stapelt, nur weil es zu schade ist zum Wegwerfen. Das alte Geschirr zum Beispiel, das ich nur für den Fall aufgehoben habe, dass in unserer Familie mal ein

Polterabend veranstaltet wird. Wir werden es in absehbarer Zeit nicht brauchen, denn keiner unserer Söhne denkt zurzeit ans Heiraten.

Ich will unser Wohnmobil einräumen, klappe den ersten Staukasten auf, aber der ist vollgestopft mit altem Zeug. Ich öffne die nächste Tür, aber auch da ist alles voll. Die Schüsseln, Aluminiumtöpfe und Gerätschaften stammen alle aus unserem alten Wohnwagen und sehen furchtbar vergammelt aus. Aus dem nächsten Schrank quellen mir alte Kleider entgegen, und die roten Regenanzüge aus Nylon, in denen man von innen und von außen nass wird, weil sie den Schweiß nicht raus, den Regen jedoch rein lassen.

Hinter jeder Klappe, hinter jedem Türchen türmen sich Surfutensilien, Sportgeräte und Hausrat. Ich räume aus und räume aus, der Krempel wird nicht weniger, und ich weiß beim besten Willen nicht, wo ich mit den Sachen hin soll, die ich eigentlich ins Wohnmobil einräumen wollte...

Erschöpft wache ich auf, doch die Botschaft des Traumes ist unmissverständlich: Wie sollen wir aufbrechen zu einem völlig neuen Leben, wenn wir noch vollends mit den Nichtigkeiten und dem überflüssigen Plunder des alten verhaftet sind! Wenn wir in Zukunft ein Nomadenleben führen wollen, müssen wir unter die sesshafte Zeit mit all ihren überflüssigen Dingen einen Schlussstrich ziehen. Auch unter die sehr intensive und schöne Zeit, als wir jedes Wochenende und jeden Urlaub mit dem Wohnwagen beim Surfen waren, hatten wir solch einen Schlussstrich gezogen - nach gründlicher Traumdeutung komme ich allerdings zu dem Ergebnis, dass der Schlussstrich nicht dick genug war, denn noch immer hängen Neoprenanzüge, Trapeze und Segel im Keller herum.

Am nächsten Tag fangen wir an auszumisten. Die roten Regenanzüge landen in der Altkleidersammlung, und mit dem "Poltergeschirr" fahre ich samt einer Autoladung Kellerkram zur Müllumladestation.

"Die Teller sind alle noch gut, vielleicht könnte sie noch jemand gebrauchen", starte ich einen letzten, zaghaften Versuch, mein altes Porzellan vor der sinnlosen Vernichtung zu bewahren. "Gartenstühle und Sonnenschirm zum Altmetall, Schuhe in den Sammelsack, Geschirr in den Container mit dem Bauschutt!", kommandiert der Befehlshaber über den sortierten Müll unbeeindruckt.

Nach einem kurzen Zögern, den Tellern fehlt wirklich kein Eckchen, veranstalte ich mit Geschepper meinen eigenen Polterabend.

Schon einige Male waren wir drauf und dran den Pick-up zu bestellen, haben auch in Oregon/USA und Alberta/Kanada, beides Staaten ohne *Sales Tax* (eine Art Mehrwertsteuer), günstige Konditionen ausgehandelt. Im letzten Moment stellten sich jedoch immer Schwierigkeiten mit der Zulassung ein. In Oregon müssten wir einen Wohnsitz nachweisen, und in Alberta könnten wir ohne Wohnsitz die Zulassung nach einem Jahr nicht verlängern. Wenn wir aber das Auto nach Neuseeland und Australien verschiffen wollen, ist neben dem *Carnet de Passages* (ein Zolldokument) eine gültige Zulassung zwingend vorgeschrieben, im anderen Falle wären happige Zollgebühren fällig.

Aber das war sicher nicht der einzige Grund, der uns zurückhielt. Hauptsächlich ist es der fehlende Durchstieg von der Wohnkabine ins Fahrerhaus, der uns im Notfall die Flucht nach vorne verwehren würde. Aber auch die hohe Wohnkabine auf der Pritsche, die die Fahreigenschaften wegen der Hecklastigkeit ganz sicher nicht verbessert, schreckt uns ab.

Peter liest in der neuesten Ausgabe einer Wohnmobilzeitschrift: "Sonderaufbau Bimobil auf Mercedes 410 D." Peter fährt wie elektrisiert hoch, "Das ist unser Wohnmobil!"

Die Kombination von zuverlässiger Basis mit großer Zuladung und leichtem, aber solidem Wohnaufbau hatte er immer im Hinterkopf. Neu war uns diese Kombination bei Weitem zu teuer; außerdem wurde der bewährte 410er mittlerweile vom neuen Sprinter abgelöst, der (zum Zeitpunkt unserer Planung) ganz sicher noch nicht richtig ausgereift war.

Beim ersten Telefonat mit dem Anbieter stellt sich heraus, dass das Wohnmobil wie für uns gemacht scheint: zwei Dieseltanks, Sperrdifferential, isolierte Zwischentür zwischen Fahrerhaus und Kabine, 220 Watt Solaranlage, sparsamer und wirkungsvoller, weil mit Solarstrom zu betreibender 100 l Kompressorkühlschrank, 85 l Gastank, vom 120 l Wassertank getrennte Trinkwasserversorgung mit leicht zu reinigenden Kanistern, zusätzlicher Küchenabwassertank, separate Dusche, Zerhackertoilette, hoher und in der Breite vergrößerter Alkoven, großer Außenstauraum, Alarmanlage, und die 40.000 km auf dem Tacho sind für einen Mercedes sicher kein Thema.

Leider liegt der verlangte Preis etliches über dem, was uns in Kanada oder USA ein neuer Pick-up-Camper kosten würde. Auch, dass der Motor zusätzlich mit einem Turbo aufgepeppt wurde, schmeckt Peter nicht ganz. Den fehlenden

Allradantrieb können wir verschmerzen. Mit 6,30 m Länge übersteigt das Wohnmobil zwar die Containermaße, sodass nur Ro/Ro-Verschiffung in Frage kommt, ist aber deutlich kürzer und schmaler als unser anvisierter "Ami".

Gleich beim ersten Ansehen wissen wir es: Das ist das Wohnmobil, auf das wir die ganze Zeit gewartet haben! Aber die Verhandlungen gestalten sich zäh. Der Besitzer, der jede Kleinigkeit des gepflegten Gefährts bis ins Detail ausgetüftelt hat, will nicht um jeden Preis verkaufen. Wir hingegen wollen es unbedingt haben - aber auch nicht um jeden Preis. Zum Schluss einigen wir uns darauf, dass der Besitzer mit dem Wohnmobil noch drei Wochen in Urlaub fährt.

Bis es dann endlich vor unserer Tür steht, sind die Termine für die Verschiffung und unseren Flug schon perfekt.

Auf den letzten Drücker besorgt Peter die wichtigsten Verschleiß- und Ersatzteile für den Mercedes, und vom Werk lassen wir uns die Werkstatthandbücher in Deutsch und in Englisch schicken. Da unser Wohnmobil auf einem Ro/Ro-Schiff über den Großen Teich gehen wird, wir also zwecks Manövrierung den Autoschlüssel abgeben müssen, kommt der isolierten Tür zwischen Fahrerhaus und Wohnkabine, die vorher lediglich als sinnvoller und effektiver Schutz gegen Hitze und Kälte konzipiert war, nun eine wichtige zusätzliche Funktion zu. Sie verhindert, dass während der Verschiffung Unbefugte in den Wohnteil gelangen, und wird mittels stabilen Eisenrohren zur wichtigsten Einbruchssicherung. Die große Dachluke im Alkoven sichern wir mit Aluminiumwinkeln und verspreizen sie zusätzlich mit einem alten Campingtisch.

Die Schifffahrtsgesellschaften machen es sich bezüglich Aufbruch und Diebstahl einfach und verlangen, dass das Wohnmobil zur Verschiffung vollkommen leer ist. Frei nach dem Motto: Wo nichts drin ist, kann auch nichts geklaut werden. Der Langzeitreisende, der seine bewegliche Habe, seinen Hausrat, Werkzeug, Ersatzteile, Fahrräder usw. nicht in zwei Koffern zu 32 kg transportieren kann, trägt das Risiko des Aufbruchs ganz allein. Selbst bei Totalverlust und Beschädigung von außen haftet die Reederei nicht. Dem Kunden bleibt es vorbehalten, das Risiko zu akzeptieren oder sich zusätzlich zu versichern.

Weil ich von Natur aus schon ängstlicher und vorsichtiger bin als Peter, und ich nicht möchte, dass die Reise zu Ende ist, bevor sie überhaupt begonnen hat, berappen wir schließlich zusätzlich € 600 und versichern unser künftiges rollendes Heim mit € 50.000.

Der Papierkram in Bremerhaven ist schnell erledigt: ein Ausfuhrstempel vom Zoll und eine Unterschrift von der Reederei. Zum Schluss bekommt unser zukünftiges rollendes Zuhause einen dicken Aufkleber mit der Aufschrift "Baltimore" verpasst. Wir schießen ein Abschiedsfoto und müssen nun endgültig den Autoschlüssel abgeben. Jetzt können wir nur noch hoffen, dass wir unser Wohnmobil wohlbehalten zurückbekommen - ein leichtes Unbehagen bleibt trotzdem.

Viel Zeit zum Grübeln bleibt uns ohnehin nicht, denn zu Hause erwartet uns der Endspurt. Längst haben wir Zug um Zug sämtliche Möbel verscherbelt. Mal ging die Sesselgarnitur weg, dann der Schrank, mal kauft jemand den Kronleuchter aus Messing, der nächste nimmt den Esstisch mit. Es ist ungemütlich geworden in unserem Haus. Wir sitzen auf alten Campingmöbeln, leben schon seit Wochen aus Schachteln und Kartons, und Licht spendet uns eine ausrangierte Stehlampe. Zum Schluss ist das Schlafzimmer abgeholt worden. Jetzt ist das Haus fast leergeräumt, der angemietete Kellerraum ist vollgestopft mit Hausrat und Dingen, die wir behalten wollen, der Rest wurde verhökert, verschenkt oder ist auf dem Müll gelandet. In einer guten Woche werden wir das Haus an unsere Mieter übergeben.

Nordamerika

Hurra, wir starten zur Reise um die Welt! Der große Tag, für den wir so lange geplant, auf den wir so lange hingearbeitet und hingefiebert haben, ist gekommen. Aber warum stellt sich keine Jubelstimmung ein? Warum sind wir nicht euphorisch und voll Begeisterung? So wie früher, wenn wir zu einem Vierwochentrip starteten? Stattdessen sind wir genervt und erschöpft, denn der Stress der vergangenen Monate sitzt uns in den Knochen. Sogar der Himmel passt sich unserer Stimmung an, ist trübe und regnerisch.

Wenn wir früher zu einer unserer Urlaubsreisen starteten, dann genossen wir bereits die Flughafenatmosphäre, schnupperten "den Duft der großen weiten Welt", das internationale und mitunter exotische Flair. Jetzt gestaltet sich sogar der Abflug stressig.

Das liegt zum einen an unserem umfangreichen und voluminösen Gepäck, zum anderen an Peters Funkgerät, das ursprünglich auf hoher See den Kontakt zur Außenwelt aufrechterhalten sollte. In allen Richtungen sind wir damit schon um die Welt geflogen, aber jetzt darf es plötzlich nicht mit ins Handgepäck.

"Funkgeräte sind verboten, weil sie die Navigation stören!", erklärt uns stur der Beamte bei der Sicherheitskontrolle. Jeder Hinweis, dass dieser kleine Kasten ohne Strom und Antenne wirkungslos ist, prallt an dem Nürnberger Provinzbürokraten ungehört ab. Er hat seine Vorschriften, und der Pilotenkoffer mit dem "gefährlichen" Gerät muss am Eincheckschalter abgegeben werden, basta!

In der allgemeinen Aufregung fällt sogar der gefürchtete Abschied von unseren Söhnen kurz aus. Erst als wir erschöpft in der Abflughalle sitzen, trifft mich die Erkenntnis wie ein Keulenschlag, dass in Peters Pilotenkoffer nicht nur seine Funkgeräte, sondern, weil er ja als Handgepäck geplant war, vom Kfz-Brief bis zu den Verschiffungspapieren und Versicherungspolicen, auch alle wichtigen Unterlagen sind. Aber jetzt ist das Gepäck bereits im Flieger verstaut. Doch Gott sei Dank, in Washington dreht sich der gesuchte Koffer als erster auf dem Karussell. Die Seitentasche, in der die Papiere stecken, steht zwar offen - aber nichts fehlt! Uns fällt ein Stein vom Herzen.

"Wo werden sie sich im Dezember aufhalten?", will der Beamte von der *Immigration* wissen.

"Wenn es kalt wird, gehen wir nach Mexiko!" Zweimal klackt der Stempel auf die Einreiseformulare, und uns steht das Land der unbegrenzten Möglichkeiten für sechs Monate offen!

Jetzt muss sie aber langsam kommen, die Hochstimmung, die wir immer hatten, wenn wir irgendwo für einen kurzen Urlaub aus dem Flieger gestiegen sind. Wir übernehmen den bereits von zu Hause angemieteten Kleinwagen und demonstrieren den staunenden Amis, wie viel Gepäck in ein Stadtfahrzeug passt.

Wilde Landschaften und einsame, leere Highways bis zum Horizont - immer wenn wir in der Vergangenheit an Amerika dachten, hatten wir diese Bilder vor Augen. Doch das Amerika, das uns hier im Osten erwartet, trifft uns wie ein Schock: Hektische *Interstates* und ein Gewirr von Ringautobahnen, unübersichtliche Beschilderung, Ausfahrten, die ohne große Ankündigung links abzweigen und Autoschlangen, soweit das Auge reicht.

Es ist abendliche *Rushhour* als wir mit dem Mietwagen den Flughafen verlassen, um Baltimore anzusteuern. Die Monsterstadt Los Angeles erscheint uns im Vergleich dazu wie ein Kurort.

Der nächste Schock trifft uns tags darauf im Büro der Reederei: Das Schiff hat einen Tag Verspätung und soll erst morgen Nachmittag eintreffen. Das wäre ja im Grunde keine Tragik, mit Verspätungen haben wir gerechnet - nicht jedoch mit dem *Independence Day* übermorgen, am 4. Juli. Weil dieser Feiertag ein Freitag ist, steht ein langes Wochenende an - und in Amerika, dem Land der kurzen Urlaube, sind lange Wochenenden heilig - Zoll und Behörden machen dicht. Die Ladung wird nicht freigegeben und es tritt ein, was wir unbedingt vermeiden wollten, nämlich dass unser Wohnmobil mehrere Tage und Nächte im Hafen herumsteht!

Es bleibt uns nichts anderes übrig, als außerhalb der hektischen Metropole ein einigermaßen bezahlbares Motel zu suchen. Per Mietwagen beginnen wir das Gebiet um die Chesapeake Bay zu erkunden. Aber außer in einem winzigen Stückchen State Park, wo man selbstverständlich Eintritt berappen muss, kommt man nicht an die riesige Bay heran. Alles ist zugebaut und in privater Hand. Auch landschaftlich bietet die vielgepriesene Bay wenig, und unser ursprünglicher Plan, auch den Osten der USA zu bereisen, landet während dieser langen Wartetage sehr schnell bei den Akten.

Am Montag stehen wir frühmorgens im Büro der Wallenius Line auf der Matte. Die Ladung ist immer noch nicht freigegeben. Man vertröstet uns auf nachmittags und am Nachmittag auf Dienstag früh.

"Do you pick up the smallmotor home?" Wir stutzen. Meint der Typ, dem wir unsere Abfertigungspapiere in die Hand gedrückt haben, damit unser Wohnmobil? So klein ist das doch gar nicht! Aber außer unserem steht nur noch ein überdimensionales Amimobil im Hafenterminal herum; verglichen damit ist unser zukünftiges rollendes Heim wirklich "small".

Seltsam - zu Hause hatten wir uns noch vergeblich den Kopf darüber zerbrochen, wie wir unser zukünftiges Heim denn "taufen" könnten, aber so aus dem Bauch heraus fiel uns nichts Rechtes ein. Doch von diesem Moment an heißt es: unser "Small Motorhome." Mit klopfendem Herzen schließen wir es auf, inspizieren es von innen und außen - nichts fehlt, und nichts ist beschädigt!

Amish-Land

"Country road take me home to the place I belong...", begleitet von heftigen Gewitterböen und Hagelschauern schmettern wir aus voller Kehle John Denvers West-Virginia-Hymne vor uns hin. Unser Small Motorhome tuckert bergauf, bergab durch die Appalachen in Richtung Mountain State, wie West Virginia auch genannt wird. Wäre nicht alles weitläufiger und weitaus dünner besiedelt, könnte man glauben, durch den Bayerischen Wald zu fahren. Und wie einst der Bayerische Wald, sind auch viele Teile West Virginias heute noch ein wenig rückständig und unterentwickelt.

Ganz so unbegrenzt sind die Möglichkeiten doch nicht, aber vieles ist einfacher und lockerer bei Uncle Sam. Meine Schwester lebt jedenfalls schon lange in Amerika, folgte einst ihrem amerikanischen Ehemann über den Großen Teich, und in der Enge Deutschlands zu leben, kann sie sich nicht mehr vorstellen. Heute wohnen sie und ihre Familie abgelegen im Tucker County in West Virginia, und ich freue mich auf ein Wiedersehen nach zwanzig Jahren.

Vor vielen Jahren schon amerikanische Staatsbürgerin geworden, erteilt sie uns ersten Unterricht im *American Way of Life*. Entfernungen misst man in einem Land, wo man schnell mal 30 km fährt, nur um eine Kleinigkeit einzukaufen, mit anderen Maßstäben. Stundenlang fahren wir zu Plätzen, die meine Schwester und ihre Familie an die heimatliche Fränkische Schweiz erinnern, heizen den Grill für ein Picknick und fahren stundenlang wieder zurück.

"Lass dein Oldsmobile stehen", sagt Peter, "wir nehmen das Wohnmobil!" Zwanzig Liter säuft ihr Pkw auf 100 km, hat Peter ausgerechnet.

"Ist das gut oder schlecht?" Meine Schwester ist längst eine richtige Amerikanerin geworden.

Großer Hubraum, viele Zylinder und noch mehr *Horse Power* - auch wenn die Dinosaurier der Highways mittlerweile schrumpfen, ohne Auto läuft gar nichts.

Wirklich nicht? 1 PS vor eine schwarze Kutsche gespannt, Verbrauch: eine Handvoll Hafer auf den Kilometer, auch das ist American Way of Life. Bärtige Männer mit schwarzen Hüten, weißen Hemden und blauen Westen lenken die Kutschen, und Frauen mit altmodischen Hauben werfen schüchtern und doch neugierig einen Blick nach draußen auf das moderne Amerika, das sich in wenig mehr als dreihundert Jahren rasend schnell verändert hat. Das Leben der **Amishen**, einer aus Süddeutschland stammenden Untergruppe der Mennoniten, ist geblieben wie damals, als ihre Vorfahren 1693 zusammen mit ihrem Anführer Jakob Amman vor den Verfolgungen von Staat und Kirche nach Amerika flüchteten.

Zu der Einsicht, dass jedermann am besten nach seiner eigenen Fasson selig werden solle, war man in Europa noch nicht gelangt, und so suchten sie ihr Heil in der Neuen Welt, um dort ein nach ihren Vorstellungen "gottgefälliges" Leben zu führen. Und Gott gefällt es so, wie es vor dreihundert Jahren einmal war! Blue Jeans, T-Shirts und Turnschuhe mag er nicht, elektrische Maschinen oder gar die schnellen Spritschlucker noch viel weniger.

Die großen Gemeinden der *Amish People* liegen im Bundesstaat Pennsylvania, aber auch die Gegend um Oakland in West Virginias Nachbarstaat Maryland ist *Amish Land*. Hier leben sie nicht isoliert in eigenen Dörfern, sondern ihre Farmen liegen verstreut zwischen den Anwesen der anderen Amerikaner. Mitunter betreiben sie auch kleine Lebensmittelläden, sind als solide und geschickte Handwerker geschätzt, haben aber darüber hinaus keinerlei Kontakt zur "anderen" amerikanischen Bevölkerung.

"Ich kaufe zwar ab und zu im Amish-Laden ein, doch es ist mir noch nicht gelungen, mit ihnen ins Gespräch zu kommen", erklärt meine Schwester.

Das fortschrittsgläubige, schnelllebige Amerika, Heimat zahlloser Kirchen und Sekten, ist tolerant gegenüber Andersgläubigen, duldet Frömmler und Sektierer - aber zum Kuriosum sind die Amishen trotzdem geworden.

"Ihr müsst euch unbedingt ansehen, wenn sie am Sonntagmittag aus der Kirche kommen und in ihren schwarzen Kutschen auf die Farmen zurückfahren", sagt meine Schwester.

Da stehen wir nun am Straßenrand, haben die Kamera mit dem Teleobjektiv gezückt und genieren uns ein wenig, weil wir so neugierig sind. Aber Menschen, die sich bereits durch ihre äußere Aufmachung bewusst von anderen abgrenzen, haben diesbezüglich ein dickes Fell, und mit Erstaunen registrieren wir, dass unser Winken von einigen Insassen der Einspänner erwidert wird.

Ein PS mag im Land der Autos schon kurios genug sein, aber noch unamerikanischer ist es, dass eine Familie zu Fuß nach Hause geht. Und weil wir "zufällig" so schön am Straßenrand herumstehen, spricht Peter einen etwa 10-jährigen Jungen an, der vorausgelaufen ist. Er reagiert verlegen und sofort ist, etwas misstrauisch, der Großvater zur Stelle. Ein bayerisches "Grüß Gott!" von unserer

Seite löst jedoch schnell die Spannung, und kurz darauf sind wir mit der ganzen Großfamilie in ein aufschlussreiches Gespräch verwickelt.

"Die Bibel lesen wir auf Deutsch, und zu Hause sprechen wir auch noch unseren alten Dialekt", erklärt uns das Familienoberhaupt in einer etwas schwer verständlichen Mischung aus Schwäbisch und Schweizerisch. "Aber die Kinder unserer kleinen Gemeinde gehen inzwischen in amerikanische Schulen und lernen Englisch."

Ich frage mich, wie sich wohl ein 10-jähriger in seinen altertümlichen Klamotten fühlen mag, wenn er neben Amiboys in Jeans, T-Shirts und Baseballmützen die Schulbank drücken muss? Und wie halten sie ihre Teenager, die brav und sittsam, das zu Zöpfen geflochtene Haar unter Hauben versteckt, im Hintergrund stehen, bei der Stange, ohne dass sie aufmüpfig werden und gegen das strenge Reglement der Altvorderen und des Familienoberhauptes rebellieren? Immerhin besteht in den USA bis zum 16. Lebensjahr Schulpflicht. Irgendwie scheint es zu funktionieren, denn auch einer der Söhne ist nicht mehr nur Farmer. Er verdient sein Geld als Pfleger in einem Altenheim.

Im Laufe des Gespräches stellt sich heraus, dass man zwar die alten Regeln gehorsam befolgt, aber durchaus auch findig genug ist, sie ohne große Gewissensbisse zu umgehen.

"Wir haben kein Auto und keinen Führerschein. Ein Auto zu lenken verstößt gegen unsere Regeln, aber wenn wir einmal weiter weg müssen, dann mieten wir uns eben ein Auto und einen Fahrer."

Aha, "lenken", darauf kommt es also an! Es hätte mich auch sehr gewundert, wenn Gott die Benzinkutschen ganz generell verdammt hätte. Er hat nämlich nicht mal was gegen Flugzeuge - solange die Amishen den Steuerknüppel nicht selbst in die Hand nehmen!

"Im letzten Jahr waren wir alle in Europa", erzählt uns der Großvater voll Stolz. "Dort haben wir uns ein Auto nebst Fahrer gemietet und bei Mennonitenfamilien übernachtet."

Ob Gott etwas gegen Kameras hat? Peter ist mutig und bittet um ein Foto. Der selige Jakob Amman konnte natürlich nicht wissen, welch unselige Erfindungen in den Gehirnen gottloser Geister dereinst reifen würden, und hat deshalb in seinen Regeln auch nicht festgeschrieben, ob Fotografieren nun gottgefällig ist oder nicht. Über Peters Ansinnen muss die Familie ausgiebig beraten. Aber weil sie ja nicht selbst abdrücken, stellen sich letztendlich alle, vom jüngsten Enkel und den

Teenagern, von Vater, Mutter und dem Onkel bis hin zum Großvater, zum Gruppenfoto auf (📷 Seite 132). Wir notieren die Adresse und versprechen Abzüge zu schicken, was wir später auch gewissenhaft tun.

Go West!

Arktische Kälte schlägt mir aus allen Verkaufstheken entgegen und in meinem T-Shirt und den Bermudas bibbere ich erbärmlich. Ich könnte einen Fleecepullover gebrauchen, aber den Amerikanern scheint der Gegensatz von Sommerhitze und Kühlhaustemperatur wenig auszumachen. Ziemlich verloren irre ich mit dem Einkaufswagen zwischen endlosen Regalreihen hindurch, um uns einen Vorrat an Lebensmitteln für die Fahrt nach Westen zuzulegen.

Alles ist hier gigantisch: Die Ausmaße des Supermarktes, die Großpackungen, die das 100-Liter-Fassungsvermögen unseres deutschen Campingkühlschrankes bei Weitem übersteigen - und leider auch die Preise. In den vergangenen Wochen hatten wir bereits genügend Gelegenheit festzustellen, dass die USA seit unserem letzten Aufenthalt vor fünf Jahren nicht nur durch den hohen Dollarkurs teuer geworden sind.

Amerikas gigantische, eisgekühlte Konsumtempel haben nicht nur riesige Kühltheken - die Größe ihrer Parkplätze ist nicht minder beeindruckend. Und es ist dort immer Betrieb - Tag und Nacht, rund um die Uhr - im 24-Stunden-Dauerbetrieb. Wir finden das ausgesprochen praktisch. Nicht etwa, weil wir tagsüber keine Zeit hätten, einzukaufen. Nein, wir haben uns vorgenommen, auf so einem Supermarktparkplatz zu übernachten. Wo nonstop eingekauft wird, parken auch nonstop Autos. Da fällt unser Wohnmobil kaum auf. Warum also Geld für einen Campinglatz ausgeben?

Lauschig sind Supermarktparkplätze ja nicht gerade - aber die privaten *RV Parks* sind es auch nicht. Man soll sie schließlich ohne große Mühe finden, darum liegen sie meist neben einer Interstate, einer der großen Autobahnen.

Zwar gibt es in den USA auch primitive, kostenlose Campingmöglichkeiten, sie sind in *"Don Wright's Guide to free Campgrounds"* aufgelistet, aber meist liegen sie in den unbesiedelten Halbwüsten des Südwestens, in den National Forests oder sonst irgendwo. Nur nicht hier in Ohio, in diesem Kaff namens **Wooster**. Seit wir das raue West Virginia und damit die Appalachen hinter uns gelassen haben, ist die Landschaft zunehmend reizloser geworden - brettebenes Agrarland. Alles in privater Hand, nichts für wilde Camper. Also suchen wir uns einen 24-Stunden-Supermarkt. Kann ja nicht so schwer sein, schließlich sind wir den ganzen Tag lang an solchen Dauershoppingtempeln vorbeigefahren. Aber warum nur schließen hier Safeway und Co. alle schon um acht?

"Da vorne, die Einfahrt, das scheint auch ein Supermarkt zu sein!" Ich weise auf ein blau-oranges Schild und Peter setzt den Blinker.

"Das gibt's doch gar nicht, das ist ja ein Aldi!" Staunend starren wir zu dem bekannten Logo hinauf. Deutsche Einkaufskultur im Land der unbegrenzten Möglichkeiten? Geht das überhaupt? Wir koppeln mit einem Quarter (einer 25-Cent-Münze) den angeketteten Einkaufswagen ab und schieben ihn neugierig durch den für amerikanische Verhältnisse spartanischen Discountladen.

Lassen sich serviceverwöhnte Amerikaner mit Tiefstpreisen locken, packen dafür selbst ihre Einkäufe in Tüten, zahlen statt mit Plastik in Cash, schieben hinterher brav ihren Einkaufswagen zwecks Pfandrückgabe zurück und akzeptieren am Sonntag geschlossene Türen? Nicht viele. Die Eroberung Amerikas wird wohl noch ein wenig dauern. Außer einigen Amishfrauen sind wir die einzigen Kunden. Die Amishen sind wohl von Natur aus sparsamer und legen weniger Wert auf Service, und gegen das Schieben eines Einkaufswagens scheint Gott auch nichts zu haben. Wir bevorzugen niedrige Preise und bedauern, dass unser deutscher Discounter nicht weiter nach Westen vorgedrungen ist - die letzte Aldi-Filiale entdeckten wir später in Indiana.

Wie es sich für ein anständiges deutsches Lebensmittelgeschäft gehört, schließt Aldi bereits um sieben. Also scheidet auch dieser Parkplatz zum Übernachten aus. Wir stünden hier wie auf dem Präsentierteller. Nach langer Suche landen wir schließlich auf einem abseits gelegenen Fabrikgelände.

Highways, so gerade wie mit dem Lineal gezogen, durchschneiden langweilige Mais- und Weizenfelder; die Landkarte sieht aus wie Karopapier. Längst haben wir, entgegen jeder Absicht, die *Interstate* unter die Räder genommen. Peter macht es wie die Amerikaner, er hat den *Tempomat* eingeschaltet und lässt unser Small Motorhome mit 80 - 90 km/h vor sich hinrollen. Getreidefelder von den Appalachen bis zu den Rockies - das zieht sich. Wir brauchen Abwechslung! Wie wär's mit einem Badetag am Lake Michigan und der Besichtigung Chicagos?

Auch die Amis, die im **Indiana Dunes State Park** campen, brauchen Abwechslung. Chicago und den Lake kennen sie bereits, aber unsere rollende Behausung ist neu.

"Oh, ist das wirklich ein Mercedes? Habt ihr den aus Deutschland mitgebracht? Wie habt ihr ihn hier herübergebracht, und was hat das gekostet?" Wir stehen geduldig Rede und Antwort, auch wenn wir gerade beim Abendessen sitzen. Wir hätten nicht gedacht, dass unser kleines Wohnmobil im Land der "Dickschiffe" so viel Aufsehen erregt. "Very nice" finden die Amicamper unser Small Motorhome, und versichern uns stets, dass sie ein Wohnmobil wie unseres noch nie gesehen hätten. Schon gar keines, das statt einer *Aircondition*, ohne die ein richtiges Amimobil nicht komplett ist, eine Solaranlage für Licht und Kühlschrank auf dem Dach hat. Dass wir allerdings ohne Mikrowelle und ohne TV unterwegs sind, finden viele doch sehr verwunderlich. Wir sind über unser geräuschloses Kraftwerk auf dem Dach heilfroh, denn seit wir unterwegs sind, waren wir noch nie auf Strom aus der Steckdose angewiesen. Die dicken Wohnmobile mit ihren energiefressenden Riesenkühlschränken, mit oft sogar zwei Klimaanlagen, mit TV und Mikrowelle, eingebautem Staubsauger, mitunter sogar eingebautem Wasch-Trockner, benötigen stolze 30 Amp. von außen, und wo die Steckdose nicht vorhanden ist, verrichten bullige Generatoren lärmend und stinkend ihr Werk.

Die Hochbahn stinkt zwar nicht, aber sie rumpelt mit ohrenbetäubendem Lärm über unsere Köpfe hinweg und rattert im Viertelstundentakt haarscharf an Wohn- und Schlafzimmerfenstern vorbei. Eiserne Feuerleitern führen im Zickzack an düsteren Backsteinfassaden hinauf, während nicht weit entfernt verspiegelte Wolkenkratzer in den blauen Sommerhimmel ragen. Wir fühlen uns in die Kulissen eines Gangsterfilms versetzt und würden uns nicht wundern, wenn im nächsten Moment ein paar schießwütige Ganoven um die Ecke geballert kämen. Hier trieb also zu Zeiten der Prohibition der berühmt-berüchtigte Al Capone sein Unwesen. Al Capone agiert nur noch in Hollywoodfilmen und **Chicago** ist längst nicht mehr die Gangsterhochburg, sondern nennt sich "Windy City", was nichts mit Kriminalität, sondern mit den starken Winden vom Michigansee zu tun hat, die zwischen den Hochhauskomplexen zu unangenehmen Fall- und Düsenwinden verstärkt und verwirbelt werden.

Trotzdem, Vertrauen erweckend sieht dieses Viertel nicht gerade aus. Aber nicht weit entfernt ragt der *Sears Tower* stolze 445 m in die Höhe, und Peter will da unbedingt rauf. Wir deponieren unser Small Motorhome vorsichtshalber auf einem bewachten Parkplatz, schließen die Fahrräder mit einem Kabel und einem 12-Volt-Stecker an die Alarmanlage an, klemmen den Reiseführer unter den Arm und starten zur touristischen Besichtigungstour.

Gleich bei unserer Rückkehr bemerken wir: Die Alarmanlage war an! Jemand hatte sich sichtbar an unseren Fahrrädern zu schaffen gemacht. Unser Fahrradträger ist zwar sehr hoch über der Klappe des rückwärtigen Staukastens angebracht und mit einem dicken Stahlseil am Dachträger abgeschlossen, aber der Parkplatzwächter hatte uns rückwärts gegen einen Müllcontainer und damit an eine "praktische Arbeitsplattform" dirigiert. Zum Glück hatte die Alarmanlage die Diebe verscheucht und zuverlässig den Parkplatzwächter alarmiert.

Irgendwie fehlt uns noch das richtige Auge fürs wilde Camping, denn wenn wir einen 24-Stunden-Supermarkt suchen, finden wir garantiert keinen und am Abend landen wir doch tatsächlich wieder mal auf einem Fabrikgelände. Es ist Samstag und der Parkplatz ist leer. Zwar nicht der schönste Platz zum Schlafen, aber dafür kostenlos. Vorsichtshalber schalten wir wieder die Alarmanlage ein - wir sind schließlich immer noch im Einzugsbereich der Großstadt Chicago - und klettern müde in den Alkoven hinauf.

Tüt tüt tüt tüt tüt... Verflixt, was ist das? Schlaftrunken rumpeln wir in die Höhe. Die Alarmanlage! Ausschalten das Ding, schnell ausschalten! Tüt tüt tüt tüt tüt... Ich liege vorne, klettere hinunter, taste nach dem Autoschlüssel. Tüt tüt tüt tüt tüt... Zitterig ziele ich mit der Fernbedienung nach dem Sensor, tüt tüt tüt tüt tüt... - endlich, das Ding ist ruhig!

Aber warum hat sich der Alarm eingeschaltet? Hat sich jemand an unseren Türen zu schaffen gemacht? Vorsichtig spähen wir durch die Fenster. Es ist nichts und niemand zu entdecken - aber wir haben auch nicht gehört, dass jemand fortgelaufen wäre. Die Fahrräder - wollte sich schon wieder jemand an unseren Fahrrädern vergreifen? Die Fahrräder sind noch da, aber unser Schlaf ist empfindlich gestört. Noch lange liegen wir wach und lauschen in die Nacht.

South Dakota - auf den Spuren von Sitting Bull und Crazy Horse

Schnurgerade ziehen sich Iowas Straßen nach Westen. Begleitet von Gewittern und Regengüssen überqueren wir den **Mississippi**. Aber auch nach dem *Ol' Man*

River mit seinen vielen Nebenarmen und Inseln bleibt die Landschaft uninteressant. Erst als wir in **South Dakota** den **Missouri** überquert haben, gehen die endlosen Maisfelder in hügeliges Grasland über. Vor etwas mehr als hundert Jahren jagten hier noch die **Sioux** und "Der mit dem Wolf tanzt" wurde in dieser Gegend gedreht.

Längst gibt es hier nichts mehr zu jagen für die Sioux. Mit der Ausrottung der großen Büffelherden wurde die Existenzgrundlage der Prärieindianer systematisch vernichtet. Heute grasen die letzten Büffel geschützt im Yellowstone National Park und im Custer State Park. Die Sioux mussten den Gang in die Reservate antreten, damit die weißen Siedler in ihren Planwagen ungestört nach Westen ziehen konnten. Statt der Planwagen rollen heute auf der Interstate ganze Armadas an Wohnmobilen nach Westen. Sie künden davon, dass wir uns langsam dem ersten touristischen Highlight unserer Reise nähern.

Für die frühen Siedler mit ihren Ochsengespannen war er auf dem Weg nach Westen das erste gefürchtete Hindernis, für die heutigen Touristen aus dem Osten, die mit ihren komfortablen Motorhomes und Trailern in South Dakotas Black Hills Urlaub machen, ist er die erste Hauptattraktion: der **Badlands National Park**. Gut 100 Meilen lang ragt er wie ein unüberwindlicher Wall aus dem Grasland der Prärie. Wind und Wasser haben bizarre Formen aus dem farbigen Sandstein gefräst und eine eindrucksvolle Mondlandschaft geschaffen.

Endlich ist es vorbei mit der Monotonie! Enthusiastisch nehmen wir den ersten *Scenic Drive* im Pulk der riesigen Amimobile unter die Räder. Die haben nämlich auch alle die Interstate verlassen und steuern wie wir die diversen Aussichtspunkte an. Da kann man nichts machen, es ist Sommer, Ferienzeit und drückend heiß. Wir sind ganz wild darauf, uns endlich wieder mal zu bewegen und absolvieren voller Tatendrang einige Trails.

Nach den langweiligen Meilen, die hinter uns liegen, ist die bizarre Steinwüste doppelt beeindruckend, nur der Rummel stört uns. Aber zumindest müssen wir heute Nacht nicht nach einem Supermarktparkplatz Ausschau halten oder auf irgendwelchen Fabrikgeländen übernachten. Im Nationalpark gibt es einen kostenlosen *Campground*. Hoffentlich ergattern wir bei den vielen Wohnmobilen, die im Park unterwegs sind, noch ein freies Fleckchen. Wir sollten uns beeilen! Zum *Campground* geht es 12 Meilen über eine *Gravelroad* und außerdem ziehen schon wieder bedrohlich schwarze Gewitterwolken auf.

Seltsam, auf der Schotterstraße ist kein einziges Wohnmobil unterwegs. Eine faszinierende Prärielandschaft umgibt uns und wir genießen endlich das Gefühl der Freiheit, das wir so lange vermisst haben.

Auf dem weitläufigen *Campground* verlieren sich gerade mal ein altes Wohnmobil, ein Wohnwagen und ein paar Zelte. Wo sind die vielen Luxuskarossen geblieben? Vermutlich dort, wo es *Full Hookup* (Strom, Wasser- und Abwasserentsorgung direkt am Stellplatz) gibt. Was sollten sie ohne Strom auf diesem primitiven Naturplatz, wo auch noch der Betrieb des Generators verboten ist?

Kaum, dass wir die Handbremse angezogen haben, hat uns das Gewitter eingeholt und es gießt wie aus Kübeln. Aber schließlich reißt der Himmel wieder auf und versöhnt uns mit einem dramatischen Sonnenuntergang.

Dort, wo wir in der Prärielandschaft das Gefühl der Freiheit verspüren, haben sie einst ihre Freiheit verloren: Sitting Bull, Crazy Horse, Spotted Tail, Red Cloud, Little Big Man, Big Foot - längst sind die Namen der großen Sioux-Kriegshäuptlinge Legende - Symbol des aussichtslosen, verzweifelten Kampfes der *Dakotas*, wie die Sioux eigentlich heißen, gegen die Übermacht der nach Westen vordringenden Weißen.

Als im Herbst 1890 der Kampf längst geschlagen ist, die Oglalas und Minneconjous, die Tetons und Hunkpapas in zerstückelten Reservaten zusammengepfercht, und die meisten ihrer großen Häuptlinge ermordet oder interniert sind, taucht plötzlich in Nevada ein selbsternannter Messias auf. Der Messias heißt Wovoka und ist ein Indianer vom Stamm der Pajute. Er lehrt die Indianer einen Geistertanz und predigt den geschlagenen Stämmen, dass der große Geist im nächsten Frühjahr auf die Erde zurückkäme und mit ihm alles Wild und alle Büffel. Und auch alle toten Indianer kämen zurück und wären plötzlich wieder jung und stark, während die Weißen in einer großen Flut ertrinken würden. Aber bis dahin müssten alle Indianer den Geistertanz tanzen, immerzu, und sie dürften darin nicht müde werden.

Auch die Sioux beginnen wie wild zu tanzen. Die Minneconjou-Sioux um Häuptling Big Foot, fast ausschließlich Witwen, tanzen bis zum Umfallen, um ihre toten Krieger zurückzuholen. Die Weißen wähnen beim Anblick der wild tanzenden Indianer Arges.

Die Missionare erklären den Tanz zur verwerflichen Religion, die Armee wittert Aufruhr und befiehlt, die Anführer zu verhaften und in Militärgefängnissen zu internieren. Hunkpapahäuptling Sitting Bull wird bei dieser Aktion getötet, Big Foot und seine Minneconjous fliehen.

Am Porcupine Creek werden sie von vier Kavallerietrupps gestellt. Big Foot ist an Lungenentzündung erkrankt und hat eine weiße Fahne hissen lassen. Die Minneconjous werden ohne Gegenwehr in ein Militärlager am Wounded Knee gebracht. 120 Männer und 230 Frauen und Kinder schlagen am Abend des 28. Dezember 1890 südlich des Militärlagers ihre Wigwams auf. Damit keiner der gefangenen Indianer fliehen kann, postiert der Befehlshaber zwei Trupps Kavallerie um die Wigwams und lässt zwei Kanonen auf einem Hügel über dem Lager aufstellen. Am nächsten Morgen werden die Männer aufgefordert, Waffen und Munition abzugeben. Sie gehorchen der Übermacht mit finsteren Blicken, nur der Medizinmann protestiert und auch Black Coyote, ein junger Minneconjou, will seine neue Winchester, für die er viel Geld bezahlt hat, nicht abgeben. Beim Versuch, ihn gewaltsam zu entwaffnen, fällt ein Schuss.

Sekunden darauf erfüllen Pulverdampf und das Krachen der Karabiner die Luft. Unter den Sterbenden, die auf dem gefrorenen Boden liegen, ist auch Häuptling Big Foot. Die Indianer, die kaum Waffen besitzen, versuchen zu fliehen, worauf sie von den Kanonen auf dem Hügel unter Beschuss genommen werden. Die Schrapnells zerfetzen die Wigwams, töten Männer, Frauen und Kinder. "Wir versuchten fortzulaufen", erzählt Louise Weasel Bear, "doch sie schossen auf uns, als wären wir Büffel. Ich weiß, dass es auch gute Weiße gibt, doch Soldaten, die auf Frauen und Kinder schießen, müssen böse sein. Indianische Soldaten würden niemals weiße Kinder erschießen."

Als das Massaker endet, sind Big Foot und über die Hälfte seiner Leute tot oder schwer verwundet. 135 Tote werden gezählt, doch viele Verwundete sind fortgekrochen und sterben später in der eisigen Kälte. Einer Schätzung zufolge kommen an diesem 29. Dezember 1890 fast 300 von den 350 Männern, Frauen und Kindern ums Leben. Das Massaker ist der letzte bewaffnete Konflikt zwischen der US-Kavallerie und den Sioux. Mit ihm war der indianische Widerstand gebrochen.

Dee Brown schreibt im Vorwort zu seinem Buch "Begrabt mein Herz an der Biegung des Flusses": "Und sollte der Leser einmal sehen, welcher Schmutz und welches Elend in einem heutigen Indianerreservat herrschen, dann wird er vielleicht besser verstehen, warum." Wir glauben, es verstehen zu können, trotzdem stürzt uns der Besuch im **Pine Ridge Reservat** in ein Wechselbad der Gefühle.

Das Reservat zählt heute zu den ärmsten Regionen Amerikas. Armut, fehlende Arbeitsplätze, mangelnde Perspektiven sind auch hier, wie überall, ein idealer Nährboden für Alkoholismus, Gewalt und Kriminalität.

Aber als wir den *Campground* im National Park verlassen und wieder die Gravelroad unter die Räder nehmen, treten die alten und neuen Probleme der ehemaligen Prärieindianer in den Hintergrund und wir spüren heute wieder ein euphorisches Gefühl der Freiheit. Die Landschaft, die Weite und Einsamkeit im **Pine Ridge Reservat** der *Oglala* faszinieren uns weit mehr als der Nationalpark. Erst die Gedenkstätte am **Wounded Knee** erinnert uns wieder an die Gräuel die hier vor kaum mehr als 100 Jahren stattfanden.

Die Opfer jenes Massakers liegen auf einem Indianerfriedhof am *Wounded Knee* begraben. Ein Gedenkstein erinnert an die gefallenen Krieger und die getöteten Frauen und Kinder. Die im Wind flatternden Gebetsstreifen aus rotem Stoff bezeugen, dass für die Sioux das Geschehene noch immer gegenwärtig ist. Zudem war 1973 das *Wounded Knee* noch einmal Schauplatz des Widerstands, als streitbare junge Sioux versuchten, ihre alten Rechte einzufordern. Nach langen Auseinandersetzungen, die nicht immer gewaltfrei abliefen, wurde der Anführer vom FBI erschossen. Auch ihn hat man am historischen Ort beerdigt.

Nicht weit von der Gedenkstätte entfernt betreiben einige Sioux einen Verkaufs- und Informationsstand. Mit gedämpfter Stimme, als wäre das Unfassbare erst gestern passiert, erklärt man uns, wo genau das Massaker stattgefunden hat, und wir fühlen uns, stellvertretend für die gesamte weiße Rasse, schuldig. Aber sollen wir ihnen deswegen für horrendes Geld ihre sogenannten *Dream Catchers*, jene kleinen, mit Federn und Fäden verzierten Lederreifen, die gute Träume einfangen sollen, abkaufen? Diese runden Dinger, die von Arizona bis Alaska verscherbelt werden, sind bei den Sioux mit Abstand am teuersten. In Neuseeland haben wir diese *Dream Catchers* gar zum halben Preis entdeckt. Allerdings sah sich dort auch niemand veranlasst, die kleinen Schildchen mit der Aufschrift: "Made in Indonesia" zu entfernen.

Wir wollen das erleben, was von der Kultur der Sioux noch übriggeblieben ist. In **Pine Ridge**, der Hauptstadt des Reservates, findet ein *Pow Wow*, ein Indianertreffen mit Tänzen, statt und das wollen wir uns nicht entgehen lassen. Wegen der dürftigen Ausschilderung wissen wir jedoch nicht, welche Straße wir nehmen müssen, und halten kurz an, um uns mit Hilfe der Karte zu orientieren. Sogleich hält ein Auto vor uns. Ein Indianer steigt aus, blinzelt mit glasigen Augen durch unser

Seitenfenster und will wissen, wo wir denn her sind. "Willkommen Bruder und Schwester!", begrüßt er uns, und drückt uns gerührt die Hand. Bereitwillig erklärt er uns den Weg nach Pine Ridge und kommt dann zur Sache: 20 $ bräuchte er, um Propan zu kaufen, damit er seinen vier hungrigen Kindern etwas zum Essen kochen könne.

Ich winde mich innerlich um die eigene Achse. Die Geschichte des Massakers noch im Kopf, geniere ich mich, das unverschämte Ansinnen rundweg abzulehnen. Red Clouds Nachfahre geniert sich kein bisschen, denn als ich ihm erkläre, dass wir nur Kreditkarten hätten, wäre er auch mit fünf Dollar zufrieden. Nein, wir haben wirklich keine Lust, dem durstigen Vater der vier hungrigen Kinder das Feuerwasser zu finanzieren und verabschieden uns schleunigst.

Ich weiß nicht, ob es nur das Pow Wow ist, das sämtliche entwurzelten, trunksüchtigen Indianer anzieht oder ob Pine Ridge immer solch ein schrecklicher Ort ist. Autos mit eingeschlagenen Scheiben, ausgebrannte Wracks und betrunken vor sich hintorkelnde Männer gehören zum Straßenbild. In der kurzen Zeit, in der wir an der Tankstelle stehen, werden wir ständig angebettelt.

Sicher, wenn man sich mit ihrer Geschichte befasst hat, ihre trostlose Gegenwart kennt, fällt es leichter, zu verstehen - aber Angst um unser Wohnmobil und die Fahrräder haben wir trotzdem. Wie sollen wir da das Pow Wow genießen? Schneller als wir gekommen sind, drehen wir Pine Ridge den Rücken. Später hören wir von anderen Reisenden, dass wir beileibe nicht die einzigen waren, die Hals über Kopf aus Pine Ridge geflüchtet sind.

Auf schmalen, steilen und oft auch unbefestigten Straßen kurven wir durch die **Black Hills** und den **Custer State Park** und zwängen uns haarscharf durch niedrige, enge Tunnels. Von anderen Wohnmobilen keine Spur. Wo sind die geblieben? Auf der Interstate. Schnell und ohne viele Kurven führt er nach **Keystone**, wo wir am **Mount Rushmore** wieder auf die Armada der RV-Giganten stoßen.

Im amerikanischen Hang zu Gigantomanie und Patriotismus meißelte und sprengte ein gewisser Gutzon Borglum aus einem ganzen Berg in mehrjähriger Arbeit die Skulpturen der Präsidenten Washington, Jefferson, Lincoln und Roosevelt. Weil ihm 1941 das Geld ausging, blieben die verkniffen dreinblickenden Herren unvollendet und es blicken nur ihre 20 m hohen Köpfe auf das patriotische Volk herunter (übrigens spielte das Monument in Hitchcocks Film "Der unsichtbare Dritte" in den Schlussszenen eine wichtige Rolle).

Andächtig pilgern die Touristen an ihren steinernen Präsidenten vorbei und wir pilgern mit. Mag ja sein, dass es eine technische Meisterleistung war, die vier Köpfe in den Fels zu klopfen - wir empfinden es als Sakrileg, die Natur so zu vergewaltigen - besonders wenn man bedenkt, dass die Black Hills die heiligen Berge der Sioux sind.

Als Gegenstück zu den Präsidenten entsteht nicht weit entfernt das noch weitaus gigantischere Standbild des Sioux Häuptlings *Crazy Horse* zu Pferd. Es ist als Denkmal für alle nordamerikanischen Indianer gedacht. Wir haben jedoch nicht die Absicht, mittels eines gesalzenen Eintrittsgeldes einen weiteren Frevel mitzufinanzieren.

Crazy Horse, der im Alter von 35 Jahren ermordet wurde, und einst gesagt hat: "Man verkauft nicht die Erde auf der die Menschen wandeln", hätte bestimmt nicht gewollt, dass man zu seinen und aller Indianer Ehren, die Berge sprengt, die ihnen heilig sind und die einst der Mittelpunkt ihres Landes waren.

Und was hätte er wohl zu denen gesagt, die zu Tausenden auf ihren Harleys über die engen, steilen Straßen knattern? Die in kurzärmeligen T-Shirts, in Jeans oder Shorts lässig zurückgelehnt auf ihren *Easy Riders* sitzen und sich statt eines schützenden Helms nur ein Tuch um den Kopf gebunden haben? Crazy Biker? Schon möglich. Zumeist sind es mittlere Semester, die ihre Feuerstühle im Anhänger von weither transportiert haben, und oft genug sind die Fahrer und ihre Bräute so schwergewichtig wie die Maschinen selbst.

Nachdem wir uns genügend gewundert haben, wo die vielen Biker denn plötzlich alle herkommen, erfahren wir, dass in **Sturgis** alljährlich eine Motorradrallye stattfindet. Und so wie jeder Moslem einmal im Leben nach Mekka pilgern soll, will jeder Motorradfahrer, der etwas auf sich hält, mindestens einmal im Leben in Sturgis dabei gewesen sein. Na, und wenn man schon mal da ist, kann man South Dakotas zahlreiche Highlights gleich mitnehmen. Der Sound der schweren, auf Hochglanz polierten Maschinen dröhnt durch die engen Canyons und hallt in den Ortschaften wider. Aber überall hängen große Schilder: Bikers Welcome!

Eines der Highlights, das sich kein Biker entgehen lässt, ist der Devils Tower im nahen **Wyoming**, zumal der Weg dorthin durch den landschaftlich außerordentlich reizvollen **Spearfish Canyon** führt. Die enge, kurvenreiche Strecke zieht Motorradfahrer nahezu magisch an. Uns auch, weil im Reiseführer die landschaftliche Schönheit gepriesen wird. Und nun tuckern wir im Pulk tausender PS-starker Harleys mit unserem, für amerikanische Verhältnisse hoffnungslos untermotorisierten Small Motorhome durch den engen, gewundenen Canyon. Da tut sich auch ein Harleyfahrer hart mit dem Überholen.

Der **Devils Tower** (📷 Seite 132), der Rest eines alten Vulkanschlotes, ragt schon von Weitem sichtbar, beeindruckend in die Landschaft. Um das *National Monument* herum führt ein Rundweg, und weil Hochsaison ist, laufen wir die 2 km im Pulk. Um den gewaltigen Klotz ranken sich phantasievolle Indianerlegenden und er war sogar schon Gegenstand des Spielberg-Science-Fiction-Filmes "Unheimliche Begegnung der Dritten Art".

Mäuse, Büffel & Japaner - Bighorn Mountains & Yellowstone National Park

"Die Aussicht ist ja gewaltig", Peter drückt die Kamera ans Auge und visiert gewohnheitsmäßig die Landschaft durch die Linse an, "aber ein Foto lohnt sich nicht - zu diesig." Er sieht sich prüfend auf dem *Scenic Lookout* um, den wir gerade angesteuert haben. "Der Platz wäre nicht schlecht, wer weiß, ob wir weiter oben noch was finden!"

"Auf jeden Fall besser und schöner als der Supermarktparkplatz unten in Sheridan - aber glaubst du nicht, dass man uns von der Straße aus sieht?"

"Wenn wir mit dem Wohnmobil dort hinten ins hohe Gras rangieren, verdecken uns die Bäume."

"Kann aber sein, dass es so nah an der Straße in der Nacht ziemlich laut wird."

"Ach, wer soll denn nachts über die **Bighorn Mountains** kurven, hier schlafen wir bestimmt gut."

Fast einen Monat sind wir jetzt schon auf Achse und längst haben wir uns daran gewöhnt, an allen möglichen und unmöglichen Stellen zu übernachten. Es sind in der Nacht wirklich nicht viele Autos auf der langgezogenen Passstraße unterwegs - obwohl, einige steuern trotz stockdunkler Nacht den Aussichtspunkt an, und ich höre, wie die Insassen aussteigen. Weiß der Teufel, welches Panorama die im Finstern bewundern wollen. Aber das ist es nicht, was mir den Schlaf raubt.

Chp - chp - chp... Da tappst etwas um unser Wohnmobil herum, kratzt an der Seitenwand entlang! Ein Bär? Ich klettere vom Alkoven hinunter und leuchte mit der Taschenlampe zum Küchenfenster hinaus. Nichts zu sehen. Vermutlich hab ich mir die Geräusche nur eingebildet. Peter behauptet ja immer, ich sähe ständig Gespenster. Vorsichtig klettere ich in den Alkoven zurück, um ihn nicht zu wecken und knuffe mir das Kopfkissen zurecht. Nein, das war keine Einbildung! Da war wieder das Geräusch, ganz deutlich, ein Kratzen und Schaben, und es kam von unten. Vielleicht ein Waschbär? Bei meiner Schwester hatte sich solch ein aufdringlicher Geselle durch eine stabile Kunststoffkiste gebissen, um an den Katzenfuttervorrat zu gelangen. Ob sich jetzt einer an unseren Bremsleitungen gütlich tut?

"Zu Hause hast du ständig Einbrecher gehört und jetzt hörst du Bären und Waschbären", brummelt Peter unter der Bettdecke hervor, dreht sich auf die andere Seite und schläft weiter.

Chrrb - chrrb - chrrb... Das reißt sogar Peter aus dem Schlaf. Das nagende Geräusch kommt ganz deutlich von unten. Mit der Taschenlampe in der Hand schleicht er ums Wohnmobil herum und leuchtet alles ab - da sehe ich etwas durchs Wohnmobil huschen - eine Maus! Wir haben eine Maus im Wohnmobil! Mit ihren runden Knopfaugen sieht sie mich groß an und verschwindet im Fahrerhaus unter dem Campingführer.

Und was machen wir jetzt? Mit Speck fängt man angeblich Mäuse - haben wir aber nicht - nur labbriges Weißbrot. Ob sie sich damit locken lässt? Peter legt mit List und Tücke den Köder auf der Trittstufe des Fahrerhauses aus. Die Maus ist eine amerikanische Maus - sie kann dem Schaumgummibrot nicht widerstehen, und Peter befördert sie mit einem Schubs ins Freie. Geschafft!

Aber wie ist das Biest in unser rollendes Heim gelangt? "Die elektrische Trittstufe", vermutet Peter. "Wir stehen im hohen Gras und haben gestern Abend den Einstieg ausgefahren. Vermutlich konnte sie so ins Wohnmobil klettern."

Na, jetzt ist sie jedenfalls wieder draußen, und wir klettern zufrieden in den Alkoven zurück. Es ist gerade mal halb fünf, da kann ich noch so zwei, drei Stündchen vom versäumten Nachtschlaf nachholen...

Chrrb - chrrb - chrb... Das gibt's doch nicht! Das Geräusch kam wieder von unten. Aber verflixt, es lässt sich nicht genau orten. Entnervt leuchten wir alle Winkel und Ritzen ab. "Da sitzt sie!" Tatsächlich - aus einer Umluftöffnung der Heizung lugt noch eine Maus. Aber das Biest ist schnell und gerissen - bis wir reagieren, ist sie längst in den Innereien des Wohnmobils verschwunden, um ein paar Sekunden später aus einem anderen Umluftschlauch zu linsen. Erst als wir vor allen Öffnungen das bewährte Schaumgummibrot deponieren, wird sie unvorsichtig. Diesmal sind wir schneller, versperren der Maus sämtliche Rückwege und bugsieren sie an die frische Luft.

Halb sechs - wer kann jetzt noch schlafen. Auch wenn sich die Bighorns in dicken, grauen Wolken verstecken, was soll's! Lass uns Kaffee kochen, das allseits beliebte Schaumgummibrot toasten und dann nehmen wir die Passstraße über die Bighorn Mountains unter die Räder!

Schade, dass sich das Wetter in den Bergen so abweisend gezeigt hat. Da hat es sich auch nicht gelohnt, für viel Geld am **Bighorn Canyon** zu campen. Ich muss gähnen - verflixte Mäuse, ich bin hundemüde. Peter gähnt mit. Wie wär's mit einer Siesta an dem Rastplatz, der vorhin mit einem Schild angekündigt wurde? Gute Idee. Es ist wirklich ein hübscher, inmitten großzügiger Rasenflächen angelegter Platz, den die freundlichen Stadtväter von **Powell** für die Durchreisenden eingerichtet haben.

"Sieh mal, was da steht!" Peter deutet auf das Schild an der Einfahrt.

"Das ist ja nicht zu fassen, man darf hier 48 Stunden lang gratis campen!"

Diese Einladung können wir unmöglich ausschlagen! Zusätzlich haben die aufmerksamen Honoratioren eine *Dumping Station* und Wasserhähne installiert. Also gönnen wir uns eine heiße Dusche und Relaxen und hoffen auf einen ungetrübten Nachtschlaf ohne Mäuse!

Tüt tüt tüt tüt tüt... Nicht schon wieder! Ich klettere aus dem Alkoven, schalte den Alarm aus und lausche. Nichts zu hören und nichts zu sehen. Haben unsere Fahrräder schon wieder Begehrlichkeiten geweckt? Etwa bei dem jungen Mann, der sich den ganzen Nachmittag über in der Nähe unseres Wohnmobils herumgetrieben und so auffälliges Interesse für unsere Drahtesel bekundet hat? Wenn ja, dann hat ihn der Alarm jetzt gründlich verscheucht. Ich krieche zurück in den Alkoven, ziehe mir die Bettdecke über die Ohren und entgleite wieder sanft in die Welt der Träume...

Tüt tüt tüt tüt tüt... Neiiin! Aus dem Alkoven hechten und die Alarmanlage ausschalten schaffe ich jetzt schon in Rekordzeit - aber wer ist verflixt noch mal so dusselig und probiert trotz Alarm ein zweites Mal, an unsere Räder zu gelangen? "Du hast doch auch gemerkt, dass der junge Kerl nicht ganz hell auf der

Platte war," grummelt Peter vor sich hin, "aber jetzt hat er das mit dem Alarm bestimmt kapiert!"

"Hoffentlich", gähne ich und merke nicht, dass wir beide diejenigen sind, die überhaupt nichts kapiert haben.

Gang einlegen, anfahren, anhalten - eine ganze Weile geht es nun schon Stop and Go. Wir kommen uns vor wie auf der Inntalautobahn am ersten Ferientag. Zwar wussten wir schon vorher, dass der **Yellowstone National Park** im Sommer überlaufen ist; aber so schlimm hatten wir es uns dann doch nicht vorgestellt. In einer endlosen Blechlawine kriechen wir von Baustelle zu Baustelle. Die Straßen, löchrig wie ein Schweizer Käse, können nur in der wenige Monate dauernden Sommersaison geflickt werden. Wieder ein Stop. Nichts geht mehr. Schon wieder eine Baustelle? Nein, diesmal ist es eine grasende Bisonherde, die den Stau verursacht hat. Stative und Teleobjektive werden angeschleppt, Fotoapparate klicken, Videokameras surren.

Dieselben Amerikaner, die den Büffeljäger und Indianerschlächter Bill Cody alias Buffalo Bill als Nationalhelden verehren, ihm in der nach ihm benannten Stadt ein Museum gewidmet haben, bestaunen nun ehrfürchtig die letzten Reste der von ihm und seinesgleichen fast ausgerotteten Tiere. Die Bisons, die als aggressiv und unberechenbar gelten, nehmen es gelassen, denn sie sind an fotografierwütige Zweibeiner gewöhnt. Wir tuckern langsam weiter und rätseln, was wohl diesen Park so anziehend macht, denn landschaftlich hatte die Zufahrtsstraße weit mehr zu bieten.

Nahezu jeder Amerikaner will mindestens einmal im Leben im Yellowstone gewesen sein, von den Deutschen wird behauptet, sie seien hier zahlreicher vertreten als die Bären, und die Japaner, die im Schnelldurchgang durch den Park gekarrt werden, zählt man nur noch in Busladungen.

Mit vielen landschaftlichen Höhepunkten dieser Welt verwöhnt, schenken wir den **Mammoth Hot Springs** nicht die gebührende Aufmerksamkeit - die Sinterterrassen im türkischen Pamukkale sind größer. Die geothermischen Erscheinungen, kochende Schlammtümpel, in allen Farben schillernde heiße Pools und Geysire, die einer der Hauptanziehungspunkte sind, reißen Peter nicht vom Hocker, er habe schließlich in Neuseeland schon genügend Blubberlöcher gesehen, erklärt er mir halb scherzhaft, halb im Ernst.

Japaner sind da wesentlich leichter zufrieden zu stellen. Roaring Mountain, Mammoth Hot Springs, Norris Geyser Bassin - vor jeder Attraktion steht ein Schild mit dem jeweiligen Namen drauf, und an jedem dieser Schilder spielt sich das gleiche Ritual ab: Der Bus hält, die Japaner wuseln heraus, sprinten auf das Schild zu und bauen sich nacheinander davor auf, um sich gegenseitig abzulichten. Ohne nach links oder rechts zu schauen, steigen danach alle wieder gesittet in ihren Bus, um am nächsten Haltepunkt das Ganze zu wiederholen. Mich wundert, dass noch kein findiger Kopf auf die Idee gekommen ist, die Schilder der Einfachheit halber nach Japan zu verfrachten. Nippons Bürger kämen so weit billiger an die begehrten Fotos und hätten obendrein in ihren knappen zwei Wochen Urlaub mehr Zeit, sich zu erholen.

Obwohl direkt an den Wasserfällen gar kein Schild steht, müssen wir an den **Upper und Lower Falls** mit einer ganzen Busladung Japaner um ein Fleckchen fürs Foto kämpfen. Wandern wollten wir hier, wollten den National Park in Muße genießen, und nun hetzen wir durch die Lande wie rasende Dreiwochentouristen. Der Trubel geht uns auf den Geist und außerdem nerven die langen Anfahrtswege zu den wenigen *Campgrounds*, deren Kapazität dem Andrang bei Weitem nicht gewachsen ist. Wäre die Nationalparkverwaltung so umsichtig und gäbe für die Massen der Wohnmobile die großen Parkplätze zum Übernachten frei, ließe sich der Verkehr entzerren, weil viele überflüssige Wege wegfielen.

Mit gezückten Kameras sitzen die Touristen im Halbrund und starren gespannt in die Naturarena. **Old Faithful** ist Yellowstones berühmtester Geysir - nicht etwa, weil er der größte wäre oder vielleicht der schönste, nein, er ist der zuverlässigste - er spuckt genau vorhersehbar alle 45 Minuten. Selbst die fixeste japanische Reisebusladung kann bei entsprechender Planung seinen Ausstoß miterleben. Wir haben einen Sitzplatz ergattert und Peter nimmt mit der Kamera die wartenden Touristenmassen ins Visier - für den zuverlässigen Geysir hat er nur ein oder zwei Bilder übrig. Aber Old Faithfuls Ausbruch ist dürftig - verglichen mit der Spätvorstellung, die gestern Abend ein Geysir im **Norris Bassin** exklusiv nur für uns gab. Minutenlang schleuderte er seine heißen Fontänen bis zu 15 m hoch in die Luft. Aber diese Ausbrüche erlebt man nur mit Geduld - oder per Zufall.

Unmittelbar an den Yellowstone National Park schließt sich der **Grand Teton National Park** an. Er ist landschaftlich wesentlich gewaltiger als sein großer Bruder, der uns insgesamt eher enttäuschte, aber bedingt durch die räumliche Nähe ist er nicht minder überlaufen und überreglementiert. Wir machen es nicht anders als die Kurzurlauber: Durchfahren, Pflichtfoto an den *Viewpoints* und nichts wie weg.

Salt Lake City - Marmora, Missionare & Detektive

"Mormonen - die hatten früher Vielweiberei", wusste schon mein Vater über die Bürger Utahs zu berichten. Meine Mutter hatte gerade zwei ihrer Missionare abgewimmelt, höfliche junge Männer mit blonden Haaren und amerikanischem Akzent. Ich war damals ein Kind, von Mormonen hatte ich noch nie gehört, und unter Vielweiberei konnte ich mir rein gar nichts vorstellen.

Wenn man der überregionalen Tageszeitung *USA-Today* glauben darf, dann assoziieren die meisten Bürger der Vereinigten Staaten mit dem Stichwort "Mormonen" genau dies - Polygynie - Vielweiberei. Weshalb sich das Blatt zu einem aufklärenden Artikel genötigt sah. Die "Heiligen der letzten Tage" wären bienenfleißige und geschäftstüchtige Bürger, erfuhr der Leser. Sie rauchen nicht, sie trinken nicht, sind zuverlässige Steuerzahler und führen ein ganz normales amerikanisches Leben. Und die Vielweiberei? Längst verboten im Mormonenstaat - ganz offiziell - seit Utah als 45. Staat in die Union aufgenommen wurde. Inoffiziell natürlich ... Die Aufklärer sahen sich genötigt, den Bericht über einen Vater nachzuschieben, der seine 16-jährige Tochter mit brutalen Schlägen zwingen wollte, die x-te Frau eines lüsternen alten Onkels zu werden ...

"Mormonen - ", erzählte eines Abends eine deutsche Reisende mit vielsagendem Lächeln, als wir in gemütlicher Runde am Lagerfeuer beisammen saßen, "- ich kenne einige persönlich - auch Frauen..." Und unter Gekicher berichtete sie uns von der speziellen "Mormonenunterwäsche", einem strampelhosenartigen Gebilde, das von Männlein und Weiblein getragen, und nur mit einer diskreten Öffnung versehen, die keusche Zeugung von Mormonenbabys ermöglicht. Fast gänzlich ohne sündigen Hautkontakt. Wir in der Runde hielten uns den Bauch vor Lachen.

Mir fielen die Brautpaare ein - damals, auf unserer zweiten Reise in die USA. Wir hatten in **Phoenix** gerade den Mietwagen in Empfang genommen, hatten uns in der Stadt umgesehen und standen plötzlich vor einem Palast aus Tausend und einer Nacht - palmenumstanden, mit einem riesigen, gekachelten Wasserbassin davor. Brautpaare ganz in weiß, verließen strahlend den Palast - eines nach dem anderen, wie am Fließband. Der Palast war der Arizona Mormonentempel, und wir, naiv und begierig auf alles Neue, wollten ihn natürlich besichtigen.

Das ginge leider nicht, erklärte uns der freundliche Herr an der Information, schon wegen der Familienfeiern. Aber sie hätten da ein Video - darauf könne man sehen, wie es im Inneren des Tempels aussieht. Sprach's und geleitete uns in einen Nebenraum, schaltete den Fernseher an und schob eine Kassette in den Recorder. Wir Trottel! Das hätten wir doch wissen müssen, dass sie keine Möglichkeit zu missionieren auslassen. Nach zehn Minuten verdrückten wir uns unauffällig durch den Seitenausgang...

Heute sind wir auf alles vorbereitet, und als wir durch **Salt Lake City**, der Hauptstadt Utahs rollen, sind wir gewappnet. Schon von Weitem sehen wir den goldenen Engel Moroni mit seiner Trompete, der von der Turmspitze des Tempels über die geschäftige Hauptstadt wacht. Der Tempelbezirk ist das Herz der 1847 gegründeten Stadt, touristische Attraktion und missionarisches Zentrum zugleich.

Es ist Hochsaison und der Ansturm der Touristen entsprechend groß. Und weil die "Heiligen der letzten Tage" keinen Unterschied zwischen Touristen und potentiell zu Bekehrenden machen, haben sie massenweise "Brüder und Schwestern" mobilisiert, angehende Missionare, die die Besucher im Turnus von wenigen Minuten durch den Tempelbezirk, das *Tabernakel* und die anderen Gebäude schleusen.

Das ist wohl auch der Grund, warum diese Führungen kostenlos sind - denn sonst ist Amerika ein Land happiger Eintrittspreise. Der Tempel selbst darf übrigens auch hier von Nichtmormonen nicht betreten werden.

Wir schließen uns einer "Schwester" und ihrer Gruppe an, lassen uns über Glauben und Geschichte der Mormonen aufklären und bestaunen die sagenhafte Mischung aus Bombastik und Kitsch. Am Ende der Führung versuchen wir uns diskret zu verdrücken. Aber alle paar Meter steht eine der "Schwestern" mit verklärtem Blick und huldvollem Lächeln und stürzt sich auf ihre Opfer.

"Einfach wegsehen und durch!" zischelt mir Peter zu. Nützt nichts. Ob wir nicht irgendwelche Fragen hätten oder Hilfe bräuchten. Die Freundlichkeit und Aufmerksamkeit erschlägt uns fast. Schließlich schaffen wir es, als unbekehrte Heiden hinauszugelangen, um nun auch die Profanbauten von Salt Lake City zu besichtigen.

Hatten die Pioniere für den Bau des Tabernakels und des Tempels in Ermangelung echten Marmors noch polierte Holzstämme geschickt mit Pinsel und Farbe auf Marmorsäulen getrimmt, musste man sich beim Bau des *State Capitols* nicht mehr mit Imitationen begnügen. Protziger Marmor und kitschige Gemälde beherrschen das Bauwerk. Reichtum gilt im Mormonenstaat als Zeichen besonderer Gottgefälligkeit und bei Spenden für Kirche und öffentliche Einrichtungen lassen sich Mormonen nicht lumpen.

Mit der Campingplatzsuche machen wir es uns einfach. Am Abend steuern wir kurzerhand die Mercedes-Niederlassung an und stellen uns vor das Firmengelände. Unser Auto gibt seit einiger Zeit beim Anlassen ein pfeifendes Geräusch von sich und wir wollen das morgen früh überprüfen lassen. Kurz nachdem wir uns häuslich niedergelassen haben, erscheint der *Security Man*. Er fährt im Mercedes vor, ein Luxus, für den anscheinend sein Gehalt als Detektiv beim Salt Lake City Police Department nicht ausreicht. Trotz der Visitenkarte mit Golddruck, die er uns überreicht, muss er im Nebenjob nachts das Autohaus bewachen und natürlich auch die Traveller, die vor dessen Toren campen.

Ist es die Angst vor dem Bohrer, vor den Spritzen oder reicht allein der Geruch - kaum sitzt man beim Zahnarzt im Wartezimmer, sind die Zahnschmerzen, meist wie durch ein Wunder von selbst verschwunden. So ungefähr muss es wohl auch unserem Small Motorhome vor dem Werkstatt-Tor ergangen sein. Als der Servicemanager gespannt sein Ohr über die Motorhaube neigt und Peter am Zündschlüssel dreht, springt es brav und ohne jedes verdächtige Geräusch an. Wir müssen uns darauf beschränken, dieses pfeifende "Piiing", für das wir keine Erklärung haben, nachzuahmen.

Der Servicemanager hat trotzdem gleich eine Diagnose zu Hand: "Schlechter Diesel! Vermutlich habt ihr Diesel Nr. 2 getankt. Der hat nicht genug Oktan und geliert bei Kälte und bei Hitze. Der Motor braucht Diesel Nr. 1, den gibt es aber nur an Truckstops, nicht in der Stadt. Außerdem ist der Diesel in ganz Utah nicht besonders gut."

Wir sind zwar froh, dass unserem Wohnmobil nichts Ernsthaftes fehlt; aber immer nur an Truckstops zu tanken ist leichter gesagt als getan. Die großen Truckstops liegen meist im Bereich der Interstates, während wir die abgelegenen Naturschönheiten ansteuern wollen. Bei einem Campingausstatter erstehen wir aber trotzdem für alle Fälle ein *Diesel and Truckstop Directory*. Außerdem kaufen wir für die hinteren Zwillingsreifen praktische Ventilverlängerungen, weil das Luftdruckprüfen sonst so ein Gefummel ist.

Draußen treffen wir dann Richard Forbes wieder, jenen pensionierten Polizisten, der vor etlichen Jahren in Los Angeles den spektakulären Mord an Polanskis Ehefrau Sharon Tate aufgeklärt und ihren Mörder Manson dingfest gemacht hat. Vor ein paar Tagen lernten wir den überzeugten Mormonen und Vater von sechs Kindern auf einem National Forest Campingplatz kennen.

Wie uns denn Salt Lake City gefallen hätte, will er nun wissen. "Salt Lake City ist eine sehr reiche Stadt", geben wir ihm anerkennend zur Antwort. Das will er jedoch nicht so einfach stehen lassen, wir kämen womöglich auf die Idee, der Reichtum wäre so einfach vom Himmel gefallen.

"Salt Lake City ist eine geschäftige Stadt mit sehr fleißigen Bürgern, die ihr Geld immer wieder investieren", spricht's, zückt sein Handy, ruft seine Frau an und teilt ihr mit: "Was glaubst du, wen ich gerade getroffen habe - unsere Freunde vom Wood Camp!" So schnell wird man im Land der unbegrenzten Möglichkeiten jemandes Freund.

Als eher reservierte Fränkin, die selbst nach 20 Jahren noch mit den Nachbarn "per Sie" war, wird mir bei diesem Tempo leicht schwindelig. Auch bis ich mich an die allgemeine Sitte gewöhnt habe, dass sich jedermann nur mit dem Vornamen vorstellt und anspricht, dauert eine Weile.

Mormonen, sie rauchen nicht und trinken nicht - nur manchmal, da bestechen sie Olympiafunktionäre. Und wir haben das jetzt auszubaden, weil sie wegen der verflixten Winterolympiade 2002 sämtliche Straßen aufreißen, Interstateausfahrten verlegen und überhaupt alles auf den Kopf stellen. Die braven Bürger schimpfen - und wir verfranzen uns ganz gottserbärmlich. Wir wollten auf der Interstate raus aus der Großstadt, stattdessen fahren wir mit der Kirche ums Dorf - bzw. mit dem Tempel um Salt Lake City - und es dauert ziemlich lange, bis wir einen der einsamen Highways erwischen, nach denen wir uns immer gesehnt haben.

Wenig später an einem Rastplatz findet Peter plötzlich, dass einer der hinteren Reifen etwas platt aussieht. Wir erwägen schon, auf die Interstate zurückzufahren, weil wir uns nun einer wenig besiedelten Gegend nähern. Aber in Delta können wir die Luft prüfen und Peter stellt fest, dass beide inneren Reifen gerade mal noch 1 bar Druck haben. Die neuen Verlängerungen haben kontinuierlich die Luft abgelassen und man kann durch sie auch keine Luft auffüllen. Zehn Dollar haben wir für den Schrott bezahlt. Als wir die Verlängerungen einige Zeit später in einer anderen Filiale reklamieren, erhalten wir anstandslos unser Geld zurück. In Amerika ist der Kunde wirklich König: Einen Artikel, den man bei einer Kaufhauskette in Arizona gekauft hat, kann man ohne Angabe von Gründen anderswo zur gleichen Kette zurückbringen - und wenn es in Alaska ist. Vermutlich hört auch deshalb niemand richtig zu, wenn einmal wirklich etwas reklamiert wird. Unsere Schrottverlängerungen werden nämlich keineswegs ausgemustert, sondern wieder fein säuberlich eingepackt und erneut ins Regal einsortiert. Es ist nicht das erste und auch nicht das letzte Mal, dass wir das erleben.

Die Reifen haben uns ziemlich aufgehalten. Erst kurz vor dem Dunkelwerden biegen wir in eine unbefestigte Stichstraße zum **Gunnison Massaker Monument** ein. Im Oktober 1853 wurden hier vier Soldaten und vier Zivilisten von Ute-Indianern überfallen und getötet. Nach ein paar Kilometern haben wir einen einsamen, stillen Platz für uns allein. Auch wenn es vielleicht ein wenig makaber ist, schlafen wir prächtig.

Am Morgen nehmen wir wieder den Highway 50 unter die Räder. Die wilde Wüstenlandschaft ist ganz nach unserem Geschmack. Wir überqueren die Grenze zu **Nevada** und nähern uns dem Great Basin National Park. Hier liegt Nordamerikas südlichster Gletscher, was man sich inmitten der Wüste kaum vorstellen kann. Nachdem unser Camper zwar langsam aber stetig auf 3.000 m Höhe hinaufgeschnauft ist, können wir oben tatsächlich den Gletscher sehen.

Der **Great Basin National Park** liegt abseits der Touristenrouten. Auf dem kleinen *Campground* stehen wir mit unserem Small Motorhome idyllisch unter Kiefern und nun kommen wir auch endlich zum Wandern und genießen an den Alpine Lakes die Schönheit der Landschaft, bestaunen im Hain der uralten Pinien 3.000 Jahre alte Baummethusalems und steigen über Geröll zum Gletscher hinauf. Aber zwei Tage später treibt es uns schon wieder weiter.

Über Nevadas einsame Highways zu fahren ist ein Genuss. Auch kostenlose *Campgrounds* zu finden ist nicht schwierig. In **Ely** drückt uns die ältere Lady von der Tourist Information eigens ein Faltblatt mit den freien Campingmöglichkeiten in die Hand, worauf wir in **Pioche** im City Park Stellung beziehen.

Gleich gegenüber, im *Public Pool*, kann man für einen Dollar pro Nase herrlich schwimmen. Ist hier die Welt noch in Ordnung? Nein, schon lange nicht mehr.

Bei unserem Abendspaziergang entdecken wir vor dem Rathaus eine Messstation. In den 50er Jahren diente Nevadas Wüste den US-Militärs als Spielplatz für oberirdische Atomversuche und die "strahlenden" Folgen sind noch heute messbar.

In **Cedar City** sind wir wieder in Utah und an einer einzelnen Zapfsäule des Truck Stops entdecken wir endlich das, wonach wir schon lange verzweifelt suchen: "This Pump Diesel Nr. 1 only" steht auf dem Schild. Freudig packen wir die Gelegenheit beim Schopf, füllen den leeren Tank und schalten gewohnheitsmäßig auf den anderen, beim letzten Tankstop gefüllten, um. Auf diese Weise haben wir immer einen vollen Tank in Reserve und vermeiden, dass der Diesel in einem Tank vergessen und alt wird.

Zion - Naturwunder und Naturgesetze

"Wenn sie durch den Tunnel fahren wollen, kostet das 10 Dollar, weil wegen der Höhe und Breite der Verkehr in der Gegenrichtung gesperrt werden muss", erklärt uns der Ranger am Eingang zum **Zion National Park**. Im alten Tunnel aus den 30er Jahren wird es für zwei Wohnmobile amerikanischen Ausmaßes nebeneinander zu eng. Der Einfachheit halber regelt man den Verkehr durch den Tunnel mit Ampeln, und zwar immer, ganz gleich ob ein Wohnmobil durchfährt oder nicht. Weil aber sehr viele Wohnmobile durch den Zion fahren, haben findige Köpfe eine zusätzliche Einnahmequelle für Uncle Sams leere öffentliche Kassen entdeckt.

"Wir überschreiten nicht die erlaubten Maße! Unser Wohnmobil ist nur 2,27m breit." So schnell lassen wir uns das Geld nicht aus der Tasche ziehen. Gestern haben wir am Eingang zum **Kolob Canyon** ein Faltblatt mit den genauen Maßen in Fuß und in Zentimetern erhalten.

"Das ist ein Wohnmobil, und Wohnmobile sind breiter als 2,40 m", erklärt uns der Ranger schulmeisterhaft, so als handle es sich hierbei um ein unumstößliches Naturgesetz.

"Das ist ein deutsches Wohnmobil, und deutsche Wohnmobile sind nicht so breit, wir haben engere Straßen."

"Aber es ist höher als erlaubt, und deshalb müssen sie zehn Dollar bezahlen!" Jetzt fangen wir an, ihm auf den Keks zu gehen.

"Unser Wohnmobil ist nur 3,10 m hoch."

"Mit der Klimaanlage ist es höher als 3,40 m", auch das ist ein amerikanisches Naturgesetz.

"Wir haben keine Klimaanlage!"

Jetzt streckt er den Kopf aus dem Fenster heraus, wirft einen ungläubigen Blick nach oben - nun ja, zumindest das mit der Klimaanlage scheint auf den ersten Blick zu stimmen. Aber zehn Dollar hin, zehn Dollar her, so schnell lässt er sich doch sein Weltbild nicht zerstören. Er greift sich einen Zollstock und kommt aus seinem Kabäuschen heraus, um uns mit Hilfe von wissenschaftlichen Foot und Inch von unserem Irrglauben zu überzeugen.

Zweimal misst er die Breite nach, wirft nochmals einen zweifelnden Blick nach oben - die Höhe zu überprüfen dürfte kompliziert werden, sein Zollstock ist zu kurz, außerdem stauen sich hinter uns bereits die Autos - aber, wenn einerseits schon der Grundsatz: "Ein Wohnmobil ist immer breiter als 2,40 m" nicht stimmt, könnte es ja andererseits auch durchaus zutreffend sein, dass Wohnmobile mitunter niedriger als 3,40 m sind. Nachdem er diese Erkenntnis verinnerlicht hat, klebt er uns, wenn auch zähneknirschend, einen rosa Sticker zur freien Fahrt durch den Tunnel an die Windschutzscheibe.

Auch die Länge unseres Fahrzeugs von 6,30 m - etwas mehr als 21 Fuß, ist auf einigen Strecken durch die National Parks die Schallgrenze. So dürfen auch im Zion an einigen *Viewpoints* und Startplätzen zu Trails nur Fahrzeuge unter 22 Fuß parken - die Insassen größerer Kaliber müssen den Shuttlebus benutzen.

Auf unserer ersten Amerikareise hatten wir den Zion NP schon einmal besucht. Aber gleich im Anschluss an den alles übertreffenden Bryce Canyon waren wir mit Naturwundern bereits so überfüttert, dass wir die dramatische Felslandschaft damals nicht so recht zu würdigen wussten. Obwohl auch dieser Park für unseren Geschmack zu voll ist, nehmen wir uns Zeit zum Wandern, und im Bereich der dafür vorgesehenen Wege auch zum Radfahren.

Nachdem wir den Tunnel durchfahren haben, ändert sich die Landschaft schlagartig. Statt Hochgebirgslandschaft umgeben uns nun Berge, die aussehen, als wären sie aus rosa und hellgrauem Zement gegossen. Wir genießen das Szenario auch beim zweiten Durchgang und laufen in der Nähe des **Coral Pink Dunes State Park** einen *Campground* des *Bureau of Landmanagement* an.

Umgeben von orangefarbenen Sanddünen, liegt in einem kleinen Kiefernhain die **Ponderosa Grove**, unser auserkorener *Campground*. Für 5 $ bietet er außer traumhafter Lage, einem Plumpsklo und pro Stellplatz einem Mülleimer, keinerlei Komfort - auch keinen Wasserhahn. Aber wir haben uns längst angewöhnt, bei jeder sich bietenden Möglichkeit den Wassertank nachzufüllen und Abwasser- und Toilettentank zu entsorgen, sodass wir solche abgelegenen, idyllischen Plätze in Ruhe genießen können. Nun sitzen wir vor dem Camper, über uns leuchten die Sterne und wir lauschen dem abendlichen Zirpen der Grillen. In der Ferne heulen Kojoten den Mond an, und so langsam beginnt sich nun doch die lang ersehnte innere Ruhe einzustellen.

Mit dem Fahrrad erkunden wir am nächsten Tag den State Park und wir stellen zufrieden fest, dass unser *Campground* nicht nur schöner und billiger, sondern auch sehr viel ruhiger ist. Die Dünen sind eine offizielle Recreation Area, und selbst die Kids düsen schon knatternd und stinkende Abgaswolken hinter sich lassend, mit ihren eigenen oder gemieteten Dünenbuggies über die Sandberge.

Länger als zwei Nächte halten wir es in der einsamen Ponderosa Grove nicht aus, wir wollen weiter zum **Grand Canyon**. Zweimal haben wir dieses größte Naturwunder der Erde schon vom leichter zu erreichenden, aber touristisch stark überlaufenen **South Rim**, dem Südrand, aus bewundert und wollen nun den abgelegeneren **North Rim** besuchen. In **Kanab** füllen wir noch einmal den leeren Dieseltank, schalten gewohnheitsmäßig auf den anderen Tank um, es ist der mit dem Diesel Nr. 1 aus Cedar City, und machen einen Fahrerwechsel.

Ich muss gestehen, dass mir die Rolle des Beifahrers wesentlich angenehmer ist als die des Fahrers. Die stark gewöhnungsbedürftige Schaltung, die Schwerfälligkeit und die ungewohnten Ausmaße des Leicht-Lkws sind mir noch immer nicht in Fleisch und Blut übergegangen, zudem war die Rolle des Beifahrers noch nie Peters starke Seite. Obwohl die Straße leicht und stetig ansteigt, merke ich es sofort: "Der Motor zieht nicht", moniere ich.

"Er zieht schon, du hast nur zu früh geschaltet!"

Ich schalte wieder runter. Peter denkt prinzipiell zuerst, ich mache etwas falsch, wenn ich an einem Auto etwas bekrittle, obwohl er aus Erfahrung wissen müsste, dass ich Störungen sehr wohl sofort bemerke.

"Er zieht immer noch nicht!"

"Klar, es geht doch auch leicht bergauf. Du musst mehr Gas geben."

"Ich steh' ja schon voll auf dem Pedal!"

"Du musst immer den Drehzahlmesser und die Turboanzeige beachten!"

Die Augen abwechselnd auf dem Drehzahlmesser und der Turboanzeige quäle ich das Wohnmobil weiter aufwärts. Bis es mir am nächsten Viewpoint reicht. Unter der Motorhaube qualmt es. Peter kann sich nicht recht vorstellen, wie der Motor trotz Tropenkühler zu heiß geworden sein könnte, außerdem ist die Temperaturanzeige kaum angestiegen.

Er setzt sich nun selbst wieder ans Steuer, aber nach einigen Metern schlagen Flammen aus dem Motorraum. Ich weiß nicht mehr, ob wir in diesem Moment etwas denken oder gar nichts denken. Peter reißt den Feuerlöscher aus der Halterung, zielt in die geöffnete Motorhaube und nach ein paar Sekunden ist der Spuk vorbei - glauben wir jedenfalls.

Hinter uns hat ein Pick-up angehalten. Der Fahrer kommt mit einer Wasserflasche gerannt, reißt die Autotüren auf und zerrt an der inneren Motorverkleidung. Es dauert einen Moment, bis wir kapiert haben, was er vorhat, aber dann haben wir den Kopf wieder beisammen. Peter schiebt die Sitze so weit es geht nach hinten, erst jetzt lässt sich die innere Motorverkleidung entfernen - und unser Retter in der Not schleudert lichterloh brennendes Isolationsmaterial ins Freie. Mit einigen Kanistern Wasser macht er dem Spuk schließlich ein Ende.

Mit zitternden Knien starren wir noch immer ungläubig auf das Unfassbare, aber unser Retter fordert Peter bereits auf, den Motor zu starten. Der springt auch sofort willig an, jedoch mit dem hörbaren Pfeifen, das er immer von sich gibt, wenn wir schlechten Diesel getankt haben. "Nicht der Motor hat gebrannt", erklärt unser Helfer, "sondern nur die viel zu dicke Isolierung." Spricht's und verschwindet so schnell, wie er gekommen ist. Wir stehen noch viel zu sehr unter Schock, um uns gebührend zu bedanken, und erst später wird uns bewusst, dass wir uns nicht einmal nach seinem Namen und der Adresse erkundigt haben.

Wir fahren nach Kanab zurück, stellen uns auf einen der teuren privaten RV-Parks und beseitigen die Spuren des Brandes. Nach einem nächtlichen Telefongespräch mit dem Einbauer des Turbos rekonstruieren wir eine Verkettung unglücklicher Umstände des glücklicherweise so glimpflich und ohne Folgen abgelaufenen Brandes: Um die lauten Motorgeräusche zu dämmen, hatte der Vorbesitzer des Wohnmobils jeden freien Zentimeter im Motorraum mit Isoliermaterial ausgestopft und auch zusätzlich die innere Motorhaube mit einem Formteil aus dem Wohnmobilhandel verkleidet. Diesen Materialien fehlte sowohl die geforderte Flammfestigkeit (die Originalisolierung war nur leicht verkokelt), sondern sie behinderten auch die Luftzirkulation im Motorraum, der wegen des schlechten Diesels und der langen, optisch kaum wahrnehmbaren Steigung übermäßig überhitzt war. Noch dazu befanden wir uns bereits auf ca. 2.000 m Höhe. Möglicherweise war aber auch nur ein Stück des brennbaren Isoliermaterials auf den heißen Auspuff gefallen und hatte sich entzündet.

Nach Auskunft von Truckern ist Diesel Nr. 1 ein stark verdünnter Winterdiesel, der ein Versulzen bei Kälte verhindern soll. Das erklärt, dass wir diesen ominösen Superkraftstoff sonst nirgendwo entdeckt haben. Unsere Tankfüllung dürfte somit ein mit Kondenswasser versetzter Bodensatz gewesen sein. An einigen Truckstops wird jedoch ein sogenannter "Superdiesel" mit mehr Power und Schmierfähigkeit angeboten. Wir haben es allerdings sehr bald aufgegeben, ständig nach diesem seltenen Superkraftstoff zu suchen, sondern setzten künftig jeder Tankfüllung auf 50 Liter Diesel einen halben Liter Zweitaktöl zu.

Lake Powell - Erholung auf Amerikanisch

Bizarr ragen die rotbraunen Sandsteinfelsen aus dem klaren Wasser des Lake Powell, heben sich wie Türme und Burgen gegen den südwestlichen Wüstenhimmel ab - exotische Fotomotive, von nicht versiegenden Touristenströmen tausendfach auf Zelluloid gebannt. Gut 30 Jahre hat es gedauert, bis der aufgestaute **Colorado** den **Glen Canyon**, einen Ausläufer des Grand Canyon, mit seinen verzweigten Seitenarmen überflutet hat. Der Mensch hat in dieser faszinierenden Wüstenlandschaft an der Grenze Utahs und Arizonas - im Grunde ein Frevel wider die Natur, der sich irgendwann einmal rächen wird - eine neue, spektakuläre Landschaft geschaffen, einen überdimensionalen Freizeitpark für sündhaft teure Hausboote, Ausflugsdampfer und jedwede Art schwimmender Fortbewegungsmittel.

Die Nationalparkverwaltung ernannte den See zur *Recreation Area*, schuf an den wenigen zugänglichen Stellen Marinas, RV-Parks und sogar zwei schlichte *Campgrounds* und kassiert Eintritt.

Weil wir nach dem vergangenen Schrecken auch Erholung nötig haben, stellen wir uns auf den Campingplatz am **Lone Rock**. Der *Campground*, benannt nach dem markanten Felsen, der ein Stück weiter draußen aus dem Wasser ragt, ist im

Grunde nur ein großer Sandstrand an einem Seitenarm des Sees. Einziger Komfort sind ein paar Plumpsklos und ein Müllcontainer. Die Nationalparkranger kassieren für diesen Luxus sechs Dollar pro Tag.

Wegen des ungehinderten Zugangs zum Wasser und der im Hintergrund liegenden Sandberge erfreut sich der Platz allgemeiner Beliebtheit, und inzwischen haben wir eines begriffen: wenn Amerikaner sich erholen, macht das Lärm und stinkt gewaltig.

Tagsüber geht es draußen auf dem Wasser hoch her. So gut wie jede Familie besitzt mindestens ein PS-starkes Wassersportgerät. Und so flitzen sie denn mit röhrenden *Jet Skis* um den Lone Rock herum, dröhnen mit schnittigen *Jet Boats* über den See, lassen sich Wasserskifahrer mit viel Getöse von bulligen Motorbooten durch wabernde Abgaswolken ziehen. Wasserscheuere Naturen machen derweil mit ihren Dünenbuggies nicht minder lautstark die Sandberge hinter dem Strand unsicher. Und am Abend, wenn die Helden müde sind, die Boote und Jet Skis vertäut oder an Land gezogen und die *Dune Buggies* auf dem Hänger verstaut sind, werden nacheinander die Generatoren der Wohnmobile eingeschaltet. *Power* für die *Aircondition*, Strom für das abendliche TV-Programm - es lärmt und stinkt, und wir stehen mittendrin.

Tapfer ertragen wir den Angriff auf Trommelfell und Nase. Wir haben uns darauf gefreut, endlich mal wieder richtig schwimmen zu können. Angesichts der geballten Power um uns herum, mag das vielleicht gefährlich erscheinen. Aber so irre die Amis auch draußen herumdröhnen mögen - sobald die breite, durch Bojen markierte Schwimmerzone erreicht wird, gehen alle ausnahmslos vom Gas und tuckern langsam und vorsichtig aufs Ufer zu.

Vor unserer Haustür sitzend, machen wir Ratespiele: Wer ist deutscher oder europäischer Tourist und wer ist Amerikaner? Das lässt sich selbst am Badestrand mühelos unterscheiden. Badehose, Badeanzug oder gar Bikini tragen nur Europäer. Sie sind auch die einzigen, die schwimmen gehen. Ob wir richtig geraten haben, lässt sich übrigens ganz einfach feststellen: Die Badehosenträger verschwinden nämlich allesamt in den leicht zu erkennenden Mietmobilen. Wenn hingegen Amerikaner wirklich einmal ohne Boot baden gehen, so tun sie das stets in voller Montur, planschen mit Jeans und T-Shirt im Wasser herum oder tragen zumindest einen Neoprenanzug und Schwimmweste. Peter schüttelt ob so viel Prüderie verwundert sein Haupt und stellt frei nach Obelix fest: "Die spinnen, die Amis!"

Am Abend sprechen uns Uwe und Giggi an, zwei erfahrene Traveller, die mehrere Jahre lang Nord- und Mittelamerika mit einem Unimog-Camper unsicher gemacht haben. Mittlerweile aber bereisen sie im Sommer mit einem in den USA zugelassenen VW-Bus das Land der unbegrenzten Möglichkeiten und halten im Winter in Deutschland Diavorträge.

Die beiden sind die ersten Langzeitreisenden, die wir kennenlernen. "Reisen muss man erst lernen", erklären sie uns, "wir haben anfangs genau die gleichen Fehler gemacht wie ihr, haben Kilometer um Kilometer heruntergespult, und nach einem halben Jahr waren wir satt und wollten wieder nach Hause. Jetzt lassen wir alles mit Ruhe angehen und bleiben auch mal ein paar Wochen an einem Fleck stehen. Schließlich muss man sich zwischendurch auch mal wo zu Hause fühlen."

Diesen Ratschlag wollen wir uns zu Herzen nehmen - aber schon nach ein paar Tagen treibt es uns weiter. Zum einen sind wir wirklich gerne "on the road", aber zum andern haben wir vom Motorenlärm und Abgasgestank die Nase voll.

Wir nehmen die unterbrochene Fahrt zum North Rim wieder auf, campen einsam im **Kaibab National Forest** und genießen das Naturwunder **Grand Canyon** von der anderen Seite. Zwar sind die Aussichtspunkte hier wesentlich weiter auseinander und teilweise auch nicht ganz so spektakulär wie am South Rim, aber hier kann man den Grand Canyon in seiner ganzen Großartigkeit noch ungestört auf sich wirken lassen.

Indianerland

Passiert man in Arizona die Grenze zum **Navajo-Reservat**, ändert sich häufig nicht nur die Landschaft - zumeist sind es die trockensten, unfruchtbarsten Gebiete, in denen die Navajos angesiedelt wurden, sondern auch das gesamte Erscheinungsbild. Zwar sind die erbärmlichen Behausungen und halb verfallenen Wohnwagen nicht mehr so zahlreich wie noch vor einigen Jahren, aber nach wie vor zeugen rostige Autos und klapprige Pick-ups davon, dass Amerikas viel gepriesener Aufschwung und allgemeiner Wohlstand an seinen Ureinwohnern größtenteils vorbeigegangen ist.

Der augenfälligste Unterschied liegt jedoch direkt rechts und links der Highways: Coladosen, Bierflaschen, Müll und Plastiktüten fliegen nach Gebrauch einfach aus dem Autofenster - Mutter Erde ist zur großen Müllhalde verkommen.

Das soll natürlich nicht heißen, dass nicht auch die weißen Amerikaner ihren Müll gelegentlich oder auch des Öfteren aus dem Autofenster werfen. Aber im restlichen Amerika bezahlen engagierte Bürger dafür, dass die Wohlstandshinterlassenschaften vom Straßenrand aufgesammelt werden. Außerdem werden in manchen Staaten ertappten Sündern drakonische Geldstrafen aufgebrummt.

Fährt man auf dem Highway 264 weiter Richtung **Window Rock**, gelangt man ziemlich übergangslos in das Reservat der Hopis. Abseits der Touristenrouten liegt es wie eine Insel mitten im Gebiet der Navajos. Beide Stämme sind sich nicht gerade grün und wegen ungeklärter Landansprüche gab es in der Vergangenheit immer wieder heftige Auseinandersetzungen.

Wir sind sehr gespannt auf die Hopis, die auf ihren Tafelbergen, den Mesas, seit jeher intensiven Trockenanbau betreiben. In Europa haftet ihnen der etwas zweifelhafte Ruf von Öko-Heiligen an, was wohl in der Hauptsache daran liegt, dass sich viele ihrer Stammesältesten lange Zeit erfolgreich gegen die Segnungen der Zivilisation gewehrt und sogar die Nutzung von elektrischem Strom verboten haben. Inzwischen hat aber selbst in **Old Oraibi**, ihrer ältesten Ansiedlung, die Elektrizität in Form von Solarstrom Einzug gehalten. Leider haben auch die Produkte der Verpackungsindustrie ihren Weg ins Reservat gefunden und zieren nun, genau wie bei den Navajos, den Straßenrand. Auch in anderen Bereichen konnten sich die Hopis nicht gegen die Einflüsse des weißen Mannes behaupten. Man wurde sich auf den drei Mesas nicht einig, welcher der etwas unterschiedlichen Dialekte den kleinen Hopis in der Schule gelehrt werden soll - mit dem Ergebnis, dass die jungen Leute heute untereinander englisch sprechen.

Genau wie die Navajos haben sich auch die Hopis auf die Herstellung von Silberschmuck spezialisiert und dabei einen eigenen, unverwechselbaren Stil entwickelt. In einer *Overlay* genannten Methode werden zwei Silberplatten aufeinandergefügt, in die Muster aus der Mythologie der Hopis eingefräst werden. Die so gefertigten Gürtelschließen, Armreifen oder Ringe sind dezent und geschmackvoll und werden besonders von den Europäern geschätzt. Diese leider nicht ganz billigen Schmuckstücke finden sich in den Verkaufsvitrinen aller Tourismuszentren und werden inzwischen auch von den Navajos kopiert.

Der Spagat zwischen der Tradition des Roten Mannes und der Welt der Weißen scheint den Hopis besser gelungen zu sein als anderen Stämmen. Das mag zum einen daran liegen, dass die Hopis als Ackerbau betreibende Puebloindianer schon immer sesshaft waren und nie, wie andere Stämme, zwangsweise in fremde Gebiete umgesiedelt wurden, zum anderen aber auch daran, dass es gelang, den Rückhalt in einer festen Sozialordnung und alten religiösen Gebräuchen zu bewahren. Bei unserem Besuch auf den drei Mesas werden wir niemals angebettelt und sehen niemanden herumlungern. Die Menschen begegnen uns höflich distanziert, aber niemals mit den eisig abwehrenden Mienen, die man zuweilen bei den Navajos antrifft.

Die alte Indianerin mit den grauen Zöpfen trägt die traditionelle Tracht der Navajofrauen: Weiter, dunkler Samtrock und eine bunte Bluse darüber - nur der mit Türkisen besetzte Silbergürtel fehlt. Den hält gerade der Besitzer einer *Tradingpost* in **Chinle** abschätzend ans Licht. Hundert Dollar drückt er der alten Frau schließlich in die Hand und schließt den Gürtel in eine Vitrine, wo Dutzende ähnlicher Pfandstücke lagern.

Die Navajos lieben es, sich zu schmücken. Auch die Männer tragen silberne Armreifen mit aufwendigem Türkisbesatz, Ringe und silberne Gürtelschließen, die bei Bargeldmangel oft genug im Leihhaus landen. Mit der modernen Welt kommen viele Navajos noch immer nicht zurecht, trinken, obwohl Alkohol in den Reservaten verboten ist, lungern herum, betteln und schlurfen mit apathischem Blick durch die Gegend.

Chinle im Herzen des Navajoreservates ist Ausgangspunkt für den Besuch des Canyon de Chelly und ist mit Motels, Campingplatz und Supermarkt außerdem touristische Versorgungsstation. Auch wir müssen, bevor wir uns der Kultur und dem Canyon zuwenden, erst mal wieder den Kühlschrank auffüllen und steuern zielstrebig dem Supermarkt zu. An irgendetwas muss uns das geschulte Auge sofort als Touristen aus Germany erkennen. Ein schmuddeliger Typ mit glasigen Augen baut sich vor uns auf. "München, Frankfurt, Mannheim, Köln, Hamburg", lallt er und hält dann die Hand auf: "Give me a dollar!"

"I do'nt understand", brummelt Peter und ergreift die Flucht durch die Supermarkttür. Wir haben immer noch nicht gelernt, mit der Bettelei umzugehen. Als wir aus dem Supermarkt zurückkommen und gerade die vollen Tüten ins Wohnmobil verstauen wollen, rücken schon die nächsten drei Dollarschnorrer an. An Flucht ist nicht zu denken und jetzt packt Peter die Wut: "No dollars!", schnaubt er den Vordersten an, noch bevor der überhaupt den Mund aufmachen kann. Verdutzt bleiben alle drei stehen, starren Peter einen Moment lang ungläubig an und machen dann auf dem Absatz kehrt.

Wir tun uns wirklich hart mit den Navajos. Auf der einen Seite haben wir Verständnis für ein Volk, das in der Vergangenheit sehr viel Unrecht erleiden musste, aber andererseits schlagen die apathischen, mitunter auch eisigen Mienen und die Bettelei doch sehr auf unser Gemüt.

Der **Canyon de Chelly**, Naturdenkmal und Schauplatz von Massakern an seinen Bewohnern, wurde von der US-Regierung zum *National Monument* erhoben. Er wird noch heute dauerhaft von Navajos bewohnt, die im Canyon Mais anbauen und Schafe züchten. Vor ihnen waren schon die Anasazi, "die Alten", hier, und hinterließen ihre Ruinen in den roten Canyonwänden. Weiße bzw. Touristen dürfen nur im Rahmen einer geführten Tour in den Canyon hineinfahren. Außerdem besteht die Möglichkeit, vom **White House Overlook** am **North Rim Drive** in den Canyon hinunterzusteigen.

Für geführte Touren konnten wir uns noch nie erwärmen. Per Fahrrad strampeln wir in glühender Sonne die 31 km des North Rim Drive vom *Campground* bis zum markanten **Spider Rock** (📷 Seite 132) aufwärts und begnügen uns erst mal damit, von den diversen *Overlooks* in den Canyon hinunterzuschauen.

Zurück am Campingplatz stellen wir erschrocken fest, dass schon wieder einmal die Alarmanlage an war - die Warnblinker sind noch immer in Aktion. "Ich konnte nichts und niemand entdecken," erklärt uns der Nachbarcamper, "aber eure Alarmanlage hat ein paar Mal wie wild gehupt!" Weiß der Teufel, wer da in unser Wohnmobil einbrechen wollte.

Es ist aber hauptsächlich unser Muskelkater, der uns am nächsten Tag veranlasst, den South Rim Drive mit dem Wohnmobil anzugehen. Am ersten *Overlook* steht ein Schild, das Besucher darauf hinweist, alle Wertsachen mit sich zu führen, und das Auto abzuschließen. Wir schalten vorsichtshalber zusätzlich den Alarm ein und marschieren los. Weit kommen wir nicht, da hören wir schon die Alarmanlage hupen. Wir sprinten zurück, können aber logischerweise niemanden entdecken - nur dass wir finden, dass der Stecker der Alarmanlage an den Fahrrädern nicht mehr richtig eingesteckt ist. Wir vermuten, dass ein neugieriges Navajokind daran herumgespielt hat.

Am zweiten *Viewpoint* steht die gleiche Warntafel. Diesmal vergessen wir selbst, den Alarm auszuschalten, und lassen den Benz kräftig tuten. Die Warntafel am dritten *Overlook* weist darauf hin, dass Wertsachen auch im verschlossenen Auto nicht sicher wären und dass man sein Fahrzeug nicht unbeaufsichtigt lassen solle. Wir vertrauen auf unseren Alarm, tratschen noch ein Weilchen mit den Amis, die wir an jedem Aussichtspunkt getroffen haben und wenden uns dem Fußweg zu. Auch diesmal kommen wir nicht weit, da hupt schon wieder unüberhörbar unser Alarm. Bis wir zurückgesprintet sind, düsen gerade die Amis ab.

Von Weitem ruft der Fahrer uns noch etwas Unverständliches zu, und wir wissen nicht so recht, was wir von der ganzen Sache halten sollen. Auf jeden Fall beherzigen wir nun den Ratschlag der Warntafel und gehen getrennt zum Aussichtspunkt. Die geplante Wanderung in den Canyon hinunter ist aber damit vom Programm gestrichen. Das Risiko, unser Wohnmobil zwei Stunden lang unbeaufsichtigt am **White House Overlook** stehen zu lassen, ist uns einfach zu groß.

Die verflixte Alarmanlage wird uns übrigens noch einige Male nerven und aus dem Schlaf schrecken - bis uns langsam die Erkenntnis dämmert, dass dieses vertrackte Wunderwerk der Elektronik die unangenehme Eigenschaft hat, völlig grundlos loszututen. Erst nach dieser Einsicht verzichten wir darauf, sie einzuschalten - und schlafen seither absolut ungestört.

Wenn die frühen Siedler auf ihrem Weg nach Westen jene dumpfen Trommeln hörten, die den monotonen martialischen Singsang und das Stampfen mokassinbeschuhter Füße begleiteten, war es mit ihrem ungestörten Schlaf garantiert vorbei.

Tänzer in aufwendig bestickten Lederhemden, mit farbigem Federkopfschmuck und bemalten Gesichtern bewegen sich zum Rhythmus der Musik und schwenken kriegerisch ihre Waffen. Auch wenn die Musik aus dem Lautsprecher kommt, beim Klang der Trommeln und monotonen Gesänge läuft es uns eiskalt den Rücken herunter. Wir können uns in Gedanken gut um hundertfünfzig Jahre zurückversetzen und nachfühlen, wie den weißen Siedlern in ihren Wagenburgen oder den Farmern auf ihren einsamen Gehöften zumute war, wenn diese Gesänge erklangen. Doch die kriegerischen Tänzer wollen nicht mehr gegnerische Stämme unterwerfen, nicht einen Treck Siedler überfallen, sondern nur noch über ihre Mittänzer den Sieg erringen. Tanzformationen, Ausdruck und phantasievolles Kostüm werden prämiert, und dem Sieger winkt ein stattlicher Geldbetrag.

Window Rock, die Hauptstadt des Navajovolkes - die Navajos bezeichnen sich nicht als Stamm, sondern als Nation, was mit Volk zu übersetzen ist - hat sich mächtig ins Zeug gelegt. Sie feiert irgendein 50-jähriges Festival mit Jahrmarkt,

Karussells, Rodeo und einem *Pow Wow*. Nicht nur Navajos, sondern auch Angehörige angrenzender Stämme, sogar von Stämmen aus dem fernen Nordwesten sind zugegen. Wir sind erstaunt, mit welcher Selbstverständlichkeit und Noblesse noch viele junge Männer traditionell langes Haar tragen. Sie haben nichts gemein mit jenen betrunkenen Typen, die vor den Supermärkten herumlungern und betteln.

"Ja sag' mal, wo verstecken die eigentlich die ganze Zeit über die vielen hübschen Mädchen?" Peter kann nicht glauben, dass die anmutig lächelnden Wesen mit den kunstvollen Zopffrisuren, die sich in bestickten Fransenkleidern zum Takt der Trommeln wiegen, die gleichen Teenager sein sollen, die sonst auf amerikanisch gestylt und geschminkt, die asiatischen Gesichtszüge durch unvorteilhaft breit ausladende Dauerwellen verschandelt, mit teilnahmsloser Miene hinter den Supermarktkassen oder den Tresen der *Gift Shops* und *Trading Posts* stehen. Sie haben den Bezug zu ihrer Kultur doch noch nicht verloren. Und obwohl die Navajos von eifrigen Missionaren zu allen nur erdenklichen christlichen Glaubensgemeinschaften und Sekten "bekehrt" worden sind, spielen alte Riten und Religion noch immer eine Rolle. Als sich alle Teilnehmer, sowie auch viele Zuschauer des *Pow Wows* zu einem heiligen Zeremonialtanz versammeln, werden die wenigen Touristen gebeten, das Fotografieren zu unterlassen.

Dieses *Pow Wow* wird für uns zum unvergesslichen Erlebnis. Hier erleben wir einen Typ von eingeborenem Amerikaner, der weder zur touristischen Staffage vermarktet wurde, noch zum alkoholabhängigen Sozialfall verkommen ist. Über dem *Pow Wow* versäumen wir sogar das gleichzeitige Rodeo, das Peter eigentlich auch sehen wollte. Die Zeit reicht uns gerade noch, um die letzen drei Navajo-Cowboys vom Bullen fallen zu sehen.

Aber nun müssen wir uns ohnehin wieder praktischen Dingen zuwenden, wie z.B. der Frage, wo wir heute Nacht schlafen werden. Ein paar Kilometer außerhalb Window Rocks ist ein *Campground* verzeichnet. Er entpuppt sich zwar als eine mit Glasscherben übersäte Müllhalde gleich neben der Straße, aber es wird schon dunkel, und wir haben keine andere Wahl.

Es ist schon ziemlich spät, als es an unserer Tür klopft. Draußen steht ein Navajo mit einem Pferd. Auf sein langes, schwarzes, ein wenig verstrubbeltes Haar hat er ein Baseballkäppi gedrückt und sein halb verschämtes, halb neugieriges Lächeln entblößt einige Frontzahnlücken. Er käme gerade vom Rodeo, erklärt er uns, und sei sehr durstig. Ob wir nicht etwas Wasser hätten.

Ich habe gerade Tee gekocht, gieße ihm eine Tasse des heißen Gebräus ein und streiche Käsebrote, denn hungrig ist unser nächtlicher Besucher natürlich auch. Während er die Käsebrote verdrückt, erzählt er von seiner Tochter, die in einem Büro arbeitet und von seinen zwei Frauen.

"Zwei Frauen?"

"Ja, ja, ganz richtig, zwei Frauen - Navajos dürfen zwei Frauen haben."

Nun ja, mag sein, dass er uns für ein wenig dusselig hält. Bevor er jedoch mit seinem Pferd wieder in die Nacht hinausgaloppiert, verspricht er, am nächsten Morgen zurückzukommen, damit er Peter das Reiten beibringen kann. Unser Winnetou-Verschnitt ist allerdings am nächsten Morgen nicht mehr aufgetaucht, weshalb Peter bis heute noch nicht reiten kann.

Monument Valley - John Wayne Country

Wir bleiben im Indianerland und dringen weiter in den Wilden Westen vor bzw. dorthin, wo er seit Jahrzehnten äußerst geschickt vermarktet und auf Zelluloid gebannt wird. Ende der 30er Jahre stieß Hollywood Regisseur John Ford an der Grenze von Utah und Arizona auf das von ein paar bettelarmen Indianern bewohnte **Monument Valley**. Kurz vorher hatte er einen bis dahin unbekannten jungen Mann namens John Wayne entdeckt.

Das Tal mit seinen bizarr geformten roten Felsen lieferte von da an eine dramatische Filmkulisse, die armen Navajos gaben vor Ort dankbare Statisten ab und der junge Mann avancierte nach der Premiere von "Stagecoach" (deutsche Fassung "Ringo") zu dem Westernhelden schlechthin.

Seither wurden unzählige Filme vor der Kulisse der charakteristisch geformten Felsen gedreht, und besonders John Ford nutzte die Landschaft, ob es nun geographisch zum Thema passte oder nicht.

Nach den Filmemachern entdeckte die Werbung das Monument Valley. Zu Reklamezwecken wurden sogar schon ganze Autos per Hubschrauber auf die Felsen gehievt.

Und im Dienste der Zigarettenindustrie leuchten die roten Buttes von großen Plakatwänden herunter, sollen dem in der Tretmühle und Enge des Alltags gefangenen Nikotinsüchtigen suggerieren, dass man sich den Hauch von Freiheit und Abenteuer mit dem richtigen Glimmstängel reinziehen kann.

Wir sind zwar Nichtraucher, aber auch für uns ist das Monument Valley der Inbegriff des Wilden Westens. Obwohl wir es bereits auf unserer ersten Reise besucht haben, müssen wir unbedingt noch einmal hin. Waren wir am Shiprock in New Mexico, einem heiligen Felsen der Navajos, noch allein, empfängt uns bereits am **Four Corners Monument**, wo die Staaten Utah, Arizona, New Mexico und Colorado zusammenstoßen, wieder Trubel.

In Kajenta, dem Tor zum Monument Valley, merken wir endgültig, dass sich hier in den vergangenen Jahren sehr viel verändert hat. Das einst verschlafene Wüstenkaff lebt nun voll vom Monument-Valley-Tourismus. Die Straßen sind vierspurig ausgebaut, und das Flair des alten Indianernestes ist dahin.

Am Monument Valley ist es nicht anders. Das Big Business hat Einzug gehalten. Das Visitors Center, vor Jahren ein schmuckloses kleines Häuschen, glänzt heute mit Souvenirshop und Restaurant. Der Wegweiser durch das Tal, damals ein kopiertes Blättchen, ist nun farbig auf Hochglanzpapier gedruckt. Und wenn man sich umsieht und umhört, hat man den Eindruck, dass es im Monument Valley mehr Deutsche als Indianer gibt.

Die Faszination des Tales mit seinen roten Felsen aber ist erhalten geblieben. Vom *Campground* aus blickt man geradewegs auf die *Buttes*, *Mesas* und *Needles* und den dramatischen Sonnenaufgang kann man direkt vom "Schlafzimmerfenster" des Alkovens aus genießen, sofern man sich nicht, mit Kamera und Stativ bewaffnet, in die Riege der Fotografen einreihen will.

Wirklich erleben und erfühlen kann man das Monument Valley aber nur auf der 17 Meilen langen Sand- und Staubstraße, die zwischen den Felsen hindurchführt. Mit einem normalen Auto lässt sich der Rundweg durchaus meistern, unserem Wohnmobil wollen wir sie wegen der extrem steilen und sandigen Ab- und Auffahrt aber nicht zumuten. Wir könnten uns natürlich ganz bequem für zwanzig Dollar pro Kopf und Nase in eineinhalb Stunden im offenen *Sightseeing Vehicle* durch die Wildwestkulisse kutschieren lassen, aber das ist unter unserer Würde. Am nächsten Morgen satteln wir unsere Stahlrösser, wir sind hier schließlich im Wilden Westen, und reiten los (📷 Seite 133)!

John Wayne hat sich damals sicherlich leichter getan als wir. Die relativ schmalen Reifen unserer Trekkingräder sind den Hufen richtiger Pferde eindeutig unterlegen. Wir kämpfen uns tapfer im tückischen Weichsand vorwärts, schlucken den Staub der Touristenautos und allradgetriebenen Besichtigungsfahrzeuge und spähen immer wieder besorgt zum Himmel, wo sich bedrohlich dunkle Gewitterwolken zusammenbrauen. Trotz alledem, auf dem Fahrrad ist die Wirkung des Tales viel intensiver, als wenn man nur mit schussbereiter Kamera von Viewpoint zu Viewpoint rauscht. Interessanter ist es allemal. Mit dem alten Mann, der damals, vor knapp 60 Jahren bei den Dreharbeiten zu "Stagecoach" dabei war, wären wir sonst ganz bestimmt nicht ins Gespräch gekommen.

"Als junger Mann habe ich hier in der Gegend gelebt", erzählt er uns. "War nicht viel los hier, da war so ein Job beim Film der reinste Glückstreffer!" John Wayne und John Ford, die Hollywoodlegenden, hat er natürlich persönlich gekannt, aber der Landschaft hat er damals wenig Aufmerksamkeit geschenkt. Dazu war er hinter der Kamera viel zu beschäftigt. Nun fährt ihn seine Enkelin mit dem Auto an die Wirkungsstätten seiner Jugend, damit er sich erinnern und alles noch einmal ganz genau ansehen kann.

Bis wir am Wohnmobil zurück sind, ist es Mittag und kurz darauf entladen sich auch die Gewitterwolken. Vom sicheren Wohnmobilfenster aus genießen wir das Naturschauspiel. Die drei charakteristischen *Buttes*, die so viele Poster und Plakate zieren, haben wir nun schon bei fast jedem Wetter gesehen: im Sandsturm, im Sonnenschein und im Gewitterregen.

Am nächsten Morgen satteln wir wieder unsere Stahlrösser und strampeln Richtung Gouldings, das bereits in Utah liegt. Kaum, dass wir das Nest hinter uns gelassen haben, ist aller Touristenrummel vorbei, und wir genießen die Stille und die Landschaft. Nur ein paar Navajos rumpeln ab und zu mit ihren Trucks vorbei.

Was uns gestern schon auffiel, bestätigt sich heute aufs Neue: Sobald wir auf dem Rad sitzen, sind wir für die Navajos ganz offensichtlich eine andere Gattung Mensch. Ihre sonst so unbewegten, eisigen Mienen erhellen sich zu einem freundlichen Lächeln und viele winken sogar aus dem Auto. Aus Winnetous roten Brüdern soll einer schlau werden...

Bei Sonnenuntergang, wenn sich die Felsen im Licht der tiefstehenden Sonne dunkelrot färben und lange Schatten werfen, bietet das Monument Valley ein phantastisches Schauspiel. Angeregt durch Poster, Plakate und die Fotos in den zahlreichen Reiseführern, will jeder der Dagewesenen zu Hause mit einem eigenen Superfoto glänzen. Zu Dutzenden bauen sie sich am Eingang des Tales auf. Praktisch veranlagte Naturen begnügen sich mit einem schnellen Klick der simplen

Kleinbildkamera, deutsche Individualtouristen erkennt man zumeist daran, dass sie ein monströses Stativ aufbauen und ein nicht minder gewichtiges Teleobjektiv vor die Spiegelreflexkamera schrauben, während Busreisende bevorzugt die Videokamera surren lassen.

Die drei Buttes im Sonnenuntergang sind neben dem Delicate Arch im Arches National Park das Symbol des Südwestens und nach dem Grand Canyon mit Sicherheit das meistfotografierte Motiv Amerikas. Japanische Bustouristen fehlen übrigens in dieser Fotografenriege gänzlich; für den kurzen Urlaub von Nippons Bürgern liegt das Monument Valley viel zu weit abseits der Rennstrecke. Zum Klicken und Surren der Auslöser hört man von sächsisch bis schwäbisch von bayrisch bis Platt fast nur deutsches Stimmengemurmel. Nur ganz vereinzelt verirrt sich auch mal ein Amerikaner in das allabendliche Szenario. So wie der junge Mann, der neben uns sein Stativ aufbaut. Angesichts der deutschen Übermacht muss er sich wohl fühlen wie ein Fremder im eigenen Land und halb irritiert, halb amüsiert fragt er mich: "Sagt mal, gibt es bei euch zu Hause in Germany auch noch Deutsche oder sind die jetzt alle hier?"

Im Tal der Kobolde und im Land der roten Felsen

"Goblin Valley? Noch nie gehört! Wo liegt denn das?" Selbst vielen Langzeitreisenden ist das Tal der Kobolde unbekannt, obwohl der kleine State Park in der Nähe von **Hanksville** gar nicht einmal so weit von der allgemeinen Touristenroute entfernt liegt.

Um ihn zu erkunden, muss man allerdings die ausgetretenen Pfade, sprich glattgeteerten Highways, verlassen und etliche Meilen über eine holprige Waschbrettpiste rumpeln. Unbeachtet vom Massentourismus, es existiert nur ein kleiner *Campground*, verbirgt sich hier in Utahs Mondlandschaft ein wahres Eldorado für Fotografen. In einer Laune der Natur schuf die Erosion hier keine Buttes und Tafelberge, sondern sie schmirgelte und schliff den roten Sandstein zu skurrilen Skulpturen. Zu Tausenden drängen sich kleine und große Kobolde in Gruppen, stecken wie alte Klatschbasen die Köpfe zusammen, strecken dicke Bäuche vor, recken keck Knollennasen und Wichtelhüte in den blauen Wüstenhimmel. Eine gigantische Versammlung steinerner Schlümpfe, aufmarschiert, um nächtliche Wanderer in Angst und Schrecken zu versetzen. Es ist gerade mal 50 Jahre her, dass Cowboys auf der Suche nach entlaufenem Vieh das **Goblin Valley**, das Tal der Kobolde, entdeckten und es wegen seiner geisterhaften Gestalten für einen verwunschenen Ort hielten.

Jedoch im warmen Licht der Abendsonne lässt der Anblick der steinernen Gesellen unser Fotografenherz vor Freude hüpfen. Ausgerüstet mit Tele- und Weitwinkelobjektiv steigen wir in das Tal hinunter und verfallen in einen wahren Fotorausch. Als später am Abend der Vollmond aufgeht, heben sich die Kobolde als gespenstisch anmutende Silhouetten gegen den nächtlichen Himmel ab. Ein verwunschener Ort? Zauberhaft ist er auf jeden Fall - und so lange die üble Rüttelpiste keinen Teerbelag erhält, wird er es auch bleiben...

Wie schnell sich so mancher Schleichweg, der vor Jahren noch als absoluter Geheimtipp gehandelt wurde, in einen "ausgetretenen Pfad" verwandelt, bekommen wir heute eindrucksvoll demonstriert. Bereits in Hanksville, das vor Jahren lediglich aus Tankstelle, Motel und Campingplatz bestand, wunderten wir uns über die erstaunliche Ansammlung neuer Motels. Auf dem Highway 24 durch den **Capitol Reef National Park** staunen wir über den Verkehr, und auf dem Highway 12, der über den **Boulderpass** nach **Escalante** und dem Bryce Canyon führt, drängelt sich Wohnmobil an Wohnmobil - obwohl wir längst September und damit Nachsaison haben. Die Straße folgt hier einem schmalen Grat und öffnet nach beiden Seiten den Blick auf eine faszinierende Wüstenlandschaft mit rosa und grauen Zementbergen. Vor Jahren trafen wir hier außer einem älteren Ehepaar aus Alaska keine Menschenseele. Das Gros der Touristen steuerte damals die großen Nationalparks Bryce und Zion über die Interstate an.

Bloß wieder weg von den ausgetretenen Touristenpfaden, mag der **Bryce Canyon** (📷 Seite 133) auch noch so atemberaubend schön sein. Lieber auf ruhigen Nebenstraßen durch den **Coconino**- und den **Tonto National Forest** zuckeln auf einsamen Wanderwegen den **Mogollon Rim** erkunden und mit dem Rad über steinige Forststraßen rumpeln. Vielleicht ist die Landschaft hier nicht ganz so spektakulär wie am Bryce Canyon, aber die Ruhe und Abgeschiedenheit wirkt auf uns wie Medizin.

Von Wanderungen durch den Oak Creek Canyon reden wir schon seit Jahren. Die Schlucht mit den roten Felswänden ist zwar ein bevorzugtes Urlaubsgebiet der Amerikaner, aber mittlerweile haben wir Oktober, der Labor Day, und damit die amerikanische Urlaubssaison, sind längst vorbei, und vorsichtshalber warten wir auch noch das Wochenende im stillen *National Forest* ab, bevor uns unser unruhiges Nomadenblut wieder weitertreibt.

Sedona, das Tor zum **Oak Creek Canyon**, liegt malerisch eingebettet in rote Felsen und ist umgeben von engen Canyons. Der **Coconino National Forest** geht hier über in die stachelige Vegetation der Halbwüste. Zwischen Pinien und Wacholder wachsen Kakteen, und die verdorrten Blütenstände mächtiger Agaven ragen gut 2 m hoch in den tiefblauen Himmel. Zahlreichen Western diente die Bilderbuchlandschaft als Kulisse und Zane Grey inspirierte sie zu seinen Romanen.

Sedona, einst eine Künstlerkolonie, ist heute eine beeindruckende Ansammlung teurer Hotels und Restaurants, *Shopping Malls*, Galerien und Andenkenläden. Ein Ort, so geschäftig und touristisch aufgepeppt wie Oberammergau, Mittenwald und Garmisch miteinander. Die RV-Parks, idyllisch direkt an der vielbefahrenen Hauptstraße gelegen, kosten zwischen 25 und 50 $ und von beschaulicher Nachsaison ist nichts zu merken.

Rosa lackierte Jeeps sammeln eilige Kurzurlauber zu kurzen Touren ein, gelbe Jeeps karren ihre zahlende Kundschaft für sensationelle Fototouren zusammen und mittendrin tragen künstlich erblondete alte Ladies in weißen Hosen und Schuhen ihre goldenen Klunker spazieren. Und hier soll es laut Don Wright's doch tatsächlich einen kostenlosen *Campground* geben.

Die Wegbeschreibung ist wie immer ungenau, aber wozu gibt es in Sedona eine Tourist Information! Unterhalten von der Chamber of Commerce ist sie natürlich in erster Linie dazu da, den örtlichen Restaurants, Hotels, privaten RV-Parks und Jeeptour-Anbietern zahlungskräftige Kundschaft zu vermitteln. An knauserigen Travellern, die kostenlos campieren wollen, ist man nicht sonderlich interessiert. Selbstverständlich hat die ältere Tante, die hier Dienst tut, noch nie etwas von einem *Boondock Camp* gehört. Wir halten ihr die Wegbeschreibung von Don Wright's unter die Nase, und da geht ihr ein Licht auf - vor allem wohl darüber, dass mit uns kein großes Geschäft zu machen ist. Gnädig bekommen wir dann aber trotzdem einen Plan von Sedona in die Hand gedrückt. Sie zeichnet ein, wo die Schnebly Road abzweigt und warnt uns vor der schlechten Straße. Nicht mal normalen Autos würde sie die empfehlen, geschweige denn einem Motorhome. Man bräuchte schon ein richtiges Allradfahrzeug, um da hinaufzukommen. Ganz klar, sie kann doch den vielen Jeeptouren das Geschäft nicht vermasseln!

Wir lassen uns nicht Bange machen und nehmen die berüchtigte Straße persönlich in Augenschein. Knapp eine halbe Meile außerhalb, am holprigen, felsigen Schnebly Hill Drive: Ein von roten, bizarr geformten Felsen gesäumter Canyon. Pinien und Wacholder stehen noch vereinzelt, Agaven, dornige Wüstenbüsche und stachelige Kakteen kontrastieren mit der trockenen, roten Erde - und mittendrin in diesem Panorama stehen wir mit unserem Wohnmobil. Solche traumhaften Plätze gibt es nur umsonst.

Zum Sonnenuntergang rumpeln etliche Touristenautos herauf und die rosa und gelben Jeeps karren ihre eilige Kundschaft für ein stimmungsvolles Abendfoto an. Geknipst wird - klick, klick - direkt vom Auto aus, denn dank der offenen Sonnendächer und der aufmerksamen Fahrer, die ihre Vehikel gleich in der richtigen Richtung parken, muss man dazu nicht mal umständlich aussteigen. Wir sitzen vor unserer Haustür und verfolgen beide Schauspiele, das der Natur und das von der Sedona Jeep- und Fototour inszenierte, genüsslich vom Campingstuhl aus.

Am nächsten Tag schnüren wir die Wanderstiefel und bahnen uns einen Weg durch Kakteen, Agaven, Pinien und Wacholder. Es ist heiß und kein Wölkchen ist am blauen Himmel zu sehen, obwohl unser elektronischer Wetterfrosch schon seit dem frühen Morgen aufgeregt vor sich hin blinkt. Am Nachmittag ziehen erste Wolken auf und ein ungemütlicher Wind vertreibt uns von unserer "Terrasse" ins Wohnmobil.

Unser Barometer hatte Recht! Am Morgen weckt uns prasselnder Regen, Hagelschauer trommeln aufs Dach und fast den ganzen Vormittag blitzt und donnert es von allen Seiten. Die Temperatur ist um annähernd 20 Grad gefallen und von den Bergen ringsum ist so gut wie nichts mehr zu sehen.

Während draußen der Wind an unserem Small Motorhome rüttelt, genießen wir drinnen einen der eher seltenen Ruhetage und raten, ob unser Frosch, der inzwischen wieder die Sonne scheinen sieht, Recht behält.

Er hatte. Zwar ist der lehmige Boden aufgeweicht und wir müssen durch tiefe Pfützen steuern, aber die Sonne scheint wieder vom tiefblauen Himmel, als wäre nichts gewesen. Vorsichtig, fast immer auf der Bremse stehend, rutschen und rumpeln wir den holprigen Schnebly Hill Drive hinunter. Dabei stellt Peter fest, dass die ABS-Kontrollleuchte während der Fahrt aufleuchtet. Wir selbst können die Ursache nicht feststellen und beschließen, sobald wie möglich einen Mercedes Service aufzusuchen.

Wie beabsichtigt, nehmen wir den Highway 89 durch den engen **Oak Creek Canyon** unter die Räder, aber aus unseren eingeplanten Wanderungen wird mal wieder nichts. Entweder sind die Wege gesperrt oder die dazugehörigen Parkplätze hoffnungslos überfüllt, und schneller als erwartet sind wir wieder in **Flagstaff**. Über den **San Francisco Peaks** sind die gestrigen Niederschläge bereits als Schnee gefallen und ihre Gipfel leuchten uns schon von Weitem weiß entgegen.

An einer Tankstelle füllen wir unseren Diesel- und Wassertank auf und irgendwie finden wir, dass unser Wohnmobil fürchterlich nach Diesel stinkt. Wahrscheinlich hat Peter den Tank zu voll gemacht oder wir haben mal wieder statt des Tigers nur eine asthmatische, lahme Ente im Tank - der Benz gibt beim Anlassen seine bekannten Pfeifgeräusche von sich und auch der Auspuff qualmt schwarz. Plötzlich heult der Motor laut auf - der Gaszug hängt! Geistesgegenwärtig dreht Peter am Zündschlüssel, stellt den Motor ab und rangiert im Leerlauf vorsichtig auf den Seitenstreifen hinaus. Mit vor Schreck zitternden Knien steigen wir aus. Peter öffnet die Haube und starrt in den Motorraum, als wenn er soeben ein Gespenst gesehen hätte.

"Was ist das?" Er hält mir ein pflaumengroßes, rotes Ding unter die Nase, das er soeben aus dem Inneren unseres Motorraums gefischt hat.

"Sieht aus wie die Früchte, die an den Prickly Pears wachsen!"

"Und was machen die in unserem Motorraum?"

Jetzt werfe auch ich einen fachmännischen Blick unter die Haube: "Das sind wirklich Kaktusfrüchte und gleich ein ganzer Motorraum voll. Wie sind die da hineingeraten?"

Ratlos und kopfschüttelnd klauben wir den seltsamen Inhalt unseres Motorraums in eine Plastiktüte. "Sieh mal", sagt Peter, als er nach den letzten Kaktusfrüchten angelt, "da ist ein angenagtes Kabel!"

"Das war eine *Packrat* oder irgendein anderer Wüstennager", erklärt uns ein Autofahrer, der hilfsbereit hinter uns gehalten hat. "Das Tier hat wohl gedacht, dass euer Auto eine prima Vorratskammer für die kommenden kalten Monate wäre, und hat in der Nacht eifrig Wintervorrat angeschleppt. Mir ist das auch schon passiert, als ich in der Wüste campte."

Ich verstehe zwar nicht viel von Wüstenratten und von Autos noch viel weniger, aber mir kommt sofort ein fürchterlicher Verdacht: "Das Vieh hat garantiert auch an unserer ABS-Anlage herumgeknabbert."

Phoenix - Freightliner, Palmen & American Football

"Draggs geheren zu Draggs", erklärt uns der sächsisch-amerikanische Service Manager vom Mercedes Autohaus in Phoenix und meint damit, dass unser Wohnmobil ein Lastwagen sei, ein "Truck" eben.

Nun ja, unter all den edlen Luxuskarossen, von der E-Klasse aufwärts, sieht unser braver 410er, konzipiert als solides Nutzfahrzeug für Handwerker und Lieferanten, wie ein Brauereigaul unter lauter Rassepferden aus.

"Und *Freightliner* gehört zu 100 % Mercedes", fährt der sächselnde Ami fort. "Da seid ihr richtig aufgehoben. Unsere Werkstatt ist für euren hohen Aufbau viel zu niedrig." Das Hauptargument aber schwebt unausgesprochen im Raum: "Mit eurem Auto gennt sich hier keener aus!"

Bereits in Flagstaff hatten wir eine Mercedes-Werkstatt aufgesucht, einen chaotischen Schuppen mit einem nicht minder chaotischen Mechaniker jenseits des Rentenalters. Er hatte uns (ohne das zu überprüfen) erklärt, dass unsere Bremsbeläge abgefahren wären.

Wir bekommen von dritter Seite noch einen anderen Tipp. Ein ehemaliger Mechaniker von Mercedes - *factory trained* - was ihn als absoluten Fachmann ausweist, denn eine Automechanikerlehre gibt es in USA nicht, betreibt in der Nähe einen Service, günstiger als die offizielle Mercedes-Niederlassung. Der Fachmann ist wirklich sehr hilfsbereit. Bückt sich auch mal und späht unters Auto, um ein eventuelles angeknabbertes Kabel zu orten, telefoniert mit Mercedes, Unimog und weiß Gott noch wem, und kommt schließlich zu dem Schluss: Einen Ölwechsel oder Ähnliches könne er schon machen, aber die ABS-Anlage - da müssten wir wirklich zu *Freightliner*.

Da stehen sie nun ehrfurchtgebietend und gigantisch einer neben dem anderen. Mächtige 600 Horsepower unter der polierten Motorhaube, ein Führerhaus, das eher einem Flugzeugcockpit gleicht, und darunter chromblitzende Dieseltanks, mit deren Inhalt man ein deutsches Reihenhaus gut und gerne einen Winter lang heizen könnte: die Trucks von *Freightliner* - Dinosaurier der Highways und Interstates. Wie ein Straßenfloh sieht unser kleiner Benz zwischen den riesigen Zugmaschinen aus und wir kommen uns wieder mal reichlich deplaziert vor.

Baujahr? Type? Gewissenhaft notiert man am Aufnahmeschalter unsere Daten und ich erzähle zum x-ten Mal die Story von den Kaktusfrüchten, und dass wir wahrscheinlich nur irgendwo ein angeknabbertes Kabel hätten.

"Acht Uhr morgen früh!" Wir bekommen ein Auftragsformular und die Erlaubnis, der Einfachheit halber gleich auf dem Hof zu übernachten - was sich im Nachhinein als weniger gute Idee erweist. Gearbeitet wird an sieben Tagen rund um die Uhr. Wenn wir wegen der dröhnenden Motoren die Fenster schließen, kommen wir in der drückenden Hitze von Phoenix um, öffnen wir sie, wabern stinkende Diesel- und Abgaswolken zu uns herein.

Aber jetzt ist endlich unser Small Motorhome an der Reihe. Ein Mechaniker erscheint höchstpersönlich auf dem Hof, bückt sich, um evtl. das ominöse angebissene Kabel zu sichten, und warnt uns, dass wenn wir in die Werkstatt hineinführen, gleich die ersten 66 $ los wären. Soviel kostet nämlich eine Arbeitsstunde. Gut, daran wollen wir es nicht scheitern lassen, aber gleich schiebt er nach, dass die ganze Angelegenheit sehr, sehr teuer würde. Ohne den passenden Diagnosecomputer müsste man sehr zeitaufwendig jedes Rad einzeln untersuchen. Und überhaupt, die Bremswirkung wäre ja gar nicht beeinträchtigt, und solange wir nicht auf Schnee und Eis herumrutschten, bräuchten wir das ABS ja gar nicht.

Er soll uns abwimmeln, das ist deutlich herauszuhören. Inzwischen dämmert uns jedoch selbst die Erkenntnis, dass es besser ist, ohne ABS weiterzufahren, als jemanden ohne den nötigen Durchblick an unserem Fahrzeug herumpfuschen lassen.

Im Gegensatz zu den meisten anderen amerikanischen Städten hat **Phoenix** mit seinen zahlreichen Trabantenstädten Flair und südländischen Charme. Die breiten *Avenues* und *Boulevards* in *Downtown* sind von Palmen gesäumt, alte spanische Kirchen und Einkaufszentren im Adobestil kontrastieren fotogen mit moderner Architektur und inmitten der weitläufigen Stadt erhebt sich exotisch der Camelback Mountain.

Aber Phoenix ist auch eine Stadt grenzenloser Verschwendung. Nirgendwo sonst gibt es so viele private Swimmingpools wie in dieser Wüstenmetropole, nirgendwo sonst reihen sich so viele sattgrün bewässerte Golfplätze aneinander. Die Stauseen Canyon- und Saguaro Lake führen noch genügend Wasser und vom Colorado zapft man das lebensspendende Nass in Kanälen ab. Dass von diesem mächtigen Strom im mexikanischen Mündungsgebiet nur noch ein versalzenes Rinnsal ankommt, kümmert in Amerikas Überflussgesellschaft wenig. Umweltbewusstsein und ökonomisches Denken und Verhalten sind auf diesem Kontinent, wo alles riesig, weit und unerschöpflich scheint, noch unterentwickelt.

Unterentwickelt ist auch der öffentliche Nahverkehr. Stinkende Blechlawinen rollen durch die breiten, für den Individualverkehr angelegten Straßen und sämtliche Parkplätze zieren große, schmierige Öllachen. Nach der reinen Luft der **National Forests** bekommen wir den Diesel- und Abgasgestank nicht mehr aus der Nase.

Irgendwo auf einem Supermarktparkplatz fällt Peter allerdings auf, dass die obligaten, in Schichten angetrockneten Ölflecke unter unserem Wohnmobil teilweise recht frisch und nass aussehen und folglich von unserem Auto stammen müssen. Nach einer genaueren Inspektion bemerken wir, dass am Motor eine Flüssigkeit, entweder Öl oder Diesel, heruntertropft. Wo genau das Leck ist, können wir aber nicht feststellen. Müssen wir am Ende noch einmal zu *Freightliner* zurück? Peter, seit Jahren verwöhnter Fahrer eines Firmenwagens, den man lediglich regelmäßig zum Kundendienst anmelden musste, ist nun gezwungen, sich mit den Innereien unseres Gefährts näher zu befassen. Da kein Öl fehlt, muss das, was so nass nach unten tropft, Diesel sein. Nachdem wir die innere Motorverkleidung entfernt haben, fördern wir noch einmal jede Menge Kaktusfrüchte zu Tage. Aber erst als wir Gas geben, lässt sich die Bescherung ausfindig machen: Eine Dieselleitung ist angeknabbert! Es sind nicht die Straßen von Phoenix, die so furchtbar stinken, sondern unser Wohnmobil! Aber gottlob lässt sich der Schaden mit einem Stückchen Schlauch schnell beheben.

Phoenix hat auch eine Footballmannschaft zu bieten - und Peter, für jede Art von Sport zu begeistern, will unbedingt einmal *American Football* live erleben. Seit Tagen fiebert er dem Großereignis entgegen: Im *Sun Devils Stadium* spielen die *Phoenix Cardinals* gegen die *New York Giants*. Der billigste Platz kostet 30 $ und die Parkplatzgebühr ist mit 5 $ dem Ereignis angemessen. Wir sind zeitig da und können das Drumherum des Spektakels amüsiert beobachten.

Viele Fans haben eine weite Anreise hinter sich und bauen vor dem Spiel auf dem Parkplatz Picknicktische auf, schüren Grills, und schleppen riesige Eisboxen an. Neben uns parken Fans der Giants. Sie sind eigens aus San Diego angereist und futtern schon zwei Stunden lang Würstchen, Hähnchenschlegel und Hamburger, stopfen Unmengen an Chips in sich hinein, die vorher in bunte Mayonnaisesoßen getaucht werden, und spülen mit Bier und schockfarbenen Getränken nach.

Peter, dessen Magen noch nicht von amerikanischen Fastfoodportionen ausgeweitet ist, stopft sich nur ein paar Äpfel und Kekse in eine Hüfttasche. Stilecht verkleidet er sich als Ami, indem er in seine Turnschuhe schlüpft und sich ein

Baseballkäppi aufs Haupt drückt, und tigert los. Ich hüte derweil das Wohnmobil. 30 $ Eintritt für etwas, das mich nicht im Mindesten interessiert, finde ich etwas happig. Die Geräuschkulisse kriege ich auch kostenlos mit. Das Ereignis beginnt dramatisch mit Böllerschüssen und danach zirpt eine Frauenstimme etwas zitterig die amerikanische Nationalhymne. Das, was dann folgt, muss meiner Ansicht nach ziemlich langweilig sein, denn von emotionaler Stimmung des Publikums ist nichts zu hören. Mit Böllerschüssen geht das Spiel auch zu Ende. Die Phoenix Cardinals haben verloren und Peter trifft die Feststellung, dass er es zwar recht interessant fand, er aber ansonsten kein zweites Mal mehr zum Football müsse.

Kurze Zeit später wird Peter wieder vom Football-Fieber gepackt. Das *Highschool Match* zwischen Globe und Miami, Arizona, findet er wesentlich amüsanter und kurzweiliger, aber auf das patriotische Singen der Nationalhymne wird auch bei den Schülern nicht verzichtet.

Auf dem Parkplatz herrscht nun teils Aufbruchstimmung, teils werden wieder die Wegwerfgrills geschürt und bunte Pappteller mit üppigen Steaks gefüllt, denen praktischerweise gleich mit Plastikbesteck zu Leibe gerückt wird. Auf diese Weise spart man sich den umständlichen Abwasch sowie lästiges Aufräumen und kann den ganzen Plunder samt den leeren Flaschen und Dosen gleich vor dem Auto stehen lassen. Als sich der Parkplatz leert, sieht er aus wie eine riesige Müllhalde. Im Slalom steuern wir um die leeren Flaschen herum, und mich beschleicht ein schlechtes Gewissen, weil mir einfällt, wie ich mich über den Müll in den Indianerreservaten mokiert habe. Wo ist denn nun der Unterschied zwischen Amerikas Ureinwohnern und jenen zivilisierten Weißen, die diese moderne Wegwerfkultur erfunden haben? Gerade als ich zu der Einsicht gelange, dass es diesen Unterschied gar nicht gibt, kommt er auch schon mit Getöse in Gestalt einer Kehrmaschinenarmada angerollt. Mit rotierenden Bürstenwalzen schieben die Maschinen die Pappteller und Alugrills, die Plastikbecher und Coladosen, die Einmalgabeln und Bierflaschen vor sich her und kurz darauf ist das weiße Amerika wieder hygienisch rein, ordentlich und zivilisiert.

Apache Trail

Schroff heben sich die dunklen Zacken der Berge gegen den wolkenlosen Wüstenhimmel ab. Sie wirken abweisend und faszinierend zugleich. Stachelige *Chollas* und *Prickly Pears* wachsen an ihren Abhängen, und dazwischen recken mächtige Kandelaberkakteen, die berühmten *Saguaros*, ihre verzweigten Arme der gleißenden Sonne entgegen. Über einen dieser Abhänge müssten sie jetzt eigentlich geritten kommen, jene Helden der alten Western, die aufrechten Hauptes und edler Gesinnung am Ende der Story stets über das Böse triumphieren und Recht und Gesetz zum Sieg verhelfen. Wir blicken uns um in dieser Wildwestkulisse, blinzeln in die flirrende Hitze, aber von Clint Eastwood, Charles Bronson & Co. ist nichts zu entdecken. Western sind nicht mehr in.

Wir haben Phoenix auf dem Apache Boulevard verlassen, der aufgestaute **Canyon Lake** liegt hinter uns, und unser Small Motorhome rollt auf dem Apache Trail, einem uralten Indianerpfad, dem in späterer Zeit die Postkutschen folgten, durch eine Wildwestlandschaft wie aus dem Bilderbuch. Hier, am Ende der Teerstraße, liegt zwischen Kakteen und Mesquitesträuchern ein kostenloser *Campground*, Ziel unserer heutigen Etappe.

Inmitten der stacheligen Vegetation scheint plötzlich doch das alte Hollywood zu erwachen. Wie ein vergessener Statist taucht er plötzlich in der Naturkulisse auf: Unter dem Cowboyhut mit der Adlerfeder quillt wallendes Silberhaar hervor und den größten Teil seines Gesichts bedeckt ein grauer Rauschebart. Ein stilechtes Cowboyhemd trägt er zu den ausgewaschenen Jeans und die überdimensionale Gürtelschnalle ziert ein grimmiger Adlerkopf.

"Ich lese in der Bibel", begrüßt er uns. Dann erklärt er uns, dass er ein *Bum* sei, was so etwas ähnliches wie ein *Hobo* wäre, ein Landstreicher und Vagabund.

"Meine fünfte Frau war auch aus Germany", erzählt er. "Aber jetzt bin ich verwitwet, denn sie ist mit meinem Boot im Golf von Mexiko untergegangen. Sie musste sterben, weil sie nicht gottgefällig gelebt hat", berichtet er uns ganz ernsthaft. "Denn eines Tages hörte ich eine Stimme, die sagte: 'Verkauf dein Boot und geh nach Arizona', aber meine Frau wollte auf Gottes Stimme nicht hören. Jetzt habe ich kein Boot mehr und bin alleine nach Arizona gegangen." Die Story klingt auch nach Hollywood. Ob er wohl dem Willen Gottes ein wenig nachgeholfen hat?

Wir stehen mit unserem Small Motorhome inmitten der großartigen Wüstenlandschaft, und abends sitzen wir vor dem Camper und genießen zu den Klängen von Beethovens Klavierkonzert Nr. 1 den Sternenhimmel. Es ist schon seltsam, seit wir mit dem Wohnmobil durchs Land der *Countries* und *Hillbillies* rollen, sind die Cowboy-Sehnsuchtsschnulzen in der Versenkung verschwunden und unsere alte Vorliebe für Klassisches kommt wieder zum Vorschein.

Plötzlich bewegt sich etwas vor meinen Füßen - vor unserer Campertür sitzt ein Tier. Es ist schwarz, etwas größer als eine Katze, hat einen kleinen schmalen Kopf, einen langen buschigen Schwanz und über den ganzen Rücken und den Schwanz zieht sich ein weißer Streifen. Als wir es mit der Taschenlampe anleuchten, verzieht es sich langsam - Gott sei Dank! Wenn wir mit dem lieben Tierchen nähere Bekanntschaft gemacht hätten, hätten wir womöglich für einige Zeit zwangsweise in der Wildnis campieren müssen. Wir sind zwar zoologisch nicht stark bewandert, aber dieser nächtliche Besucher ist ein *Skunk*, ein Stinktier.

Man hatte uns davor gewarnt, nach dem Ende der Teerstraße den Apache Trail weiterzufahren, denn er wäre für *Motorhomes* nicht geeignet. Aber reizen würde er uns natürlich schon. Unser Hobo ist den Apache Trail schon gefahren. "Ist die Straße wirklich so schlecht?", wollen wir wissen. Er klappt seine Bibel zu, blickt gottergeben zum Himmel und zuckt mit den Schultern: "Was ist schon schlecht? Manchmal ist es ein wenig steil." Alles ist relativ. Wenn sein klappriger alter Truck den Apache Trail überstanden hat, packen wir ihn mit unserem soliden deutschen Gefährt auch.

Die schmale *Gravelroad* ist eine Straße der Superlative. In steilen Spitzkehren windet sie sich abwärts, führt durch zerklüftete Canyons und über kakteenbestandene Wüstenberge. Die altehrwürdigen *Saguaros* mit ihren verzweigten Armen an der engen Waschbrettpiste haben schon die Eroberung des Westens miterlebt. Ich komme mir vor, als säße ich um 100 Jahre zurückversetzt in einer Postkutsche.

Mit angehaltenem Atem klammere ich mich mit beiden Händen an Sitz und Haltegriff fest. Ich müsste weitaus kaltblütiger sein, um das Szenario bewundern zu können. Rechts der "Straße" ragen überhängende Felsen in die Fahrbahn und links geht es ohne Leitplanke in die Tiefe. Im ersten Gang tastet sich Peter abwärts. Unsere Durchschnittsgeschwindigkeit liegt bei ca. 10 km/h. Wenn uns nur niemand entgegenkommt! Dann sind wir endlich unten!

Hinter der abenteuerlichen Brücke wird die Piste wieder breiter, staubiges Waschbrett zwar, aber harmlos im Vergleich zur zurückliegenden Achterbahnfahrt nach unten. Am **Apache Lake**, einem Stausee des Salt River, reicht es uns für heute. Wir haben ganze 33 km auf dem Tageskilometerzähler! Aber was ist schon schlecht? Wir möchten die dramatischen Kilometer nicht missen - aber kein zweites Mal mehr fahren.

Die Schotterpiste erfreut uns bis zum **Roosevelt Dam**, erst danach bekommt unser Wohnmobil wieder Asphalt unter die Räder. Und wir bekommen am Roosevelt Lake die Folgen der allgemeinen Wasserverschwendung zum ersten Mal drastisch vor Augen geführt - obwohl es in diesem Sommer die stärksten Regenfälle seit 20 Jahren gab, ist er zur Hälfte leer.

Von **Globe**, einer alten *Mining Town*, führt der Highway 60 durch das San Carlos- und das **White Mountain Apache Reservat**. Wieder einmal wechseln Landschaft und Vegetation, es geht beständig steil aufwärts. Nachdem wir den **Salt River Canyon**, der teilweise seinem großen Bruder, dem Grand Canyon ähnelt, überquert haben, geht die stachelige Wüstenvegetation über in Kiefern- und Mischwald. Das Laub der Birken hat sich bereits leuchtend gelb gefärbt. Es wird sichtbar Herbst in den **White Mountains**.

Wir campen in 2.500 m Höhe im Apache National Forest und wandern durch die ungewohnt frische und kühle Luft. Die Verwaltung des National Forest rüstet bereits für den nahen Winter. Die Geräte zum Spuren der Loipen stehen schon bereit und die Wanderwege werden für die künftigen Langläufer klassifiziert. Am nächsten Morgen blühen Eisblumen an unseren Fenstern. Das Thermometer ist unter Null Grad gefallen, und die Pfützen sind bereits mit einer Eisschicht bedeckt. Kaum zu glauben, dass wir noch vor ein paar Tagen im Apache Lake schwimmen waren.

Bis auf 3.000 m schraubt sich die Panoramastraße hinauf und erst ab **Hannigan Meadows** geht es in steilen Spitzkehren wieder bergab; aber leider verstecken nun die White Mountains ihre Schönheit hinter dichten Regenwolken und Nebel.

Arizona, Land der Gegensätze - keine 150 km entfernt, aber ca. 2.500 Höhenmeter tiefer: Adobemauern, von Sonne, Wind und Regen bis auf einige kümmerliche Reste abgetragen und glattgewaschen, leuchten goldbraun in der schrägstehenden Nachmittagssonne. Küchen, Vorratshäuser, Schlafbaracken - nur noch die Umrisse aus Lehmziegeln sind von den Gebäuden des historischen Fort Bowie übriggeblieben. Wo vor 100 Jahren die Blauröcke der US-Kavallerie zum Appell aufmarschierten, sagen sich heute Klapperschlange und Skorpion Gute Nacht. Nur ein mürrischer Ranger versieht hier seinen einsamen Dienst. Von den Touristen, die sich einige Kilometer weiter am Scenic Drive des **Chiricahua National Monuments** drängeln, verirrt sich kaum jemand hierher. Der **Apache Pass** ist staubig und ungeteert und das Fort nur per Fußmarsch zu erreichen.

Einst war das Gebiet Schauplatz blutiger Auseinandersetzungen zwischen den Chiricahua-Apachen des Häuptlings Cochise und den Soldaten der US-Army. Eine zuverlässig sprudelnde Quelle, Garant des Überlebens in einer lebensfeindlichen Umgebung, war eine der Ursachen der Zwistigkeiten. Wegen ihres Wassers benutzten Apachen, Postkutsche, Siedler und Goldsucher den Pass. Häuptling Cochise erkannte letztendlich, dass er und sein Volk der weißen Übermacht nicht gewachsen waren, und die Chiricahuas traten den bitteren Weg ins Reservat an. Posthum wurde Cochise darob von den Western der alten Schule mit der Rolle des Weisen und Guten bedacht. Geronimo, der sich nicht ins Unvermeidliche fügen wollte und mit seinen Attacken Siedler und Soldaten noch jahrelang in Atem hielt, galt als der Verräter, der Böse. Die Verbannung ins Reservat ließen Hollywoods Schwarzweißmaler der Einfachheit halber unter den Tisch fallen - das hätte die guten Weißen nur irritiert.

Auf dem kleinen Friedhof in der Nähe des alten Forts liegt neben Siedlern und Outlaws auch Little Robe, Geronimos zweijähriger Sohn begraben. Geronimo selbst stand eine leidvolle Odyssee bevor. Armeeführung und Siedler sahen in dem letzten Apachenhäuptling und seinem verbliebenen Häufchen von 24 Kriegern eine derartige Bedrohung, dass man seinetwegen eine gigantische Streitmacht aufstellte, und zwischen Arizona und New Mexico ein kostspieliges System von Spiegeltelegraphen installierte. 5.000 Soldaten (etwa ein Drittel der gesamten Armee), 500 Apachenkundschafter, sowie eine mehrere tausend Mann starke Bürgermiliz, jagten die letzten freilebenden Apachen.

Nachdem sich Geronimo letztendlich der gewaltigen Übermacht ergeben hatte, empfahl der Präsident, ihn zu hängen. Einige Weiße, die wussten, wie übel man ihm und seinem Volk mitgespielt hatte, erreichten jedoch, dass er "nur" nach Florida deportiert wurde, wohin man in der Zwischenzeit auch viele "friedliche" Chiricahuas und Angehörige anderer Apachengruppen gebracht hatte. Da die Armee und die weißen Behörden von jeher ein kurzes Gedächtnis hatten, wenn es um Versprechungen und Verträge mit Indianern ging, wurden auch jene eigens für die große Hatz angeheuerten Apachenkundschafter ohne viel Federlesens nach Florida verfrachtet. Im feuchtwarmen, fieberverseuchten Klima starben die Apachen wie die Fliegen. Auch von ihren Kindern, die man ihnen vorsorglich weggenommen und in eine Indianerschule in Pennsylvania gebracht hatte, starben viele.

Hätten sich nicht einige befreundete Weiße für sie eingesetzt, wären sicher sämtliche Apachen in der Verbannung umgekommen. Die meisten durften schließlich, wenn auch gegen den Widerstand des Kriegsministeriums, ins San Carlos Reservat zurückkehren. Nur Geronimo und seinen Chiricahuas wurde die Rückkehr nach Arizona nicht erlaubt. Die Comanchen und Kiowas, von jeher Feinde der Apachen, boten schließlich an, ihr Reservat in Oklahoma mit den Chiricahuas zu teilen. 1894 zog Geronimo mit den wenigen Überlebenden seiner Gruppe nach Fort Sill. Als er dort 1909 als Gefangener starb, wurde er auf dem Apachenfriedhof beerdigt. Es heißt, dass seine Gebeine später wieder ausgegraben und in den Südwesten gebracht wurden - vielleicht in die Mogollons oder in die Chiricahua Mountains, vielleicht aber auch in sein Rückzugsgebiet in der mexikanischen Sierra Madre...

Das San Carlos Reservat ist auch heute noch ein Ort erschreckender Trostlosigkeit. Nicht nur die armseligen Ortschaften wirken bedrückend, die ganze Landschaft ist öde und karg. Zusätzlich verstärkt wird dieses abschreckende Bild durch den **San Carlos Lake** bzw. das, was von dem fast gänzlich ausgetrockneten Stausee übriggeblieben ist. Angler, Bootsbesitzer und Wassersportler geben nun ihr Geld an weiter entfernten Gewässern aus. Doch die Nachfahren von Cochise und Geronimo sind findig. Stauseen mögen austrocknen und Flüsse versiegen - die Geldgier und die Unvernunft des Weißen Mannes sind beständig. Seit sich Amerikas Ureinwohner vor Gericht das Recht erstritten haben, in ihren Reservaten Spielkasinos zu betreiben, ziehen sie den Bleichgesichtern nicht mehr im Kampf den Skalp über die Ohren, sondern am Spieltisch das Geld aus der Tasche.

Nach der Trostlosigkeit des Reservates wirkt die Anlage mit ihren riesigen Parkplätzen fast wie eine Fata Morgana. "Apache Gold" nennt sich der Gambling Tempel doppelsinnig.

Angekarrt in klimatisierten Bussen, sitzen an endlosen Reihen Einarmiger Banditen weiße Pensionäre zwischen sechzig und scheintot und verzocken die Rente. Spielkasino statt Rheumadecken - Kaffeefahrt auf amerikanisch. Apachen sieht man nur hinter den Spieltischen. Inwieweit die Gewinne aus diesem Spielbetrieb dem ganzen Stamm zugutekommen oder etwa nur in die Taschen einer kleinen Clique fließen, können wir nicht ergründen. Als knauserige Traveller brauchen wir unser Geld ohnehin selbst und so bleibt es unsererseits bei einer neugierigen Besichtigung.

In **Globe** schließt sich unsere Rundfahrt durchs Land der Apachen. Die alte Mining Town am Rand der Reservate ist eine jener übersichtlichen Kleinstädte, die dem wohnmobilen Reisenden alles bieten, was er zum täglichen Leben braucht. Mit einem Sack voll schmutziger Wäsche steuern wir die *Coin Laundry* an, einen jener typisch amerikanischen Münzwaschsalons, wo sich ca. zwanzig bis dreißig vorsintflutlich anmutende Bottichwaschmaschinen aneinander reihen. Für je einen Dollar rühren drei dieser Ungetüme zwanzig Minuten lang unsere dreckigen Socken, T-Shirts und Jeans hin und her - das Ergebnis ist wie üblich bescheiden. Zuweilen siegt der Wunsch nach sauberer Wäsche über mein Umweltbewusstsein und ich füge, dem Beispiel der Amerikanerinnen folgend, den Socken und Unterhosen einen kräftigen Schuss Chlorbleiche zu. Riesige Trockner, zweireihig übereinander an den Wänden platziert, übernehmen für einen Quarter je zehn Minuten die Arbeit von Sonne und Wind. Anschließend stehe ich neben Hausfrauen, Tramps und wohnmobilen Rentnern an langen Tischen, sortiere Socken und lege T-Shirts zusammen. Mein Bügeleisen ruht seit langem unbenutzt in den Tiefen eines Staukastens. On the Road braucht man keine gebügelten Hemden; getragen wird nur noch, was praktisch und bequem ist.

Das Leben auf Achse ist uns inzwischen zur Routine geworden. Längst haben wir uns daran gewöhnt, überall und nirgends zu Hause zu sein. Zu Hause, das ist immer da, wo gerade unser Wohnmobil parkt. Ich habe mich darauf eingestellt, in ständig wechselnden Supermärkten einzukaufen und sammle die Mitgliedskarten der diversen Ketten zwecks Nutzung der Sonderangebote im Geldbeutel. Auch in den Warenhäusern von *K-Mart* und *Wal-Mart*, in jedem größeren Nest vertreten, findet man sich schnell zurecht - sie sehen von Maryland bis Oregon, von Arizona bis Alaska gleich aus.

Zuweilen findet man aber auch noch neben den uniformen Ketten mit ihrem Standardangebot Läden, die in privater Hand sind. Der Globe Hardware Store ist solch ein Geschäft. Wir benötigen einige Kleinigkeiten und wollen, bevor wir nach Mexiko fahren, unsere Leiter mit einem Blech abdecken, damit sich keine Kinder an das fahrende Auto hängen können. Unsere Zentimeter in krumme Inch und Feet umzurechnen, ist jedes Mal eine komplizierte Aktion, aber der charmante junge Mann, der uns bedient, ist geduldig und hilfsbereit. In Amerika ist das an sich nicht ungewöhnlich. Erstaunlich ist für uns nur, dass er Apache ist, dies selbstbewusst durch sein langes, zu einem Zopf geflochtenem Haar zeigt und genauso selbstbewusst seinen Job in einem "weißen" Geschäft versieht.

Am nächsten Tag sind wir zeitig auf den Beinen und suchen uns auf den Tribünen, die im Zentrum aufgebaut sind, einen guten Platz. Die Stadt **Globe**, in Reservatsnähe, aber nicht auf Reservatsgelände gelegen, feiert den *All Apache Day*. Die Apachen, die untereinander fast nur noch Englisch sprechen, versuchen im Rahmen des Schulunterrichts Sprache und Kultur zu erhalten bzw. wiederzubeleben. Die Kinder müssten wieder wissen, wer sie sind und wo ihre Wurzeln liegen, sagt die Lehrerin in einer Ansprache. Ein löbliches Unterfangen, für das es hoffentlich noch nicht zu spät ist.

Nach dem Apache-Segen singt ein Mädchen die amerikanische Nationalhymne in der Sprache der Apachen. Natürlich, in erster Linie sind auch sie Amerikaner, wenn auch dritter Klasse. Die Jugend hat sich schon rein äußerlich der amerikanischen Einheitsmode angepasst, die inzwischen fast die ganze Welt beherrscht. Gefärbte Dauerwellen bei den Frauen und hochrasierte Stoppeln bei den jungen Männern unter 25 sind die Regel.

Nun sitzen sie ringsum auf den Bänken und sehen den Darbietungen und Tänzen zu, die ihnen zum Teil genauso fremd sind wie uns. Bis auf einen Profi-Entertainer sind die meisten Tänzer Schüler, und man merkt, dass es sich hauptsächlich um Einstudiertes handelt. Die Kinder und Jugendlichen haben zu dem Dargebotenen keine innere Beziehung mehr; die Kriegstänze haben ihre rituelle Bedeutung verloren.

Die Nachfahren von Cochise und Geronimo gehen nicht mehr mit Pfeil und Bogen auf die Jagd, sondern mit ein paar Dollars in der Tasche zu McDonald's. Big Mac und Coca Cola lassen selbst bei den ganz Jungen schon den Fettbauch über den Gürtel schwabbeln und blähen die Gesichtszüge zu Vollmondgesichtern.

Die Black River Drum Group hingegen singt und trommelt unermüdlich und mit großem Enthusiasmus. Die Sänger und Trommler sind fast alle schon über dreißig und haben die innere Beziehung zu den Gesängen noch nicht verloren. Es ist für uns faszinierend, den für unsere Ohren relativ monotonen Gesängen zuzuhören, und wir können uns gut vorstellen, wie man sich früher auf diese Weise in einen tranceähnlichen Zustand versetzt hat.

Unter den Sängern entdecken wir den jungen Mann aus dem Hardware Store. Sein Haar hat er heute zu zwei Zöpfen geflochten und er singt und trommelt mit Hingabe und Begeisterung. Selten haben wir einen Native American getroffen, der so selbstverständlich in beiden Welten zu Hause ist.

Vom Land der Apachen rollt unser Small Motorhome durchs Reservat der Papagos. Auch hier wird, einsam in weiter Flur, an einem Kasino gebaut. Aber unser Ziel ist das **Organ Pipe National Monument**, benannt nach den Organ-Pipe-Kakteen, die, gerade wie die Orgelpfeifen, 2 bis 3 m hoch werden. Im angrenzenden Mexiko ist diese Kakteenart sehr häufig, aber in den USA kommen sie nur hier vor. Obwohl er als Amerikas schönster Kaktuspark gilt, blieb er ganz vom Massentourismus verschont und der weitläufige Campingplatz ist fast leer.

Wir genießen hier die Einsamkeit und die wilde Landschaft - wie Karl und Käthe, ein deutsches Rentnerehepaar. Er ist 67, sie 72, und seit gut acht Jahren sind die beiden per Wohnmobil in den USA unterwegs. Nachdem wir einige Zeit über dies und das getratscht haben, erzählt uns Karl seine Geschichte: Zeit seines Lebens hatte er mit diversen Leiden dafür gesorgt, dass die Halbgötter in Weiß nicht arbeitslos wurden, erkrankte mit 46 an einer infektiösen Hirnhautentzündung und erlitt mit 57 einen Herzinfarkt. Danach hatten die Ärzte alle Mühe ihm beizubringen, dass er nie wieder werde arbeiten können. Er war einer jener Männer, die nur für ihre Firma leben und glauben, dass ohne sie der ganze Konzern zusammenbräche.

Als Karl wieder einigermaßen auf den Beinen war, ging ihm auf, dass es außer Arbeiten auch noch etwas anderes auf der Welt gibt. Ohne Wissen seines Arztes reiste er das erste Mal vier Monate in die USA. Der gute Doktor fiel nach seiner Rückkehr aus allen Wolken und konnte so viel unverantwortlichen Leichtsinn gar nicht fassen. Doch nachdem er sich beruhigt und die ganze Angelegenheit nüchtern überdacht hatte, musste er feststellen, dass Karl der einzige seiner schwerkranken Patienten war, der noch lebte. Die anderen, denen er stets strikte Schonung auferlegt hatte, waren nach spätestens drei Monaten tot - sie hatten sich ganz offensichtlich zu Tode geschont.

Für uns ist die Geschichte eine weitere Bestätigung, dass wir die richtige Entscheidung getroffen haben. Auch wenn Peter jetzt schon wieder Pläne schmiedet, was er nach Beendigung unserer Reise machen will...

Die Entscheidung für die Gegenwart haben wir gestern schon getroffen. Wir schwingen uns auf unsere Räder und strampeln schwitzend und keuchend über den **Ajo Mountain Drive**. Eigentlich ist der "Drive" durch die spektakuläre Kaktuswüste ja "nur" 38 km lang. Aber die steinige, grobe Wellblechpiste führt steil über die Flanken des bizarren "Knoblauchbergs". Unserem Wohnmobil wollten wir sie nicht zumuten, doch selbst der Ritt auf dem Stahlross erweist sich als holprige Angelegenheit. Das Wüstenerlebnis ist aber auf dem Rad ungleich intensiver - zumal wir in der wilden Natur nahezu alleine sind. Gute drei Stunden rumpeln wir über die Piste. Höhere Geschwindigkeiten sind aber auch abwärts nicht möglich. Unsere Räder quietschen inzwischen an allen möglichen und unmöglichen Stellen. Sie sind auf dem Fahrradträger ungeschützt dem Staub und Regen ausgesetzt und solch steinige Pisten sind wir zu Hause auch nicht gefahren. (Als einige Zeit später unsere Söhne nacheinander zum USA-Besuch kommen, geben wir ihnen die Fahrräder mit nach Hause. Eine Entscheidung, die wir übrigens nie bereut haben.)

Auch die Wanderstiefel kommen im **Organ Pipe National Monument** wieder zu Ehren. Auf schmalen, menschenleeren Pfaden erkunden wir die Wüstenlandschaft per Pedes. Die Tagestemperaturen in der Wüste steigen übrigens auch jetzt, Ende Oktober, noch auf ca. 30-35 Grad, und am Abend können wir bis acht Uhr vor dem Wohnmobil sitzen, auch wenn man nach Sonnenuntergang sofort den Trainingsanzug anziehen muss.

Schneevögel

Mit unseren üblichen 80 km/h rollen wir gemächlich auf der Interstate 8 in Richtung Westen. Die Landschaft ist spröde: Wüste, abgeerntete Baumwollfelder, am Horizont die Zacken abweisender Wüstenberge - keine Szenerie von touristischem Interesse. Trotzdem rollen die RV's in Kolonne. Mit dem grummelnden Sound von zehn Zylindern und der Kraft von 300 Pferdchen unter der Haube überholt uns ein Wohnmobil. Gut doppelt so lang wie unser Small Motorhome ist das chromblitzende Gefährt und im Schlepptau zieht es einen ausgewachsenen Pick-up. Ein *Fifth-Wheeler-Gespann* mit den Ausmaßen eines rollenden Hauses folgt ihm an der Stoßstange. Truckcamper, Vans und Luxusmobile, eine ganze Armada von Campern ist auf dem Weg nach Yuma, einer Stadt an der Grenze zwischen Arizona und Kalifornien.

Washington State, Oregon und Montana, British Columbia, Alberta und Idaho - die Nummernschilder verraten: Es sind *Snowbirds*, Schneevögel auf der Flucht vor dem Winter. Nach dem Motto: "Wenn du eine Heizung oder eine Klimaanlage brauchst, dann bist du am falschen Ort", vertauschen viele US-Rentner und

Kanadier ihr Haus mit einem Wohnmobil, halten sich im Sommer in kühleren Bergregionen auf und ziehen im Winter der Sonne entgegen.

Yuma, im Sommer ein unerträglicher Glutofen, im Winter jedoch meist warm und mild, hat sich auf die Invasion der Schneevögel eingestellt. Riesige RV-Parks und luxuriöse Resorts bieten Stellplätze mit *Full Hookup* zur Miete und zum Kauf, ein RV-Händler reiht sich an den anderen. Die Supermärkte und Warenhäuser haben für sechs Monate Hochkonjunktur.

Die "richtigen" Snowbirds jedoch suchen Yuma nur zum Einkaufen auf. Ihr Winterdomizil liegt gut 25 km außerhalb, draußen am **Imperial Dam**, in der kalifornischen Wüste. Gegen eine Gebühr von 100 $ können sie jenseits des Colorado, der hier die Staatsgrenze bildet, das Winterhalbjahr über campen. Das *Bureau of Landmanagement* hat *Dumping Stations* und Wasserzapfstellen eingerichtet und an einigen Stellen Toilettenhäuschen aufgestellt: Quail Hill, Senator Wash, South Mesa u.ä. heißen die *Long Term Camping Areas.*

Wir haben noch nie so viele Wohnmobile auf einmal gesehen - vom kleinsten Vogelhäuschen bis zum größten Luxusliner ist alles vertreten. Die Eigner haben sich darauf eingerichtet, lange Zeit ohne Strom aus der Dose auszukommen, haben Solaranlagen und Windrotoren aufgestellt und trotzen mit Phantasie und Elan jedem Anflug von Langeweile. Ein Campingplatz? Nein, das ist ein gigantisches Altersheim auf Rädern.

Die *Oldies*, von 55 bis knapp 90 ist alles vertreten, sind dankbar für jede Art von Abwechslung. Kaum, dass der erste Pensionär unser fremdartiges Wohnmobil mit dem Stern auf der Haube gesichtet hat, formiert sich auch schon eine erwartungsvolle Menschentraube, und als wir aus dem Auto steigen, stürzt sich die sensationsgierige Rentnerschar auf uns und entert wie eine Bande neugieriger kleiner Kinder unser Wohnmobil. Alles finden sie *nice* und bewundern vom Alkoven bis zum Blumenkohl, den ich gerade gekauft habe, ausgiebig unser rollendes Gefährt, und erst als Peter mehr oder weniger diskret kundtut, dass er jetzt Hunger hätte, verdrücken sie sich.

Wir sind eigentlich nur hier, weil man unten am **Senator Wash Reservoir** kostenlos campen kann. Am Abend sitzen wir im Wohnmobil und haben alles verrammelt. Außer neugierigen Rentnern gibt es hier nämlich auch massenhaft lästige Moskitos und anderes fliegendes Viehzeug, das durch alle Ritzen ans Licht will. Obwohl wir bereits Anfang November haben, ist es in der Nacht noch heiß und schwül. Kaum zu glauben, dass wir, nicht weit entfernt in den White Mountains schon heizen mussten.

Im herrlich frischen Wasser des Reservoirs kann man wunderbar schwimmen und wir sind rundum zufrieden. Wir genießen es, wieder einmal direkt am Wasser zu campen und zu relaxen. Aber auch wir lieben mitunter die Abwechslung. Drum hieven wir mal wieder unsere Drahtesel vom Ständer, irren über steinige Staubstraßen und landen endlich im *Gravel Pit*, dem Ort des angekündigten Ereignisses. Um zwei soll hier eine *Fiddler Session* stattfinden. Trotz glühender Mittagshitze hat sich eine Rentnerband zusammengefunden und Instrumente, Mikrofone und allerlei Verstärker aufgebaut. Aber statt der von uns erhofften Countries und Gospels schnulzen sie mit schon etwas zitteriger Stimme für ein gutes Dutzend anderer Pensionäre die Schlager ihrer Jugendzeit.

Zwar können uns die alten Heuler nicht begeistern, aber uns bestätigt das wieder einmal in unserer Feststellung, dass amerikanische Rentner wesentlich aktiver und lebensfroher sind als ihre deutschen Altersgenossen, die in erster Linie lamentierend die Wartezimmer der Ärzte bevölkern.

Die weniger musikalischen Zeitgenossen gehen mit Hilfe von piepsenden Metalldetektoren auf Schatzsuche. Laut Prospekt soll man mit den Detektoren *Goldnuggets*, Brillantringe und Geldstücke finden. Das Dumme ist nur, dass die Dinger auch auf jeden rostigen Nagel reagieren, von denen es im Wüstenboden nur so zu wimmeln scheint, denn rings um uns herum piepst es unaufhörlich. Ein paar besonders Findige haben sich deshalb gleich für 300 $ eine transportable, hölzerne Goldwaschanlage angeschafft und aus den Fluten des Reservoirs auch tatsächlich ein paar Körnchen des begehrten Edelmetalls gewaschen. Alles kleine Fische - irgendwer weiß, dass in **Quartzsite**, einer anderen Schneevogel-Hochburg in der kalifornischen Wüste, noch eine alte Goldmine existiert. Woraufhin am Seantor Wash sofort ein handfester Goldrausch ausbricht. Die Nagelpiepser verschwinden im Kofferraum, die Goldwaschanlage wird zusammengeklappt und tags darauf setzt sich eine RV-Karawane mit Ziel Quartzsite in Bewegung.

Auch wir starten wieder unser Small Motorhome und fahren am Colorado entlang. Südlich von Las Vegas reiht sich entlang des Flusses und seiner Stauseen eine *Recreation Area* an die andere. Zwischen dem Parker Dam und der Stadt **Parker**, dem sogenannten *Parker Strip*, fließt der Colorado einige Kilometer ohne jede Kurve geradeaus. Die Amerikaner erholen sich hier, indem sie mit Rennbooten,

Motorbooten und jeder nur denkbaren Art von schwimmenden PS-Protzen übers Wasser flitzen und dröhnen. Das *Bureau of Landmanagement* unterhält auf der kalifornischen Seite des Flusses etliche RV-Plätze, Lodges, und *Campgrounds.* Zum stolzen Preis von 28 $ pro Nacht werden die RV's auf den *Full Hookup* Plätzen wie die Hühner auf der Stange aneinandergereiht. Die Gelände sind reizlos, aber eben und asphaltiert und bieten vom Bootsanleger bis zum Minipool alles, was der wohnmobile Ami zum Outdoorleben braucht.

Mittendrin am Strip versteckt sich ganz ohne Reklame, aber doch mit einer Hinweistafel versehen, der *Crossroads Campground.* Der Platz ist weiträumig, naturbelassen, mit großen Bäumen bestanden, die 12 Stellplätze liegen direkt am Fluss und kosten keinen Cent. Der Platzbetreuer Bert, ein Rentner jenseits der 70, wacht als *Host* über den *Campground* und das Wohl seiner Gäste. Dies sind die Plätze, die wir lieben; zumal auch die Ver- und Entsorgung mit Wasser und Abwasser problem- und kostenlos am Nachbarplatz erledigt werden kann.

In dieser Naturoase ergattern wir noch einen freien Stellplatz mit Zugang zum Flussufer. Denn trotz der fortgeschrittenen Jahreszeit kann man noch gut schwimmen, allerdings achten wir wegen der Strömung und des starken Bootsverkehrs darauf, immer in Ufernähe zu bleiben.

Am Platz neben uns steht ein für amerikanische Verhältnisse recht kleiner Wohnwagen. Im Gegensatz zu den üblichen rollenden amerikanischen Blechkisten ist der offensichtliche Eigenbau ein Glasfaserlaminat, hat hinten eine extrem hoch angesetzte Tür und ist gerade mal fünf Meter lang.

Auch der Besitzer des rollenden Unikums fällt aus dem Rahmen. Statt der obligaten Baseballkappe drückt sich der Typ Mitte 50 jeden Morgen eine Art Schiffermütze aufs schüttere Haar, startet sein Zugfahrzeug, verschwindet und kommt erst am Abend wieder zurück.

Wegen der ungewöhnlichen Kopfbedeckung taufen wir ihn den "Kapitän", und dass wir damit zumindest ein klein bisschen ins Schwarze getroffen haben, erfahren wir ein paar Tage später bei Host Berts *Thanksgiving Turkey.*

Thanksgiving ist einer der höchsten Feiertage der USA, der an das erste Erntedankfest der Pilgerväter erinnern soll. Traditionsgemäß wird der Feiertag mit Freunden und Bekannten begangen und selbstverständlich steht dabei Truthahn auf dem Tisch.

Einer dieser Vögel schmort bereits seit drei Tagen in Host Berts Räucherfass, denn auf dem *Crossroads Campground* stehen viele Freunde von ihm, Schneevögel samt und sonders, und alle sind zur Feier eingeladen. Wir Germans aus dem Small Motorhome dürfen als exotische Beigabe nicht fehlen. Auch der Kapitän ist beim Truthahnschmaus dabei, und während der Vogel langsam schwindet, wird der Seefahrer gesprächig:

"Mein Wohnwagen ist das meistfotografierte Boot am ganzen Colorado!", erzählt er gerade seinem Tischnachbarn.

Was hat er da gerade gesagt? Da muss ich doch irgendetwas falsch verstanden haben! Das kommt schon mal vor, obwohl ja der "Kapitän" ein ausgesprochen klares und gut verständliches Englisch spricht. Aber beim Nachhaken merke ich, dass ich ihn durchaus richtig verstanden habe.

"Mein Wohnwagen ist nämlich nicht nur für die Straße konzipiert, sondern auch für das Wasser!" Und als nun auch allen anderen ungläubig die Kinnlade herunterfällt, fügt er hinzu: "Im Wasser liegt er jedoch wesentlich besser als auf der Straße, denn er hat ja auch zwei kleine Kiele an der Unterseite."

Gebaut hat er das Zwittergefährt unter tatkräftiger Mithilfe von Bert, und arbeitet bereits an Straßenboot Nummer Zwei. Das ist auch der Grund, warum er jeden Morgen verschwindet.

Es soll zwei Fuß größer werden als der Prototyp und irgendwann einmal in Serie gehen. Mit sichtlichem Vergnügen schildert der Kapitän die Verwirrung ahnungsloser Zeitgenossen, die ihn jedes Mal für total bekloppt halten, wenn er seinen Wohnwagen zu Wasser lässt. Dabei ist er von der Seetauglichkeit seines schwimmenden Boot-Wagens absolut überzeugt. Selbst auf dem Atlantik und Pazifik ist er damit schon rumgeschippert, und zwar bei ruppigem Wasser, als Wind und Gezeitenstrom gegeneinander standen. "Allerdings nur in Küstennähe", fügt er hinzu, "denn ich mag ja vielleicht ein wenig verrückt sein, aber dumm bin ich wirklich nicht."

Grenzer, Zöllner, Bürokraten

"In den Weihnachtsferien habe ich Urlaub. Wenn es euch recht ist, bin ich am 2. Januar in Los Angeles!", hat Michael am Telefon gesagt. Welch eine Frage, wo wir uns doch so lange nicht mehr gesehen haben! Wolfgang wird bereits am 12. November in Los Angeles eintreffen, da lassen wir gerne unseren ursprünglichen Plan sausen, durch ganz Mexiko bis nach Guatemala zu fahren. Doch urplötzlich wird uns mit Schrecken bewusst: Am 31. Dezember läuft unser Visum aus, Michael kommt aber erst am 2. Januar!

"Ihr könnt eine Verlängerung beantragen", erklären uns Dauerreisende. "Das kostet pro Nase 80 Dollar. Oder ihr geht einfach für ein paar Tage nach Mexiko rüber." Na also, jedes Problem lässt sich lösen! Damit schieben wir es erst mal beiseite, lassen Wüsten und Schneevögel hinter uns, und rollen der Monsterstadt Los Angeles entgegen.

Drei Wochen lang kurven wir mit Wolfgang durch wilde Natur, besuchen das **Death Valley** bei erträglichen Wintertemperaturen, tigern durchs schrille Las Vegas, erleben eisige Nächte auf einem idyllisch gelegenen *Campground* im **Joshua Tree National Park** mit den markanten Jumbo Rocks.

Erst als Wolfgang abgeflogen ist, wenden wir uns wieder der Bürokratie, genauer gesagt, der Einwanderungsbehörde in Los Angeles zu. Mehr oder weniger geduldig stehen wir zwischen einem bunt gemixten Publikum Schlange, bis endlich unsere Nummer am Schalter aufgerufen wird. Der Beamte mustert zuerst unsere Pässe, dann uns, dann wieder unsere Pässe und stellt schließlich die alles entscheidende Frage: "Wer ist Peter, wer ist Hildegard?"

Die Prozedur der Verlängerung erweist sich als wesentlich komplizierter als die Beantwortung dieser Frage. Der Antrag muss schriftlich gestellt, die Gebühr per Money-Order bezahlt werden. Hinzuzufügen sind Kontoauszüge und der weiße Abschnitt mit dem Einreisedatum, der in den Pass eingeheftet ist. Die Bearbeitung des Antrages dauert ca. drei Monate. "Und was ist, wenn wir kontrolliert werden, und diesen Abschnitt nicht vorweisen können?" "Macht euch deswegen keine Gedanken, ihr habt ja die Quittung von der Money-Order!" Spricht's und drückt uns zwei Anträge in die Hand.

Nein, das muss auch einfacher gehen - wir fahren ganz einfach für ein paar Tage rüber nach Mexiko. Weil wir sie anschließend ohnehin brauchen werden, schließen wir in San Diego eine mexikanische Haftpflichtversicherung mit zusätzlichem Vollkaskoschutz ab und machen uns auf den Weg. Im Pulk nähern wir uns der Grenze, die Pässe griffbereit, um bei der Ausreise dem amerikanischen Grenzbeamten den weißen Sticker in die Hand zu drücken. Aber ehe wir uns versehen, begehrt ein mexikanischer Beamter Einlass, um unseren Camper zu inspizieren - wir sind bereits in Mexiko - der weiße Sticker jedoch hängt noch immer in unserem Pass.

Seit einigen Stunden sind wir in einer völlig anderen Welt. Das reiche San Diego mit seiner fotogenen Skyline, seinen reizvollen Yachthäfen, Parks und gepflegten Einfamilienhäusern liegt längst hinter uns. Hinter uns liegt auch die Grenzstadt **Tijuana**, jener Alptraum aus abbruchreifen Häusern, hupendem Verkehrschaos und fliegenden Straßenhändlern, die inmitten dieses Chaos im verzweifelten Überlebenskampf ihre Waren feilbieten. Schockierender könnten die Gegensätze nicht sein. Erste und Dritte Welt trennt nur ein Grenzzaun.

Grenzstädte haben einen denkbar schlechten Ruf. Sie sind Sammelbecken für all jene, die den großen Sprung über die Grenze ins Gelobte Land machen wollen, gelten als Brutstätten für Gewalt und Kriminalität. "Be careful!", haben uns die Amerikaner immer gewarnt und diese Warnung auch stets mit ein paar Schauergeschichten von Raub, Mord und Totschlag und natürlich auch von der korrupten Polizei untermalt. Selbst fahren sie zwar auch nach Mexiko, aber bevorzugt in Kolonne, um sich dann in bewachten Ferienresorts hinter hohen Mauern zu verschanzen.

Wir sind nicht so ängstlich, aber das Grenzgebiet lassen wir so schnell wie möglich hinter uns, und wollen erst in Punta Banda, in der Nähe von Ensenada auf einen kleinen Campingplatz gehen. Im Norden der Baja California ist es nicht ratsam, alleine wild zu campen.

Ein gigantisches Stück Tuch in Grün-Weiß-Rot flattert weithin sichtbar am Hafen von **Ensenada**. Nie zuvor haben wir solch eine riesige Nationalflagge gesehen. Nicht mal die patriotischen Amerikaner können da mithalten. "Wir sind auch wer!", soll sie wohl angesichts des übermächtigen, ungeliebten Nachbarn verkünden.

"Pass auf, da ist schon wieder so ein *Bumper*!" Peter tritt erschrocken auf die Bremse und überwindet das tückische Straßenhindernis im Schritttempo. Diese höllischen *Bombadores* sind leider nicht so auffällig wie die Fahne. Durch längst verblassten, abgefahrenen Anstrich gut getarnt, sind sie wahre Achsen- und Stoßdämpferkiller. Ihren Zweck, die Geschwindigkeit zu reduzieren, erfüllen sie allerdings nur kurzzeitig; die Mexikaner sind wahre Kamikazefahrer im Straßenverkehr. Der Fahrer vor uns gibt sofort wieder Vollgas – nur, um gleich darauf wieder abrupt auf die Bremse zu treten. Schon wieder so ein *Bombador*? Nein, eine rote Ampel. Die unscheinbare Funzel hätten wir beinahe übersehen. Mexikos Straßenverkehr ist gewöhnungsbedürftig.

Ein paar Tage haben wir auf dem *La Jolla Campground* in **Punta Banda** gecampt. Jetzt nähern wir uns wieder im Pulk der Grenze, diesmal von der anderen Seite. Die Besitzer von Andenkenläden haben in der Hoffnung auf ein schnelles Geschäft ihren Kitsch auf die Gehsteige geräumt, Händler drängeln sich neben der langsam vorrückenden Kolonne. Das Kabäuschen des amerikanischen Beamten kommt in Sicht. Wir zücken unsere Pässe. Ein wenig erstaunt mustert er uns und unser Gefährt.

"Warum kommt ihr zurück?" Natürlich, der Zug der Touristen und Schneevögel geht um diese Jahreszeit nach Süden. "Unser Sohn kommt am 2. Januar nach Los Angeles. Wir brauchen ein neues Visum!"

"Ihr habt noch 14 Tage, ich kann euch kein neues Visum ausstellen. Das geht erst, wenn das alte abgelaufen ist."

"Aber unser Sohn kommt - was sollen wir machen?" "Geht nach Los Angeles zur *Immigration*, dort bekommt ihr es verlängert!" Damit klappt er unsere Pässe zu, fordert uns zum Weiterfahren auf und wir schauen ziemlich betreten aus der Wäsche. Die Prozedur mit der schriftlichen Verlängerung bleibt uns nun nicht mehr erspart. Außerdem müssen wir, weil wir ja ohne feste Adresse unterwegs sind, die Papiere erst mal zu meiner Schwester nach West Virginia schicken lassen.

Jetzt rollen wir zum zweiten Mal der mexikanischen Grenze entgegen. Ein eisiges Weihnachten am Imperial Dam und Silvester bei lauen Temperaturen in der **Anza Borrego Wüste** liegen hinter uns. Mit Michael sind wir auf dem Highway Nr. 1 nach San Francisco gedüst, folgten den Spuren von James Dean, amüsierten uns in den **Universal Studios** und am **Venice Beach**. Vor ein paar Tagen ist er nach Hause zurückgeflogen und wir wollen nun endgültig in wärmere Gefilde aufbrechen.

Vorher ist aber noch einiges in Sachen Bürokratie zu erledigen. Offiziell darf man ein Fahrzeug aus Übersee mit fremdem Kennzeichen nur 12 Monate in den USA fahren. Danach muss es außer Landes gebracht oder zolltechnisch eingeführt werden. Wobei USA mit Kanada und Mexiko einen Zollverbund bilden. Außer Landes ist das Fahrzeug also frühestens in Guatemala. Weil wir unser Wohnmobil am 8. Juli zeitweise eingeführt haben, es aber erst im nächsten September wieder ausführen wollen, müssen wir zu einem Trick greifen.

Für Guatemala ist es uns jetzt zu spät, wir wollen uns angesichts der fortgeschrittenen Zeit mit der Baja California begnügen. Aber dem Zoll müssen wir das ja nicht unbedingt auf die Nase binden. Weil wir Bedenken haben, dass wir im allgemeinen Durchwinken den US-Zoll verpassen könnten, gehen wir in **San Ysidro** vorsichtshalber schon eine Ausfahrt vorher von der *Interstate* ab und parken unser Small Motorhome auf einem Grenzparkplatz. Es dauert eine ganze Weile, bis wir den Zöllnern klargemacht haben, warum wir das Auto ausführen wollen. Dergleichen kommt wohl nicht sehr oft vor.

Leider kann man uns trotz einigem Hin- und Herschicken nicht weiter helfen. Wir müssen zum Grenzübergang **Otay Mesa**, wo man die richtigen Stempel hat. Auch dort kurven wir noch eine Weile unschlüssig herum, denn wir sind uns nicht klar, ob wir am Grenzübergang für Trucks mit Fracht für Mexiko richtig sind. Aber nach einigen Erklärungen und den obligatorischen Warnungen "Be careful!" kriegen wir tatsächlich unseren Ausfuhrstempel. Wir haben allerdings nicht die Absicht, es wieder offiziell einzuführen. Dazu würde man bestimmt den Einreisestempel von Guatemala sehen wollen. Außerdem tingeln Wolf und Ilona, die wir am Imperial Dam getroffen haben, schon seit zwei Jahren zwischen Alaska und Mexiko hin und her, ohne jemals solch ein Zollpapier besessen zu haben.

Die Sache mit dem Visum macht uns größeres Kopfzerbrechen. Wir haben zwar den weißen Sticker im Pass eingeschickt, halten es aber trotzdem für sinnvoll, uns von der Immigration einen Ausreisestempel holen. Am Schalter hat ein schwarzer Beamter Dienst, der mit militärischem Kommandoton seine Macht und Wichtigkeit demonstriert. "Solange Sie die Genehmigung der Aufenthaltsverlängerung nicht haben, können Sie die USA nicht verlassen", erklärt er uns barsch, "es könnte sonst gut sein, das man Sie nicht mehr einreisen lässt! Auf keinen Fall dürfen sie mit dem Flieger einreisen, und auch auf dem Landweg können sie sich darauf einstellen, dass Sie sehr viel werden erklären müssen!"

Na, das kann ja heiter werden! Nachdem eine andere Beamtin im Computer nach unseren Daten gesucht hat, rät sie uns, dass es am einfachsten wäre, wenn wir uns die Genehmigung nach Mexiko nachschicken ließen. Oh heiliger Sankt Bürokratius steh' uns bei! Hoffentlich kriegen wir das alles auf die Reihe!

Baja California - Wale, Konvois & Militärkontrollen

Sie ist verdammt schmal, die MEX 1, und im Grunde besteht sie nur noch aus Schlaglöchern, die gut und gerne 30 cm tief sind. An ihren ausgefransten und abgebrochenen Seitenrändern geht es ohne Bankett oftmals einen Meter in die

Tiefe. Selbst bei drastisch reduzierter Geschwindigkeit und ohne Gegenverkehr schafft es Peter nicht, allen Schlaglöchern auszuweichen.

Ab und zu wird die löchrige Teerdecke großflächig ausgebessert, wozu der Verkehr kurzerhand über den nächsten Acker umgeleitet wird, aber meist müht sich nur ein versprengtes Häuflein Arbeiter damit ab, die schlimmsten Löcher in wahrer Sisyphusarbeit von Hand zuzuschmieren. Seit wir Ensenada hinter uns gelassen haben, ist der Straßenzustand außerordentlich kritisch.

"Geh mal vom Gas, da vorne ist irgendetwas los."

"Wahrscheinlich Schlaglochflicker." Peter lässt das Auto ausrollen.

"Nein Militär, die halten alle Wohnmobile an!"

Bewaffnete junge Männer in Uniform kommen auf uns zu. Sie signalisieren uns, ebenfalls anzuhalten.

Aha, das ist also eine dieser lästigen Militärkontrollen, von denen uns allenthalben berichtet wurde.

"Haben Sie Drogen oder Waffen?" fragt uns einer der Uniformierten mit wichtiger Miene.

"Nein, natürlich nicht!"

Das kann ja jeder behaupten! "Kontrolle!" gebietet er, und ein zweiter Uniformierter kommt mit schweren Militärstiefeln in unser Wohnmobil getrampelt. Mit seinen schmutzigen Fingern beginnt er an unseren Schranktüren zu zerren. Er kennt ja nur amerikanische Wohnmobile, die haben keine Schnappverschlüsse. Erschrocken demonstriere ich, wie sich unsere Klappen öffnen lassen. Pflichtbewusst wirft er einen Blick auf Töpfe und Tassen, T-Shirts und Jeans.

"Eh, muchos libros!" staunt er beim Anblick unserer Reisebibliothek und blättert neugierig im Mexikoreiseführer. Dann fällt ihm wieder ein, warum er hier ist. "Und was ist mit den Waffen? Haben Sie keine Pistolas?"

"Nein, nein, wir sind aus Alemania, wir haben keine Pistolas, wir haben nur Bücher."

"Aaah, Alemania!", sein Gesicht verzieht sich zu einem breiten Grinsen. "Fußball - Beckenbauer - sehr gut! Aber bei der Weltmeisterschaft werden wir euch besiegen!"

Damit ist die Kontrolle beendet und wir werden weitergewinkt. Im Amimobil vor uns wird noch eifrig gesucht und debattiert. Im Weiterfahren entdecke ich einen weiteren Uniformierten. Er hält eine lange Leine in der Hand, die quer über die Fahrbahn läuft. Am anderen Ende der Leine ist, primitiv aber äußerst wirksam, ein langes Nagelbrett befestigt! Gas geben und einfach durchfahren ist also bei solchen Kontrollen, auch wenn sie noch so häufig und lästig sind, nicht angebracht!

Alle 100 bis 200 km sind diese Militärkontrollen postiert - die vielen Wehrpflichtigen im kinderreichen Mexiko müssen beschäftigt werden. Außerdem kann man auf diese Weise auch die ungeliebten Amerikaner ein wenig ärgern - natürlich nicht zu sehr - gerade nur soviel, dass sie nicht wegbleiben und ihr Geld woanders ausgeben. Weil natürlich jeder Gringo erst mal für einen US-Amerikaner gehalten wird, steht vorne und hinten an unserem Wohnmobil ganz groß "Alemania". Auch die Kanadier kleben übrigens demonstrativ ihr Ahornblatt an die Windschutzscheibe - Deutsche haben jedoch in Mexiko einen Sonderbonus.

Mit Getöse brandet der Pazifik in gewaltigen Brechern an den Strand. Obwohl unser Wohnmobil auf dem Campingplatz *El Pabellon* hinter einer Düne steht, hört sich das nachts wie das Rollen eines Güterzuges an. Die Fischer der **Bahía San Quintín** trotzen dieser anrollenden Wucht, arbeiten in Gummistiefeln und billigen Regenanzügen inmitten der stärksten Brandungszone. Bis zum Bauch stehen sie im Wasser, stochern mit ihren langen Heugabeln nach den begehrten *Scallups*, jenen großen Muscheln, auf die die Amerikaner ganz wild sind.

Eigentlich sind wir ja exotischen Gaumenfreuden gegenüber immer aufgeschlossen, aber je länger wir am Strand entlang spazieren, desto zweifelhafter erscheint uns der Genuss. Die schaumig braunen Ränder, die sich je nach Tidenstand und Wellen am Strand abzeichnen, sind nicht zu übersehen. Es sind ganz offensichtlich die Abwässer von San Quintín, die ihre Spuren am Strand hinterlassen. Ich mag nicht mal barfuß im Meer waten, geschweige denn Muscheln essen, die diese Brühe unablässig filtern.

Bevor wir weiter nach Süden fahren, nutzen wir die Abwasseranschlüsse des Campingplatzes, um unsere Tanks zu leeren. Bisher hatten wir uns keine Gedanken darüber gemacht, wohin der Tankinhalt wohl verschwindet. Nun wird uns bewusst, dass sehr wahrscheinlich auch unsere Hinterlassenschaft ein Stück weiter draußen ungeklärt ins Meer fließt und wir direkt zur Verschmutzung der Bucht beitragen.

Langsam rollt unser Camper durch **El Rosario**. Alle wollen nach Süden, weg vom amerikanischen Winter, wollen die mexikanische Sonne im eigenen RV genießen, auch wenn dort die Mexikaner sind und wer weiß was für Unwägbarkeiten auf der langen Strecke lauern. Aber, kein Problem ist so groß, als dass ein amerikanischer Reiseunternehmer es nicht lösen könnte. Nein, die Mexikaner kann er natürlich nicht von der langen Halbinsel verbannen. Aber er kann einen Konvoi organisieren und einen Scout stellen. Der fährt mit der Landkarte im eigenen RV vorneweg, spricht spanisch, organisiert die Übernachtungen in den RV-Parks, hilft bei der Bestellung im Restaurant. Damit niemand im Konvoi verloren geht, bekommt jeder vorne und hinten eine Nummer ans Mobil geklebt, und falls jemand gar wegen einer Panne auf der Strecke bleiben sollte, folgt als Nachhut im letzten Motorhome der Mechaniker. Vierzehn Tage Baja im eigenen RV - das kalkulierbare Abenteuer für 2.300 $!

Auf diese Weise hat man schon den Westen erschlossen - na ja, nicht direkt im Wohnmobil, sondern im Planwagen, aber auf eine gewisse Art war das doch der Vorläufer des amerikanischen RV!

Jetzt parken sie rechts und links der Straße, riesige *Motorhomes, Fifth-Wheeler*, Wohnwagengespanne. Vor uns ziehen drei oder vier RV auf die Fahrbahn hinaus, und die hinter uns setzen sich auch in Bewegung - und ehe wir es so recht merken, stecken wir mittendrin in einem amerikanischen Baja-Konvoi! Himmel, fahren die langsam! Haben massig *Horsepower* unter der dicken Motorhaube und zockeln mit 50 Sachen durch die Lande! Überholen ist bei den miserablen Straßenverhältnissen nicht drin und einfach ausscheren auch nicht. Eingekeilt in einen Rentnerpulk, machen wir das Beste aus der Situation und genießen das atemberaubend schöne Naturschutzgebiet der "Desierto Central de Baja California". Felsen, Canyons und Kakteen - und zwischendrin erstrecken sich Teppiche von lila und gelben Blumen und überdecken gnädig den allgegenwärtigen Müll.

Was für Fotomotive links und rechts der Straße! Aber es gibt nirgendwo einen Aussichtspunkt, von dem man das Panorama genießen, kein Seitenstreifen, auf den man gefahrlos, kurz entschlossen, für ein Foto ziehen könnte - schon gar nicht mit fünfzehn amerikanischen Wohnmobilen an der Stoßstange!

Als in **Cataviña** der Konvoi von der Hauptstraße abbiegt, atmet Peter hörbar auf und gibt Gas. Leider stelle ich gleich darauf fest, dass der nächste Campingplatz 240 km entfernt ist. Bei diesen Straßenverhältnissen ist das heute nicht mehr zu schaffen. Der *Campground* in Cataviña liegt direkt an der Straße und gefällt uns ganz und gar nicht. Da machen wir kehrt und biegen auch in das Sträßchen zum Rancho Santa Inés ein.

Unser Rentnertross hat sich dort bereits häuslich eingerichtet, und als wir durch die Einfahrt rollen, werden wir begrüßt wie zwei verlorengegangene Kinder.

Wir sind beileibe keine Frühaufsteher, aber am nächsten Morgen sind wir gegen jede Gewohnheit schon in aller Herrgottsfrühe startklar. Bloß nicht noch einmal in oder hinter der Karawane herzockeln! Bevor sich der Konvoi erneut formiert hat, haben wir längst wieder den täglichen Kampf mit den Schlaglöchern und Bodenwellen der MEX 1 aufgenommen.

1.300 km ist die Halbinsel **Baja California** lang, und ziemlich genau in der Mitte wird sie vom 28. Breitengrad nicht nur in die *Baja Sur* und die *Baja Norte* geteilt, sondern auch noch in zwei verschiedene Zeitzonen - die Pazifik- und die Mountain Time. Auf Landkarten lassen sich solche gedachten Linien ja wunderbar als dicker Strich einzeichnen - aber in Natura hapert es bei den meisten Menschen wohl doch an der nötigen Vorstellungskraft.

Deshalb haben die Mexikaner an der Stelle, wo diese unsichtbare Linie die MEX 1 kreuzt, ein beeindruckendes Monument aufgestellt. Und damit die Leute nicht achtlos vorbeifahren, werden sie auch hier wieder vom Militär angehalten. Es wäre natürlich ausgesprochen phantasielos, ließe man die Soldaten schon wieder nach Waffen und Drogen suchen, denn falls tatsächlich der eine oder andere Gringo sein Schießeisen dabei hatte, wurde es in der Zwischenzeit garantiert gefunden. Nein, die bewaffneten jungen Männer sollen die Fruchtfliege, die bekanntlich ein Pflanzenschmarotzer ist, am Vordringen in die Baja Sur hindern. Fruchtfliegen schwirren nämlich nicht von selbst über gedachte Linien, sondern sie werden von den Gringos mit ihren rollenden Vorratskammern und Riesenkühlschränken eingeschleppt. Die Parole lautet also: Kühlschrank durchsuchen und diverses Grünzeug beschlagnahmen, dann müssen die Touristen im hässlichen Guerrero Negro, kurz nach besagtem Monument, ihre Dollars bzw. Pesos erneut ausgeben.

In unserem kleinen 100-Liter-Kühlschrank gibt es nichts zu holen. Ich konnte nicht herausfinden, welches Grünzeug denn nun genau auf der schwarzen Liste steht. Erfahrungsberichten zufolge sind es mal Orangen, mal Äpfel, mal Zwiebeln. Aus dem Wohnmobil vor uns trägt ein Soldat eine große Tüte Kartoffeln davon. Ich habe den Verdacht, dass immer genau das beschlagnahmt wird, was gerade in der Militärkantine fehlt.

Guerrero Negro ist zwar so ziemlich der hässlichste Ort, den wir je gesehen haben, aber ein Stück südlich zweigt von der MEX 1 eine Piste ab, die zu einer seichten Lagune führt.

"Da, da vorne taucht wieder einer auf!" Begleitet von deutschen und englischen Begeisterungsrufen taucht der riesige Kopf eines Grauwals für Sekunden gut 2 m aus dem Wasser auf. Weiter draußen sichten wir eine große und eine kleine Blaslochfontäne - eine Walkuh mit ihrem Kalb. Unser Bootsführer drosselt den Außenborder, tuckert langsam und vorsichtig bis auf 10 m an die faszinierenden Tiere heran und wir, angetan mit gelben Friesennerzen und orangenfarbenen Schwimmwesten, fotografieren, was das Zeug hält.

Alljährlich zwischen Januar und März bringen die Grauwale auf ihrem langen Zug nach Norden in der "Laguna Ojo de Liebre" ihre Jungen zur Welt. Hier, in der geschützten, seichten Bucht, die umgeben ist vom Gelände einer Salzgewinnungsanlage, treffen sie auf den Zug der Schneevögel, die noch immer auf dem Weg nach Süden und begierig auf alles Neue und Interessante sind.

Die Walbeobachtung in der Lagune der Salzgewinnungsanlage steht unter der Aufsicht einer mexikanischen Naturschutzbehörde und ist strengen Richtlinien unterworfen. Private Boote sind untersagt und die eigens ausgebildeten Bootsführer dürfen eigentlich nicht näher als 20 m an die Wale heranfahren. Wenn die Jungen etwas größer geworden sind und die Mütter sich an die Boote gewöhnt haben, tolerieren die Tiere allerdings auch nähere Distanzen.

Nach der Bootsfahrt sitzen wir noch den ganzen Nachmittag vor dem Wohnmobil und beobachten die Wale mit dem Fernglas - gegen eine kleine Gebühr kann man nämlich direkt an der weitläufigen Lagune campen. Nach 27 km Piste kann man sich keinen interessanteren Campingplatz vorstellen. Von unserem Konvoi ist jedoch weit und breit nichts zu sehen. Das Gros der RV bleibt auf dem Campingplatz in Guerrero Negro und lässt sich teuer, dafür aber weniger mühsam und staubig, gleich per Boot in die Lagune schippern.

Winterquartier der Zugvögel aus Alemania

Wie eine weiße Sichel ragt die mangrovengesäumte Landzuge der **Playa el Requeson** in die türkisfarbene **Bahía Concepción** hinein. Am schroffen Berghang im Hintergrund recken mächtige Kandelaberkakteen ihre stacheligen Arme in den wolkenlosen Himmel und am weißen Sandstrand reiht sich ein knappes Dutzend Wohnmobile wie Perlen an einer Kette aneinander. Ein Bild, so schön wie auf einer kitschigen Postkarte! Eines dieser Wohnmobile auf dem Postkartenmotiv ist unser Small Motorhome. Ein Stück weiter stehen Wolf und Ilona aus Hamburg, die wir mit ihrer Wohnstube auf einem geländegängigen Militärlaster schon in Yuma getroffen haben, und gleich daneben haben Christa und Ronald aus Ludwigsburg ihre rollende Behausung, made in Germany, geparkt. Hierher verschlägt es also die *Snowbirds* aus Alemania. Die paar Kanadier, die auch noch da sind, fallen kaum noch ins Gewicht. Relaxen, schwimmen im nur bauchtiefen, türkisfarbenen Wasser - das ist Urlaub vom Reisen. Wenn wir uns vor dem Wohnmobil auf der Liege räkeln, könnten wir die Füße ins Wasser baumeln lassen.

Die Playa el Requeson ist in Privatbesitz. Wir bezahlen 3 $ pro Nacht für dieses Paradies. Einziger Luxus ist ein skurriles Plumpsklo, das einige Unerschrockene sogar benutzen, sowie die Müllbeseitigung. Was bedeutet, dass der Müll eingesammelt und sehr wahrscheinlich irgendwo in einen Canyon gekippt wird. Wasser und eine begrenzte Auswahl an Lebensmitteln gibt es im ca. 45 km weiter nördlich gelegenen **Mulegé**. Morgens kommen geschäftstüchtige Mexikaner auf den Platz und verkaufen Trinkwasser, Obst und selbstgebackenen Kuchen.

Es dauert gerade mal eine Woche, da wird Peter unruhig: die Baja ist noch lang und außerdem gehen unsere Vorräte zur Neige. Der Hauptzug der Schneevögel geht noch immer nach Süden, aber hin und wieder treffen wir bereits auf nordwärts fahrende RV. Irgendwo zwischen El Requeson und Ciudad Constitución kommt uns mal wieder ein ganzer Verband an Wohnmobilen entgegen.

"Ist irgend etwas nicht in Ordnung?", fragt Peter. "Warum blinken, hupen und winken die alle so wild?"

"Mensch, siehst du nicht, das ist doch unser Konvoi!" Höflich winke ich zurück. Cabo San Lucas, der südlichste Ort der Baja, liegt abgehakt hinter ihnen, nun werden sie wieder sicher zu Uncle Sam zurückgeleitet.

Nach den hässlich gesichtslosen Orten der Baja ist La Paz ein wahrer Lichtblick. Direkt am Golf von Kalifornien gelegen, strahlt die Stadt mexikanische Atmosphäre aus. Und es gibt endlich wieder einen richtigen Supermarkt! An die kleinen *Supermercados* mit ihrem Waschpulver-Lebensmittel-Geruchsgemisch, dem verhutzelten Gemüse und der fehlenden Preisauszeichnung konnte ich mich bisher noch nicht gewöhnen.

Ich schwelge im Angebot an billigem Frischgemüse, preiswertem Fleisch und Fisch. Ansonsten hat man sich auf die amerikanisch-kanadische Kundschaft eingestellt. In den Regalen stapeln sich in Großpackungen die unvermeidlichen Pappteller und -becher, das Plastikbesteck sowie die teuren amerikanischen Fertiggerichte für die Mikrowelle. Man hat zwar sehr schnell kapiert, was die Gringos in ihren rollenden Luxushomes zum Campingleben brauchen, aber vor der Müllflut, die sie dabei produzieren, kapituliert. Abfälle landen irgendwo außerhalb der Orte im Gelände, von wo aus sie der allgegenwärtige Wind in sämtliche Himmelsrichtungen bläst. Besonders die unvermeidlichen Plastiktüten zieren jeden Strauch und jeden Kaktus. Umso mehr wundert uns das sichtbar saubere Meer im Stadtbereich. Des Rätsels Lösung müssen wir nicht lange suchen: La Paz hat doch tatsächlich eine Kläranlage!

La Paz feiert Karneval! Die Polizei hat Straßen gesperrt und an der Strandpromenade sind zahlreiche Verkaufsbuden aufgebaut. Das Angebot ist vielfältig und farbenprächtig. Die Mexikaner lieben Goldverziertes, Gerüschtes in himmelblau, rosa und lila, fromme Devotionalien ebenso wie martialisches Kriegsspielzeug. Die Madonna, in Muscheln gerahmt, hängt einträchtig neben dem täuschend echten Maschinengewehr aus Plastik, die glitzernde Brokatbluse neben dem Emaillekochtopf und den Totenköpfen aus buntem Zuckerguss.

Aus allen Ständen quillt der Kitsch und Jahrmarktsflitter. Damit aber nicht nur die Augen, sondern auch die Ohren etwas vom Fest haben, stehen in regelmäßigen Abständen überdimensionale Stereoanlagen und aus sämtlichen Lautsprechern dröhnen amerikanische Schlager. Und wir haben uns doch tatsächlich eingebildet, dass wir hier Mariachi-Musik zu hören bekommen! Mit Rücksicht auf unsere empfindlichen Ohren ergreifen wir die Flucht, bevor der Karneval richtig angefangen hat.

Tecolote liegt an der Spitze einer kleinen Halbinsel nördlich von La Paz und ist ein Platz, von dem wir später noch oft träumen werden. Ein Bilderbuchstrand, eine von schroffen Bergen eingerahmte Türkisbucht, eine Düne, hinter der man das Wohnmobil vor dem ständigen Wind schützen kann - und der nächste Camper steht gut und gerne 50 m weit entfernt. Wir genießen den kostenlosen Stellplatz, die Sonne, das Schwimmen im sauberen und tiefen Wasser. Ansonsten wollen wir uns mal im Nichtstun üben, was uns gar nicht so leicht fällt. Zumindest Pläne müssen wir schmieden, für die Route durch Kanada und Alaska und die Zeit danach. Schließlich haben wir noch keine Schiffsgesellschaft ausfindig gemacht, die von der Westküste per Ro/Ro Neuseeland oder Australien ansteuert.

"Wenn ihr das wirklich ernsthaft wollt, wird sich zur rechten Zeit auch ein Schiff finden", klärt uns ein kanadischer Dauerreisender auf - denn Tecolote ist fest in kanadischer Hand - "Aber jetzt seid ihr doch erst mal hier in der Baja und müsst das Hier und das Jetzt genießen!"

Wie weise das doch von dem ehemaligen Seemann gesprochen ist. Trotz all unserer schlauen Bücher über östliche Philosophie, die wir im Gepäck haben, fallen wir immer wieder in unsere schlechte Angewohnheit zurück, alles im Voraus planen zu wollen.

"Sieh mal den Kastenwagen! Das ist ja ein Mercedes!" Wir bummeln gerade gemächlich am Strand entlang, als Peter zwischen den rollenden Behausungen aus Britisch Columbia und Alberta ein kleines Wohnmobil mit einer seltsamen Autonummer entdeckt. "Weißt du was, der ist rechtsgesteuert!"

Das ungewöhnliche Gefährt gehört Al und Margaret aus England. Das Ehepaar Anfang 60 gondelt schon seit 13 Jahren in dem handlichen Wohnmobil durch die Lande und selten haben wir Menschen getroffen, die so zufrieden wirken wie die beiden. Dabei erlitt Al mit 46 Jahren einen Herzinfarkt und erkrankte anschließend an Krebs. Seine energische Margaret erklärte ihm daraufhin, dass sie keine Lust habe, ihre Tage als Witwe zu verbringen. Nachdem sie ihm vorgerechnet hatte, wie billig es wäre, in einer Blechbüchse zu leben, baute Al den Camper aus, hängte seinen Job an den Nagel und verscherbelte das Haus. Seitdem steuern die beiden sämtliche FKK-Strände in der weiten Welt an. In den prüden USA und im katholischen Mexiko tun sie sich damit natürlich schwer.

"Was habt ihr denn nach Amerika vor?"

"Wahrscheinlich gehen wir nach Südamerika", erklärt Margaret.

"Oh, nach Südamerika?" Al weiß noch gar nichts von den Plänen seiner Margaret, aber erst mal wollen sie ja beide, genau wie wir, nach Alaska.

Paradies mit Schattenseiten

Es ist nicht nur unser Nomadenblut, das uns weitertreibt, auch die vollen Abwasser- und Toilettentanks zwingen uns einen gewissen Rhythmus auf. Weil es in der Baja keine öffentlichen *Dumping Stations* gibt, müssen wir von Zeit zu Zeit einen

Campingplatz mit Entsorgungseinrichtungen aufsuchen. Außerdem wollen wir weiter nach Süden an die Pazifikseite der Baja und den Rest der Halbinsel umrunden.

Die Abwässer werden wir am hässlichen RV-Park des **Playa Los Cerritos** los. Aber zum Campen stellen wir uns ein Stück weiter unten direkt am Wasser an den öffentlichen Strand. Direkt am Pazifik gelegen, wäre er landschaftlich eigentlich ein Traumplatz - riesige Kandelaberkakteen, die bis an den Strand reichen, zerklüftete Berge im Hintergrund - nur leider ist er völlig zur Müllhalde verkommen.

Wir versuchen, uns einen Platz weiter hinten zwischen den Kakteen zu suchen, aber auch dort liegen überall Flaschen und Dosen herum. Nach dem Geruch zu schließen und dem Papier das herumliegt, werden die "Büsche" als Klo benutzt. Hier campen weniger die Rentner in ihren voll ausgestatteten Motorhomes, sondern junge Wellenreiter, die größtenteils mit dem Zelt unterwegs sind.

Trotz alledem hüpfen auch wir ein bisschen in den Monsterwellen herum. Später steigt Peter auf einen kleinen Hügel. Nachdem er allerdings von dort oben gesichtet hat, wo im Schwall die Abwässer des RV-Parks hinfließen, verkneifen wir uns diesen Spaß.

Später kassiert ein Gemeindeangestellter 3 $ und wir finden, dass die Gemeinde dafür zumindest den Müll beseitigen könnte. Doch dann beobachtet Peter, wie hilflos man diesem Problem gegenübersteht: Am öffentlichen Strand existiert eine einzige Mülltonne, die natürlich längst übergequollen ist. Der junge Mexikaner, der weiter unten einen Kiosk betreibt, räumt vor dem Schließen seines kleinen Geschäfts sauber auf, klaubt herumliegenden Abfall zusammen und kehrt ordentlich den Platz um die Hütte herum. Aber wohin mit dem Kehricht? Kurzerhand marschiert er zur Mülltonne, kippt deren Inhalt auf den Weg und schleppt sie dann zu seinem Kiosk. Was soll man dazu sagen? Wir sind sprachlos.

Zu **Cabo San Lucas** braucht man nicht viel zu sagen: Resortanlagen, Souvenirshops, Fastfood-Schuppen, Verkehrsgewimmel. Das einst verschlafene Fischerdorf an der Südspitze der Baja ist heute eine amerikanische Domäne mit amerikanischen Preisen. Für viel Geld können sich zahlungskräftige Touristen per Boot zu irgendwelchen Traumstränden schippern lassen, die Angel in den reichen Fischgründen auswerfen oder in einem der vielen Hotels nächtigen.

Wir bleiben keine halbe Stunde, haken den grässlichen, aus dem Boden gestampften Ort ab und ergreifen die Flucht - auf der vierspurigen neuen Straße, die von Cabo San Lucas nach **San José del Cabo** führt. "Landschaftlich gehört diese Ecke unzweifelhaft zum Schönsten, was Mexiko zu bieten hat", steht in unserem Reiseführer. Wir glauben gern, dass das vor gar nicht allzu langer Zeit auch zutraf - bevor Hotel neben Hotel gesetzt, das Land scheibchenweise aufgeteilt und mit luxuriösen Ferienhäusern bebaut, an reiche Amerikaner verscherbelt wurde. Noch immer lassen die schroffen Berge im Hintergrund die ehemalige Schönheit der Landschaft erahnen - aber die ungehemmte Bautätigkeit hat der Natur Wunden geschlagen, die wohl nie wieder verheilen werden. Die einstige Wüstenvegetation wurde vernichtet, mit Aushub und Bauschutt zugeschüttet, vor den Resortanlagen wird bewässerungsintensiver Blumenschmuck gepflanzt und allenthalben vergeudet man das kostbare Wasser dieser Wüstenregion, um Rasenanlagen und Golfplätze zu begrünen.

Und wo sind eigentlich die Amerikaner geblieben, die nicht im Hotel übernachten? Wo sind die vielen Wohnmobile und Wohnwagen, die nach Süden gezogen sind? An den Playa Publicas haben wir doch meistens nur Kanadier angetroffen.

Die Amerikaner stehen auf RV-Parks. Auf so hässlichen Plätzen wie dem in **Los Barriles**. Dicht bei dicht drängen sich die rollenden Behausungen in vielen Reihen aneinander. Wer seine Markise ausfährt, stößt schon beim Nachbarn an. Aber immerhin, jeder Platz hat seinen *Hookup* und die ganze Anlage schützt ein sicherer Zaun. Der enge, wenig attraktive Strand ist mit Motorbooten voll gepfercht - aber Amerikaner schwimmen ja ohnehin nicht. Wir haben diesen Traumplatz in Los Barriles nur angesteuert, weil uns die üble Waschbrettpiste östlich von San José del Cabo zu schlecht war, und wir letztendlich irgendeinen Platz für die Nacht brauchten. Immerhin hat er uns deutlich vor Augen geführt, was wir an unserem Strand in **Tecolote** haben.

So schön Tecolote auch sein mag, nach einer Woche wird Peter unweigerlich von der üblichen Unruhe gepackt. Wir machen mal wieder unser Small Motorhome startklar und füllen in **La Paz** Wassertank und Kühlschrank. Die schmutzige Wäsche erhält ein Waschmaschinenbad in der *Lavamatica*, und dann fahren wir in Richtung San Juan de los Planes. Die BCS 286 führt uns durch eine zerklüftete Kakteenlandschaft, und wir können uns gut vorstellen, dass auch die zerstörte Region um Los Cabos einmal so schön war. Irgendwann endet die Teerstraße und geht in eine ruppige Waschbrettpiste über. Aber die Bucht, die uns an ihrem Ende erwartet, entschädigt für das Gerüttel.

"Sieht merkwürdig aus, als wären das lauter verlassene Dauerstellplätze." Peter lenkt unser Wohnmobil langsam die Sandpiste entlang. "Ja, schau mal, überall sind kleine Kakteen und Agaven angepflanzt und manchmal ist sogar Kies aufgeschüttet!" Wir wissen nicht so recht, was wir von der ganzen Sache halten sollen. Im amerikanischen Baja-Handbuch werden die Schönheit der **Ensenada de los Muertos** und die vielen Campmöglichkeiten gepriesen. Um so mehr wundert uns, dass außer einem dicken Fifth-Wheeler in der Nähe der Fischerhäuser keine Camper zu sehen sind.

Am Ende der Sandpiste, gut 10 m hoch über dem breiten Sandstrand, ziehen wir die Bremse an. Auch hier hat jemand ein paar Kakteen angepflanzt. Aber schließlich ist weit und breit niemand zu sehen, der irgendwelche Ansprüche anmelden könnte (Seite 136).

Am nächsten Tag laufen wir nach unserem morgendlichen Bad im Meer weiter die Bucht entlang. Auch hier entdecken wir noch etliche Stellplätze - schattenspendende Palapas, angelegte Terrassen und Vorgärten, solide Gerätehäuser aus Blech - alles verlassen. Schließlich treffen wir auf einen Kanadier in einem kleinen Campingbus. "Ich habe letztes Jahr schon hier gecampt", erzählt er uns, "da war die ganze Bucht von vorn bis hinten mit Wohnmobilen zugestellt. Aber als ich heute früh an die Straße kam, die ich sonst immer zu diesem Stellplatz genommen habe, stand dort ein Durchfahrt-verboten-Schild".

Als wir zu unserem Stellplatz zurückkommen, sehen wir schon von Weitem, dass jemand um unser Wohnmobil herumläuft, und anscheinend auf uns wartet. Es ist ein Amerikaner, ein Typ von der unangenehmen Sorte, der uns erklärt, dass er seit sieben Wintern auf genau diesem Platz stünde. Bis dann vor einigen Wochen die Bewohner der Bucht plötzlich auf die abstruse Idee verfallen wären, alle Camper zu vertreiben. Inzwischen hätte sich aber herausgestellt, dass die Eigentumsverhältnisse unklar wären, und niemand so genau wüsste, wem nun das Land wirklich gehört.

"Und deshalb will ich wieder auf meinen Platz zurück, schließlich stehe ich ja schon seit sieben Wintern hier. Wann fahrt ihr wieder ab?"

"Keine Ahnung. Wir sind ja erst gestern Abend angekommen." Dass er seit sieben Wintern hier campt, beeindruckt uns wenig. Schließlich bezahlt er keine Miete und keine Gebühren für den Platz, auch wenn er sich in der Tradition der alten Eroberer einen *Claim* abgesteckt und ein paar Kakteen davor gepflanzt hat.

"Und wie lange wollt ihr bleiben?" Er weiß zwar, dass er keine Rechte auf seinen Platz hat, aber er lässt nicht locker.

"Solange unser Wasser reicht."

"Wie viel Wasser habt ihr denn?"

"Insgesamt so an die 42 Gallonen!"

Das jagt ihm einen gehörigen Schrecken ein, denn nun ändert er seine Strategie und versucht, uns den Platz madig zu machen: "Dies ist die windigste Bucht in der ganzen Baja."

"Das stört uns nicht, in Tecolote und El Requeson ist es auch windig."

Jetzt gibt er sich geschlagen. Er holt einen Campingstuhl aus seinem Auto, bindet ein Schild mit der Aufschrift *Occupied* daran und bittet uns, den Stuhl gut sichtbar aufzustellen, wenn wir den Platz verlassen.

Nein, wir haben wirklich keine Lust, die schöne Bucht so schnell wieder zu verlassen. Soeben hat Peter mit dem Fernglas ein Fischerboot gesichtet, das gerade in der Bucht anlandet. Neugierig marschiert er los. Die Besatzung hat mehrere Stachelrochen gefangen und ist gerade dabei, den Fang am Strand zu zerlegen. Stolz bringt Peter seine "Beute" nach Hause: drei Pfund Filet vom Rochen für ganze zehn Pesos!

Derweil ist vorn in der Bucht schon wieder großer Betrieb. Wir schnappen uns die Kamera und tigern neugierig los. Am Strand liegt ein halbes Dutzend Boote. Aber es sind nicht jene simplen Kähne, mit denen Fischer normalerweise zwecks Broterwerb auf Fang gehen. Haben einige doch herausgefunden, dass es wesentlich einträglicher und praktischer ist, die reichen Gringos ihre Fische selbst angeln zu lassen, anstatt ihnen den mühsam dem Meer abgerungenen Fang um drei Ecken und Zwischenhändler herum zu verkaufen. Man braucht dazu nur einen Drehsitz in den vorhandenen Kahn einzubauen, schraubt eine stabile Befestigung für ein Dutzend Angelruten dran und schippert alsdann die Gringos zum abgemachten Tarif aufs Meer hinaus. Das Risiko des schlechten Fangs liegt dabei auf Seiten der *Américanos.*

Ja natürlich, ein dickes Fell kann bei diesem Geschäft nicht schaden, muss man doch die *Yankees* anschließend gebührend bewundern, wenn sie am Strand stehen und sich in Heldenpose mit ihrem Fang ablichten lassen. Und dann muss man die Fische natürlich auch ausnehmen und filetieren. Außerdem sollte man auch tunlichst eine ergebene Lakaienmiene aufsetzen, denn mitunter sind, so wie heute, absolut arrogante Typen von der unsympathischen Sorte dabei.

Den Pelikanen und Möwen ist das alles egal. Sie streiten sich lautstark um die Abfälle. Und wir stehen da, halten Kamera und Fernglas in der Hand und beobachten unangenehm berührt die krasse Szene. Sie erinnert uns an Südafrika. Dort haben reiche Buren zum Fische säubern ihren Negerboy dabei.

Unseren Mägen sind die tiefschürfenden Gedanken über reiche Amis und arme Mexikaner schnurzegal. Beim Anblick von soviel Fischfilet beginnen sie prompt zu knurren. Wir marschieren zurück zum Wohnmobil, wo wir feststellen, dass unsere Solardusche schlapp und leer an der Befestigung baumelt - der Sprühschlauch liegt am Boden. Vermutlich hat ihn jemand abgezogen, damit unser Wasservorrat schneller zur Neige geht. Wir lassen uns dadurch nicht verdrießen und heizen hungrig den Gasgrill. Das Filet vom Stachelrochen schmeckt delikat. Nur Peter, der das Filet noch als richtigen Rochen gesehen und auch miterlebt hat, wie er zerlegt wurde, isst mit gedämpftem Appetit.

Abends steht wieder ein Besucher vor unserem Wohnmobil. Der junge Mexikaner gehört zur Fischerfamilie, die seit 50 Jahren in der Bucht lebt. Er hat ein Schreiben auf Englisch dabei, in dem steht, dass Campen in dieser Bucht illegal sei, und erklärt uns, dass wir nach 72 Stunden abfahren müssten. Angesichts der dreisten Gringos, die sich hier auf fremdem Grund und Boden Dauercampingplätze einrichten, können wir das durchaus verstehen. Wir persönlich möchten keinesfalls auf einem Platz stehen, wo wir unerwünscht sind, und beschließen, am nächsten Morgen abzufahren.

Warum sind eigentlich die Amerikaner in Mexiko so unbeliebt? Wir bekommen es am nächsten Morgen beispielhaft demonstriert. Der bewusste Amerikaner schert sich keinen Deut darum, dass die Bewohner der Bucht, mögen ihre Besitztitel nun wasserdicht sein oder nicht, keine Camper hier haben möchten. Zuerst rückt er mit allerlei Gerätschaften an und platziert sie etwas abseits von unserem Wohnmobil, später bringt er mit einer zweiten und dritten Fuhre Terrassensteine und Holzbalken. Allem Anschein nach will er sich vor seinem Wohnwagen eine überdachte Terrasse bauen. So viel Unverfrorenheit verschlägt uns glatt die Sprache.

Auch wenn die allermeisten amerikanischen *Snowbirds*, die zu Tausenden durchs Land ziehen, freundliche und hilfsbereite Zeitgenossen sind, letztendlich sind es die schlechten Erfahrungen mit einigen unangenehmen Typen, die die Mexikaner mit den Amerikanern assoziieren und somit für gegenseitige Spannungen und allgemeines Misstrauen sorgen.

Zurück nach Norden - ein Crash und platte Reifen

Geduld ist eine Tugend, die den meisten Mexikanern im Überfluss zu Eigen ist, vielen Europäern jedoch fehlt. Uns übrigens auch - obwohl wir doch schon seit Monaten mehr oder weniger gemächlich durch die Lande gondeln, das beruhigende Fluidum wilder Landschaften in uns aufgesogen, und an Traumstränden relaxt haben. Drum wird uns heute an einer Tankstelle eine Gratislektion in mexikanischer Engelsgeduld erteilt.

Nach einem letzten Aufenthalt in Tecolote soll unser Small Motorhome nun endlich wieder Asphalt unter die Räder bekommen. Es ist Mitte März und wir wollen uns langsam auf den Weg nach Norden machen. Der Kühlschrank ist bereits gefüllt, nur unser Dieseltank ist noch leer. Es gibt an der engen Tankstelle zwar nur einen Zapfhahn für Diesel, aber vor uns stehen ja nur drei Fahrzeuge: ein ausgewachsener Truck, ein kleiner Tankwagen, der wahrscheinlich ein abgelegene Nest versorgen muss und ein Van. Bis der Truck und der Tankwagen abgefüllt sind, das dauert - nervös laufe ich zwischen den Autos herum, Peter trommelt mit den Fingern aufs Lenkrad.

"Weißt du was, wir fahren rückwärts aus der Tankstelle raus. Es gibt noch eine zweite in La Paz." Zu spät! Inzwischen stehen hinter uns so viele Autos, dass wir nicht mehr zurückkönnen - und vor natürlich auch nicht. Aber jetzt ist endlich der kleine Van an der Reihe, das kann ja nicht lange dauern - denke ich. Aber die Tankuhr läuft und läuft und läuft. Verflixt noch mal, wie viel Diesel passt in so ein kleines Auto rein?! Dann entdecke ich des Rätsels Lösung: Der "kleine" Van verbirgt in seinem Innern fünf riesige Fässer! Um unsere paar Liter Diesel zu tanken, brauchen wir sage und schreibe 45 Minuten. Die anderen hinter uns mussten natürlich auch warten - aber außer uns regt das anscheinend niemanden auf. Ich weiß nicht so recht, ob ich diese "Engelsgeduld" wirklich bewundern soll. Vielleicht hätten die Mexikaner ohne diese Tugend ihre korrupte Polizei, die unfähige Regierung und all die Ausbeuter in deren Gefolge längst zum Teufel gejagt.

Jetzt rollen wir zielstrebig nordwärts. Die öde Strecke zwischen La Paz und Ciudad Constitución haben wir hinter uns gelassen und einen der schönsten Landstriche der Baja erreicht. Vor der Kulisse wild zerklüfteter Berge tun sich Canyons auf, die mit riesigen Kandelaberkakteen, Organ Pipes und Elefantenbäumen bewachsen sind. Und zur Krönung des Ganzen trifft bei **Puerto Escondido** das türkisfarbene Wasser des Golfs auf die sagenhafte Wüstenlandschaft - eine überwältigende Szenerie. Peter aber ist in Gedanken wie immer weit voraus und singt: "North to Alaska!"

In El Requeson kommt er wieder in die Gegenwart zurück und schafft es, noch einmal für ein paar Tage die Handbremse anzuziehen. Auch Wolf und Ilona sind gerade eingetrudelt und kurz nach uns kommen Al und Margaret den Hang heruntergerumpelt. Wir tratschen, tauschen Bücher, schüren gemeinsam Lagerfeuer, tauschen Erfahrungen aus.

"Den Ölwechsel habe ich auch kürzlich gemacht", erzählt Peter. "Weil wir aber nicht so recht wussten, wo wir das Altöl abgeben können, haben wir es dem Tankwart in Ciudad Constitución in die Hand gedrückt."

Wolf grinst. "Und - was hat er gesagt?"

"Gesagt hat er gar nichts, er hat uns nur ganz erstaunt angesehen."

"Na, Hauptsache ihr habt euer grünes Gewissen beruhigt, weil ihr es nicht selbst in die Landschaft gekippt habt. Genau das wird der nämlich damit machen."

Ich bin schockiert. Dann fällt mir der deutsche Arzt wieder ein, den wir vor einiger Zeit in der Baja getroffen haben. Der reiselustige Doktor, der sich bereits in allen möglichen Ländern der Dritten Welt herumgetrieben hat, und sich in den Eingeweiden seines *Landcruisers* ebenso gut auskennt wie in denen seiner Patienten, hatte uns eine ähnliche Geschichte erzählt: "Es war irgendwo in Afrika. Ich drück' dem Tankwart mein sauber abgefülltes Altöl in die Hand, der sagt: 'Danke', nimmt den Kanister und kippt ihn hinter den Busch!"

"Oh! Und was machst du jetzt in solchen Ländern mit deinem Altöl?"

"Jetzt kippe ich es selbst hinter den Busch. Erspart mir das Abfüllen."

Jetzt wollen wir endgültig weiter, wollen nach Norden, nach Kanada, nach Alaska, und der Weg dorthin ist verdammt weit. Nur die lästigen Militärkontrollen unterbrechen unsere Fahrt und abends suchen wir die Campingplätze auf, die wir schon auf dem Hinweg ausgekundschaftet haben.

Kurz hinter Santa Rosalia gibt es plötzlich einen Schlag. Der innere, rechte Hinterreifen ist platt. Seitlich an der Karkasse zeigt sich ein scharfer Schnitt und an der Lauffläche sind sogar die Stahlfäden scharf durchgeschnitten. Wir können uns das nur so erklären, dass wir ein scharfkantiges Eisenteil übersehen haben. Glücklicherweise kann man mit den Zwillingsreifen immer noch ein Stück fahren, sonst müssten wir den Reifen auf der engen Straße ohne Seitenstreifen wechseln, was das reinste Himmelfahrtskommando wäre. Zwar ist auch die Ausweichstelle, die wir ansteuern, wegen der vielen Glasscherben keine reine Freude, aber nach etlichen eingefahrenen Nägeln hat Peter im Reifenwechseln inzwischen Routine.

Im Norden der Baja hat in den vergangenen Monaten, genau wie in Kalifornien, das Wetterphänomen El Niño getobt. Heftige Stürme mit Regengüssen und Überschwemmungen im Gefolge, haben den Straßenzustand noch weiter verschlechtert. Peter muss ständig Löchern ausweichen. Trotzdem kann er nicht verhindern, dass er mitunter doch das eine oder andere voll erwischt.

Kurz vor unserem heutigen Ziel gibt es plötzlich wieder einen heftigen Schlag und Peter kommt fast ins Schleudern. Nicht schon wieder einen Platten! Als wir aussteigen, sehen wir, dass hinter uns ein weißer Pick-up quersteht. Hat der auch einen Plattfuß? Aber dann sehe ich die Bescherung. Die untere schwarze Schürze unseres Wohnmobils ist an der linken Seite eingedrückt, das Aluminium am Aufbau ein Stück aufgerissen und teilweise liegt die Isolierung frei.

Der Pick-up hinter uns muss versucht haben, uns zu überholen, und hat uns dabei gestreift. Fahrer und Beifahrer des Pick-ups, zwei Mexikaner, die geschäftig mit einem Mobiltelefon hantieren, beeindruckt das keineswegs. Sie behaupten eiskalt, wir wären zu weit links gefahren, geben Gas und machen sich aus dem Staub. Peter gelingt es gerade noch, sich die Autonummer zu merken. Der Pick-up scheint ein Behördenfahrzeug zu sein. An den Türen des neuen Autos, war ein großer Aufdruck angebracht. Nur entziffern konnte ich ihn in der Hektik leider nicht.

Uns bleibt nach diesem Schrecken nichts anderes übrig, als auch weiterzufahren. Mag sie nun korrupt sein oder nicht, in **Lázaro Cárdenas** müssen wir auf jeden Fall zur Polizei. Vorsorglich suche ich im Wörterbuch die passenden Vokabeln zusammen, schreibe mir die Sätze auf. Warum nur bin ich nicht länger und eifriger in die Spanischkurse der Volkshochschule marschiert!?

Die Polizistin auf der Wache muss den zuständigen Beamten erst zu Hause anrufen. Der bringt dann auch gleich in weiser Voraussicht einen englisch-sprechenden Kollegen mit. Höflich und freundlich werden wir darüber aufgeklärt, dass wir hier bleiben müssten, bis der Fahrer des Pick-ups ausfindig gemacht wurde, was natürlich endlos dauern könne...

"Aber keine Sorge, wir machen das schon, wir haben ja die Autonummer!" Spricht's und gibt auch gleich die Nummer per Telefon durch. Der Rückruf kommt prompt. Und nun stecken sie zu dritt die Köpfe zusammen und tuscheln.

"War es ein weißer Pick-up?"

"Ja, es war ein weißer Pick-up. Mit einem großen Aufdruck an beiden Seiten. Sah aus wie ein Behördenfahrzeug!" Wieder stecken sie die Köpfe zusammen.

"Wir können die Autonummer nicht identifizieren!"

Ungläubig und voll Schrecken fällt uns die Kinnlade herunter. Nachdem sie unseren Schock ausgekostet haben, gibt es aber plötzlich einen Weg aus der Misere: "Ihr seid doch ganz bestimmt versichert?!"

"Ja, das sind wir." Entgegen aller Gewohnheit haben wir für Mexiko eine Vollkaskoversicherung abgeschlossen.

"Ich schreibe euch einen Bericht für die Versicherung. Der Fahrer ist geflüchtet, die Autonummer unbekannt - und ihr bekommt den Schaden ersetzt. Ihr wisst ja, ihr müsstet sonst hier bleiben, bis wir den Fahrer geschnappt haben!" Die drei Beamten sind sehr mit sich zufrieden, haben sie doch gleich drei Fliegen mit einer Klappe geschlagen: Zwei Touristen zufriedengestellt, den Ruf der Polizei gerettet - und sich selbst vor Unannehmlichkeiten bewahrt. Uns ist es im Grunde egal, welche Versicherung den Schaden ersetzt. Wir ersparen uns auf diese Weise wahrscheinlich sehr viel Ärger.

"Es ist Post für Sie da!" Die Besitzerin vom *La Jolla Campground* in **Punta Banda** schiebt ein dickes Kuvert über den Tresen. Na Gott sei Dank, meine Schwester hat die Verlängerung des Visums geschickt. "Die wollen ja mächtig viel von euch wissen", schreibt sie uns. Schlimmes ahnend, sehe ich mir die Papiere genauer an. Das ist keine Verlängerung, sondern ein weiterer Fragebogen!

"Und was machen wir jetzt?" "Was wollen wir schon machen. Wir fahren morgen nach **Tecate**", sagt Peter. Wolf und Ilona haben uns geraten, die großen Grenzübergänge im Raum Tijuana zu meiden, und stattdessen das ca. 60 km westlich gelegene Tecate anzusteuern, weil an den kleinen Grenzübergängen die Beamten weitaus freundlicher und entgegenkommender wären. Außerdem besteht dort nicht die Gefahr, dass wir wieder an unseren buchstabengetreuen Schwarzen geraten.

Langsam rollen wir auf das Grenzhäuschen zu, die Pässe griffbereit in der Hand, in einem separaten Umschlag die neuen Anträge und die Quittungen von der *Money Order*. In unseren Pässen sind mexikanische Einreisestempel vom 6. Dezember, unserem ersten Grenzübertritt. Beim zweiten wurde nur die Touristenkarte abgestempelt. Wenn's nicht klappt, müssen wir es mit Erklärungen versuchen. Ich bin guten Mutes, doch dann...

"Siehst du auch, was ich sehe?"

"Nein", sagt Peter. "Was soll ich denn sehen?"

"Unser Schwarzer steht in dem Kabäuschen!"

"Mal nicht den Teufel an die Wand! Auf die Entfernung kannst du das doch gar nicht erkennen!" Wir rollen näher - er ist es wirklich! Mein Herz beginnt in Richtung Hosentasche zu rutschen.

"Good Morning!", sogar der Gruß kommt im Militärton.

"Good Morning, Sir!", erwidert Peter zackig. Das macht Eindruck, die gestrenge Miene hellt sich ein wenig auf.

"Ihr Visum ist abgelaufen", stellt er beim Blick in unsere Pässe fest. "Sie müssen ins Büro, dort wird es neu ausgestellt. Parken sie das Wohnmobil dort drüben am Zaun!"

Unsere Knie sind ein wenig weich, als wir das Gebäude der Immigration betreten. "Ich habe die Einreiseformulare nur in Spanisch hier", begrüßt uns ein freundlicher Beamter. "Am besten ist, ich fülle sie selbst für Sie aus!" Ohne im Computer nach unseren Daten zu fahnden, überträgt er die Angaben aus unseren Pässen in das Formular, gratuliert mir aufmerksam zum heutigen Geburtstag und gewährt uns weitere sechs Monate Aufenthalt. "Wie sehen Ihre weiteren Pläne aus?"

"Wir wollen nach Alaska und im September oder Oktober nach Neuseeland verschiffen. Ob von der West- oder Ostküste wissen wir noch nicht." Er rechnet kurz nach: "Dann reicht das halbe Jahr evtl. nicht ganz aus. Wenn sie nach Kanada ausreisen, behalten sie den weißen Abschnitt im Pass. Sie wollen ja noch nach Alaska. Erst wenn sie Alaska verlassen, geben sie ihn ab. Sie erhalten dann bei Ihrer erneuten Einreise in die USA weitere sechs Monate und kommen zeitlich nicht in Zugzwang!" Mit ziemlichem Gepolter fällt uns ein ganzes Dutzend Steine vom Herzen.

San Diego - Hollywood Cops und Versicherungsfritzen

"Tut uns leid, wir schließen die Versicherungen nur ab, für die Abwicklung sind wir nicht zuständig", spricht die gelockte Schönheit an der Empfangstheke, wendet sich demonstrativ von uns ab und widmet sich wieder hingebungsvoll der Politur ihrer roten Fingernägel. Peter muss ihr wohl sehr lautstark die Versicherungsunterlagen auf die Theke geknallt haben, denn jetzt erscheint Miriam, die rechte Hand des amerikanischen Versicherungsmaklers in der Tür, beschwichtigt, beruhigt.

Aber erst als wir so ganz nebenbei einfließen lassen, wir würden für ein Travellermagazin schreiben, wird sie aktiv und setzt beim mexikanischen Versicherer durch, dass evtl. der Kostenvoranschlag des deutschen Aufbauherstellers anerkannt wird. Das Alusandwich lässt sich ja im Grunde auch nur direkt beim Hersteller reparieren, wobei theoretisch die ganze Seite ausgetauscht werden müsste.

Einen langen Atem brauchen wir trotzdem. Die Regulierung des Schadens zieht sich hin. Das Büro der mexikanischen Versicherung in Tijuana ist hoffnungslos unterbesetzt, kann für die Bearbeitung von jährlich 60.000 Policen gerade mal zwei Mitarbeiter aufbieten, die, weil gerade Ostern ist, auch noch beide gleichzeitig für über eine Woche in Urlaub gehen. Die Post von San Diego nach Tijuana und umgekehrt geht über Mexico City, die Mailbox im amerikanischen Grenzort San Ysidro wird nur unregelmäßig geleert, das Faxgerät ist ständig "busy".

"Wir müssen nach Alaska, wir haben schließlich Verträge mit einem Reisemagazin", versuche ich dem Versicherungsfritzen in Tijuana Beine zu machen. Mexikanische Engelsgeduld ist uns fremd.

"Niemand hindert euch daran, ihr könnt getrost nach Norden fahren!"

"Natürlich, und unser Schadensfall landet dann im Papierkorb!", fauche ich ins Telefon. "Nein, wir bleiben hier im Raum San Diego, bis der Fall geklärt ist!" Ich hoffe, unser Misstrauen hat ihn ausreichend geschockt.

Gezwungenermaßen treiben wir uns nun schon eine ganze Weile im Großraum San Diego herum, haben den berühmten Zoo besucht und, obwohl überzeugte Pazifisten, sogar einen Flugzeugträger besichtigt. Bei den "San Diego Padres" hat sich Peter original amerikanisches Baseball zu Gemüte geführt und in Erinnerung an den Filmklassiker "Manche mögen's heiß" sind wir durch das berühmte, ganz aus Holz gebaute Hotel in San Diegos Nobelvorort **Coronado** spaziert. Zu sehen gibt es wirklich genug in dieser Ecke, aber preiswert campen ist ein Problem. Meist finden wir uns am Abend zusammen mit einigen anderen Wohnmobilen am *Wal-Mart* in **Chula Vista** ein, nicht gerade der schönste Campingplatz, aber sicher und kostenlos.

"Drüben in Coronado gibt es einen Park, wo ihr ungestört für ein paar Nächte stehen könnt", verrät uns Henk. Der Pensionär, Ex-Holländer, Ex-Reisemanager und Ex-Hausbesitzer zieht nun in seinem alten Pick-up-Camper durch die Lande, verzockt die Rente im Spielkasino und kennt wie alle RV-Rentner jeden freien oder kostengünstigen Stellplatz.

"In den Parks ist zwar offiziell das Übernachten im Wohnmobil verboten, aber auf dem angeschlossenen Parkplatz stehen die Autos der *Yachties*, die draußen auf ihren Booten leben. Man wird glauben, ihr seid zu Besuch auf einer der Yachten. Und falls euch jemand vertreiben will - ihr seid Ausländer und könnt kein Englisch!"

Am nächsten Tag fahren wir über die *Bay Bridge* nach **Coronado** und finden auch sofort hinter der Brücke den besagten Park. Auch der Parkplatz und die dazugehörigen Yachten in der Bucht sind da. An der weitläufigen Grünanlage mit ihren Picknick- und Sportplätzen direkt an der Bay lässt es sich gut mal ein paar Tage ausruhen und unser Wohnmobil parkt relativ unauffällig zwischen den Autos der *Yachties*.

Hier schläft es sich angenehmer als am *Wal-Mart* und vor allem auch viel ruhiger. Seit drei Nächten ruhen wir schon wie in Abrahams Schoß und träumen von Kanada und Alaska und all den Ländern, die wir noch bereisen wollen. Aber was war das eben für ein Geräusch? Das war kein Traum. Jemand pocht heftig gegen unsere Campertür! Schlaftrunken klettern wir aus dem Alkoven, schlüpfen in den Trainingsanzug und öffnen vorsichtig die Tür: Blaulicht blinkt und blitzt uns entgegen. Noch immer nicht ganz wach, versuche ich die Szene einzuordnen. Sehe ich doppelt? Zwei Polizeiautos stehen draußen, die "Christbäume" auf den Dächern funkeln um die Wette. Ungläubig blinzle ich noch einmal: Direkt vor unserer Tür haben sich zwei Cops aufgebaut - breitbeinig, die *Mag Lite* auf der Schulter, den Revolvergürtel an der Hüfte. He, das kenn' ich doch vom Kino - neu ist nur, dass wir in diesem Film selbst mitspielen.

"Sie stehen hier schon seit einigen Nächten. Es ist verboten, hier im Wohnmobil zu schlafen. Wie lange gedenken sie noch hier zu bleiben?" Ich muss noch immer ungläubig blinzeln. Der Streifen ist bereits synchronisiert. Der Cop aus dem Hollywoodfilm spricht nicht englisch, sondern bestes Deutsch.

Peter blinzelt nicht mehr, er ist inzwischen vollends wach. "Oh, Sie sprechen ja ein exzellentes Deutsch", bewundert er den Hollywood-Cop. Und während die uniformierte Brust vor Stolz um ein paar Zentimeter anschwillt, erzählt Peter mit ergreifenden Worten die zu Herzen gehende Geschichte von unserem Trouble mit der mexikanischen Versicherung und beteuert, dass uns Langzeitreisenden die RV-Parks von San Diego zu teuer wären. Da wird selbst ein hartgesottener Bulle weich. Die gestrenge Miene hellt sich zusehends auf, die Machohaltung lockert sich. "Meinetwegen können Sie noch vier Nächte hier stehen bleiben. Mein Kollege und ich wissen jetzt Bescheid. Er hat mich übrigens informiert, als er das deutsche Kennzeichen sah!"

Der Film ist aus, die blinkenden Christbäume verlöschen. Die Cops entschwinden in ihren Autos im Dunkel der Nacht. Wir klettern zurück in unseren Alkoven und können so schnell nicht mehr einschlafen. Hollywood "life" ist doch ein wenig aufregender als Hollywood im Kino.

Die vier Nächte sind zwar ein großzügiges Angebot, aber wir wollen trotzdem nicht mehr im Park bleiben. Außerdem geht uns das "Stadtleben" gehörig auf den Wecker. Unser Small Motorhome hat zwar einen Treffer an der Seite, aber der ist sauber abgeklebt, und die verbeulte Schürze ist im Grunde nur ein Schönheitsfehler. Wir können dem Versicherungsfritzen auch von einigen Meilen außerhalb auf die Nerven fallen.

Über die San Diego Mountains kutschieren wir Richtung Osten. Durch die Allgäulandschaft des **Cuyamaca Rancho State Park** schraubt sich die Straße in engen und steilen Serpentinen bis auf 1.500 m über dem Meeresspiegel hinauf. Das Thermometer fällt mit zunehmender Höhe rapide. Links und rechts der Straße türmt sich noch der Schnee des vergangenen El-Niño-Winters. Kaliforniens landschaftliche und klimatische Gegensätze erstaunen uns immer wieder aufs Neue.

Kurz nach Julien windet sich die Straße wieder steil bergab und im Gegenzug klettert die Temperatur kontinuierlich nach oben. Die Landschaft wechselt fast schlagartig. Der Schnee ist verschwunden, die Kiefern sind widerstandsfähigen Mesquitesträuchern gewichen; Ocotillos, Prickly Pears und Chollas stehen in voller Blüte. Die Anza-Borrego-Wüste, das ganze Jahr über eher schroff und abweisend, verwandelt sich im Frühjahr in ein Wildblumenparadies.

Der *State Park* kostet zwar Eintritt, aber für den Wochenpreis von 20 $ kann man an einigen besonders reizvoll gelegenen Stellen campen und die Versorgungseinrichtungen der offiziellen *Campgrounds* benutzen. Wir genießen es, mal wieder einen sauberen Stellplatz zu haben, ohne über Müll und Glasscherben hinwegsehen zu müssen. Rings um uns ist Natur pur.

Klar, wir sind nicht die einzigen, die Ruhe und Erholung in dieser Frühjahrsidylle suchen. Auf dem engen Pfad durch den **Borrego Palm Canyon** drängeln sich die Menschenmassen wie an einem Sonntagnachmittag auf den Wanderwegen unserer heimatlichen Fränkischen Schweiz. Doch wir werden reichlich durch die üppig blühende Wüstenvegetation entschädigt.

Am Ende des Weges erwartet uns eine pittoreske Palmenoase. Der eiskalte Bach, der hier entspringt, rauscht ein Stück unterhalb als Wasserfall mit viel Getöse durch eine Felsenhöhle und winzige Kolibris mit farbenprächtigem Gefieder schwirren auf der Suche nach Nektar um die nicht minder bunten Blüten der Kakteen und Dornenbüsche. Kaum zu glauben, dass wir hier mitten in der Wüste sind.

Auf dem Rückweg nach Chula Vista beginnt das Lenkrad zu flattern, und ein weiterer Hinterreifen verabschiedet sich mit einem Platzer. Zwar haben wir noch mehr als 70 % Profil auf den Laufflächen, aber die Reifen laufen nicht mehr rund, und der Gummi zeigt, obwohl die Pneus gerade mal vier Jahre alt sind, deutliche Altersspuren. Das ist der Tribut, den wir an die miserablen Straßenverhältnisse der Baja und die extreme UV-Strahlung der Wüstenregionen bezahlen müssen. Aber noch immer sind wir auf unser gutes Profil fixiert. Zwar erneuern wir die vorderen Reifen und montieren die Reserveräder, ersetzen aber hinten nur sporadisch die geplatzten, anstatt eine völlig neue Garnitur aufzuziehen.

Es dauert fast vier Wochen, bis wir von der Versicherung die schriftliche Bestätigung der Kostenübernahme in Händen halten. Der Versicherer akzeptiert den deutschen Kostenvoranschlag, macht lediglich Abstriche bei den Kosten für Arbeitszeit und Mehrwertsteuer. Damit haben wir zwar noch lange nicht das Geld in Händen, aber Miriam ordert den Scheck an die Adresse des Maklers in San Diego und verspricht, ihn zuverlässig an eine noch auszumachende Adresse weiterzuleiten.

Wir hingegen lassen nun die verbeulte Schürze in einem *Bodyshop* in Chula Vista geradebiegen und lackieren. Die aufgerissene Stelle im Aufbau schneiden wir sauber aus, passen ein neues Stück Hartschaum ein und lassen es in der gleichen Werkstatt mit Glasfaser zuspachteln. Unserem Weg nach Norden steht nun nichts mehr im Wege.

Von El Niño und anderen schlimmen Knaben

El Niño - der Knabe - so heißt das gefürchtete Wetterphänomen, das im südlichen Kalifornien und der nördlichen Baja Sturm, Regen und Schnee im Überfluss bringt. Gemeint ist mit dem Knaben das Christkind, weil seine "Bescherungen" meist zur Weihnachtszeit beginnen. In einem Turnus von sieben Jahren regnet, stürmt und schneit El Niño besonders freigiebig, und in diesen siebten Jahren beeinflusst er das Wetter bis in den Sommer hinein.

Der vergangene Winter war ein ganz besonders schlimmes "siebtes" Jahr, schlimmer noch, als allgemein erwartet wurde. In Santa Monica konnte man den berühmten Venice Beach zwar mit Sandwällen und Sandsäcken vor den Stürmen schützen - aber gegen den "Segen" von oben war der Staat Kalifornien machtlos. Als wir die Küstenberge überqueren und auf der *Interstate* ein Stück nach Norden rollen, sind für uns noch keine Schäden sichtbar. Auch nicht als wir in die Kern River Road abbiegen, die sich durch eine atemberaubende Schlucht windet und zum nicht minder beeindruckenden **Lake Isabella** führt.

Nach zwei Nächten am See studieren wir ausgiebig die Landkarte. Wir ziehen nach wie vor die Nebenstraßen vor und wollen auf gebirgigen Forststraßen den in der **Sierra Nevada** gelegenen **Sequoia National Park** ansteuern.

Ist es unser Frosch, der hartnäckig auf Regen zeigt oder die Warnung im Radio, dass von Alaska ein Sturmtief nach Süden zieht? Jedenfalls kommt mir beim Anblick der örtlichen Rangerstation die rettende Idee, dass es vielleicht doch sinnvoll wäre, sich nach dem Straßenzustand zu erkundigen.

"Durch den *National Forest*? Das ist unmöglich," erklärt uns die Rangerin, "alle Waldstraßen sind noch gesperrt. Bisher hatte noch niemand Zeit und Geld, die Schneemassen zu räumen, die Felsrutsche, Steinschläge und umgestürzten Bäume des vergangenen Winters zu beseitigen. In Kalifornien fielen in diesem El-Niño-Winter dreimal mehr Schnee als in normalen Jahren."

Gut dass wir rechtzeitig gefragt haben. "Ist es vielleicht möglich, auf der Straße 155 weiterzufahren?"

"Das sollten sie auch besser bleiben lassen. Die ist zum Teil noch vereist. Mit einem Motorhome viel zu riskant. Sie müssen schon auf der Kern River Road nach Bakersfield zurück und auf der *Interstate* nach Norden fahren."

Die *Interstate* verläuft durch eine intensiv landwirtschaftlich genutzte Tiefebene, die sich zwischen der Sierra Nevada und den Küstenbergen nach Norden zieht. Hier sehen wir mit eigenen Augen die Spuren der Verwüstung, die El Niño hinterlassen hat. Noch immer ist das flache Agrarland großflächig überschwemmt, Straßen sind gesperrt, Aussaaten vernichtet. Ein großer Teil der Landarbeiter hat den Job verloren.

El Niño, der Verflixte, hat in der Sierra Nevada so viel Schnee abgeladen, dass entlang der Straßen im Sequoia National Park der Schnee noch mehrere Meter hoch liegt. Um zu den riesigen *Sequoias* zu gelangen, muss man mühsam stapfen und vom Panorama entlang der Panoramastraße, die sich in steilen Kehren auf 2.000 m hinaufschraubt, sieht man gar nichts. Auch recht, jetzt haben wir zur Abwechslung mal einen National Park fast für uns alleine. Die Campingplätze sind allesamt noch geschlossen und nur die Dächer ihrer Eingangshäuschen schauen aus dem Schnee. Ganz praktisch - wir können mitten auf dem Village-Parkplatz campen und kein Ranger regt sich darüber auf.

El Niño, der Launische - hat die ganze Nacht lang den Regen auf unser Wohnmobildach prasseln lassen. Wir sind trotzdem die steile, kurvenreiche Straße in den **Kings Canyon** hinuntergefahren. Ob ihn das beeindruckt hat? Denn plötzlich reißen die Wolken auf, schieben sich die Nebelschwaden beiseite und der Blick auf eine spektakuläre Hochgebirgslandschaft wird frei. Vom Schmelzwasser gespeiste Bäche und Wasserfälle stürzen von allen Seiten herab, an den Hängen blühen Lupinen und Wildblumen, und auf den Felsmassiven glänzen die letzten Schneereste in der Sonne.

Der Kings River, den Warntafeln nach zu schließen, zu allen Jahreszeiten ein gefährlicher Fluss, ist durch das viele Schmelzwasser noch weiter angeschwollen und schäumt und brodelt in gischtenden Schaumwalzen zu Tal. Die Straße schraubt sich auf einer Strecke von 30 Meilen über 500 Höhenmeter steil abwärts. Aller Schnee ist hier abgetaut, es ist wesentlich wärmer - und im Sonnenschein sieht die Welt ganz anders aus!

Endlich mal wieder wandern - in sagenhaft frischer Bergluft, auf einsamen Trails, in überwältigender Landschaft - hier müssen wir unbedingt ein paar Tage bleiben!

El Niño, der Wetterwendische - am nächsten Morgen hängt wieder eine hartnäckige, graue Suppe in den Bergen. Aber auch wenn es nur ein Tag war, es war schön im Kings Canyon.

Durch Wolken und ständig sinkende Temperaturen schnaufen wir die 500 Höhenmeter zum Sequoia National Park zurück, um gleich darauf auf einer Strecke von 60 Meilen nahezu 2.000 Höhenmeter bis nach Fresno abwärts zurollen.

El Niño, der Unberechenbare - schwarze Gewitterwolken brauen sich über Fresno zusammen. "Sturmwarnung" haben sie im Truckstop gesagt und schon rüttelt El Niño ungestüm an unserem hohen Aufbau. Wir verstecken uns hinter den schützenden Mauern eines Einkaufszentrums, und kaum, dass wir stehen, öffnen sich die Himmelsschleusen. Es blitzt und donnert und schüttet wie aus Kannen.

Jetzt sind dem launischen El Niño anscheinend Wasser und Puste ausgegangen. Wir ignorieren die gängigen Touristenrouten, die entweder direkt nach Osten in den berühmten und daher schrecklich überlaufenen **Yosemite National Park** oder aber über San Francisco auf dem nicht minder berühmten und befahrenen Highway Nr. 1 am Pazifik entlangführen und steuern durch die *Foothills* der Sierra Nevada nach Norden. Zugegeben, die Landschaft ist hier nicht ganz so spektakulär wie in den Parks ein Stück weiter oben in der Sierra, aber die Mischung aus Allgäu, Fränkischer Schweiz und Neuseeland ist reizvoll und anheimelnd.

Auch die gepflegten kleinen Orte, zumeist Überbleibsel des kalifornischen Goldrauschs, gefallen uns, und wir kurven gemütlich bergauf und bergab durchs Land. Es ist aber nicht nur unsere Vorliebe für ruhige Nebenstraßen, die uns in dieses abgelegene Idyll verschlagen hat.

Peter, der Funker, will in Nevada City, einem hübschen, geschmackvoll restaurierten Goldrauschstädtchen, von dem wir vorher noch nie etwas gehört haben und das wir sonst vermutlich auch nie gesehen hätten, eine Antenne kaufen. Es ist schon reichlich spät, bis wir in Nevada City ankommen, und die einzige Übernachtungsmöglichkeit ist ein *Campground* ein gutes Stück außerhalb. Die Wegbeschreibungen in unseren diversen Führern sind vage und widersprüchlich und die richtige Abzweigung finden wir erst beim zweiten Anlauf. Das Sträßchen, in das wir abbiegen, ist eng und extrem steil.

Plötzlich stottert der Motor, dann setzt er ganz aus! Vor lauter Schreck bleibt fast mein Herz mit stehen. Peter bleibt cool, lässt den schweren Camper, bei dem ohne Motor weder Servolenkung noch Bremskraftverstärker funktionieren, die steile Straße rückwärts rollen. Gottlob kommt uns niemand entgegen, und Peter bringt das Gefährt in einer Feuerwehreinfahrt zum Stehen.

Wir haben erst vor kurzem den Tank umgeschaltet und vermutlich wieder mal dreckigen oder mit Wasser verpanschten Diesel getankt. Als Peter zurück auf den anderen Tank schaltet, springt der Motor klaglos an. Allerdings lässt der Tankdeckel des vollen Tanks beim Öffnen ein deutliches Vakuum hören - vermutlich ist die Tankentlüftung verstopft. Aber wir haben im anderen Tank nicht mehr genug Diesel, um nach Nevada City zurückzufahren. Hier in der Feuerwehreinfahrt können wir jedoch keinesfalls stehen bleiben!

Uns fällt ein, dass wir vorhin auf unserer Suche nach der Abzweigung einen großen, hell erleuchteten Parkplatz mit mehreren anscheinend kommunalen Gebäuden gesehen haben. Wir hoffen, dass wir dort über Nacht bleiben können.

Ein wenig seltsam ist die Architektur des riesigen Betonkastens schon. Kaum Fenster und ringsum brennt die reinste Festbeleuchtung. *Wayne Brown Correctional Facility* steht auf einem Schild. Keine Ahnung, wer dieser Wayne Brown ist oder war, und den Rest übersetze ich so aus dem hohlen Bauch heraus mit "Korrektureinrichtung", wenngleich ich mir darunter rein gar nichts vorstellen kann. Ist ja auch egal, wir wollen hier nur in Ruhe schlafen.

Weil noch einige Autos auf dem Parkplatz stehen, halten wir es für sinnvoll, eine Erlaubnis einzuholen. Man wird die Sache mit dem dreckigen Diesel und dem aussetzenden Motor schon verstehen. Mutig drücke ich auf die Türklingel und gleich darauf meldet sich eine männliche Stimme in der Sprechanlage. Ich erzähle unsere Story und frage, ob wir heute Nacht auf dem Parkplatz stehen bleiben könnten. "Im Prinzip nicht", erklärt mir die Stimme, "aber drücken sie doch mal auf den unteren Knopf. Damit können sie die Tür öffnen, und dann fragen sie die Frau an der Pforte!"

Der untere Knopf gewährt mir tatsächlich Einlass in das geheimnisvolle Gebäude und auch besagte Frau findet sich, wie versprochen, an der Pforte. Ich erzähle zum zweiten Mal die Geschichte vom aussetzenden Motor. "Ja, bleiben sie ruhig hier", antwortet sie ohne zu zögern. "Sie stehen hier absolut sicher und werden rund um die Uhr bewacht. Dies ist nämlich ein Gefängnis!"

Correctional Facility - so eine komische Wortschöpfung! Ich blättere im Wörterbuch und tatsächlich, es bedeutet schlicht und einfach: Strafanstalt! Unser begrenzter Wortschatz wurde somit auf äußerst anschauliche Weise erweitert und wir schlafen zur Abwechslung mal sicher und ungestört vor einem richtigen, echten Knast.

Ein Mann kommt für einige Zeit nach Seattle und es regnet tagelang ohne Unterlass. Entnervt fragt er einen kleinen Jungen: "Sag mal, regnet es bei euch eigentlich immer?" Daraufhin zuckt der Steppke mit den Schultern und meint: "Keine Ahnung, ich bin ja erst sieben Jahre alt!" Diesen Witz haben uns die Snowbirds in der Baja erzählt, und angesichts des Dauerregens und des gleichmäßig grauen Himmels fällt er uns nun wieder ein.

"Geht nicht zu früh nach Norden", haben sie uns gewarnt, "sonst seht ihr nichts von Oregon und Washington. Die beste Zeit für Oregon ist Juni."

"Juni? Da wollen wir doch schon längst in Kanada sein!" Es ist, als hätte uns jemand ein Uhrwerk in den Rücken gepflanzt und aufgezogen - es treibt uns unablässig weiter.

El Niño ist also nicht schuld daran, dass es an der Küste in Strömen regnet, und wir die Schönheit von Oregons berühmten Dünen, Stränden und Steilküsten allenfalls erahnen können. Es liegt wohl eher an unserer Ungeduld. Wobei, der geplatzte Besuch am tintenblauen **Crater Lake** scheint wohl doch wieder auf das Konto des ungebärdigen Knaben zu gehen.

"Ohne Ketten haben sie keine Chance da raufzukommen!", hatte uns die Rangerin erklärt. "Es hat in der **Cascade Range** wieder angefangen zu schneien." Und dann zuckte sie mit den Schultern und sagte: "El Niño!"

Und als wir vergeblich versuchen, den Krater des **Mount St. Helens** hinter dichten Wolken ausfindig zu machen, hat auch dort der Ranger eine Erklärung parat: "El Niño!"

Wir sind hier, um die Landschaft zu bewundern, und den Daheimgebliebenen wollen wir unsere Dias zeigen, damit sie wissen, was sie alles verpassen, wenn sie zu Hause hinter dem Ofen sitzen! Na gut, bevor die Kamera ganz einrostet, geben wir uns mit ein paar Fotos von dem Desaster zufrieden, das Mount St. Helens anrichtete, von den Bäumen, die er wie Streichhölzer knickte, von der Landschaft ringsum, die er mit seiner grauen Asche bedeckte. Das war am 18. Mai 1980, als der Feuerberg, wie ihn die Indianer schon immer nannten, plötzlich anfing, Lava und Asche zu spucken und 400 m seines Gipfels regelrecht in die Luft sprengte.

Nach dem verheerenden Ausbruch hat die Nationalparkverwaltung große Teile des Areals zum *National Volcanic Monument* deklariert und überlässt es der Natur selbst, ihr Terrain zurückzuerobern.

Die international tätige Weyerhaeuser-Holzgesellschaft hat nicht so viel Geduld wie Natur- und Nationalparkverwaltung. Sie hat unmittelbar nach dem Vulkanausbruch großflächig wieder aufgeforstet. Die ersten Waldstücke werden demnächst "erntereif" sein. Im Klartext heißt das, der Wald wird nicht ausgelichtet, was viel aufwendiger und teurer wäre, sondern ratzekahl niedergemacht und anschließend wieder komplett neu aufgeforstet.

So geht die Holzgesellschaft übrigens auch in Kanada vor, wo sie sich mit aufmüpfigen Indianern und neuerdings auch mit protestierenden Umweltschützern herumschlagen muss. Lautstark beklagt sie sich, dass die kanadischen Gesetze viel zu kleinlich wären und dass in Neuseeland alles viel, viel einfacher ginge. Dort verlangt der Staat auch nicht, wie hier im Nordwesten der USA, dass die Gesellschaft Wander- und Reitwege anlegt und Campingmöglichkeiten schafft.

Dass sich kurz vor Portland der letzte unserer alten Reifen verabschiedet hat, können wir nicht El Niño in die Schuhe schieben. Zur Einsicht gekommen, ordern wir auch gleich zwei neue Reservereifen. Die Wartezeit vertreiben wir uns am **Columbia River**. Der Fluss, natürliche Grenze zwischen den Bundesstaaten Oregon und Washington, hat sich im Laufe der Zeit eine spektakuläre Schneise durch die **Cascade Range** gefräst. Auf der Oregonseite führt ein alter Highway am Fluss entlang, an dessem Verlauf zahlreiche Wasserfälle zu Tal stürzen. Unsere Kamera bekommt endlich wieder Arbeit, denn der Dauerregen hat nachgelassen, und wir sind wieder mit der Welt versöhnt.

An der Mündung des Columbia River endete auch der berühmte *Oregon Trail*. Von El Niño wussten die Siedler, die um die Mitte des neunzehnten Jahrhunderts zu Tausenden nach Westen zogen, ganz bestimmt noch nichts - nur dass in Oregon beständiger Regen das fruchtbare Acker- und Weideland bewässert. Mit Ochsengespannen und Planwagen, mit Kind und Kegel, mit Hausstand, Viehherden und Saatgut zogen sie die 3.200 km lange Strecke von Missouri nach Westen. Amerika ist stolz auf seine Pioniere, hat ihnen in **Oregon City** ein Museum und eine große Video-Show gewidmet, und zur Erinnerung an die Heldentaten, die die Vorfahren auf dem großen Trail vollbracht haben, einen überdimensionalen, weithin sichtbaren Planwagen aufgestellt.

"Siehst du", belehrt mich Peter bei seinem Versuch, den Vorläufer aller Wohnwagen mit dem Weitwinkel einzufangen, "da haben die bereits das Konvoifahren gelernt!"

Kanada - Zollbeamte, Politessen und störrische Computer

"Kanada, kennst du Kanada? Einmal Kanada musst du sehn", sang Freddy vor Jahren in einer alten Sehnsuchtsschnulze. Wir kennen Kanada bisher nur aus schwärmerischen Erlebnisberichten und sind ganz begierig darauf, den nördlichen Nachbarn der USA kennen zu lernen.

Für El Niño beginnt der Norden, dem er in seinen berüchtigten siebten Jahren vermehrt Sonne und Wärme bringen soll, genau an der kanadischen Grenze: Die Sonne strahlt bei unserem Grenzübertritt nach langer Schlechtwetterperiode von einem wolkenlosen Himmel. Da tragen wir es sogar mit Fassung, dass wir schon wieder mal einen Platten haben. In einem der neuen Reifen steckt ein Nagel.

Irgendwie haben wir auch verschwitzt, dass die Einfuhr von Alkohol nach Kanada verboten ist. Dabei haben wir erst gestern einen 24er Pack Budweiser im Sonderangebot ergattert. Kurz entschlossen lege ich den flachen Karton mit den Bierbüchsen in die Dusche und drapiere elegant den Sack mit der schmutzigen Wäsche darüber - denn vor das Land der Weite, der Berge und der Wildnis haben die Götter einen Schlagbaum gesetzt. Wer hinein will, braucht ein Visum. Sechs Monate? Kein Problem. Zweimal klackt der Stempel in unsere Pässe. Doch dann will der Typ im Grenzhäuschen wissen, was wir denn so alles dabei hätten. Waffen? Drogen? Elfenbein? Wir doch nicht. Alkohol? Auch den Alkohol verneine ich, aber dann fragt er nach Kartoffeln und Äpfeln! Das kommt davon, wenn man den Reiseführer immer erst hinterher liest! Dort steht nämlich drin, dass die Einfuhr von Obst und Gemüse nach Britisch-Kolumbien verboten ist. Ich hab das Zeug nicht versteckt und irgendetwas muss ich ja schließlich angeben.

Kartoffeln und Äpfel werden notiert und dann erscheint ein Zollbeamter, um unser Wohnmobil zu inspizieren! Die Kartoffeln, Klasse A, finden vor seinen Augen Gnade, aber die Äpfel sind aus Washington und könnten somit sämtliche kanadischen Äpfel verseuchen, weshalb sie vernichtet werden müssen. Na gut, dergleichen Hirnrissigkeiten sind uns längst nicht mehr neu. Neu ist uns jedoch, dass er noch mehr Verbotenes in unserem Small Motorhome wittert. "Wo haben Sie ihr Geld und Ihre Wertsachen?" Ich erkläre ihm, dass wir hauptsächlich von Kreditkarten leben würden, und zeige ihm die Kassette mit unseren Papieren und

Reiseschecks. Er drückt uns die Kassette in die Hand und dirigiert uns vors Wohnmobil, wo wir, gut sichtbar für ihn, warten sollen.

Den Militärkontrollen in Mexiko haben wir nie große Bedeutung beigemessen und sie stets als Beschäftigungstherapie für die vielen Wehrpflichtigen belächelt - aber das hier ist Ernst! Dabei dachten wir immer, dass wir absolut harmlos und vertrauenerweckend aussähen. Nun stehen wir da mit unserer Kassette in der Hand und sehen von außen zu, wie der kanadische Zoll-Sherlock-Holmes sämtliche Türen und Klappen öffnet, (wie deutsche Wohnmobilklappen aufgehen, weiß er), mit der Taschenlampe in alle Schränke hineinleuchtet und sogar die Matratze hochhebt. Selbst das Fenster der Beifahrertür kurbelt er herunter. Glaubt er, wir hätten da Heroin drin? Wir überlegen uns schon, was wir wohl sagen, wenn er das Bier findet, aber ins Bad schaut er nur kurz hinein. Uff!

Nachdem Sherlock Holmes nichts Staatsbedrohendes zutage befördert hat, bedankt er sich höflich, dass wir soviel Zeit aufgebracht hätten, und zeigt mir die Mülleimer, in die ich die Äpfel werfen soll. Aber natürlich könnten wir auch noch einige Äpfel gleich hier essen, nur eben nach Kanada dürften sie nicht hinein. Ich leere die halbe Tüte auf den Autositz, lege die halbleere Packung auf den Mülleimerdeckel und dann geht es ab nach Kanada!

Kanada - kaum, dass wir da sind, trudelt der ungeduldig erwartete Scheck von der mexikanischen Versicherung beim Broker in San Diego ein. Wo soll Miriam den hinschicken? Wir gehen die kanadischen Niederlassungen von American Express durch, studieren die Landkarte und greifen zum Telefon:

"Schicken sie uns den Scheck nach Kamloops!"

"Haben sie ein Konto bei uns?"

"Nein, wir sind nur auf der Durchreise."

Die Bankangestellte schiebt uns den Scheck durch das Schalterfenster zurück, als wenn er ein falscher Fünfziger wäre. "Dann können wir den Scheck auch nicht auszahlen. Er ist nicht von der Bank bestätigt, und bis das Geld hier eintrifft, vergehen mindestens vier bis sechs Wochen!"

Das ist schon die zweite Bank in **Kamloops**, bei der wir uns eine Abfuhr hohlen. Dabei ist der Scheck nicht von irgendeiner mexikanischen Bank in Pesos, sondern in US-Dollar von der Bank of America in San Diego ausgestellt. Wir müssen den Scheck entweder nach Hause schicken oder aufheben, bis wir in Alaska sind. In Anchorage gibt es eine Filiale der Bank of America. Aber selbst dort wird es mindestens eine Woche dauern, bis wir das Geld in Händen haben. Wir sind ziemlich sauer, und als wir zum Wohnmobil zurückkommen, ist noch dazu die Parkuhr abgelaufen und eine Politesse von der Parküberwachung umkreist gerade unsere Behausung.

"Ist das ihr Wohnmobil?"

"Ja, das gehört uns!" Gleich werden wir erfahren, was es kostet, in Kamloops die Parkzeit zu überziehen. Ob sie sich wohl von der ergreifenden Geschichte unserer Odyssee durch sämtliche Banken der Stadt erweichen lässt?

"Das ist ja toll. Wie lange seid ihr denn schon unterwegs?"

"Schon fast ein Jahr!" Hat sie am Ende die abgelaufene Parkuhr noch gar nicht entdeckt? Peter stellt sich strategisch günstig vor den Zähler.

"Und jetzt geht ihr nach Norden?"

"Ja, wir wollen bis Alaska und die Northwest Territories."

"Aah, und dann geht ihr wohl zurück nach Deutschland?" Die Parkuhr scheint sie nicht im Mindesten zu interessieren.

"Nein, wir wollen das Wohnmobil weiter nach Neuseeland und Australien verschiffen!"

"Nach Australien? Das ist ja toll. Ich war auch schon in Australien. Meinen kleinen Sohn hab ich ja so quasi aus Australien mitgebracht. Ich kann euch sagen, die australischen Männer - die sind wie die Moslems - wenn ihr wisst, was ich meine", zwinkert sie uns zu.

Ich kann mir gut vorstellen, dass die kesse, blonde Kanadierin den *Aussies* gehörig die Köpfe verdreht hat. Für unsere Parkuhr interessiert sie sich jedenfalls nicht im Geringsten. Peter denkt praktisch und nützt die Gunst der Stunde:

"Sagen sie mal, wo können wir denn hier heute Nacht mit unserem Wohnmobil stehen?"

Die Hüterin des ruhenden Verkehrs denkt einen Augenblick lang nach. "Am besten, ihr fahrt runter zum Fluss in den Riverside Park. Auf den großen Parkplätzen könnt ihr ungestört stehen bleiben."

"Und uns wird dort keine Polizei verscheuchen?"

"Nein, der zuständige Kollege ist ein Freund von mir. Sagt ihm, dass ich euch dorthin geschickt habe!"

Wir bedanken uns erfreut und erleichtert und erklären ihr, dass wir nur noch etwas einkaufen wollen.

"Was braucht ihr denn?"

"Obst und Gemüse."

Unsere kesse Politesse hat auch einen italienischen Freund, der mit Obst und Gemüse handelt. "Kommt mit, ich bring euch hin!" "Wir müssen aber vorher noch Geld wechseln. Die Parkuhr ist abgelaufen."

"Die Parkuhr? Da braucht ihr jetzt nichts einzuwerfen. Dafür bin ja ich zuständig!" Spricht's und nimmt uns ins Schlepptau, damit wir uns in Kamloops nicht verlaufen. "Hör mal", sagt sie zu ihrem Freund aus Bella Italia, "die Leute hier sind aus Deutschland, hau sie nicht übers Ohr!"

Der Parkplatz am Riverside Park ist hübsch gelegen und lädt sogar zu einem ausgedehnten Abendbummel ein. Dass der kostenlose Übernachtungsplatz einen gewaltigen Haken hat, merken wir allerdings schon sehr bald.

Kamloops ist ein wichtiger Verkehrsknotenpunkt und zwei große Eisenbahnlinien verlaufen beidseitig des Thompson River. Der Riverside Park liegt nahe bei den Gleisen, und die ganze Nacht rumpeln die Züge an unserem Small Motorhome vorbei. Schlaflos wälzen wir uns im Bett und erst gegen Morgen fallen uns die Augen zu...

Plötzlich weckt uns Trommelfeuer! Wir rumpeln hoch, stoßen uns den Kopf im Alkoven. Schon wieder - hat da jemand eine Maschinengewehrsalve genau über unseren Köpfen abgefeuert? Schlaftrunken spähen wir aus dem Fenster: Sämtliche Rasensprenger des Parks haben sich eingeschaltet, und einer davon prasselt mit voller Wucht alle halbe Minute genau gegen unseren Alkoven...

Im Schlafanzug startet Peter den Motor und sucht ein trockengebliebenes Fleckchen. Rasensprenger, Züge und Politessen - Kamloops in British Columbia werden wir nie vergessen!

Bevor wir Kamloops verlassen, sticht uns noch eine Reklame von *Canadian Tyre* ins Auge: " Kompletter Ölwechsel inkl. Filter nur 24,95 $".

"Der Ölwechsel ist fällig" sagt Peter. "Für 25 $ spar ich mir die Schweinerei."

Nachdem wir uns vergewissert haben, dass unser Wohnmobil in die Halle hineinpasst, und der Preis auch für unser Small Motorhome gilt, schreitet der Mechaniker zur Tat: "Hersteller? Type? Baujahr?" Geduldig suchen wir sämtliche Daten aus dem Kfz-Schein heraus, und er tippt alles gewissenhaft in den Computer. Der graue Kasten rattert und denkt und spuckt schließlich seine Forderung aus: 46 $!

"Vielleicht habe ich eine falsche Nummer eingegeben", entschuldigt sich der Mechaniker und startet einen zweiten Versuch. Sein Boss unterstützt ihn dabei tatkräftig. Aber jetzt will der eigensinnige Computer gar 64 $ haben! Dass wir unseren eigenen Filter dabei haben und unser kleiner Diesel im Gegensatz zu den bulligen Pick-up-Motoren gerade mal 6 Liter Öl fasst, interessiert das sture Kunsthirn nicht. "Das ist schließlich ein Motorhome, und das Öl für Dieselmotoren ist auch teurer", entschuldigt sich der Boss verlegen. Oberboss ist der Computer, und wenn der 64 $ will, kann man nichts machen. Oh doch, da kann man schon was machen! "Wir werden unser Öl, wie gehabt, selber wechseln!"

Kanada - Berge, Seen und Moskitos

Kanada - wo beginnt eigentlich Kanada? Gleich nach der Grenze? Politisch auf jeden Fall. Aber war das schon das richtige Kanada, als wir in **Tsawassen** auf die Fähre rollten und durch ein spektakuläres Gewirr von bewaldeten Inseln nach **Vancouver Island** übersetzten? Das reizvoll englische Victoria - war das wirklich Kanada? Eigentlich schon, es ist ja schließlich die Hauptstadt von Britisch-Kolumbien. Oder waren doch erst die Regenwälder, die Wasserfälle, die reizvollen Provinzpark-Campingplätze, an der **Strait of Georgia** gelegen, echtes Kanada? Als wir später mit unserem Rundfahrticket auf die andere Seite der *Strait* wechselten, auf die vom Festland aus unzugänglichen Halbinseln, da dachte ich: "Erst das ist das echte Kanada!"

Vancouver? Na gut, auch Kanada braucht Großstädte. Aber Kanada steigert sich, je weiter man "hineinfährt". Das richtige Kanada beginnt wohl doch erst hinter Kamloops, am **Kariboo Highway** wahrscheinlich oder am Dugan Lake, jenem kleinen See, an dem Motorboote verboten sind, weshalb die Kanadier mit leisen Elektrobooten zum Angeln fahren. War das nicht schon das absolute Kanadagefühl, als der urige Kanadier russischer Abstammung im Nieselregen mit der Kettensäge loszog, um Holz fürs abendliche Lagerfeuer zu beschaffen?

Jetzt weiß ich es besser. Das "wahre" Kanada, das, von dem wir später mit schwärmerischen Worten immer wieder erzählen werden, beginnt erst ein gutes Stück hinter Prince George. Es beginnt am **Cassiar Highway**, wo plötzlich kein Verkehr mehr ist und nur noch ab und zu ein einzelner Pick-up-Camper über den aufgebrochenen Asphalt rumpelt, wo es keine Ortschaften mehr gibt, sondern nur noch vereinzelte Servicestationen. Wo plötzlich Schwarzbären am Straßenrand auftauchen und ich aufgeregt nach der Kamera angele, durchs Autofenster ziele - und meist doch nur das Hinterteil von Meister Petz erwische. Wo plötzlich ein Elch knapp vor der Stoßstange über die Straße rennt und ich schon wieder zu langsam mit dem Foto bin.

Das "echte" Kanada beginnt da, wo der Staub und der Dreck der Schotterstraße eine innige Verbindung mit unserem Wohnmobil eingegangen sind. "North to Alaska!", hat Peter mit dem Finger in die Schmutzschicht am Heck geschrieben. "North to Alaska" - das ist inzwischen zum Ritual geworden. Jeden Morgen, wenn wir den Camper starten, schiebt Peter die Kassette in den Recorder, und wir singen aus voller Kehle mit.

Sicher, der Highway selbst ist keine reine Freude - staubiger Schotter, aufgerissener Asphalt, Waschbrettbuckel, nur ab und zu mal Teer - aber was ist das schon angesichts einer überwältigenden Landschaft, einer Fahrt durch einsame Wildnis. Was ist schon eine Dreckschicht auf dem Auto, wenn dich am Abend die schönsten Campingstellen erwarten! So wie gestern, der kleine See mit dem seltsamen Namen "Co-op Lake", der plötzlich am Ende eines Waldweges vor uns lag. Dichter Wald umgab ihn, gelbe Wasserlilien blühten auf seiner Oberfläche, wir standen mit unserem Camper mutterseelenallein am Ufer - und kämpften einen aussichtslosen Kampf gegen eine Übermacht blutrünstiger Quälgeister.

O.k. - die Moskitos gehören auch zu Kanada. In Truppenstärke stürzen sich die Biester surrend auf jedes warmblütige Wesen, piesacken bevorzugt wehrlose Touristen, und nicht mal kräftiger Jeansstoff schützt vor dem Stich ihrer gierigen Saugrüssel. Nachts schmieren wir uns Autan ins Gesicht und liegen mit der Fliegenpatsche bewaffnet im Bett. Die Blutsauger schmuggeln sich hinterlistig in den Falten eines Pullovers ins Wohnmobil, überwinden mühelos den Rollmechanismus der Fliegengitter, schwirren augenblicklich durch jede, auch nur spaltbreit geöffnete Tür. Das ist das echte Kanada, genauso haben wir es uns immer vorgestellt. Die Schilderung nervtötender Moskitoangriffe fehlt in keinem noch so schwärmerischen Bericht.

Das echte Kanada - das ist auch der **Stewart Highway**. Jene Stichstraße nach dem Örtchen **Stewart**, wo man, vorbei an Gletschern und unzähligen Wasserfällen, die schneebedeckten Küstenberge immer vor Augen, über einen winzigen, unbesetzten Grenzübergang plötzlich nach Alaska kommt. **Hyder**, so heißt das Nest jenseits des Grenzhäuschens, ist das allerletzte, kleinste Zipfelchen von

Alaskas *Panhandle* und nur über diese Stichstraße zu erreichen. Eigentlich ist es fast eine Geisterstadt. Die paar Kinder, die es in Hyder gibt, müssen nach Stewart in die kanadische Schule, die durstigen Männer von Stewart hingegen - und natürlich auch die durstigen Touristen - fahren abends nach Hyder in die Kneipe, denn im Grunde besteht Hyder nur noch aus ein paar urigen Kneipen und zwei oder drei *Gift Shops.* Und wo es viele Kneipen, sprich Sünder, gibt, braucht es natürlich auch eine Kirche, genauer gesagt, eine russisch-orthodoxe, denn die Kirche von Hyder hat die Zeiten überdauert, als Alaska noch zu Russland gehörte. Ob die Gemeinde aus viel mehr als dem Popen besteht? Keine Ahnung, das weiße Bauwerk mit dem grünen Dach und dem vergoldeten Zwiebeltürmchen ist Kirche, Wohnstube und Büro in einem.

Zum echten Kanada gehören auch pflichtbewusste Zollbeamte. Als wir zurück nach Stewart wollen, ist der Grenzübergang plötzlich besetzt. Unsere Pässe werden einer eingehenden Prüfung unterzogen und dann will der eifrige Beamte wissen, ob wir "drüben" denn irgendwelche verbotenen Dinge eingekauft hätten: Alkohol, Elfenbein... Gott bewahre!

Immerhin, er vertraut uns und verzichtet darauf, in unserem Wohnmobil nach schlimmen Dingen zu fahnden. Wohl weil er Stress hatte. Es kamen nämlich schon vorhin Touristen durch. Die stehen jetzt mit ihrem Camper vor der Tourist Information in Stewart. Ein kleiner Mercedes-Bus - hinten hat er ein gelbes Nummernschild und vorne ein weißes - kann aber auch umgekehrt sein - und außerdem ist das Ding rechtsgesteuert. Mensch, das gibt's doch gar nicht - das sind Al und Margaret! Wie viele Kilometer liegen zwischen Tecolote und Stewart? Wie viele Wochen zwischen El Requeson und dem kleinen Clemens Lake, wo wir uns am Abend treffen? "Das ist der schönste Platz, auf dem wir jemals gecampt haben", stellen wir vier einmütig fest, als wir einsam in atemberaubender Umgebung den Abend vertratschen.

Clemens Lake, Co-op Lake, Dugan Lake, Phinetta Lake, die vielen kleinen Seen, an denen wir campen, finden sich nicht in normalen Landkarten und sehr wahrscheinlich hätte ich ihre Namen auch längst vergessen, wenn ich sie nicht in meinem Tagebuch notiert hätte. Den ersten dieser traumhaften Campingplätze hatten wir durch Zufall entdeckt, weil wir das Wohnmobil eines einsamen Campers durch die Bäume schimmern sahen. Jetzt suchen wir sie gezielt auf.

Wir haben uns mit den kostenlosen Karten des *Forestry Service* eingedeckt, wo diese ebenfalls kostenlosen Traumplätze eingezeichnet sind. Manchmal sind sie allerdings trotz Karte nicht ganz einfach zu finden - und die Zufahrt - na ja, eben Wildnis. Der See, den wir uns heute ausgesucht haben, heißt Morchuea Lake. Dort, wo wir die Zufahrt vermuten, ist lichter Wald. Man sieht, dass hier schon öfter gecampt wurde, aber ein See ist nicht zu entdecken. Also früher, vor elf Monaten, im Osten der USA, wo wir uns auf Supermarktplätze und Fabrikgelände gestellt haben, hätten wir diesen Platz im Wald mit Handkuss begrüßt - aber jetzt? Wir sind in Kanada, am Cassiar Highway, da wird man verwöhnt. Wo ist der See?

"Na siehst du nicht, da geht der Weg doch weiter!" Peter meint einen schmalen Pfad, der sich im Wald verliert.

"Also hör mal, bevor du diesen engen Weg da runter rumpelst und am Ende vielleicht nicht mehr wenden kannst, gehe ich erst mal nachsehen, ob der Platz für uns geeignet ist", und ehe Peter protestieren kann, marschiere ich auch schon los.

Der einsame Waldweg zieht sich länger als erwartet, kein Laut ist zu hören, nur eine alte, kranke Eule sitzt am Wegesrand und sieht mich ängstlich an. "Was ist, wenn dir jetzt ein Bär über den Weg läuft?", schießt es mir plötzlich durch den Kopf. Es heißt ja zwar, Bären wären scheu, würden sich verdrücken, wenn sie Geräusche hören, weshalb Wanderern empfohlen wird, Glöckchen an den Rucksack zu binden - aber ich hab nichts zum Krachmachen dabei...

"Hänschen klein, ging allein, in die weite Welt hinein", beginne ich aus voller Kehle zu singen. Also so was Blödes, wenn mich jetzt jemand hört, der muss mich ja für total bekloppt halten. Weiß der Kuckuck, warum mir jetzt nur das alberne Kleinkinderlied eingefallen ist - wahrscheinlich, weil ich mir, so alleine mitten in der Wildnis, wirklich wie ein kleines Hänschen vorkomme. Energisch marschiere ich weiter, singe: "Wir lagen vor Madagaskar...", und dann verschlägt es mir die Sprache oder vielmehr den Gesang: Eingerahmt von schneebedeckten Bergen liegt vor mir ein einsamer See, gelbe Wasserlilien bedecken Teile seiner Wasseroberfläche, und am Ufer verlieren sich drei leere Stellplätze. Ein Bild wie im Traum.

Erst das Motorengeräusch bringt mir wieder in Erinnerung, warum ich vorausgelaufen bin. Peter hat mein Erkundungsmarsch zu lange gedauert und ist aufs Geratewohl losgerumpelt.

"Wahnsinn!" Mehr kann er beim Anblick unseres heutigen Übernachtungsplatzes nicht sagen.

Als Peter seine Sprache wiedergefunden hat, behauptet er: "Das ist der schönste Platz, den wir jemals hatten!" Aber seit wir über den Cassiar Highway holpern, sprechen wir ja nur noch in Superlativen. Merkwürdig finden wir nur, dass diese kostenlosen Traumplätze nur ganz selten von anderen Campern angefahren werden, und auch an diesem Bilderbuchsee stehen wir ganz allein.

Jetzt wird es auch immer später dunkel. Erst kurz nach halb elf beginnt es zu dämmern. Wir sitzen vor dem Lagerfeuer und genießen die Idylle. Nach dem Sonnenuntergang färben sich die Spitzen der schneebedeckten Berge blutrot, spiegeln sich in der unbewegten Wasseroberfläche, und wir können nur noch flüstern. Eine Steigerung können wir uns nicht mehr vorstellen...

Aber Kanada steigert sich, je weiter man hineinfährt, und als wir am nächsten Abend am türkis schimmernden *French Creek* unser Lager aufschlagen, ist Peters erster Kommentar nur: "Sagenhaft!" Und später, als wir am Lagerfeuer sitzen, fragt er mich: "Sag mal, haben wir jemals so einen schönen Campingplatz gehabt?" (Seite 136)

North to Alaska...

Alaska, 1867 den Russen für 7,2 Millionen Dollar abgekauft, hielten die Amerikaner lange Zeit für einen überflüssigen Eiskeller im Norden, der allenfalls als Tummelplatz für Goldsucher und Abenteurer taugte. Abgeschnitten vom amerikanischen Mutterland war es nur teilweise aus der Luft und während des kurzen Sommers von See her zu erreichen.

Hätten nicht die Amerikaner während des Zweiten Weltkrieges mit einer Invasion der Japaner rechnen müssen, hätte sich an diesem Zustand auch für lange Zeit nichts geändert. Aber jetzt brauchten die Militärs eine richtige Straße, auf der Panzer und Lastwagen rollen konnten - und zwar schnell, jetzt gleich, sofort!

In ganz USA, Kanada und Alaska wurden mehr als 12.000 Kriegsfreiwillige angeheuert, die in einer Rekordzeit von nur acht Monaten eine 2.450 km lange Versorgungsader, den heutigen Alaska Highway, quer durch Kanada nach Fairbanks in Alaska aus dem Boden stampften.

In einem kleinen Museum sagte einmal ein Indianer zu uns: "Früher lebten die Menschen entlang der Flüsse. Heute leben sie entlang der Straßen." **Watson Lake** war einer der ersten Orte, die inmitten unwirtlicher Wildnis als Versorgungszentrum für den Bau der gigantischen Schotterstraße entstanden. Geplagt von Sehnsucht nach seinem geruhsamen, bequemen Heimatort Danville im fernen Illinois, nagelte einer der mehr oder weniger freiwilligen Arbeiter und Bewohner von Watson Lake ein Schild an einen Pfahl, das ihn daran erinnern sollte, wie viele Meilen er doch weg von der Heimat war.

Andere folgten seinem Beispiel, und seitdem nagelt jeder, der durch Watson Lake im Yukon Territory kommt, ein Schild seiner Heimatgemeinde oder ein Autokennzeichen auf, und im Laufe der Jahre ist ein richtiger Schilderwald entstanden.

In Zukunft wird auch unsere Autonummer davon künden, dass wir zwei hier höchstpersönlich mit dem eigenen Wohnmobil durchgekommen sind - logisch. Zu Hause haben wir eigens für den *Sign Post Forest* in Watson Lake ein zusätzliches Schild anfertigen lassen.

"Und wo machen wir das jetzt fest?"

Peter hat schon einen Pfosten ausgeguckt. "Was hältst du von dem da? Der sieht international und exotisch aus."

"Richtig, da hat ein *Aussie* ein Schild mit einem Känguru aufgehängt und aus Sapporo ist auch eins da - und drüber hängt eins von der City of Nepean. Wo ist das?"

"Keine Ahnung. Da hängen wir unseres dazu!" Peter setzt die erste Schraube an und zückt den Schraubenzieher (Seite 144).

"Hoffentlich macht ihr das auch richtig!"

Also welcher blöde Tourist muss jetzt unbedingt seinen Senf zu dieser heiligen Handlung beisteuern? Wir drehen uns um - da stehen doch tatsächlich Uwe und Giggi, die wir vor zehn Monaten am Lake Powell kennengelernt haben!

"Wir haben durch Zufall euer Auto gesehen und in El Requeson haben wir euch um zwei Tage verpasst. Ihr wart schon Richtung USA unterwegs!"

Uwe und Giggi haben auf einem schnellen Trip Material für eine neue Diashow gesammelt und sind bereits wieder auf dem Weg nach Süden. Aber bevor morgen früh unsere Autos in die entgegengesetzte Richtung rollen, treffen wir uns auf einer Waldlichtung an einem kleinen See, grillen gemeinsam Steaks und tratschen bis in die Nacht hinein.

Die Invasion aus Japan konnte 1942 verhindert werden. Heute ist der Alaska Highway jedoch selbst Schauplatz einer sich jährlich wiederholenden Invasion. Statt Panzern und Versorgungslastwagen rollen nun die Karawanen der riesigen

Wohnmobile und Fifth-Wheeler nordwärts. Zwar galt die Fahrt auf der endlos langen Schotterstraße viele Jahre als letzte Herausforderung des 20sten Jahrhunderts, aber inzwischen ist der Highway bis auf den letzten Kilometer geteert. Trotzdem muss jeder anständige *RVer*, der etwas auf sich hält, einmal in seinem Leben den Alaska Highway befahren haben, um dann mit einem großen Schild davon zu künden, dass er ihn überlebt hat.

Begegneten uns auf dem Cassiar Highway, der kurz vor Watson Lake auf den Alaska Highway trifft, fast nur Pick-ups und ein paar kleine, ältere Wohnmobile, so sind wir jetzt mitten drin in der rollenden RV-Invasion zu den Stätten des letzten Goldrausches.

Go North - the Rush is on!

Im August 1896 entdeckte ein gewisser George Carmack am Bonanza Creek, einem Nebenflüsschen des Klondike, Gold. Die Kunde verbreitete sich wie ein Lauffeuer unter den Goldsuchern der Gegend und bald darauf waren alle ergiebigen Claims besetzt. Um die Jahrhundertwende waren jedoch die Wasserwege, die in arktischen Gebieten oft bereits im September zufrieren und meist nicht vor Juni oder Juli wieder eisfrei sind, die einzigen Verbindungen zur Zivilisation. Und so dauerte es fast ein ganzes Jahr, bis am 17. Juli 1897 folgende Meldung in einer Zeitung in Seattle erschien:

"Heute Morgen um drei Uhr lief der Dampfer Portland aus St. Michael in den Sund von Seattle ein, an Bord über eine Tonne reines Gold."

Die Nachricht schlug ein wie eine Bombe. Brave Bauernsöhne stellten den Pflug in die Ecke, Fabrikarbeiter, die zumeist ein tristes Leben am Rande des Existenzminimums fristeten, witterten die Chance ihres Lebens, biedere Buchhalter ließen ihren Federhalter fallen. In Seattle stürmten die Goldhungrigen die Reedereien und stritten sich um die letzen Plätze auf den Schiffen, die durch das Beringmeer bis zur Mündung des Yukon fuhren. Von da aus übernahmen Flussboote die Passagiere und schipperten sie während der kurzen eisfreien Monate über 2.250 km den Yukon flussaufwärts. Eine kostspielige Reise, die mangels ausreichendem Angebot und ständig steigender Nachfrage mit jedem Tag teurer wurde.

Aber es gab auch noch eine andere, eine billigere Route. Die führte mit kleineren Schiffen die Küste entlang nach Norden bis Skagway, gelegen an Alaskas

Panhandle. Von hier aus konnte man das Küstengebirge überqueren. Entweder zu Pferd über den längeren und weniger steilen White Pass oder man musste zu Fuß die 35-Grad-Steigung des Chilkoot Pass überwinden. Eine Tonne Ausrüstung pro Person musste über die Pässe geschafft werden, die oben von der kanadischen Mounted Police kontrolliert und gewogen wurde. Um im langen Winter in Dawson City eine Hungersnot zu verhindern, ließen die Mounties niemanden ohne ausreichende Vorräte ins Land. Im Klartext hieß das, wer kein Geld für Pferde oder Träger hatte, war gezwungen, ca. 40-mal den Chilkootpass über die ins Eis geschlagenen Stufen zu erklimmen, bis er seine Mindestausrüstung oben hatte. Mehr als zwei Aufstiege pro Tag schaffte kaum jemand.

Wer diese Hürde überwunden hatte, musste sich dann am Lake Bennett ein Boot zimmern - stabil und wendig genug, um einige tückische Stromschnellen zu meistern, und ausreichend tragfähig, um ein oder zwei Goldsucher samt tonnenschwerer Ausrüstung über eine Kette von Seen und den Yukon flussabwärts, zu den Goldfeldern am Klondike zu transportieren. Bis die Hauptwelle des Goldrauschs nach Dawson City schwappte, war wegen des extrem kurzen Sommers ein weiteres Jahr vergangen - für die allermeisten zu spät, um noch einen einigermaßen einträglichen Claim zu ergattern.

Bestand Skagway, das Sammelbecken der Abenteurer und Goldsucher, vor dem Goldrausch nur aus ein paar Häusern, so wuchs es in kurzer Zeit zu einer Zeltstadt mit denkbar schlechtestem Ruf. Kneipen, Spielhallen und Bordelle schossen aus dem Boden und Gangster, wie der berüchtigte Soapy Smith, trieben ihr Unwesen.

Hundert Jahre ist das nun her. Heute besteht das restaurierte Skagway fast ausschließlich aus Andenken- und Juwelierläden, die sich entlang der Hauptstraße erstrecken. Aber Skagway ist noch immer ein wichtiger Anlaufhafen für die vielen Fähr- und Kreuzfahrtschiffe. Die ankern allerdings nicht mehr draußen in der Bucht, von wo die Passagiere früher bei Ebbe durchs eisige Wasser an Land waten mussten, sondern legen an einer soliden Mole an.

Als wir in Skagway ankommen, liegen drei Fährschiffe im Hafen, die eiligere Touristen durch die *Inlandpassage* geschippert haben. In Skagway dürfen sie das erste Mal an Land und fallen nun mit geballter Wucht über die Souvenirläden des Städtchens her, um sich mit rosa T-Shirts und Pullovern einzudecken, die stilvoll mit Wölfen und Bären bedruckt sind.

Peter will auch ein Andenken an Alaska. Er besucht die zwei Werkstätten und Tankstellen des Ortes, bis er fündig geworden ist und ein original Alaska-Nummernschild ergattert hat.

Skagway hatte zu Zeiten des *Gold Rush* auch eine Nachbarstadt. Sie hieß **Dyea** und lag am Fuße des Chilkootpasses. Hier ließen sich die nieder, die ihre Ausrüstung auf dem Rücken über den Pass schleppen mussten. Außer einigen verfaulten Anlegepfählen ist von der Stadt nichts mehr zu sehen. Dyea ist jetzt ein Campingplatz - idyllisch gelegen und primitiv. Aber sehr wahrscheinlich sah die Stadt Dyea auch zurzeit des Goldrauschs mehr oder weniger wie ein Campingplatz aus. Und dort, wo vor hundert Jahren die Scharen der Glücksritter ihre Zelte aufschlugen, sitzen wir am Abend vor unserer Campertür, grillen Steaks und genießen unser Zigeunerleben.

Als wir am nächsten Morgen noch mal in Skagway eintrudeln, hat ein Kreuzfahrer angelegt und wir erleben "Goldrausch in Alaska" live! Aber welch ein Glück, dass sich die Passagiere des Luxusliners nicht mehr über den Chilkootpass plagen müssen, um an das begehrte Edelmetall zu kommen. Die Nuggets brauchen nicht mehr aus der Erde gebuddelt und nicht mehr aus den kalten Bächen gewaschen zu werden, sondern liegen kaufbereit in gläsernen Vitrinen! Und so setzt eine komplette Schiffsladung finanzkräftiger Rentner zum Sturm auf die diversen Juwelierläden an. Die reichen alten Knaben haben sich dicke Nuggets an Goldketten um den Hals gehängt, während die betagten Ladies mit den falschen Wimpern, den gefärbten Haaren und den drei Lagen Schminke auf den Falten mehr das Gold in bearbeiteter Form bevorzugen und Finger, Hals und Handgelenke, mit protzig ziseliertem Edelmetall bedecken.

Anchorage - wilde Camper, Lachse & 41 Fernseher

Nirgendwo ist freies Campen einfacher als im Yukon Territory und in Alaska. Ganz egal, ob man kurzerhand in einen Seitenweg einbiegt und plötzlich einsam an einem See steht, ob am Ufer eines Flusses oder stilvoll vor den fotogen verfallenden Blockhäusern der Geisterstadt Silver City, immer findet sich irgendwo ein ruhiger Platz für die Nacht.

Das Yukon Territory haben wir inzwischen hinter uns gelassen und die Grenze zu Alaskas Mainland überquert. Auch in **Valdez**, das spektakulär zwischen dem

Prince Williams Sound und den eindrucksvoll in den Himmel ragenden scharfen Zacken der **Wrangell and St. Elias Mountains** liegt, stellen wir uns nicht auf die teuren, hässlichen RV-Parks, sondern campen ein Stück außerhalb in der Natur.

Ansonsten haken wir Valdez, das immer noch die Erinnerung an das Tankerunglück von 1989 und das Erdbeben von 1964 hausiert, schnell ab. Peter will nach Anchorage. Zum einen, weil wir immer noch den Scheck von der mexikanischen Versicherung spazieren fahren, zum anderen ist er auf der Suche nach einer Fernsehmöglichkeit.

Dabei vermisst er eine Flimmerkiste im Grunde gar nicht. Er liest sich durch Bücher am laufenden Meter, kämpft ab und an gegen den Schachcomputer und unser Informationshunger wird von der Deutschen Welle gestillt.

Eigentlich wäre er ja auch rundum zufrieden, gäbe es da nicht ein Ereignis, bei dem er selbst im fernen Alaska live dabei sein möchte. Eine geraume Zeit lang tigerte er deswegen in Oregon und Washington von *Wal-Mart* zu *K-Mart* und dann wieder zu *Radio Shack* und überlegte ernsthaft, sich ein kleines amerikanisches Fernsehgerät zu kaufen. Bis er erfuhr, dass die Fußballweltmeisterschaft nur über Satellit gesendet wird, er also eine "Schüssel" bräuchte und einen längeren Vertrag abschließen müsste.

Schließlich musste er sich damit zufrieden geben, die Ergebnisse hinterher im Radio zu erfahren. Aber kann ein echter Sportfan seelenruhig durch die Wildnis gondeln, wenn das Spiel Deutschland gegen Kroatien live im amerikanischen Fernsehen ausgestrahlt wird? Peter kann es nicht.

Aber selbst wenn Fußballweltmeisterschaft ist - irgendwo müssen wir campen - auch in **Anchorage**. "In Anchorage stellt ihr euch einfach zum *Wal-Mart* an der *Dimond Mall*", haben uns Uwe und Giggi empfohlen, und nachdem wir unseren Scheck bei der Bank of America abgegeben haben, kutschieren wir auf dem Seward Highway stadtauswärts.

"Bevor wir uns am *Wal-Mart* häuslich einrichten, will ich aber noch schnell in den Supermarkt", sage ich zu Peter, als er vom Highway abbiegt.

"In den Supermarkt? Um Himmels Willen, nein! Das kannst du morgen auch noch machen. Wir kriegen ja sonst keinen Platz mehr."

Alle Wetter, ist das ein Kaufhausparkplatz? Der halbe Platz ist ja bereits vollgeparkt mit Wohnmobilen und Wohnwagen. Die "wilden" Camper haben die Wohnwagenstützen heruntergekurbelt, die seitlichen "Balkons" ausgefahren und sitzen auf Campingstühlen vor dem Mobil in gemütlicher Runde.

Quer durch ganz USA treffen sich vor dem *Wal-Mart* ja immer ein paar Wohnmobile zum Übernachten, und wenn wir in einer Stadt sind und nichts Besseres finden, stellen wir uns kurzerhand dazu, aber der *Wal-Mart-Parkplatz* in Anchorage gleicht eher einem überfüllten *Campground* als einem Kaufhausparkplatz. Da sind selbst wir sprachlos.

"*Wal-Mart* liegt mit den örtlichen RV-Parks im Dauerclinch", hatte uns heute Morgen beim Tanken eine ehemalige Bambergerin erzählt, die ihrem amerikanischen Ehemann nach Alaska gefolgt war. "Die möchten nämlich, dass die Firmenleitung das Übernachten auf dem Kaufhausgelände verbietet. Aber die Wal-Mart-Leute sagen: 'Warum sollen wir die Camper vertreiben? Die kaufen bei uns ein!" Und fix und clever erweiterten sie ihr übliches Sortiment um Unmengen an typischen Alaska-Souvenirs. Sehr zum Ärger der Andenkenläden in der Stadt - denn die T-Shirts, Pullover und Eskimomesser sind im "Camping-Kaufhaus" deutlich billiger.

Ans Einkaufen denkt Peter heute nicht, er grübelt noch immer über das Problem nach, wo er wohl morgen fernsehen könnte. Erst am nächsten Morgen kommt ihm die zündende Idee: Warum nicht gleich zu *Wal-Mart* in die Fernsehabteilung gehen? Bestimmt kann ihm ein Verkäufer einen der vielen Fernseher auf das gewünschte Programm schalten und gleich darauf marschiert er guten Mutes los.

In Amerika ist der Kunde König und deshalb würde man ihm bei *Wal-Mart* wirklich sehr gerne helfen - nur leider haben sie hier kein Kabelfernsehen, weshalb nur die örtlichen Sender über den Bildschirm flimmern. Aber drüben, auf der anderen Seite des Highways, bei K-Mart, da haben sie Kabel - und wenn man in Amerika einem Kunden nicht weiterhelfen kann, schickt man ihn, ohne mit der Wimper zu zucken, zur Konkurrenz. Wenn's sein muss mit einem handgezeichneten Lageplan, damit König Kunde sein Ziel nicht verfehlt.

Drüben bei K-Mart, wo sich selbstredend auch ein gutes Dutzend Camper eingenistet hat, flimmert natürlich etwas anderes über die Bildschirme. An *German Soccer* ist in Alaska niemand interessiert und der Verkäufer muss erst den Manager holen, und der ruft dann seinerseits den Techniker, weil nämlich sämtliche Apparate zusammengeschaltet sind und erst eine größere Umstellaktion vonnöten ist. Aber kurz darauf flimmert für König Peter über sämtliche 41 Fernsehapparate das ersehnte Fußballspiel. Letztendlich hat aber der Aufwand mit den 41 Fernsehern doch nichts genützt - Deutschland hat trotzdem verloren.

Also gut, das mit dem Fußball ist jetzt vorbei. Wenden wir uns wieder den praktischen Dingen des Lebens zu. Dem Einkaufen zum Beispiel. Wir haben es ja nicht weit. Schließlich kaufen auch wir immer bei *Wal-Mart* ein, wenn wir vor seinen Toren campen. Mal Motoröl, mal Campingartikel, mal Kaffee, was man eben so braucht auf Reisen. Heute liegen zwei Fleecepullover in unserem Einkaufswagen, aber bevor wir zur Kasse schieben, macht Peter wie üblich einen Umweg zur Sportabteilung, genauer gesagt, zu den Angeln. In langen Reihen gibt es hier alles, was das Herz des Petrijüngers begehrt: Vom High-Tech-Gerät für den Profi bis zur kleinen, billigen Kinderangel für den Nachwuchs. Sobald nämlich kleine Amerikaner und Kanadier alt genug sind, dass sie sich einigermaßen sicher auf ihren zwei Beinen bewegen können (wie wir später festgestellt haben, gilt das auch für kleine Neuseeländer und Australier), bekommen sie eine Angel in die Hand gedrückt und werden von Vater oder Großvater in die Kunst des Fischens eingeweiht. Fangbeschränkungen und Ähnliches sind jeweils am örtlichen Gewässer angeschlagen und mehr als eine Lizenzgebühr für den jeweiligen Staat wird nicht verlangt. Fischen ist die Freizeitbeschäftigung schlechthin.

Peter wandert ratlos vor den langen Dingern auf und ab, besieht sich das Zubehör, die tausenderlei Haken und Blinker und was man sonst noch braucht, um einen Fisch aus seinem Element zu holen. "Wenn ich etwas mehr Ahnung von der ganzen Sache hätte, würde ich mir vielleicht doch eine Angel kaufen."

"Warum nicht, du weißt doch, wie leidenschaftlich gerne ich Fisch esse."

Peter begutachtet ein Sonderangebot: "20 $ das komplette Set - da kann man eigentlich nicht viel falsch machen. Das Problem ist nur, falls ich im Falle eines Falles wirklich etwas fange: Wer nimmt den Fisch vom Haken? Wer tötet ihn? Und wer nimmt ihn aus?"

Das sind die Fragen, die schon seit Monaten ungeklärt in der Luft schweben, und weil wir sie auch heute nicht beantworten können, rollen wir am nächsten Morgen ohne Angel mitten hinein ins Eldorado der Petrijünger.

Die Invasoren, die in ihren mobilen Luxushäusern über den Alaska Highway gerollt kamen, haben nur ein Ziel vor Augen: Lachse fischen! So viele wie möglich! Am liebsten den edlen *King Salmon*. Das allerdings kollidiert mit den Interessen des Alaskalachses, dessen Ziel darin besteht, am Ende seines Lebens für eine neue Lachsgeneration zu sorgen, was gar nicht so leicht ist, denn der Lachs lebt ein gefährliches Leben.

Nordamerika: Gruppenfoto der Amish People

Nordamerika: Devils Tower

Nordamerika: Spider Rock

Nordamerika: Auf Stahlrösser durchs Monument Valley

Nordamerika: Bryce Canyon

Nachdem er irgendwo in einem eisigen Flüsschen in Alaska aus dem Ei geschlüpft ist, sind die meisten seiner Brüder und Schwestern nämlich schon irgendwelchen Räubern zum Opfer gefallen. Den kleinen Lachs zieht es nun flussabwärts zum Meer, wo er ein paar Jahre lang frisst, wächst und gedeiht. Wenn er allerdings Pech hat, landet er zusammen mit seinen Artgenossen zuerst in einem großen Netz und später in einer Supermarktkühltruhe. Hat er aber Glück und überlebt, dann zieht es ihn nach etwa drei Jahren unwiderstehlich zurück an die Stätte bzw. den Fluss seiner Geburt zum Laichen.

Das Wunder der Evolution hat den Lachs so stark und geschickt werden lassen, dass er flussaufwärts stärkste Strömungen, Stromschnellen und Katarakte überwinden kann. Aber an den kleinen Wasserfällen lauern hungrige Grizzlies auf die Lachse. Hat der Lachs Pech, wird er in den Eingeweiden eines Bären zu Winterspeck verarbeitet. Hat er die Gefahr überstanden und ist an den Grizzlyklauen vorbeigesprungen, zieht er weiter flussaufwärts.

Plötzlich stößt er auf ein Hindernis, für das die Evolution keine Lösung parat hat: eine undurchdringliche Mauer aus grünen Stiefeln versperrt ihm den Weg. Und in den grünen Stiefeln, die in wasserdichten Hosen münden, stecken Menschen. Neben zwei Beinen haben sie auch noch zwei Hände - in der einen halten sie eine Angel und in der anderen einen Käscher. Und irgendwann hängt der arme Lachs, der so viele Gefahren überstanden hat, an einer Angel. Er beendet sein Leben, ohne dass es ihm gelungen wäre, sich zu vermehren. Und wenn er nicht noch am selben Abend auf dem Grill landet, wird er ausgenommen, filetiert, in Plastik verpackt und rollt eingefroren in geräumigen RV-Tiefkühlfächern am Ende des Sommers zurück nach Süden.

Als wir langsam am türkisfarbenen **Russian River** entlangrollen, haben wir zuerst nur Augen für die Landschaft. Die Lachse, die noch ungehindert flussaufwärts schwimmen, können wir nicht sehen. Wir wundern uns nur, warum die Straße zu beiden Seiten zugeparkt ist, und warum an den kleinen *Forest Campgrounds* große Schilder mit der Aufschrift stehen: *Campground full.* Und dann sind sie auch noch auf wenige Tage limitiert. Was ist hier los?

Plötzlich begegnen wir einem Wesen, das in einem unförmigen Gebilde steckt, einem Zwischending aus Hose und Stiefeln, das ihm bis unter die Achseln reicht. Es schleppt in seinen Händen Angelruten und Käscher, Eimer und Utensilienkästen, und stapft schweren Schrittes zum Flussufer. Und dann erblicken wir die

"Mauer" aus grünen Anglerhosen, aus vorschnellenden Angelruten und glänzenden Nylonleinen. Nein, hier kommt kein Lachs mehr durch.

"Also wenn ich mich hier mit der Zwanzigdollarangel ans Ufer gestellt hätte..." brummelt Peter, "hätte ich für allgemeine Heiterkeit gesorgt." Aber ich höre schon gar nicht mehr richtig, was er sagt, denn ich sprinte zum Wohnmobil zurück und hole die Kamera.

Wenn die Wathosenträger mit ihrem Fang aus dem Wasser stapfen, werden sie von einer Beamtin der Fischereibehörde ins Visier genommen. Die Spezies Lachs wäre nämlich längst ausgestorben, wenn die Lachs-Fans nicht über kurz oder lang im eisigen Wasser kalte Füße bekämen, und die Fischereibehörde der Evolution nicht mit Aufzuchtanstalten und strengen Regeln auf die Sprünge helfen würde. Ohne Tageslizenz darf niemand seine Angel ins Wasser hängen, der Haken darf eine bestimmte Größe nicht überschreiten und mehr als drei Lachse dürfen pro Tag und Nase nicht gefangen werden.

Ein paar Tage später campen wir bei Ninilchik an einem *Lookout*, der zum wilden Campingplatz umfunktioniert wurde. Während wir vor dem Wohnmobil sitzen und den Blick auf das **Cook Inlet** und die unberührte Bergkette der **Aleutian Range** mit ihren mächtigen schneebedeckten Vulkanen genießen, kreisen über uns die Weißkopfseeadler, die im Wäldchen am Steilhang nisten, immer wieder dicht über unseren Köpfen.

Ein Ehepaar aus Hessen hatte uns hierher gelotst. "Wir kennen uns hier aus", hatten uns die beiden erklärt, als wir gerade ein wenig Kultur ins Landschaftsprogramm geschoben, und die russische Kirche in **Ninilchik** besichtigt hatten. "Wir kommen nämlich jedes Jahr zum Lachsfischen nach Alaska. Aha, die gehören also auch zu denen, die im eisigen Wasser des Russian River stehen, bis sie ihr Drei-Lachse-Limit pro Nase erreicht haben. Anschließend werden die Fische filetiert, im geräumigen Tiefkühlfach des Mietmobils eingefroren und vor dem Heimflug in einer Kühlbox verstaut, bis sie zu Hause in die heimische Tiefkühltruhe wandern.

"Ach, und der Aufwand lohnt sich? Bei Safeway habe ich 7 $ für das Pfund King Salmon bezahlt!"

"Ja, bei Safeway in Anchorage - was glaubt ihr, was so ein Lachs bei uns kostet!"

Also Moment mal: zweimal Flug hin und zurück nach Alaska, plus Mietmobil, plus Spritkosten, plus Gebühren für die Tageslizenzen, dividiert durch geschätzte 25 kg Lachsfilet, das macht - nein, da muss ich mich verrechnet haben, so teuer

Mexiko: Campen in der wunderschönen Natur der Ensenada de los Muertos

Kanada: Campen am türkis schimmernden French Creek

kann ja der Lachs nicht mal im nobelsten Frankfurter Feinkostladen sein! Die Formel muss anders lauten. An irgendeiner Stelle muss ich da wohl mit dem Spaßfaktor multiplizieren und dann die kalten Füße abziehen - oder muss man die addieren? Ach was, mathematisch war ich schon immer etwas unterbelichtet, glauben wir ganz einfach, dass der Spaß sich lohnt.

Sind die Tiefkühlfächer bis an den Rand mit Lachsfilets gefüllt, wendet sich die rollende RV-Karawane anderem Getier zu, wovon es in Alaska zur Genüge gibt. Grizzlies zum Beispiel. Wer genug Mumm in den Knochen und noch mehr Dollar in der Tasche hat, lässt sich von einem Führer in die Wildnis bringen und lauert im Gebüsch, bis ihm der Braunbär nichtsahnend vor die Flinte läuft. Den Pelz kann er sich dann zu Hause übers Sofa hängen und mächtig damit Eindruck schinden.

Die meisten jedoch haben weniger Mumm und schon gar nicht so viele Dollar übrig und begnügen sich damit, Bären mit der Kamera zu jagen. Am einfachsten geht das im **Denali National Park**. Was uns angeht, so benötigen auch wir unsere Dollar anderweitig, und außerdem können wir ja bekanntlich nicht mal einem Fisch etwas zuleide tun. Aber wir haben ein Teleobjektiv, und wenn wir damit einen Grizzly erwischen, das Dia im heimischen Wohnzimmer lebensgroß an die Wand werfen - also ich wette, damit lässt sich auch Eindruck schinden...

Wir reihen uns also ein in die rollende Karawane - außerdem haben wir Mount McKinley, Amerikas Berg der Berge, noch nicht gesehen. Wenn man mit dem Wetter Glück hat, sieht man ihn bereits in Anchorage. Mächtig überragt er dann die bescheidene Skyline der Stadt und dieses seltene Ereignis ziert sämtliche Postkarten und Reklameprospekte. Wir hatten weniger Glück. Mount McKinley hielt sich standhaft bedeckt und jetzt hoffen wir, dass wir ihn zumindest vom Denali National Park aus bewundern können.

Der Nationalpark ist, wie alle anderen amerikanischen Nationalparks auch, hoffnungslos überlaufen. Außerdem ist die Straße, die hineinführt, nur auf den ersten 14 Meilen für den öffentlichen Verkehr zugänglich. Wer weiter hinein möchte, muss einen *Shuttlebus* benutzen.

Geführte Touren - eigentlich ist das ja nicht unser Ding, aber nachdem wir schon mal da sind, nehmen wir die Elf-Stunden-Mammut-Tour auf uns - wir wollten doch den Grizzly jagen und den Berg sehen. Eigentlich erwarten wir nicht viel von der Bustour - trotzdem - oder gerade deshalb - wird die Fahrt durch die arktische Taiga- und Tundralandschaft zum Erlebnis. Sogar Mount McKinley zeigt sich für ein kurzes Foto in seiner vollen Schönheit - bevor er wieder hinter seiner dicken Wolkendecke verschwindet. Karibus, Elche, Murmeltiere, Peter sammelt eifrig Trophäen.

Zum Schluss läuft ihm sogar ein Grizzly vors Objektiv. Wobei - läuft ist eigentlich falsch - der Grizzly liegt wenige Meter neben der Straße, hält ein Nickerchen und reckt wohlig alle vier Pfoten in die Höhe. Peter lässt aufgeregt die Kamera klicken und ich hoffe, dass auch der schlafender Braunbär auf der Leinwand Eindruck macht.

Die Grizzlies, Elche und Karibus mögen ja imposant sein, aber mit den kleinen Squirrels, den amerikanischen Erdhörnchen, können sie nicht konkurrieren. Wenn plötzlich so ein putziger Schweifträger auftaucht, ist der Mensch komplett aus dem Häuschen. Und natürlich kann er sich nicht verkneifen, dem possierlichen kleinen Nager ein paar Brocken von seiner üppigen Vesper zuzuwerfen. Fette Kekse, Pommes, Wurst - die Squirrels sehen ja so süß aus, wenn sie betteln - und sie stopfen alles gierig in sich hinein. Und genau wie die unvernünftigen Zweibeiner verdreifachen die süßen Erdhörnchen in kürzester Zeit Gewicht und Umfang - was ihnen wie den Zweibeinern weder optisch noch gesundheitlich bekommt.

In den Nationalparks haben die Squirrels die Aussichtspunkte erobert, machen an den Wanderparkplätzen Männchen, bauen sich vor den Picknicktischen auf - und an all diesen neuralgischen Punkten appelliert die Verwaltung mit großen Schildern an die Vernunft der Zweibeiner: "Bitte die Squirrels nicht füttern! Es sind wilde Tiere, sie können kratzen und beißen!" Der Erfolg ist mäßig. Jetzt probieren sie es im Denali National Park anders herum. Appellieren zur Abwechslung mal an die Vernunft der Erdhörnchen.

"Wichtige Nachricht an alle Arktischen Squirrels!" steht auf einem Plakat an der Bushaltestelle. "Lasst euch von den Menschen nicht füttern! Sie meinen es zwar gut, aber ihre Nahrung bekommt euch nicht! Sie macht euch fett und langsam und zur leichten Beute für Bären!" Ich glaube, die Erdhörnchen hier haben den Aufruf verstanden - sie sind wesentlich schlanker als anderswo.

Die Squirrels mögen ja klein sein - aber ansonsten ist in Alaska alles groß und weit, und wer vom Land etwas sehen will, muss lange Strecken fahren. Tun wir, denn wir wollen nach Dawson City und anschließend den Dempster Highway nach Inuvik befahren.

In Fairbanks haben wir noch einmal Kühl- und Vorratsschrank aufgefüllt und jetzt neigt sich unsere Zeit in Alaska langsam dem Ende zu. Auf dem Alaska Highway rollen wir wieder in Richtung Yukon Territory. Kurz nach dem Ort **North Pole** hören wir einen metallischen Schlag gegen unseren Camper. "Hat da nicht gerade irgendwas geklappert?" "Schon möglich!" Aber wir beachten es nicht weiter. Erst Meilen später entdeckt Peter, dass wir hinten schon wieder einen Platten haben. In der Lauffläche klafft ein scharfer Schnitt. Nun wissen wir, dass wir doch hätten reagieren sollen; zu diesem Zeitpunkt waren wir noch nicht weit von Fairbanks entfernt. Der Reifenwechsel selbst ist dank Peters Routine schnell erledigt. Und der Reifen? Den werden sie in Delta Junction doch hoffentlich reparieren können.

Sie geben sich an der Tankstelle mit der Reparatur auch alle Mühe und der Preis von 8 $ ist auch zivil, aber das Ergebnis ist bescheiden. Als Reservereifen ist der Pneu nicht mehr zu gebrauchen und wir trauen uns nicht, die einsamen 730 km des geschotterten **Dempster Highway** mit nur einem Ersatzreifen zu befahren.

Dummerweise gibt es im Ort auch unsere ausgefallene Reifengröße nicht und wir müssen wohl oder übel nach Fairbanks zurück. Für amerikanische Verhältnisse ist das ja auch gar nicht weit, nur 98 Meilen! Das Dumme ist nur, dass inzwischen Samstagnachmittag ist, und sonntags haben selbst amerikanische Reifenfirmen geschlossen. Aber wir haben Glück - auf den allerletzten Drücker erreichen wir eine Reifenwerkstatt.

Ab fünf Uhr ist eigentlich geschlossen, aber der Mechaniker hat zufällig den richtigen Reifen auf Lager und ihn auch gleich fix auf die Felge montiert. Als wir uns am Abend zusammen mit anderen Campern vor dem Fred-Meyer-Supermarkt niederlassen, sind wir zwar 320 km gefahren, aber um keinen einzigen Kilometer weitergekommen.

Dawson City - Goldrausch life

100 Jahre - sehr viel Wasser ist seit dem Goldrausch den Yukon hinabgeflossen - aber wer heute nach Dawson City will, muss den Fluss nicht mehr mit dem Kanu hinunterpaddeln. Als wir den Alaska Highway verlassen und auf den teilweise noch immer ungeteerten **Top of the World Highway** abbiegen, erfasst uns augenblicklich

nostalgische Goldgräberstimmung. Die ganze Gegend um den **Fortymile River** mit seinen zahlreichen Nebenarmen ist in *Claims* abgesteckt und es wird noch immer aktiv nach Gold gebuddelt.

Irgendwo am Straßenrand rostet fotogen eine alte *Dredge* vor sich hin. Früher wurde mit dem Schwimmbagger im großen Stil nach dem Edelmetall geschürft. Aber heute gibt der Fluss für industrielle Ausbeute nicht mehr genug her. Wirklich nicht? Als wir mit der Kamera um die alte *Dredge* herumkraxeln, stolpern wir ständig über flimmerndes, blinkendes Gestein. Ob das Gold ist? Sieht fast so aus - aber dann wäre dieser Platz bestimmt nicht verlassen.

Wir können uns trotzdem nicht verkneifen, ein paar der verlockend glitzernden Brocken einzusammeln. Narrengold - erfahren wir hinterher. Echtes Gold ist relativ matt und glitzert nicht.

Goldrausch - das heißt nicht, dass jeder, der in der Nähe des Fortymile River haust, nach Nuggets buddelt, um sich sein Auskommen zu sichern. Man kann den Goldgräbern beispielsweise das Geld in einer kleinen Kneipe abknöpfen, was schon vor hundert Jahren erfolgreich praktiziert wurde, - oder aber den Touristen, was noch einträglicher ist.

Wer jedoch ein paar Dollar von knauserigen Dauerreisenden locker machen will, muss sich schon was einfallen lassen - oder er muss aussehen, wie der Typ, der in einer Blockhütte kurz vor der kanadischen Grenze haust. Wie er so mit seinem schwarzem Rauschebart und dem Filzhut auf den wallenden Locken, mit rot kariertem Holzfällerhemd und einer schwanzlosen Katze auf der Schulter in der Tür seiner *Miner*-Kneipe steht, glauben wir im ersten Moment, beide wären vom Gold rausch anno 1898 übriggeblieben. Beim zweiten Hinsehen wird klar: Unter dem Hut und hinter dem Bart steckt ein junger Kerl und die Kneipe ist auch nicht so alt wie die dunklen Holzbalken glauben machen möchten. *Miner* und Touristen können außer mit Nuggets und Dollars auch mit "Plastikgeld" bezahlen. Eigentlich fahren wir ja mit einer rollenden Küche durch die Lande - aber für den Preis von zwei Kaffee, stilvoll im Pappbecher serviert, stellt sich der Goldrauschkneipier gerne für ein Foto in Pose (📷 Seite 144).

Aber der Top of the World Highway ist nicht nur eine Schotterpiste durch Goldgräbergebiet. Hinter der Grenze überrascht er uns mit Asphalt und einem überwältigenden Panoramablick auf unendliche Einsamkeit und Wildnis.

Plötzlich liegt unter uns, auf der anderen Seite des Yukon, **Dawson City**! Mögen inzwischen auch hundert Jahre vergangen sein - der Top of the World Highway endet am Fluss. Und wie zu Zeiten des Goldrausches kommen auch wir letztendlich auf dem Yukon nach Dawson - wenn auch nicht mit dem Schaufelraddampfer oder einem selbstgezimmerten Boot, sondern mit einer schlichten Autofähre.

Dawson City gibt uns einen Kick, wirkt wie ein Schuss Amphetamin! Das Städtchen mit den liebevoll im alten Stil restaurierten Häusern und den windschiefen Bretterbuden, die im aufgetauten Permafrostboden absacken, strahlt eine eigentümliche Atmosphäre aus. Die Zeit scheint stehen geblieben zu sein, was aber nur zum Teil an den Angestellten des Tourismusbüros liegt, die in den Klamotten von anno dazumal herumlaufen. Im Grunde ist das historische Ereignis auch noch gar nicht so lange her. Rein theoretisch hätten unsere Großväter unter den damaligen Goldsuchern sein können, die unter unvorstellbaren Strapazen von Skagway über den Chilkoot Pass marschiert sind.

Die urigen Typen, auf die man überall in Dawson City trifft, sind nicht vom letzten Goldrausch übriggeblieben und sie haben sich auch nicht, wie unser Freund aus der Kneipe, eigens wegen der Touristen "herausgeputzt", denn im Grunde hat der Goldrausch in Dawson City nie richtig aufgehört.

Die *Mounties*, die Männer von Kanadas berühmter *Mounted Police*, der berittenen Polizei in ihren dekorativen Uniformen, sind auch schon seit dem letzten Goldrausch da. Damals sorgten sie mit eiserner Hand dafür, dass der hohe Norden nicht zum Wilden Westen verkam. Heute sind die Rotröcke zwar meist mit dem Auto unterwegs, mitunter getraut sich aber auch einer hoch zu Ross durch die Straßen zu reiten (📷 Seite 145). Dazu braucht er zwar keine eiserne Hand mehr, aber doch eiserne Nerven - denn wo er auftaucht, verstellt ihm augenblicklich eine mit Kameras klickende Touristentraube den Weg.

Draußen am **Bonanza Creek**, wo alles seinen Anfang nahm, ist der Goldrausch noch immer greifbar. Entlang der Bäche und Flüsschen wird die Erde bereits zum dritten und vierten Mal im großen Stil umgegraben. Vom **Midnight Dome** aus, einem Aussichtspunkt oberhalb Dawsons, hat man einen guten Blick auf die Claims entlang der Bäche. Wie eine Ansammlung gigantischer Maulwurfshügel sieht die umgewühlte Landschaft aus. Dank verbesserter Methoden werden dabei auch heute noch erstaunliche Mengen Gold gefunden. Überall stehen rostiges Gerät, Bagger und Wasserkanonen herum und zwischendrin hausen in selbst gezimmerten Pick-up-Kabinen, windschiefen Holzhütten oder modernen Fertighäusern mehr oder weniger komfortabel die Goldsucher. Vier Sommermonate lang nach Gold buddeln, macht zwar niemanden mehr zum Millionär, aber es reicht aus, um den langen Winter über in Yuma oder der Baja sorglos und ohne Frostbeulen zu überleben.

Am Claim 33 funktioniert das Ganze umgekehrt. Dort wird der *Gravel* mit Goldstaub präpariert und zum Preis von 5 $ pro Goldpfanne dürfen die Touristen unter fachmännischer Anleitung das Gold wieder herauswaschen. Die finanzielle Ausbeute des *Claimholders* ist dabei sicher nicht geringer, als wenn er selbst mit dem Bagger anrücken würde. Auch Peter wäscht stilgerecht einige Goldflocken heraus und kauft anschließend gleich die Pfanne, damit er am *Tourist Claim* sein Glück versuchen kann.

Ein Stück hinter dem historischen *Discovery Claim*, wo George Carmack anno 1896 fündig wurde, dürfen nämlich auch Touristen nach Gold buddeln und die Goldpfanne schwenken. Peter schaufelt sofort voll Elan seine neu erstandene Pfanne voll und wäscht sie im Bonanza Creek - einzige Ausbeute sind ein stilechtes Foto, kalte Füße und ein ruhiger Campingplatz. Wir haben beschlossen, heute Nacht hier zu schlafen.

Dawson, das von den Goldschürfern und vom Tourismus lebt, wird im Winter zur Geisterstadt. Souvenirshops, Juwelierläden und Kneipen machen dicht, und die Besitzer schließen sich dem jährlichen Zug der Schneevögel in wärmere Gefilde an.

Die wenigen Hartgesottenen, die Schnee und Eis, monatelanger Dunkelheit und minus 40 Grad Celsius trotzen, erkennt man an ihren Autos. Genauer gesagt, an dem mit einem Stecker versehenen Stück Kabel, das aus dem Kühlergrill heraushängt. Ohne Wärmezufuhr aus der Steckdose würden die Blechkarossen mit ihren kälteempfindlichen Innereien in den langen, eisigen Winternächten zu einem nutzlosen Haufen Schrott gefrieren.

Bei strahlendem Sonnenschein bis in die späte Nacht können wir uns dieses winterliche Szenario gar nicht vorstellen und unser Benz grummelt bei sommerlichen Temperaturen ohne Heizkissen zufrieden vor sich hin.

Wir tuckern langsam durch die Straßen von Dawson City und gehen mit der Kamera auf Motivjagd. Plötzlich reißt jemand mitten auf einer Kreuzung unsere Autotür auf: "Ja, wie kommt denn ihr hierher?" Ein Mittsechziger mit umgehängter Kamera starrt uns entgeistert an.

"Ja wie wohl, wahrscheinlich nicht viel anders als Sie auch - über den Top of the World Highway".

"Ja aber det Wohnmobil - habt ihr det extra deswejen mitjebracht?" Noch immer sieht er uns an, als ob wir eine Fata Morgana wären.

"Nicht nur deswegen. Wir sind bereits seit einem Jahr unterwegs." Jetzt fällt ihm vollends die Kinnlade herunter. "Een Jahr? Mensch ick werd verrückt!" Die grauen Zellen des Herrn aus Berlin beginnen sichtbar zu rotieren. Im Geiste macht er gerade seine Wohnung für zwölf Monate dicht. "Ja Mensch, wer jießt denn da eure Blumen?"

Als er hört, dass es bei uns keine Zimmerpflanzen mehr zu gießen gibt, ist er völlig erschüttert. "Ja sacht mal, habt ihr im Lotto jewonnen?" Wie alle Vier-Wochen-Touristen multipliziert unser Berliner die happigen Kosten seiner kurzen Urlaubsreise mit zwölf. "Jestern hab' ick alleene mehr als 20 $ für den Campingplatz bezahlt!"

"Wir nicht. Gestern haben wir draußen am Bonanza Creek gecampt, die Nacht davor am Midnight Dome, und heute Nacht werden wir vor *Diamond Tooth Gertie's Gambling Hall* Quartier beziehen. Wir haben nämlich Karten für die *Gaslight Follies.*"

Jetzt mischt sich seine Frau ins Gespräch: "Siehste, det sag ich dir doch immer! Aber du traust dir ja nich!" Schließlich bugsiert sie ihr noch immer fassungsloser Ehegespons von der Straße auf den Gehsteig. Wir haben mit unserem Wohnmobil die Kreuzung blockiert und hinter uns stehen bereits einige Autos. Niemand hupt, niemand schimpft - die langen Winter machen geduldig.

Vom letzten Goldrausch lebt auch noch das wiederaufgebaute *Palace Grand Theatre.* Sein Ensemble lockt mit einem Goldrausch-Musical Touristen an. Es handelt von Goldsuchern, Schurken, schönen Mädchen und rechtschaffenen *Mounties* und ist eine vergnügliche Abwechslung in unserem Travelleralltag.

Im Nürnberger Opernhaus waren wir schon lange nicht mehr, in der Scala und der Met noch nie, aber wer, bitteschön, war schon im Opernhaus von Dawson City?

Kanada: Schilderwand in Watson Lake im Yukon Territory

Kanada: Goldrauschkneipier posiert fürs Foto

Kanada: Ross der berühmten Mounted Police

Kanada: Auch ein Kanada-Mythos: der Dempster Highway

Dempster Highway - Mitternachtssonne am Polarkreis

Seit der Alaska Highway durchgehend geteert ist, musste er das Prädikat "letzte Herausforderung" an den **Dempster Highway** abtreten, einer Stichstraße, an deren Ende das Eskimostädtchen **Inuvik** liegt. In seiner Länge ist der Dempster vergleichbar mit der Strecke von München nach Hamburg - laut Autoatlas sind das 775 Autobahnkilometer.

Die Strecke von Dawson City nach Inuvik ist laut unserem Tacho 782 km lang: das sind 40 km Asphalt auf dem Klondike Highway bis zur Einmündung des Dempster Highway und der Rest ist Schotter - 742 einsame, staubige und mitunter auch recht raue und holprige Gravelkilometer, an deren Ende das Nest Inuvik liegt.

Kreuzungen? Abfahrten? Rasthäuser? Tankstellen? Verkehr? Man muss nicht viel zählen am Dempster Highway. An seiner Einmündung liegt eine Tankstelle mit Werkstatt, auf halber Strecke ein Hotel mit Tankstelle, bei km 550 und 608 zwei Indianerdörfer (das erste mit Tankstelle und Werkstatt), eine Handvoll *Campgrounds* gleichmäßig an der Strecke verteilt, ein paar *Viewpoints*, das Polarkreismonument und das Monument an der Grenze vom Yukon Territory zu den Northwest Territories. Ach ja, und zwei Flussüberquerungen - über den Peel River und über den MacKenzie. Im Sommer per Fähre, im Winter ganz simpel über den zugefrorenen Fluss.

Und in der Übergangszeit? Wenn es taut? Oder wenn das Eis noch nicht fest genug ist? Pech gehabt! Muss man warten.

Verkehr? Kaum vorhanden. Ein paar Wohnmobile, ein paar Trucks, ein paar eiserne Radfahrer.

Letzte Herausforderung? Für die Reifen bestimmt, da besteht kein Zweifel. Und das Auto sollte technisch auch in Ordnung sein. Eine Panne wäre zwar nicht gefährlich, könnte aber verdammt teuer werden - 5 $ Abschleppkosten pro Kilometer plus Anfahrt für den Truck. Letzte Herausforderung? Die Autobahn von München nach Hamburg ist um ein Vielfaches gefährlicher.

Uns zieht der Dempster Highway vom ersten Kilometer an in seinen Bann. Bei strahlendem Sonnenschein verwöhnt er uns mit überwältigenden Ausblicken auf die unberührte Weite und Großartigkeit des Yukon. Bis zu den **Tombstone Mountains** begegnen wir noch einigen Autos, aber die meisten machen hier kehrt. Es scheren ohnehin nicht viele aus der RV-Armada des Alaska Highways aus, um nach Dawson City zu fahren - aber in die raue Abgeschiedenheit des Dempster Highway verschlägt es noch weniger.

Menschenleere Wildnis und Einsamkeit umgeben uns - wir fühlen und erleben sie mit allen Sinnen. Keine Straße wird sich uns stärker einprägen - obwohl an ihrem Verlauf keine jener spektakulären *Highlights* liegen, die Profifotografen so gerne für Hochglanzkalender und Bildbände ablichten. Die Wirkung dieser Schotterstraße durch Einsamkeit und Weite ist subtiler. Wir fahren sie eigentlich gar nicht, um nach Inuvik zu kommen - das Nest an der Deltamündung des MacKenzie River hat wenig Interessantes zu bieten. Wir fahren den Dempster um seiner Selbst willen - Der Weg ist das Ziel.

Ein gutes dreiviertel Jahr später treffen wir übrigens in Neuseeland einen kanadischen Golflehrer, der einst als Croupier in *Diamont Tooth Gertie's* Spielkasino in Dawson City seine Brötchen verdient hatte, bevor er seiner neuseeländischen Ehefrau in ihre Heimat folgte. Mit Wehmut erzählt er uns, wie sehr er die offene Weite Alaskas und des Yukon vermisse. Wer den Dempster Highway nicht befahren hat, wird ihn nicht verstehen können.

Der Ehrlichkeit halber muss man zugeben, dass nicht alles am Dempster die reine Freude ist. Besonders in der zweiten Hälfte wird der Untergrund der Straße rau und felsig, der Schotterbelag immer gröber und scharfkantiger. Aber die Natur versucht uns zu versöhnen, säumt im Ausgleich die raue Schotterpiste mit üppig blühendem rosa und lila *Fireweed*. Wenn uns ein Truck entgegendonnert, was nicht oft, aber hin und wieder doch vorkommt, zieht sich seine Staubfahne durch alle Ritzen unseres Wohnmobils. Durch die seitlichen Ausstellfenster, die wir wegen der ungewöhnlichen Wärme offen haben, durch die Ventilation, durch die Zwangsbelüftung unserer Wohnmobilfenster, durch die Dichtlippen der hinteren Heckklappe.

Die Fahrzeuge der *Road Maintenance* tun ihr Bestes und besprühen die Straße mit Kalziumchlorid. Das bindet den Staub, verhindert, dass sich allzu tiefe Waschbrettrillen bilden - nur unser Autolack, der mag das Zeug gar nicht. Aber was sind schon bisschen Staub im Heim und ein bisschen Chemie auf dem Lack, wenn wir mittags bei strahlendem Sonnenschein und Sommerwärme am Polarkreismonument vor dem Wohnmobil sitzen und zu unserem frisch gefilterten Kaffee Apfelkuchen mit Sahne futtern?

René und Sonja aus der Schweiz sind auch gerade eingetrudelt. Wir haben sie gestern kennengelernt, als wir am frühen Nachmittag an einer *Rest Area* die Handbremse angezogen haben und querfeldein durch die Tundra gewandert sind. Als wir zurückkamen, stand ein kompakter 310er-Mercedes mit Schweizer Kennzeichen neben unserem Wohnmobil; ein außergewöhnlich hochbeiniges, abenteuerlich anmutendes Gefährt, mit permanentem Allradantrieb und einer Seilwinde. Zu unserem grenzenlosen Erstaunen saß der Fahrer im Rollstuhl. Die Querschnittslähmung, verursacht durch einen Verkehrsunfall, ließ René jedoch nicht am Leben zerbrechen. Zusammen mit seiner Gefährtin hat er nicht nur die Panamericana und das Amazonasgebiet befahren, sondern auch Australien und Algerien und berichtet in der heimatlichen Schweiz mit Diavorträgen und Büchern von seinen Abenteuern.

Gemeinsam rumpeln wir zum nächsten Monument. Es markiert die Grenzlinie zwischen dem Yukon und den Northwest Territories. Wir rangieren die Camper in Position und zücken gerade die Kamera, um dieses denkwürdige Ereignis zu dokumentieren, als Peter unseren neuesten Platten entdeckt. Dempster Highway - da gehört ein Platter dazu! Im Reifenwechseln ist Peter ja inzwischen absolut fit - aber ehrlich - lästig ist das schon! Reserverad abmontieren, Werkzeugkasten hervorräumen, Auto aufbocken... Wütend flucht Peter vor sich hin.

"Kann ich euch helfen?" René, der gelernte Automechaniker, ist im Rollstuhl neben uns aufgetaucht. Peter fällt vor Schreck und Erstaunen fast das Werkzeug aus der Hand. "Na hör' mal..." protestiert er, aber dann packt ihn die Neugier: "Sagt mal, wie macht ihr das eigentlich, wenn ihr einen Platten habt?"

"Wir sind ein eingespieltes Team", erklärt Sonja, "bisher haben wir noch jeden Platten und jede festgefahrene Situation gemeistert." Das glauben wir gerne. Sonja und René sind die erstaunlichsten Reisenden, die wir jemals getroffen haben.

Weil Hochsommer ist, bringt uns die Fähre über den Peel River, und weil wir einen platten Reifen haben, steuern wir gleich darauf das Indianernest **Fort McPherson** an. Wir haben zwar noch einen intakten Reifen in Reserve, aber wir wissen ja nicht, welche Überraschungen der Dempster noch für uns bereithält. Es ist Samstag und bereits acht Uhr abends. Die Werkstatt hat natürlich längst geschlossen. Aber nach einem Anruf von der Indianerin an der Tankstelle, kommt der Mechaniker sofort angedüst, schließt seine Werkstatt auf und flickt unseren Reifen. Peter lässt derweil seine Augen ringsum schweifen - bis sie wie hypnotisiert am Objekt seiner Begierde hängen bleiben: der "Bärenautonummer" der Northwest Territories. Ein wenig verstaubt liegt das begehrte, rare Sammlerobjekt unbeachtet in einem Regal herum.

Wir haben Reisende getroffen, die eigens wegen dieses seltenen Nummernschildes in Bärenform bis nach Inuvik gefahren sind. 10 $ verlangt der Meister für den Blechbären. Peter, der erst am Ortsausgang von Dawson ein Yukonkennzeichen mit dem eifrigen Goldwäscher drauf ergattert hat, ist nun trotz des Platten wieder mit der Welt versöhnt. Fürs Flicken löhnen wir 20 $. Angesichts der prompten Feierabendreparatur am Ende der Welt können wir mit dem Preis absolut zufrieden sein.

Dass es jetzt plötzlich anfängt zu regnen, finden wir weniger lustig. Jetzt zeigt uns der Dempster, was er sonst noch drauf hat. Die Straße ist nun nicht mehr staubig, sondern rutschig und schmierig, und jetzt, wo wir wirklich keine Lust mehr haben, weiter auf der glitschigen Piste herumzurutschen, gibt es weit und breit keinen Rastplatz oder Seitenstreifen, wo wir die Nacht verbringen könnten, und wir müssen noch 30 km weiter schlittern und rutschen, bis wir ein matschiges Fleckchen neben dem Highway finden - wo wir morgen auch hoffentlich wieder herauskommen.

Geregnet hat es gestern? Kaum zu glauben! Die Sonne strahlt vom blauen Himmel und es ist ungewöhnlich warm nördlich des Polarkreises. Nur die dicke Dreckkruste auf dem Wohnmobil erinnert uns daran, dass wir gestern Abend den Dempster auch von seiner unangenehmen Seite kennengelernt haben.

Es gibt wirklich nicht viel zu sehen in **Inuvik** und die weiße Iglukirche, Inuviks Wahrzeichen, ist abgeschlossen. Aber deswegen sind wir nicht hier. Wir wussten schließlich vorher, was uns erwartet. Zusammen mit René und Sonja suchen wir uns einen ruhigen Stellplatz direkt am **Mackenzie River** und genießen das unerwartet heiße Wetter nördlich des Polarkreises. Unser Thermometer klettert auf stolze 32 Grad! Ob das wohl auf das Konto unseres Knaben El Niño geht, der dem Norden außergewöhnlich viel Wärme und Sonne schenkt?

Uns soll es nur recht sein - aber es sind beileibe nicht alle über die Wärme erfreut. Den Huskies samt ihren Herrchen hängt ob der ungewohnten Temperaturen förmlich die Zunge zum Halse heraus. "Gefällt euch denn der Sommer nicht?", wundere ich mich. "Der Winter ist mir lieber", knurrt der schwitzende Hundehalter. "Saubere, klare Luft, Ruhe und Frieden und vor allem - keine Touristen!" Das mit den Touristen sagt er scherzhaft neckend - aber er ist beileibe nicht der einzige Kanadier oder Alaskaner der uns erstaunten, ewig sonnenhungrigen Zugvögeln erklärt, dass er den Winter lieber hätte.

Unsere Begeisterung für den Dempster Highway wird beileibe nicht von allen geteilt. Am Abend stoßen zwei weitere Langzeittraveller zu unserem arktischen Idyll. Sie sind in einem Geländewagen unterwegs, und beim Anblick des Nürnberger Kennzeichens überkommen uns gleich heimatliche Gefühle. Außerdem verstehen sich Langzeitreisende ja meist auf Anhieb, haben die gleichen Interessen, tratschen über Erlebnisse, tauschen Erfahrungen aus.

Aber unser Landsmann aus Nürnberg, den Namen haben wir schnell wieder vergessen, hat in langen Jahren des Reisens so viel Frust angesammelt, dass er ihn nun unbedingt jemandem vor die Füße knallen muss.

"So ein Reinfall", beginnt er sogleich zu zetern, "750 km Schotter und dann am Ende solch ein tristes Kaff!"

"Na, hast du denn inmitten der arktischen Tundra eine Kulturmetropole erwartet?", wundert sich Peter. "Dass es hier nicht viel zu sehen gibt, steht doch in jedem Reiseführer!"

"Ach was, Reiseführer! Soll ich wegen jedem Sträßchen in den Reiseführer gucken? Wir fahren demnächst nach Sibirien, darüber gibt es kaum noch Reiseführer", redet er sich in Fahrt. Und überhaupt, das ganze Umherziehen wäre Sch..., zetert er. Irgendwo in Südamerika hätte er einen Überfall auf harmlose Busreisende miterlebt und wozu das alles? Voller Frust, Wut und Gram lässt er sich über die Sinnlosigkeit und Unbequemlichkeit des Reisens aus.

"Na, wenn das alles so beschissen ist, warum gehst du denn dann nicht nach Hause?" Der Typ geht Peter langsam auf den Geist.

"Ha, du bist ja nur neidisch, weil du mit deiner sperrigen Luxuskiste nicht dahin kannst, wo ich mit meinem Jeep hin kann!"

Jetzt platzt Peter endgültig der Kragen: "Hör mal, bevor ihr kamt, hatten wir hier einen gemütlichen, friedlichen Abend. Wenn du weiter stänkern willst, ist es besser, ihr verzieht euch!"

Wütend startet der frustrierte Reisende seinen Geländewagen und zieht schimpfend und fluchend von dannen.

Bei solchen Gelegenheiten kommt es schon mal vor, dass man sich für seine Landsleute schämt. Die Schweizer sehen das nicht so tragisch. "Von den beiden haben wir schon gehört. Wir haben auch schon Freunde von denen getroffen - aber die sind genauso irre."

Unsere gute Stimmung hat durch den Zwischenfall nicht gelitten. Im Schein der Mitternachtssonne sitzen wir bis spät in der Nacht vor dem Camper und tratschen.

Obwohl wir schon seit Wochen im Land der endlos langen Tage unterwegs sind, haben wir unseren Reiserhythmus kaum geändert. Wir nutzen die lange Helligkeit nicht zum Fahren, sondern suchen uns am Nachmittag beizeiten einen hübschen Stellplatz und genießen den Rest des Tages. Als wir uns in Inuvik auf den Rückweg machen, kennen wir die guten Stellplätze des Dempster Highways bereits.

"Was hältst du vom Yukon Grenzmonument?", meint Peter.

"Guter Platz. Weitläufig und etwas abseits vom Highway, da sollten wir für heute Schluss machen." Aber während ich den Salat schnipple und die Schinkennudeln in der Pfanne brutzle, pfeift ein heftiger Wind ungemütlich über das ungeschützte Hochplateau und rüttelt ungestüm am Camper.

Gegen alle Gewohnheit starten wir nach dem Abendessen und nehmen noch einmal den Highway unter die Räder. Die Fahrt in die Nacht bei strahlendem Sonnenschein, die anfangs nur eine Flucht vor dem stürmischen Wind war, wird für uns zum unvergesslichen Erlebnis. Es sind jetzt gar keine Autos mehr unterwegs, und die Stimmung ist unbeschreiblich. Schließlich schlagen wir direkt am Polarkreismonument unser Nachtlager auf. Obwohl es schon fast Mitternacht ist, sitzen wir noch im Freien und genießen die "Nacht"!

Am nächsten Morgen wissen wir, dass der starke Wind nichts Gutes zu bedeuten hatte und dass auch unser "Frosch", der schon seit zwei Tagen unbeirrt auf Regen zeigt, mal wieder recht hatte. Es ist trübe und diesig und später beginnt es zeitweise wieder zu regnen. Bis wir die Einmündung zum Klondike Highway und damit wieder Teerbelag erreichen, ist unser Wohnmobil unter der dicken Dreckkruste nur noch zu erahnen. Aber die Tankstelle an der Kreuzung hat in weiser Voraussicht eine große Hochdruckwaschanlage errichtet. In einer größeren Reinigungsaktion befreien wir unser Wohnmobil nicht nur von den Spuren der 1.500 Gravelkilometer, sondern auch vom aggressiven Kalziumchlorid. Von außen sieht jetzt unser Wohnmobil wieder wie neu aus - aber von innen? Auf allen Polstern,

Türen und Klappen sitzt der feine Staub. Wir verdrücken uns beizeiten in eine Waldlichtung abseits des Highways und beginnen einen Großputz - Kalziumchlorid, stelle ich dabei fest, bekommt auch den Händen nicht so gut.

Nach 1.500 km auf Schotter und Staub rollt unser Camper auf dem geteerten Klondike Highway wie auf Schienen. Weit kommen wir trotz des glatten Belags nicht. Ganze 18 km fahren wir am nächsten Morgen, als vor uns einige Wohnmobile mitten auf der Straße stehen - und ihre Fahrer - ja sehen wir recht? - haben sich doch tatsächlich auf ihren Campingstühlen vor der rollenden Behausung niedergelassen. Straßensperre. Was ist passiert?

Ganz in der Nähe brennen ca. 350 km^2 Wald, und aus Sicherheitsgründen wurde der Highway gesperrt. Wie lange die Sperre dauern wird, vermag niemand zu sagen. Es kann sich um Stunden handeln oder auch um Tage. Für die wenigen Pkw ist die Situation ungemütlich, aber die meisten der Gestrandeten sind mit viel Zeit im bequemen RV unterwegs. Zur Abwechslung mal mitten auf dem Highway zu campen, finden sie eher lustig. Auch wir machen das Beste aus der Situation, setzen unseren Hausputz fort, tratschen ein wenig und nach fünf Stunden geht es tatsächlich weiter. Die Schlange hinter uns ist während der 5-stündigen Straßensperre auf gut 50 Autos und Wohnmobile angewachsen und Peter, der sonst den schwachen Motor unseres Benz schont, muss ihn nun im Pulk der dicken Amimotoren ganz schön jagen. Aber unser untermotorisierter fahrbarer Untersatz hält tapfer mit, obwohl er nur mit müdem Kanadadiesel gefüttert wurde.

Am nächsten Morgen erfahren wir, dass entlang des Klondike Highway ein weiterer Waldbrand gewütet hat. Kilometerlang fahren wir an verkokelten Baumstümpfen vorbei. Ganze Berghänge sind kohlschwarz abgebrannt und rauchen noch immer. Es muss ein schreckliches Inferno gewesen sein. Dies ist aber nicht der letzte Waldbrand, den wir in Kanada erleben. Mehr als 400 wüten in diesem trockenen Sommer alleine in Britisch-Kolumbien. Gehen sie auch auf das Konto von El Niño?

Kanadier und Amerikaner lassen sich wegen der Brände aber ihr abendliches Campfire nicht vermiesen, rücken zwecks Feuerholzbeschaffung auch schon mal mit der Kettensäge an. "Warum verbietet die Zündelei im Wald niemand von Staats wegen?", fragen wir uns. Aber die Lagerfeuerromantik gehört zum unantastbaren Pioniergefühl, das ganz Nordamerika noch immer hegt und pflegt. Da könnte man genauso gut versuchen, einem Texaner das Schießeisen wegzunehmen.

Kanada:
Der Schwarzbär lässt sich beim Futtern der Beeren nicht stören

Kanada: Eines
der am häufigsten fotografierten Motive in Kanada: der Moraine Lake

Alberta - Rockies, Japaner und fränkische Maler

An der Einfahrt zum *Whistlers Campground* im **Jasper National Park** stehen wir seit einer halben Stunde in der Schlange der Wartenden und hoffen, einen Platz in der gigantischen Großanlage zu ergattern. Die idyllischen Plätzchen am French Creek, am Rancheria River, am Inga- und am Summit Lake liegen hinter uns. Die Badetage am ruhigen und warmen Cameron Lake sind Vergangenheit. Aber auf unserer Liste: "Touristisches Pflichtprogramm" stehen **Jasper National Park** und Banff National Park.

Dass wir aus dem abgeschiedenen Norden wieder in die touristische Zivilisation geraten sind, haben wir schon während einer Wanderung im Gänsemarsch am **Mount Robson** gemerkt. Aber der Trubel im Ort und Nationalpark **Jasper** sind für unser, durch Ruhe, Stille und Weite verwöhntes Gemüt, ein Schock. Zugegeben, die Rockies hier sind schön, atemberaubend schön sogar - aber das ist nicht mehr das Kanada, das wir so sehr lieben - und schon sehnen wir uns nach dem hohen Norden und der rauen Einsamkeit des Dempster Highways zurück.

Geschafft! Wir haben für heute Nacht einen Stellplatz. Aber nur, weil wir keinen Strom aus der Steckdose benötigen, und unser kleines Wohnmobil auch bei den Zelten Platz hat. Die komfortablen *Hookup*-Plätze sind längst vergeben. Jetzt erst können wir die nähere Umgebung von Jasper in Angriff nehmen.

Am **Maligne Canyon** reihen wir uns in die Schlange der *Hiker* ein und marschieren die pittoreske Schlucht entlang. Später, auf dem Weg zum **Maligne Lake** stauen sich plötzlich die Autos. Ein ausgewachsener Bär futtert im Gebüsch entlang der Straße eifrig Beeren. Die Videokameras surren, die Fotoapparate klicken, der Bär lässt sich von der neugierigen Touristenmeute nicht stören. Peter steigt zuerst aufs Wohnmobildach und nimmt Meister Petz von oben mit dem Tele ins Visier. Der Bär futtert noch immer, würdigt die Leute keines Blickes. Die ersten Schaulustigen stehen bereits in der Straßenmitte.

Peter klettert vom Ausguck herunter, pirscht sich langsam an die andere Straßenseite heran. Die Masse der Unbedachten verführt ihn dazu, Meister Petz leichtsinnig nahe mit der Kamera auf den Pelz zu rücken, und sogar die Böschung zu erklimmen. Der Bär dreht ihm ständig den Rücken zu und Peter hätte doch so gerne ein richtiges Portrait von vorne. Erst als die Touristenmeute sich langsam auflöst, wird uns dieses unbedachte Verhalten bewusst. Der Bär hätte genauso gut aggressiv reagieren können. Wegrennen wäre da sinnlos - ein Schwarzbär kann bis zu 50 km/h schnell sprinten (📷 Seite 153).

Am Maligne Lake schlüpfen wir wieder in die Wanderstiefel und hiken über Stock und Stein am malerischen See entlang. Der Pfad ist eng und teilweise beschwerlich und plötzlich merkt man von den Touristenmassen nicht mehr viel. Aber es ist die letzte abgeschiedene Wanderung im Nationalpark.

Der **Icefields Parkway** durch den Jasper und Banff National Park ist eine Straße der Superlative. **Cavell-** und **Angel Glacier**, **Athabasca Falls**, enge, gewundene Canyons, türkisfarbene Seen vor einer eindrucksvollen Berg- und Gletscherkulisse - wir halten an allen Highlights und Aussichtspunkten, und kämpfen uns durch Busladungen japanischer Schnelltouristen. Richtig wild wird es am **Lake Louise**: laut Reiseführer ist der türkisfarbene Gletschersee der meistbesuchte Bergsee der Welt. An seinem Ufer liegt dekorativ ein nobles Hotel, das billigste Zimmer zu 280 $, Seeblick kostet mehr.

Um die japanische und amerikanische Touristenschar gebührend zu unterhalten, ist ein Kanadier in bayerische Lederhosen geschlüpft, trägt zum rotkarierten Hemd einen Trenkerhut und bläst auf einem Schweizer Alphorn zuerst "Oh Tannenbaum" und dann ein schottisches Abschiedslied. Wir wenden uns mit Grausen. Außerdem macht uns das hektische Gewimmel ganz nervös und wir düsen so schnell wie möglich zum **Moraine Lake** ab, der laut Reiseführer noch schöner, jedoch weit weniger überlaufen sein soll (📷 Seite 153).

Aber - bis Reiseführer auf den Markt kommen, vergeht eine ganze Zeit, und als wir unseren gekauft haben, ist auch schon über ein Jahr her. Einige Kilometer vor dem Parkplatz werden wir bereits angehalten. Am See sind längst alle Parkplätze belegt und wir müssen mehr als 2 km auf der Straße laufen. Unten am See wurden inzwischen ein Restaurant und eine *Lodge* gebaut und das Gewimmel ist entsprechend. Für stolze 24 $ pro Stunde kann man sich ein Kanu mieten und über den blaugrünen See paddeln. Wir steigen im Pulk bis zu einem Aussichtspunkt hinauf - schießen ein Foto - der See, umgeben von zehn Gipfeln, liegt wirklich malerisch - und verdrücken uns schnell wieder. Auf unserem "Pflichtprogramm" steht nämlich noch Banff und das müssen wir ja auch noch "abhaken".

Geographisch liegt **Banff** in Alberta - aber in Wirklichkeit ist Banff die japanische Hauptstadt des Nationalparks. Betuchte Bürger Nippons kommen hierher, um in stilvollem Ambiente zu heiraten, hinter den Kassen der Souvenirshops stehen Japanerinnen, und als ich einen Aufkleber für unser Wohnmobil kaufen will, versteht niemand mein Englisch. Bloß raus hier! Raus aus dem Nationalpark, raus aus dem Gewimmel! Wie? Auf einer Autobahn!

Autobahnen führen meist in die nächste Großstadt, in diesem Fall direkt nach Calgary, das als nächstes auf unserer Liste steht. Wenn jedoch nicht gerade die berühmte Stampede ist, wirkt Calgary reichlich langweilig. Aber Städte haben es uns ja noch nie besonders angetan. Pflichtgemäß tuckern wir am Saddle Dome, jener berühmten, futuristisch anmutenden Sporthalle vorbei. "Das Dach ist einem Sattel nachempfunden", doziert Peter, der mein Desinteresse für Sport und Sportanlagen noch immer nicht verstehen kann.

"Ach ja? Ich finde, der Bau sieht aus wie die Berliner Kongresshalle. 'Schwangere Auster' nannten meine Verwandten das Ding."

Vor uns schaltet die Ampel auf Rot. Peter geht vom Gas und fährt an einem Van auf der linken Spur vorbei. Da tönt plötzlich aus dem Van eine Stimme im reinsten Fränkisch: "Wou kummsd'n her?" Einen Moment lang müssen wir überlegen, ob wir auch richtig gehört haben, und als der Van bei Grün wieder an uns vorbeifährt, ruft Peter zurück: "Aus Nürnberg!"

Auf dem nächsten Parkplatz entsteigt dem Van ein Typ in Malerklamotten. Wie sich herausstellt, ging er einst in Nürnberg in die gleiche Schule wie Peter und ist, genau wie er, Jahrgang 41. 1970 ist er nach Kanada ausgewandert.

"Und was machst du hier so?", will Peter neugierig wissen.

"No, ich dou baind'n", erwidert der Nürnberger im schönsten Fränkisch-Englisch, was übersetzt in etwa heißt, dass er ein *Painter*, ein Maler ist. Er betreibt in Calgary ein Malergeschäft und ist somit einer von jenen 70.000 Deutschen, die in Albertas Hauptstadt leben.

Was steht als nächstes auf der Liste? Der **Waterton Lakes National Park**. Wie wohltuend für unser Gemüt, dass wir nicht auf der Hauptstrecke bleiben müssen.

Auf dem kaum befahrenen Hwy 22 fahren wir nach Süden, wo die Prärie auf die Rocky Mountains trifft, wo hinter sanften Hügeln schroff die felsige Bergkette der Rockies aufragt und wir endlich wieder frei durchatmen können. Gemessen an Banff und Jasper ist dieser Nationalpark idyllisch, obwohl wir es wieder mal geschafft haben, genau zum Wochenende hier einzutrudeln.

Aber jetzt haken wir nicht nur den Nationalpark, sondern auch Kanada ab, das Land der Berge und Seen, der einsamen Highways, das Land der Weite und der Mitternachtssonne. Unsere Runde durch Kanada war viel zu kurz; irgendwann müssen wir wiederkommen. Nicht nach Banff und Jasper, nicht nach Calgary, sondern in die Wildnis - nach Yellowknife, das wollten wir unseren Reifen nicht mehr zumuten, und die *Forestry Trunk Road* auch nicht - und dann gibt es ja in Britisch-Kolumbien so viele kleine Nebenstraßen, so viele Seen und Flüsse...

Montana und Idaho - Amerikas heile Welt

"Wann werden Sie nach Neuseeland verschiffen?"

"Wahrscheinlich Ende September. Es kann aber auch sein, dass wir erst auf dem Oktoberschiff einen Platz bekommen."

"Ich stelle Ihnen am besten ein Visum über sechs Monate aus. Sie bekommen dann keine Schwierigkeiten, wenn sich die Termine verzögern." Spricht's und lässt den Stempel in unsere Pässe klacken. Es geht doch nichts über die kleinen Grenzübergänge, wo die Beamten noch freundlich und umgänglich sind und nicht hinter jedem harmlosen Reisenden gleich einen Junkie und Drogendealer wähnen!

Jetzt sind wir also wieder in den USA - Kanada, mit seinen fortschrittlichen Dezimalmaßen, seinen Kilometern, Metern und Zentimetern, seinen Litern und simplen geraden Gewichten haben wir hinter uns gelassen. Hier, wo der Mensch mit Meilen, mit krummen Gallonen und Quarts rechnet, müssen wir uns gleich wieder mit Fuß und Inch herumplagen. Wir wollen nämlich die **Going-to-the-Sun Road** befahren und die enge, steile Passstraße gilt als eine der schönsten Hochgebirgsstraßen Amerikas.

Allerdings wurde sie bereits anno dunnemals in den Fels geklopft, als der Mensch noch nicht im rollenden Eigenheim durch die Lande zog. Die steilen Spitzkehren und bedrohlichen Felsüberhänge sind den Amerikanern, gewöhnt an breite Highways, lange Steigungen und ebenso lange Gefälle, nicht geheuer, weshalb die Nationalparkverwaltung die Straße kurzerhand für Fahrzeuge über 22 Fuß sperrte.

Also uns betrifft das ja nicht. Unser Small Motorhome ist gerade mal sechs Meter und dreißig lang, was krummen 21 Fuß und ein paar zerquetschten Inches entspricht. Irgendwann haben wir das nämlich mal ganz genau ausgerechnet.

Nehmen wir also den Pass unter die Räder! Nach ein paar Meilen kommen wir zwar an einem Häuschen vorbei, wo Fahrzeuge offiziell vermessen werden sollen, sitzt aber keiner drin. Egal, wir wissen ja, wie lang wir sind. Was wir aber nicht wissen, ist, dass es ein amerikanisches Naturgesetz gibt, welches lautet: "Ein Wohnmobil ist immer länger als 22 Fuß!" Oben auf dem Pass kommt plötzlich eine Rangerin im Sturmschritt und mit gestrenger Miene auf uns zugeeilt. Wer uns denn die Erlaubnis erteilt hätte, die Passstraße zu befahren, will sie wissen. Schließlich wäre die für Fahrzeuge ab 22 Fuß gesperrt!

"Wieso Erlaubnis? Wir wissen doch, wie kurz wir sind! 21 Fuß und ein paar Inches - steht übrigens auch in Metern und Zentimetern in unseren Papieren!"

Papiere? Ein deutscher Beamter hätte sie sofort überprüft und ihnen unerschütterlichen Glauben geschenkt. Nicht so eine amerikanische Rangerin. Sie überprüft keine Papiere, sie misst nach! Mit einem Messrad, dass sie aus ihrem Kofferraum zaubert und damit akribisch von Stoßstange zu Stoßstange unser Wohnmobil abschreitet.

"21 Fuß - ihr seid okay", sagt sie, und ihre gestrenge Miene hellt sich augenblicklich zu einem freundlichen Lächeln auf. Dass deutsche Wohnmobile sich nicht mit amerikanischen Naturgesetzen decken, bereitet ihr offenbar keine Kopfschmerzen.

Uns bereitet der viele Betrieb Kopfschmerzen. Wir wollten ja im **Glacier National Park** wieder wandern, aber wo der Mensch in Massen auftritt, werden wir schnell nervös. Und die gepriesene *Going-to-the-Sun Road* führt nicht, wie versprochen, in die Sonne, sondern in trübe, graue Wolken hinein. Ehe wir uns so richtig versehen, haben wir den Nationalpark hinter uns gelassen und landen am Abend in **Kalispell** vor dem *Wal-Mart*.

Wir haben ja schon öfter mal auf einem *Wal-Mart* Parkplatz genächtigt. Der in Chula Vista glich einer Müllhalde, der in Anchorage einem *Campground*, in **Kalispell** ist er angelegt wie ein Park, hübsch und gepflegt - so wie das ganze Montana.

Gediegene Häuser mit liebevoll angelegten Vorgärten, rustikale Blockhäuser aus soliden Baumstämmen, aufgeräumte Farmen mit in Schuss gehaltenen Zäunen und gefegten Einfahrten - Montana, so wir es kennen lernen, wirkt wohlhabend und gediegen. Keine protzigen, hinter hohen Mauern verschanzten Villen, aber auch nicht jene armseligen, verwahrlosten, von Autowracks und Sperrmüll umgebenen Bretterbuden - die krasse Armut, auf die man besonders oft im reichen Kalifornien stößt, sehen wir nicht einmal im *Blackfoot Reservat*. In Montana scheint die Welt noch in Ordnung zu sein.

Auf dem Highway 12 tuckern wir weiter nach Westen und überqueren am **Lolo Pass** die Staatsgrenze nach Idaho. Die Touristenströme aus Europa und Japan verirren sich nicht in diese abgelegenen Ecken Montanas und Idahos; die großen Highlights liegen abseits. Wahrscheinlich fühlen wir uns gerade deswegen in der reizvollen und anheimelnden Mittelgebirgslandschaft besonders wohl.

Es ist Spätsommer in Idaho und heiß. Wir fahren mit unserem Wohnmobil flussaufwärts am Salmon River entlang, schwimmen in seinen eisigen Fluten, übernachten am Ufer. In **Riggins** macht der Fluss plötzlich eine 90-Grad-Biegung - der Highway führt weiter geradeaus. Wir folgen dem Fluss auf einem Schottersträßchen. An seinen Ufern ragen schroffe, mit Präriegras bewachsene Berge empor. Es ist eine bizarre Wildwestlandschaft, durch die der Salmon River sein Bett gefräst hat. Aber der Fluss hat sein Bett noch nicht glattgehobelt, es ist rau und felsig. Schäumend und gischtend schießt der Salmon River zu Tal - kreischend und quietschend wirbeln und paddeln Rafter und Wildwasserkanuten flussabwärts.

Spätsommer in Idaho - zwischen den steilen Berghängen steht glühende Backofenhitze. Wir kutschieren weiter flussaufwärts, immer auf der Suche nach ruhigen Pools, wo wir gefahrlos ein paar Züge im eiskalten Wasser schwimmen können. "Schade, dass wir kein Kajak haben!" Wie oft haben wir das in den vergangenen Monaten bedauert - am Lake Powell, an der Baja, wo wir gerne über die seichten Buchten gepaddelt wären, an den einsamen kleinen Seen Kanadas und Alaskas. Dabei hatten wir zu Hause noch mit dem Gedanken gespielt, ein handliches Schlauchkajak zu kaufen.

"Ach was, das kriegen wir in Amerika bestimmt billiger", hatte Peter gedacht. Das Angebot an Kajaks und Kanus ist wirklich riesig in den USA - aber alles ist riesig - wer braucht da schon ein Schlauchboot, wenn er ein normales Boot einfach auf die Ladefläche seines Pick-ups werfen kann! "Warten wir eben bis Kanada, da finden wir bestimmt was Passendes", dachten wir - und suchten in Vancouver vergeblich die einschlägigen Geschäfte auf.

Hier am Salmon River vermissen wir kein Boot, das Weißwasser wäre uns zu wild. Aber es gibt schöne Campingmöglichkeiten am Fluss und immer wieder sandige Badeplätze.

Neuseeland: Für die Maori ist es ein mythischer Ort: das Cape Reinga

Neuseeland:
Postkartenfoto: Im Lake Matheson spiegelt sich der Mount Cook

Neuseeland: Gut positioniert vor den Mitre Peak

Neuseeland: Die Moeraki Boulders

"Sieh mal, da winkt ein Anhalter. Sollen wir den mitnehmen?" Das machen wir ja normalerweise nicht, aber der junge Mann hat seine Paddel und die Schwimmweste dabei und möchte flussaufwärts, zurück zu seinem Campingbus.

"Ein Schlauchkajak sucht ihr? Das ist kein Problem. Fahrt nach **Boise**, dort gibt es eine kleine Firma, die stellen stabile, gute Boote her. Ich hab selbst schon eines ausprobiert - fährt wirklich gut!"

Zwei Tage später sind wir stolze Besitzer eines knallroten, aufblasbaren Kajaks. Und wo probieren wir es aus? Auf dem Salmon River? Gott bewahre, wir sind ja nicht lebensmüde! Da ist ein Stausee in der Karte eingezeichnet - Salmon Creek, da fahren wir jetzt hin! Der Stausee ist zwar total veralgt - aber unser Schlauchboot schwimmt. Und wo setzen wir es als Nächstes ein? Am Lake Isabella? Am Lake Havasu? Ja warum eigentlich nicht gleich am Lake Powell? Zurück nach Los Angeles müssen wir ohnehin, denn mittlerweile haben wir eine Agentur ausfindig gemacht, die unser Wohnmobil zu einem akzeptablen Preis, per Ro/Ro von Long Beach über Yokohama nach Neuseeland verschifft.

Wir haben kaum zu Ende gedacht, da peilen wir auch schon **Nevada** an, durchqueren den Silver State und genießen wieder einmal die einsamen Highways und die herbe Landschaft.

Wer die Halbwüsten des Südwestens kennt, die Gipsdünen und *Badlands* New Mexicos, die Mondlandschaften Utahs, der kann sich gar nicht vorstellen, dass sich über das ausgetrocknete Land binnen Minuten Blitzfluten ergießen, dass sich trockene Washs in reißende Ströme verwandeln und die pittoresken Canyons in Sekunden zur tödlichen Falle werden können.

Als wir Nevada durchquert und auf **Cedar City** zurollen, ballen sich vor uns dunkle Wolken bedrohlich zusammen. Der Wind legt auf Sturmstärke zu und unser Camper wird von unberechenbaren Böen geschüttelt. Es ist September, Spätsommer - Zeit der berüchtigten Nachmittagsgewitter, die in kürzester Zeit Straßen unpassierbar werden lassen, und die uns im letzten Jahr die Fahrt über so manch abgelegene Schotterstraße vermasselt haben. Wir wollten heute noch einen Pass überqueren - knapp 3.000 m hoch - bei diesem Wetter ein Himmelfahrtskommando! Letztes Jahr hatten wir zwei dieser Spätsommergewitter miterlebt, hatten in New Mexico gesehen, wie die Stadt Gallup binnen Minuten unter Wasser stand, und in Page staunend vor den reißenden, lehmigbraunen Wasserfällen gestanden, die sich urplötzlich in den Colorado ergossen.

Wir flüchten vor den Windböen in die Stadt, und kaum, dass wir uns zwischen den schützenden Gebäuden eines Einkaufszentrums versteckt haben, öffnet der Himmel seine Schleusen.

Am nächsten Morgen scheint die Sonne vom blauen Himmel, als wäre nichts gewesen. Es war auch nicht viel - in Cedar City zumindest. Aber nachdem wir den Pass überquert haben und auf **Kanab** zurollen, sind die Teerstraßen mit Sand zugeschwemmt. Hier muss das Unwetter weit stärker gewütet haben.

Als wir am Nachmittag zum *Lone Rock Campground* abbiegen, ist das geteerte Sträßchen unter einer holprigen Buckelpiste aus Sand verschwunden und zu beiden Seiten hat das Unwetter tiefe Canyons ausgewaschen. Unten am See sind überall nasse Schlafsäcke, Handtücher und Kleider über den Autos zum Trocknen aufgehängt. Das sind die Folgen des Unwetters, die wir unmittelbar zu sehen bekommen. Von den Zelten, die der Sturm in den See gewirbelt hat, sehen wir nichts mehr und die Leute mit dem aufklappbaren Zeltcamper sind auch schon abgereist. Ihr Klappcamper stürzte in einer Bö um, als die Mutter und ihre zwei Kinder darin vor dem Unwetter Schutz gesucht hatten. Am schlimmsten ist jedoch, dass in den Canyons, die den See umgeben, wieder zwei Personen durch eine Blitzflut umgekommen sind. Spätsommer - im letzten August starben bei einer ähnlichen Blitzflut elf Touristen auf einer Fototour durch den **Antelope Canyon**, unweit des Lake Powell.

Trotz des gestrigen Unwetters ist der Strand noch reichlich voll. Die meisten sind ja ohnehin im komfortablen Motorhome unterwegs. Mal sehn, wo wir uns hinstellen.

"Sieh mal, da winkt uns jemand ganz aufgeregt!"

"Mensch, das sind doch Tom und Kathy aus Scottsdale!"

Als wir letztes Jahr am Lake Powell standen, waren sie der Meinung, dass sie uns mit ihrem Motorhome zu nahe auf den Pelz gerückt wären. So quasi als Entschuldigung hatten sie uns zu einer Motorbootfahrt über den See eingeladen. Diesmal sind sie mit der ganzen Großfamilie hier. An diesem Abend sitzen wir samt den erwachsenen Kindern, Freunden, Nichten und Neffen am Lagerfeuer und erzählen von unserer Runde durch Amerika.

"Die Amis sind oberflächlich", konstatieren fast alle deutschen Reisenden. Von Tom und Kathy kann man das bestimmt nicht sagen. Die Herzlichkeit ist echt.

Müssen wirklich erst große Freundschaften fürs Leben geschlossen werden, bevor man ein wenig freundlicher und netter miteinander umgeht und dem Nachbarcamper einen schönen Tag und eine sichere Reise wünscht?

Wir fühlen uns stets wohl zwischen amerikanischen und kanadischen Campern, auch wenn wir uns manchmal ein wenig über ihre Macken amüsieren und uns ihre Generatoren und sonstigen Krachmaschinen mitunter auf den Geist gehen. Aber ganz egal, ob neben uns ein betuchter Pensionär im dicken Luxusmobil campt oder ein *Hobo* in einer alten Flohkiste - immer fühlen wir uns willkommen.

Aber jetzt sind wir hier, um unser knallrotes Gummiboot einzuweihen. Am nächsten Morgen pumpen wir es auf und stechen in See. Schnell sind wir ja nicht, paddeln noch reichlich uneffizient. Liegt vielleicht daran, dass wir die richtige Sitzposition noch nicht gefunden haben, und das Spurhalten müssen wir auch noch üben. Die motorisierten Amis finden es jedenfalls ungemein erheiternd, wie wir zwischen ihren lärmenden, stinkenden PS-Protzen mühsam paddelnd den Lone Rock umrunden. Sie kichern und lachen und denken höchstwahrscheinlich: "Die spinnen, die Germans!"

Der Barbier von Seligman und die Gambler von Laughlin

Spätsommer - als wir den Highway nach Flagstaff unter die Räder nehmen und auf 2.000 m Höhe durch den **Coconino National Forest** rollen, wundern wir uns mal wieder, wie empfindlich kalt es hier oben geworden ist - um ein Stück weiter unten gleich wieder kräftig zu schwitzen. Nachdem wir uns in Flagstaff nach Westen gewandt haben, sausen wir ein Stück auf der Interstate und verlassen sie gleich darauf wieder. Wir wollen bei einem berühmten Barbier vorbeischauen - beim Barbier von Seligman.

Barber Angel steht übrigens nicht im Spätsommer, sondern längst im Spätherbst seines Lebens. Und er hat dieses Leben ausschließlich in **Seligman** verbracht - mit einer Ausnahme - als er das *Barber College* in Kalifornien besuchte. Dort lernte er, das Rasiermesser zu schwingen, Haare zu schneiden und all das, was ein Barbier guten alten Stils in der guten alten Zeit sonst noch können musste. Das war, bevor sie die Interstate bauten, als der Verkehr noch auf der *Mother*

Road, wie die **Route 66** auch genannt wird, durch Seligman rollte. Damals hatte Angel viele Kunden und Seligman war eine blühende Stadt. Dann kam die I 40 - parallel zur alten Straße - und Seligman verwaiste, die Kunden blieben aus, rauschten auf der Interstate vorbei.

Bis eines schönen Tages ein rühriger Filmemacher in nostalgischer Anwandlung die alte Route 66 abfuhr, im Dornröschenschlaf vor sich hindämmernde Restaurants und Motels ablichtete, verfallene Tankstellen aufnahm und in Seligman in Angels nostalgischen *Barber Shop* stolperte. Seitdem geben sich die Fenrsehteams der europäischen Sender bei ihm die Klinke in die Hand. *Barber Angel* hat Fernsehruhm erlangt und seine altertümliche Friseurstube mit den Visitenkarten der Moderatoren und Fernsehteams tapeziert. Angel hat wieder alle Hände voll zu tun. Die Geschäftsleute rauschen zwar immer noch auf der Interstate vorbei, aber die Touristen aus Germany machen auf ihrem Weg zum Grand Canyon einen Abstecher nach Seligman. Jetzt parken vor dem Barber Shop die Mietmobile in Reihe und wir stellen unser Small Motorhome dazu.

Drinnen steht Barber Angels altertümlicher Friseurstuhl, drumherum drängelt sich ein Dutzend Touristen aus Germany, und einer setzt sich ein wenig zögernd auf das schwarze Ding. Derweil der Fernsehstar dem Mutigen mit einem stilechten Rasiermesser und heißen Handtüchern zu Leibe rückt, erzählt er aus den vergangenen Zeiten der Route 66. Peter hat schon seine morgendliche Rasur hinter sich. Er begnügt sich damit, den Oldtimer samt seinem, mit nostalgischem Kram vollgestopften Laden abzulichten. Das mutige Opfer ist nach ein paar Minuten im Gesicht so glatt wie ein Babypopo, von den heißen Tüchern krebsrot, und der Oldie um etliche Dollars reicher; denn während er das Rasiermesser schwang, verscherbelte seine seit langen Jahren angetraute Ehefrau geschäftstüchtig T-Shirts, Poster und allerlei andere Route-66-Souvenirs.

Barber Angel erzählt, dass er Seligman niemals verlassen möchte. Er könnte sich nicht vorstellen, jemals woanders zu leben oder gar jedes Jahr mit den Schneevögeln nach Süden zu ziehen. Jetzt im September, wo es in den Hochlagen schon wieder ungemütlich wird, beginnen sie sich wieder zu sammeln, und wann immer ein paar von ihnen zusammenkommen, beginnen sie irgendwann mit leuchtenden Augen von Laughlin zu schwärmen. Laughlin, wo liegt das überhaupt? Im südlichsten Zipfelchen von Nevada - eigentlich genau in unserer Richtung. Also schauen wir doch mal hin und sehen selbst, was es mit dem Nest auf sich hat!

Spätsommer in **Laughlin** - die Luft ist unerträglich schwül und drückend heiß - es ist die Zeit der Nachmittagsgewitter. Die rütteln zwar mit ihren Böen an den Motorhomes, aber die Luft kühlen sie nicht ab. Macht nichts, die Alten sitzen nicht im Wohnmobil, sondern in den Spielkasinos - und die sind schön klimatisiert. Laughlin - ein Rentner-Las-Vegas - ist zwar kleiner und weniger schrill als das berühmte Spielerparadies ein Stück weiter nördlich - aber die Schneevögel schätzen es als billigen Stellplatz und als Zeitvertreib mit Nervenkitzel.

Billiger Stellplatz - so was wissen wir durchaus auch zu schätzen - aber inzwischen ist es selbst in unserem gut isolierten Wohnmobil kaum noch auszuhalten. Wir flüchten in die klimatisierten Kasinos und bummeln durch die Reihen der Automaten, wo Pensionäre zwischen 60 und 85 wie gebannt auf ihren Stühlen sitzen und die gierigen Einarmigen Banditen unaufhaltsam mit *Quarters* füttern. Beschäftigungstherapie im Altersheim. Wir zwei brauchen noch keine Beschäftigungstherapie.

Wir hüten eisern unsere Dollar, damit wir unser Small Motorhome auf eine große Seereise über den Pazifik schicken können. Das Verlieren überlassen wir den Oldies aus Arizona und Kalifornien. Und bevor wir durch die Mojavewüste weiter nach Westen tuckern, springen wir zum Abkühlen lieber noch einmal in den Colorado.

Multinationale Reinigungsaktion

Unser kleiner Truck steht mal wieder etwas unpassend zwischen seinen großen Brüdern, den amerikanischen Trucks. Die rothaarige Armenierin, Besitzerin des Truckwash in Newhall, einem Ort im Einzugsbereich von Los Angeles, wirft einen kurzen Blick auf unseren Straßenfloh: "30 $, dann ist er von unten blitzblank!"

Wir haben nirgendwo eine Möglichkeit gefunden, selbst per Hochdruck eine gründliche Unterbodenwäsche zu machen. Die dollarschluckenden Car-Wash-Anlagen sind zu niedrig und zu eng für unser Wohnmobil, und unters Auto kommt man mit den Hochdruckdüsen auch nicht richtig.

Die Neuseeländer auf ihren isolierten Inseln haben jedoch panische Angst vor eingeschleppten Sporen, Samen und anderen Kleinstlebewesen, die das ökologische Gleichgewicht des abgeschiedenen Landes gefährden könnten. Wenn unser Wohnmobil in Auckland vom Schiff rollt, muss es nicht nur äußerlich sauber, sondern ganz besonders von unten frei von Erd- und Schmutzresten sein. Die Beamten vom Ministerium für Agrarwesen und Fischerei kontrollieren mit Vorliebe in Radkästen und versteckten Rillen, und wenn sie fündig werden, ist eine Heißdampfbehandlung fällig.

Die mexikanischen Arbeiter der ausgewanderten Armenierin haben begriffen - wenn das Motorhome von den Alemanes nicht klinisch rein ist, dann dürfen sie nicht nach Neuseeland rein. Sie sprühen mit Chemie, spritzen mit Hochdruck, schrubben wie die Wilden - besonders da, wo man gut hinkommt. Alles was schwarz ist, ist Dreck und muss ab, besonders das Theroson in den Radkästen.

"Und wenn ihr erst wieder in Europa seid, müsst ihr unbedingt nach Armenien", legt uns die Truckwash-Chefin an Herz, als wir ihr die vereinbarten Dollar in die Hand drücken. "Das ist überhaupt kein Problem mehr und einfach beautiful!"

Unsere Radkästen strahlen nun zwar so weiß wie in der Waschmittelwerbung, aber in den umlaufenden Rillen und Ritzen sitzt noch immer der festgebackene Schmutz. Und während wir die letzten Spuren des Dempster Highways in mühevoller Handarbeit aus den Falzen kratzen und unser Small Motorhome für Neuseeland startklar machen, stellt Peter im Geiste bereits eine Runde durch Russland, Georgien und Armenien zusammen...

Stolze 32 $ haben wir für den lauten RV-Park in **Long Beach** geblecht. Es war unsere letzte Nacht in USA und heute früh wollen wir unser Wohnmobil abgeben. Der Flug nach Deutschland ist gebucht und morgen soll das Schiff mit unserem Auto auslaufen. Die Agentur bei der wir unsere Verschiffung gebucht haben, hat sich allerdings als ein wenig chaotisch erwiesen. Weil keine Direktlinie nach Neuseeland existiert, muss das Wohnmobil in Yokohama das Schiff wechseln. Die Buchung dieses Anschlussschiffes hat irgendjemand verschlafen. Die deutschen Angestellten von *American Freight Line* behaupten, die Japaner wären schuld. Egal wer, als wir unser Small Motorhome abliefern, sind die Papiere noch nicht fertig und die zuständige Sachbearbeiterin steckt noch irgendwo auf den Interstates der Monsterstadt Los Angeles. Weil wir nicht möchten, dass das Wohnmobil zwei Wochen lang im Hafen von Yokohama herumsteht, kommen wir schließlich überein, dass es erst mit dem nächsten Schiff nach Japan geht, und in der Zwischenzeit im abgeschlossenen Lagerraum der Agentur verbleibt.

Wir werfen einen letzten, bangen Blick auf unsere liebgewonnene, rollende Behausung - hoffentlich erhalten wir sie in Neuseeland wohlbehalten wieder - und

Australien: Die Skyline von Sydney

Australien:
Die bis zu 50 m langen Dinosaurier des Outbacks: die Road Trains

steigen mit Sack und Pack in den Shuttlebus zum *LAX-Airport*. Während der siebenwöchigen Verschiffungsdauer wollen wir uns zu Hause bei Wolfgang einquartieren. Außerdem müssen wir Visa für Neuseeland und Australien beantragen und für das Wohnmobil brauchen wir ein *Carnet de Passages*. Nach eineinviertel Jahren freuen wir uns nicht nur auf unsere Söhne, sondern auch auf unser altgewohntes Deutschland.

Oder sind wir's doch nicht mehr gewohnt? Früher wäre mir der mürrische Beamte, bei dem ich die Fahrkarten vom Frankfurter Flughafen nach Nürnberg kaufe, wahrscheinlich gar nicht aufgefallen. Und dass man die Ellbogen ausfahren muss, um mit unserem umfangreichen Gepäck in den Zug zu gelangen, haben wir auch vergessen. Bezeichnenderweise ist es ein Türke, der uns hilft, die Koffer in den Zug zu hieven, während sich ein lieber Landsmann lautstark über unser sperriges Gepäck mokiert.

"Hast du's schon gemerkt?", sagt Peter. "Wir sind wieder zu Hause in Deutschland!" Später stehe ich am Nürnberger Hauptbahnhof vor einer verriegelten Toilettentür. Einlass gewährt der Automat erst nach Einwurf eines Fünfzigpfennigstückes - wie konnte ich das nur vergessen! Die Japanerin, die mir angesichts der verschlossenen Türen ratlos alle ihre Münzen zeigt, wird es wahrscheinlich nie vergessen, dass man sich in einem der reichsten Länder der Erde mit fünfzig Pfennig den Einlass in schmutzige Toiletten erkaufen muss. Was sie wohl von uns denken mag?

Neuseeland

Am schönsten Ende der Welt: MAF, TÜV und Linksverkehr

"Ich glaube, unser Nummernschild ist weg!" Schon von Weitem sehe ich, dass unser hinteres Kennzeichen fehlt, und beschleunige den Schritt. Tatsächlich, die hintere Autonummer wurde gewaltsam aus der Halterung herausgebrochen. Die exotische *Licence Plate* mit den vielen Stempeln und dem blauen Europaemblem ziert nun wahrscheinlich eine Kuriositätensammlung. Was aber noch schlimmer ist - irgendwo zwischen Los Angeles, Yokohama und Neuseeland ist jemand beim Rangieren auf die linke Rückleuchte gebumst. Die schwarze Aluminiumschürze ist eingedrückt und die Lampe zerbrochen. Schöne Bescherung! Mehr scheint aber Gott sei Dank nicht passiert zu sein, und eine Rückleuchte haben wir als Ersatz dabei.

Unser Wohnmobil ist diesmal sogar pünktlich angekommen. Vor einer Stunde haben wir beim Agenten die Auslieferungspapiere abgeholt, haben beim Zoll unser *Carnet de Passages* abstempeln lassen und nun warten wir am Hafengelände von Auckland auf den Mann vom MAF. Der Beamte vom Ministerium für Agrarwesen und Fischerei ist Maori. Für unseren hochdruckgereinigten Unterboden und die weißgescheuerten Radkästen hat er nur einen kurzen Blick übrig. Er interessiert sich mehr für unseren Kühlschrank. Ob er tatsächlich ernsthaft geglaubt hat, dass wir da drin sieben Wochen lang "frische" Lebensmittel aufheben? Auch unsere Gewürze unterzieht er einer genauen Inspektion. Die Gläser mit den amerikanischen Originalaufklebern finden vor seinen gestrengen Augen Gnade - bis er ein dubioses Glas mit Cummin Seed entdeckt, das nur eine handschriftliche Aufschrift trägt - das ist ihm suspekt und wird konfisziert. Alles andere, Zucker, Salz, Trockenhefe, sowie angebrochene Essig- und Ölflaschen stellen keine Gefahr für Neuseeland dar und wir dürfen mit unserem Wohnmobil den Hafen verlassen, um die nächste Behörde anzusteuern.

"Das ist ja wie bei unserem TÜV", stellen wir angesichts der modernen *Vehicle Testing Station* fest. Im Büro stellten wir bereits mit all unseren Papieren vorschriftsmäßig einen Antrag auf Registrierung des Fahrzeuges eines Besuchers aus Übersee. Die Sachbearbeiterin davon zu überzeugen, dass wir keinen Einfuhrzoll bezahlen müssen, weil wir ein *Carnet de Passages* haben, und uns damit verpflichten, das Fahrzeug spätestens nach einem Jahr wieder auszuführen, war schon schwieriger. Sie wollte unbedingt eine Quittung über bezahlten Einfuhrzoll sehen. Weil unser Fahrzeug ein Diesel ist, war außerdem eine Straßenbenutzungsgebühr fällig. Wir löhnten erst mal für 5.000 km im Voraus und bezahlten dafür 130 NZ$. Auch dafür klebt schon ein Sticker an der Scheibe. Dass wir jetzt anstatt eines ordentlichen Nummernschildes nur ein handgemaltes aus Pappe am Heck haben, stört übrigens niemand, auch die Polizei nicht.

Nun ist also der Mann vom "TÜV" an der Reihe. Peter steuert unser Small Motorhome über die Grube, wo es mindestens genauso gründlich durchgecheckt wird wie bei uns. Dabei entdeckt der Prüfer einen kleinen Riss an der Stelle, wo das Auspuffrohr in den Topf mündet. Das wird nicht weiter beanstandet, aber wir wissen Bescheid, können die Bagatelle schweißen lassen, bevor größerer Schaden entsteht.

Nachdem in den USA nicht mal große Mercedes-Werkstätten mit einem Bremsenprüfstand ausgestattet sind, staunen wir, so viel Technik im kleinen Neuseeland vorzufinden. Unser Benz bremst bestens und wir sind beruhigt, dies zu wissen. Nun sind unsere Lichter an der Reihe. In Neuseelands Linksverkehr strahlen sie zur falschen Seite. Außerdem benötigen wir zwei zusätzliche Strahler am Heck. Die Strahler bekommen wir in einer Werkstatt für teures Geld ans Heck geklebt, aber mit den Lichtern wird es schwierig. In einem schlauen Buch haben wir zwar gelesen, dass man die Scheinwerfergläser von asymmetrisch auf symmetrisch abkleben könne, aber niemand weiß, wie das geht, und die Leute von der *Testing Station* kennen diesbezüglich keine Gnade. Wir bekommen die schriftliche Erlaubnis, mit unserem Wohnmobil zwei Tage lang bei Tageslicht zu fahren, und können nur hoffen, morgen bei Mercedes in Auckland passende Scheinwerfergläser aufzutreiben.

In Neuseeland wurde zwar vor kurzem der neue Mercedes Sprinter eingeführt, unser alter 410er ist aber unbekannt. Der clevere Manager der Ersatzteilabteilung macht jedoch ausfindig, dass ein bestimmter Kleinbus die gleichen Gläser hat, und ein paar Stunden später tauschen wir sie bereits gegen unsere Rechtsverkehrgläser aus. Bei der *Vehicle Testing Station* bekommen wir dann einen letzten Sticker an die Scheibe geklebt und rein theoretisch stehen uns nun Neuseelands Straßen offen.

Für mich ist die Prozedur allerdings erst nach dem Abschluss einer Haftpflichtversicherung beendet. In Neuseeland ist sie nicht Pflicht, weil Personenschäden mit der Registrierung automatisch gedeckt sind. So ganz unversichert habe ich jedoch immer ein ungutes Gefühl. Nachdem wir bei verschiedenen Versicherungen abgeblitzt sind, wenden wir uns an einen Broker. Für 180 $ bekommen wir eine Police von einer Versicherung, die es vorher abgelehnt hatte, uns zu versichern. Ich verzichte lieber darauf, näher über das Wieso und Warum nachzudenken.

Wir müssen jetzt ein neues Nummernschild ordern, schicken an unsere Söhne ein Fax, und einen Brief mit der Kopie unseres Kfz-Scheins an die Kfz-Zulassung des Erlanger Landratsamtes. Wenn wir nach Australien wollen, ist eine ordnungsgemäße Zulassung im Heimatland notwendig, und wir wissen nicht, wie genau man in Sydney über deutsche Autonummern Bescheid weiß. Mit der Buchstabentreue deutscher Bürokraten haben wir natürlich nicht gerechnet. Obwohl wir beim Amt bekannt sind, und erst vor kurzem noch eine neue internationale Zulassung beantragt haben, werden die Stempel ohne Vorlage der Originalpapiere verweigert. Seither haben wir auf dem vorderen Schild ordnungsgemäß den Landkreis- und ASU-Stempel und hinten fahren wir "ohne".

Bevor wir uns nach Norden wenden, gönnen wir unserem Auto, das 15 Monate ohne ordentlichen Service auskommen musste, beim *Mercedes Truck Service* in Albany einen *Check-up*, lassen den Auspuff schweißen und das angeknabberte ABS-Kabel erneuern. Der Inhaber kennt sich aus, hat lange Jahre in England gearbeitet. Nachdem man mittels einer simplen Messung an den einzelnen Rädern festgestellt hatte, dass die Sensoren in Ordnung sind, wurde der Autoelektriker gerufen. Er stellte fest, dass an der rechten Hinterachse nur noch 10 % der Leistung ankamen, und zog kurzerhand ein neues Kabel ein. Unser Verdacht des angebissenen Kabels hatte sich damit bestätigt - und der kostenlose *Campground* hoch über Sedona erwies sich im Nachhinein als reichlich teuer.

Linksverkehr ist für Peter nichts Neues. Bei unserer ersten Neuseelandreise mit einem Mietmobil auf der Basis eines Toyota-Kleinlasters verwechselte Peter die erste Zeit ständig den Blinker mit dem Scheibenwischer und über die schwergängige, mit der linken Hand zu bedienenden Schaltung fluchte er drei Wochen lang. Mit dem eigenen, gewohnten Fahrzeug fährt es sich gleich viel angenehmer. Lediglich beim Abbiegen und Einfädeln ist der Beifahrer mehr gefordert. Ebenso beim Überholen, was aber mit unserem Rennauto höchst selten vorkommt.

Nach Amerikas breiten, geraden Highways und den endlos langen Steigungen und Gefällen sind Neuseelands Straßen trotzdem gewöhnungsbedürftig. Besonders, wenn man wie wir die Hauptstraßen meidet und auf engen Nebensträßchen in abgelegene Gebiete vordringt.

In Neuseelands extremer Hügellandschaft winden sich die Fahrbahnen in tausend engen Kurven die steilen Kuppen hinauf und hinab, und wenn es in den Ortschaften tatsächlich mal eine Zeitlang nur geradeaus ginge, sorgen die Kiwis garantiert mit einem Kreisverkehr, genannt "Roundabout", für Abhilfe und neue Kurven.

Auch die Fahrweise der Kiwis ist nach langen Monaten in Nordamerika gewöhnungsbedürftig. Ich glaube, es sind die unterschiedlichen Straßen und ihre Verkehrsverhältnisse, die die Fahrweise der Menschen so entscheidend prägen. Es sind die Breite, die scheinbare Endlosigkeit der Highways und auch das strikte Tempolimit, die aus den Amerikanern gelassene Autofahrer machen, während die drangvolle Enge, die Staus und die vielen Reglementierungen aus uns Deutschen ungeduldige Besserwisser und Raser werden lassen, und es sind die zahllosen, engen Kurven, die die freundlichen, liebenswerten *Kiwis* in derart aggressive Rallyefahrer verwandeln: "Wir Kiwis sind die nettesten Menschen der Welt", hatte der Versicherungsbroker zu uns gesagt, "solange wir nicht hinterm Steuer sitzen." Wir können diesen Ausspruch voll und ganz bestätigen.

Entnervte Fahrradreisende berichten uns immer wieder, dass Touristen, in ihren farbigen Mietmobilen leicht zu erkennen, mit dem Überholen stets warten, bis dies mit einem großen Sicherheitsabstand möglich ist, während sie von den Kiwis allgemein brutal geschnitten werden.

Aotearoa - das Land der langen weißen Wolke

Wenn man den neuesten Erkenntnissen der Archäologen und Paläoanthropologen glauben darf, hat der Homo sapiens bereits vor 60.000 Jahren große Teile der Erde besiedelt und sich sogar bis nach Australien vorgewagt. Bis er jedoch neuseeländischen Boden betrat, sollte noch eine ganze Weile dauern. Gerade mal 1.200 Jahre ist es her, dass ostpolynesische Seefahrer das Land besiedelten. Aotearoa nannten sie die Doppelinsel - Land der langen weißen Wolke - nach jener charakteristischen Wolkenbank, welche die polynesischen Seefahrer schon von Weitem über den Inseln ausmachen konnten.

In den Annalen der Geschichte zählen die Entdeckungen der Polynesier allerdings wenig - um 800 herum - das ist ziemlich vage, und dass der legendäre Navigator Kupe die Inseln um 925 wiederentdeckt hat, kann auch niemand so genau nachprüfen. Zu jener Zeit war ja die Erde bekanntlich noch eine Scheibe, die Sonne drehte sich um die Erde und die Wikinger hatten noch nicht mal Grönland entdeckt, geschweige denn die Küste Amerikas - von Kolumbus wollen wir schon gar nicht reden. Aber diese Polynesier konnten zwar navigieren, aber nicht lesen und schreiben. Sie stünden vor der Welt viel besser da, wenn sie über ihre

Entdeckungen Buch geführt hätten, anstatt ihren Enkeln nur schöne Legenden zu erzählen. Darum mussten die Historiker warten, bis es den Holländer Abel Tasman in die Ecke verschlug. Der traute sich zwar nicht an Land, aber zumindest ist auf den Monat genau überliefert, dass er im Dezember 1642 in die **Golden Bay** auf der Südinsel segelte.

Erst von James Cook weiß man es auf den Tag genau, war ja schließlich Engländer, der Mann, und daran gewöhnt, ein ordentliches Logbuch zu führen - hat alles penibel aufgeschrieben, ausgerechnet und vermessen. Drum wissen die Kids in Neuseeland auch ganz präzise, welches Datum sie im Schulunterricht auswendig lernen müssen: den 9. Oktober 1769!

1792 erreichte bereits das erste Walfangschiff Neuseeland, ihm folgten bald Siedler, Missionare, Soldaten, Goldsucher. Es muss ziemlich hoch hergegangen sein auf dem Seeweg nach Neuseeland. Als letzte folgten die Touristen, aber nicht mehr auf dem Seeweg, sondern mit dem Flieger - meistens jedenfalls.

Nachdem die Großsegler allesamt abgetakelt hatten, begannen immer mehr Abenteurer auf ihren Yachten die Segel zu setzen, um ihrerseits die Welt zu umrunden. Die meisten bleiben dabei auch jetzt noch auf der "Rennstrecke", Barfußroute genannt. Die wenigen, die das Land der langen weißen Wolke anlaufen, sind entweder sehr mutig oder besonders gute Segler, denn aus der besagten Wolke bläst meist ein ziemlich ruppiger Wind. Dann sind sie froh, dass es in Whangarei einen rundum geschützten Hafen gibt, wo man getrost vor Anker gehen kann. Und außerdem gibt es in den Supermärkten, den Baumärkten und bei den Yachtausstattern der übersichtlichen Stadt so ziemlich alles, was der Mensch so braucht, wenn er lange Zeit auf See ist.

Whangarei kann man getrost als das Mekka der Weltumsegler bezeichnen. Yachten aus aller Herren Länder liegen in der Marina: aus den USA, England, Kanada, Schweden, Frankreich - und auch einige aus Deutschland. Und wenn Peters angetraute Ehefrau um etliche Nuancen mutiger wäre, läge er jetzt vermutlich auch hier vor Anker - mit einer 12-Meter-Stahl-Ketsch wahrscheinlich - aber aus der Stahlyacht ist bekanntermaßen "nur" ein sechs Meter dreißig langes Wohnmobil geworden.

Als Peter auf unserer ersten Neuseelandreise durch Whangarei kam und die weitgereisten Yachten sah, kribbelte ihm die Atmosphäre förmlich in allen Fingern und Zehen. Heute ist er froh, dass unser rollendes Zuhause nicht Wind und Wellen ausgeliefert ist, keinen Anker braucht oder umständlich an der Mooring vertäut werden muss - Handbremse anziehen genügt. Aber auch wir schätzen Whangarei als Versorgungsstation, es ist weitaus übersichtlicher als Auckland und besser parken kann man auch.

Auch wenn unsere mobile Behausung auf sechs Rädern rollt und zum Ankern nur die Handbremse braucht - wind- und vor allem sichtgeschützt soll unser abendlicher Ankerplatz trotzdem sein - vor allem in den Städten; obwohl man ja in Neuseeland im Prinzip überall dort campen kann, wo es nicht ausdrücklich verboten ist.

Die Stadtväter von Whangarei haben auf dem Mt. Parahaki einen Aussichtspunkt angelegt, damit man die Stadt, den Hafen und die Bucht auch von oben bewundern kann. Und damit dort oben auch ganz besonders viele Touristen Platz haben, sind die Parkplätze groß und weitläufig und durch dichte Hecken vor Wind und neugierigen Blicken geschützt: der ideale Ankerplatz für unser Wohnmobil. Und weil sonst nur noch ein Kriegerdenkmal in Form eines Obelisken da ist - das in der Nacht garantiert keine Menschenseele interessiert - koche ich das Abendessen, und später holen wir unser Lesefutter aus dem Schrank.

"He, was war das?" "Klang nach einem aufheulenden Motor und durchdrehenden Reifen - und das war gerade eine Vollbremsung!"

Draußen, auf dem wunderschönen großen Parkplatz, wo so viel Platz ist, und nur unser Wohnmobil ein wenig im Weg steht, üben sich die Nachwuchsrallyefahrer von Whangarei darin, kreisrunde Bremsspuren auf den Asphalt zu zirkeln. Bis in den späten Abend kommen die jungen Möchtegern-Röhrls in ihren auf getunten Kisten auf den Mt. Parahaki heraufgedüst, radieren ihre Pneus ab - und schlittern mitunter beängstigend nahe an unserem Rolling Home vorbei. Die Wahl unseres Ankerplatzes war doch nicht so gut - und später werden wir noch generell feststellen, dass diese Art Parkplätze die "Rennfahrer" aus der Umgebung nahezu magisch anzieht - ganz egal, ob dieser Platz nun in Neuseeland, in Tasmanien oder sonst wo in Australien liegt.

Die Walfänger, die ziemlich bald den weißen Entdeckern folgten, legten in **Russell** an, das malerisch und vor widrigen Winden geschützt, in der **Bay of Islands** liegt. Die Landschaft dürfte die rauen Gesellen allerdings weniger interessiert haben. "Höllenloch" wurde die Ansiedlung damals wenig schmeichelhaft genannt. Straßen gab es noch keine zu der Zeit - und selbst heute ist es noch ein wenig umständlich, dorthin zu gelangen.

Australien: Die Devils Marbels eine heilige Stätte der Aborigines

Australien: Kata Tjuta bedeutet in der Anangu-Sprache "Viele Köpfe"

Australien: Die Baobabs - flaschennähnliche Bäume mit kurzen Ästen

Australien: 15 m hoch und 100 m lang der Wave Rock - eine etwa 2,7 Mrd. alte Granit-Gesteinsformation

Der durchschnittliche Tourist aus Übersee, unterwegs in Mietmobil oder Mietwagen, fährt zügig auf dem Highway 1 nach Norden, biegt in **Kawakawa** nach Osten ab und setzt entweder in **Opua** mit der Autofähre oder in **Paihia** mit der Personenfähre nach Russell über. Es kann aber gut sein, dass der durchschnittliche Tourist vom Trubel in den genannten Orten so geschockt ist, dass er gleich die Flucht ergreift. Ist er von robusterer Natur oder Japaner, dann macht er alles mit, was in der Bay so angeboten wird: Sightseeing-Flüge mit Wasserflugzeugen, Bootsfahrten mit rasenden Ausflugskatamaranen oder Hochseefischen. Wir ergriffen vor vier Jahren die Flucht.

Es führt aber auch eine Straße nach Russell. Dem durchschnittlichen Touristen ist sie leider verwehrt, weil er viel zu wenig Zeit hat, und weil er im Mietmobil unterwegs ist und deshalb die Old Russel Road nicht befahren darf.

Weil wir mit viel Zeit und dem eigenen Wohnmobil unterwegs sind, biegen wir schon in **Whakapara** von der Hauptstrecke ab und nehmen die "verbotene" Straße unter die Räder. Nicht weil wir unbedingt nach Russell wollen, sondern weil wir abgelegene Sträßchen lieben.

Warum machen die so ein Wesen um die Straße? Ist doch wunderbar geteert! Ein wenig eng vielleicht, führt über tausend Hügel und noch mehr Kurven herum - aber die Landschaft! Ständig entlockt sie uns enthusiastische Aaahs und Ooohs - und Verkehr gibt's auch keinen. Später hört der Asphalt auf, aber die Schotterstraße ist passabel. Schade, dass es jetzt anfängt zu regnen und die Traumbuchten hinter grauen Dunstschleiern verschwinden.

Dann teilt sich die Straße. "Russell 26 km" steht auf dem linken Wegweiser, "Russell 29 km" zeigt der rechte an. Beide Sträßchen sind unbefestigt - das längere führt an der Küste entlang und das etwas kürzere durch den Kauriwald. Der Reiseführer schreibt, dass das Kürzere durch den Wald die schönere Strecke ist. Dies ist auch der Teil der Straße, der für Mietmobile strikt verboten ist aber das Small Motorhome gehört ja uns!

Immer enger wird das Schottersträßchen und immer rutschiger, schraubt sich in atemberaubenden, unübersichtlichen Spitzkehren über die steilen Hügel. Längst nimmt unser Wohnmobil die ganze Fahrbahn ein. Peter arbeitet mit Händen und Füßen, hat die eine Hand ständig auf der Hupe und flucht wie ein Fuhrknecht, weil seine Frau, normalerweise alles andere als mutig, gesagt hat: "Fahr doch durch den Wald." Wenn uns hier jemand entgegenkommt, sieht es finster aus. Aber zum Glück sind wir die einzigen Irren, die hier unbedingt mit ihrem Wohnmobil durchmüssen!

Für die Schönheit des Waldes mit seinen Kauris und Farnen bleibt nicht viel Aufmerksamkeit übrig. Hin und wieder gehen auch Wanderwege ab, aber es fehlt die Möglichkeit, um gefahrlos anzuhalten. Glücklicherweise sind nicht die ganzen 26 km nach Russell so wild. Kaum, dass wir den Wald verlassen haben, wird die Straße wieder breiter und erfreut uns sogar mit Asphalt.

Russell selbst erfreut uns nicht - trotz seiner schönen Lage - das einstige Höllenloch ist heute ein Touristennest. Also rangieren wir auf die Fähre, setzen nach **Opua** über und fahren nach **Paihia**. Dort treffen die normalen Flugtouristen auf jene, die über den Ozean kamen. Opua ist nämlich nicht nur ein Jubel-Trubel-Ort, sondern auch ein Yachtcharterstützpunkt und ein geschützter Segelhafen. Außerdem gibt es in Opua eine große Mole, und dort hat ein Kreuzfahrtschiff festgemacht: Crown Monarch heißt der Kahn und kommt aus Sydney. Gerade, als wir von der Fähre rollen, beginnen tätowierte Matrosen in weißen Uniformen die Ladung des Musikdampfers zu löschen: Alte Zausel in bunten Hemden und Leinenhosen, mit Strohhüten auf der Glatze und einer dicken Brieftasche im Jackett, geliftete Ladies auf hohen Stöckeln, mit Klunkern um den Hals, die gefärbten Locken mit Haarspray zubetoniert. Die Fracht des Luxusliners promeniert einmal hin, einmal her, die Hafenpromenade auf und ab, und wird kurzerhand in Busse umgeladen.

Und wir? - Flüchten auch diesmal.

Aotearoa - die lange, weiße Wolke - die Polynesier müssen Neuseeland an einem Schönwettertag gesichtet haben, oft genug ist die lange Wolke unerfreulich dunkelgrau. Gleichmäßig regnet es vor sich hin. Dann kommt Wind auf, wird immer stärker, immer stürmischer. Wie hieß doch gleich der alte Seglerspruch vom Regen und vom Wind? "Kommt erst Wind und dann der Regen, Seemann kannst dich schlafen legen. Kommt erst der Regen, dann der Wind, hol die Segel ein geschwind!" Segel haben wir zwar keine, aber einen verdammt hohen Aufbau, und der lässt sich leider nicht einholen. Suchen wir uns also schleunigst einen geeigneten Ankerplatz!

Der Waldparkplatz an den **Haruru Falls** bietet ringsum Schutz - trotzdem rüttelt der Sturm ungestüm an unserem Camper. Windgeschwindigkeiten von bis zu 120 km in der Stunde wurden im Radio gemeldet. Das ist ein ausgewachsener Orkan! Außerdem schüttet es wie aus Kübeln. Keine zehn Pferde bringen uns bei diesem Wetter dazu, unseren geschützten Ankerplatz zu verlassen. Holen wir doch lieber die Schmöker aus dem Schrank, und lümmeln uns in unsere Sitzecke! Die armen Kurzurlauber sind wirklich zu bedauern, sie können es sich zeitlich nicht erlauben, das mistige Wetter einfach auszusitzen und müssen bei Sturm und Regen zum Wasserfall hinuntersprinten. Manche steigen gar nicht aus ihrem Mietmobil aus, sondern fahren gleich wieder weiter. Wer kann es ihnen verdenken...

"Wenn dir das Wetter nicht gefällt, dann warte fünf Minuten!", sagen die *Kiwis* (wie die Neuseeländer in Anlehnung an den flugunfähigen Nationalvogel *Kiwi* auch genannt werden). Ist schon viel Wahres dran an diesem Spruch - manchmal kann es aber auch fünf Tage dauern, bis sich die Sonne durch die lange, graue Wolke gekämpft hat. Immerhin hat am nächsten Tag der Sturm nachgelassen. Peter hat einen ganzen Krimi ausgelesen, jetzt will er weiter, nach **Cape Reinga**. Das war damals in unserem Drei-Wochen-Kurzprogramm nicht zu schaffen. Ist ja nicht so tragisch, wenn wir **Kerikeri** und die **Whangaroa Bay** grau in grau sehen - bei Sonnenschein kennen wir es bereits.

Der starke Regen hat die Flüsse über die Ufer treten lassen; Felder und Wiesen stehen unter Wasser. Aber immerhin, die sprichwörtlichen fünf Minuten scheinen dem Ende zuzugehen - das Dunkelgrau lichtet sich bereits zu Hellgrau.

Und wo werfen wir heute den Anker? Bleiben wir doch gleich in **Pukenui**. Unten am kleinen Fischerhafen, an der öffentlichen *Reserve*. So nennen sie in Neuseeland die kleinen Grünanlagen, die so ziemlich jeder Ort hat, die mit Parkmöglichkeit, Picknicktischen und einfachen, aber peinlich sauber gehaltenen Toiletten ausgestattet sind. Abseits der Jubel-Trubel-Orte ist es fast immer möglich, dort die Nacht zu verbringen. Es ist wirklich ein Camperparadies, dieses Neuseeland!

Der Regen hat jetzt auch aufgehört, mitunter blinzelt sogar die Sonne verschämt durch ein winziges blaues Loch in der Wolkendecke. Das lädt zu einem Bummel ein, und zu einem Tratsch mit den Fischern. Der Sturm hat in Pukenui ganz besonders schlimm gewütet, erzählen sie uns, hat Zäune eingedrückt, Bäume entwurzelt und Dächer beschädigt. Normalerweise kämen die Stürme ja aus dem Westen, aber der kam aus dem Osten - absolut unüblich - ist alles eine Folge von El Niño, behaupten sie.

El Niño? Was hat denn der hier in Neuseeland zu suchen? Dass El Niño, ausgelöst durch eine starke Wassererwärmung vor Peru das Wettergeschehen auf der ganzen Welt beeinflusst, erfahren wir erst später. Interessant und lehrreich ist so ein Tratsch mit den Einheimischen auf jeden Fall. Als wir damals auf unserem Dreiwochen-Trip durch Neuseeland düsten, fuhren wir jeden Tag bis zum Abend und zum Übernachten stellten wir uns auf einen *Caravanpark* - wo wir in erster Linie auf andere Touristen trafen. Land und Leute lernt man nur mit Zeit und abseits der Caravanparks kennen.

Manchmal hat ein Caravanpark aber auch Vorzüge - Touristen schlafen länger - Fischer hingegen sind Frühaufsteher. Ihr Arbeitstag beginnt bei Sonnenaufgang, da kommen sie bereits in ihren *Pick-ups* angerumpelt, poltern mit schweren Gummistiefeln über den hölzernen Anleger und fahren mit laut tuckerndem Diesel zum Fang hinaus.

Spätestens jetzt sind wir wirklich wach, filtern unseren Kaffee und ziehen auch los. Außerdem hat sich das Wetter jetzt endgültig gebessert - wer weiß, für wie lange! Die Stichstraße zum Cape Reinga ist zwar nicht sehr lang, aber in **Waitiki Landing** endet der Asphalt und wir rumpeln auf Schotter weiter. Es ist schmieriger, rutschiger Schotter, und wir sind froh, dass unser ABS wieder funktioniert.

Die Neuseeländer nennen ihr Land stolz "Das schönste Ende der Welt". **Cape Reinga** (Seite 160) ist zweifellos das "Ende" vom Ende der Welt und für die Maoris ist Cape Reinga ein mythischer Ort. Von hier aus treten die Seelen der Verstorbenen die Heimreise ins legendäre *Hawaiki*, der Urheimat der Maoris und vermutlich auch aller anderen Polynesier an. Diesen mythischen Ort, von dem aus die Verstorbenen heimkehren, gibt es nämlich auch auf anderen polynesischen Inseln. Hätten es die Polynesier gemacht wie Cook und alles aufgeschrieben, dann wüssten wir jetzt, wo dieses Hawaiki lag, und die Wissenschaftler müssten nicht mehr rätseln. Andererseits - was hätten die Forscher dann noch zu forschen und zu streiten? Jetzt haben die Gelehrten wenigstens Stoff zum Diskutieren, ob Hawaiki auf den Gesellschaftsinseln lag oder ob damit nicht auch ein Ort irgendwo in Südostasien gemeint sein könnte, von wo die Polynesier ursprünglich hergekommen sein sollen. Aber man weiß ja nicht - vielleicht kamen sie doch aus Peru, wie Thor Heyerdal glaubt, es bewiesen zu haben.

Welch ein Glück, dass man heutzutage von den existierenden Orten ganz genau weiß wo sie liegen, und vor allen Dingen, wie weit sie entfernt sind. Vom *Kiwiland* ist alles ziemlich weit weg - und irgendwie sind die *Kiwis* da natürlich stolz drauf, weshalb sie auch vor dem weißen Leuchtturm, der sämtliche Reiseführer ziert, einen großen Wegweiser mit kleinen gelben Schildchen dran aufgestellt haben, wo genau draufsteht, wie weit London entfernt ist und auch Frankfurt, wie weit es nach New York ist und nach Sydney, und für die Japaner steht auch da, wie viele Kilometer es nach Tokio sind - obwohl die Japaner gar keine Zeit haben, zum Cape Reinga zu fahren.

Und weil man heute alles ganz genau weiß, genau vermisst und ausrechnet, weiß man natürlich auch, dass Cape Reinga nicht ganz der nördlichste Punkt Neuseelands ist, zumindest aber der nördlichste Punkt, der auf der Straße zu erreichen ist. Und außerdem weiß man auch, dass ein Stück weiter draußen die **Tasmansee** auf den Pazifischen Ozean trifft - und wer gedacht hat, Meer wäre gleich Meer, der wird hier eines Besseren belehrt. Dort, wo die Wellen der beiden Meere aufeinandertreffen, verläuft eine Trennlinie, fast so gerade, als wäre sie mit dem Lineal gezogen.

Wenn dir das Wetter nicht gefällt, dann warte fünf Minuten! Wunderbar! Und wenn dir das Wetter gefällt? Wenn du Pech hast, dann ist es fünf Minuten später richtig mistig! Mit besorgtem Blick mustern wir die Zirren, die sich am Himmel bilden, und der große Halo, der farbige Hof, der die Sonne umgibt, gefällt uns auch nicht - es sollen Vorboten von Sturm und Regen sein - so haben wir das jedenfalls in Erinnerung. Wird zwar noch länger dauern, als fünf Minuten, aber die Wanderung streichen wir lieber. Wir haben keine Lust, bei Sturm und Regen auf der steilen und schmierigen Schotterstraße herumzuschlittern.

Wir fahren lieber ein Stück nach Süden, bis wir wieder Asphalt unter den Rädern haben, und biegen dann zum **Rarawa Beach** ab. Dort liegt nicht weit vom weißen Sandstrand ein Campingplatz des *Department of Conservation*, der Naturschutzbehörde, kurz *DoC* genannt, hübsch an einem kleinen Bach. Außer einer Schulklasse sind keine Touristen auf diesem traumhaft schönen und primitiven *Campground.*

"Aufstehen! Aufstehen! Aufstehen! Allerhöchste Zeit zum Aufstehen, ihr Schlafmützen!" Verschlafen reibe ich mir die Augen und blinzle zur Uhr: halb sechs! He, wir sind erst heute Morgen in aller Herrgottsfrühe aufgestanden! Unwillig drehe ich mich auf die andere Seite und ziehe die Bettdecke über die Ohren. "Trödelt nicht so lange herum! Rollt eure Schlafsäcke zusammen! Marsch, marsch! Waschen und antreten zum Frühstück!"

Der Kanulehrer! Obwohl schon von Natur aus mit einer markigen Kommandostimme gesegnet, bellt er seine morgendlichen Befehle auch noch durch ein

Megaphon, um die Kids auf Trab zu bringen. "Tempo, Tempo! Aufräumen! Abwaschen! Und dann an die Boote!"

Wir geben uns geschlagen und kriechen aus dem Bett. Weiterschlafen ist bei diesem Krach unmöglich.

"Er ist US-Amerikaner", erzählt uns die Toilettenfrau. "Früher war er bei der Army!" Na, das erklärt alles!

"Also später werden wir uns auch mal ein Wohnmobil kaufen", schwärmt uns die Toilettenfrau vor, als sie unser weitgereistes Mobil bestaunt. "Dann wollen wir sogar die Südinsel umrunden!"

Im kleinen, vom Rest der Welt isolierten Neuseeland, mutet dieses Vorhaben wie eine halbe Weltreise an. Entfernungen haben andere Dimensionen als etwa in den USA oder Kanada.

Mit unserer Wettervorhersage lagen wir gar nicht so daneben. Es stürmt zwar nicht, aber es regnet wieder mal den ganzen Vormittag durch. Soll erst nach Weihnachten so richtig Sommer werden, sagen die Kiwis. Lassen wir uns überraschen! Bei Regen taugt jedenfalls der schönste Strand nichts - und mit einem Megaphonwecker am Morgen noch weniger.

Fahren wir weiter, nehmen am Ende der Stichstraße die Abzweigung nach Westen, und kurbeln bergauf, bergab über abgelegene, einsame Sträßchen weiter nach Süden. Der Tempomat, nützliches Utensil im Land der breiten Highways und langen Anstiege, ist Vergangenheit; stattdessen ist beständige Hand- und Fußarbeit angesagt.

In **Kohukohu** rangieren wir unser Wohnmobil auf eine Fähre und setzen über den tief ins Land hineinreichenden **Hokianga Harbour** nach **Ravene** über - und schon sind wir wieder auf der Rennstrecke.

Der viele Regen, der so zuverlässig aus Neuseelands langer, weißer Wolke fällt, ärgert zwar einerseits die Touristen, indem er ihnen immer wieder das eine oder andere Foto vermasselt, andererseits aber wäre ohne ihn so manches vielbestaunte Motiv überhaupt nicht vorhanden - die Baumfarne zum Beispiel, die ihre exotischen Wedel bis zu 20 m hoch der feuchtigkeitsspendenden Wolke entgegenstrecken. Oder der dichte, von Schlingpflanzen überwucherte Urwald, durch dessen üppiges Grün das Tageslicht nur noch gedämpft dringt. Die größte Attraktion des Waldes sind die um 50 m hohen Baumriesen *Tane Mahuta* und *Te Mahuta Ngahere*, der Gott und der Vater des Waldes. Sie benötigten rund 1.200 bzw.

2.000 Jahre Zeit und zuverlässige Berieselung von oben, um zu jener stattlichen Größe heranzuwachsen, die von den internationalen Touristenscharen heute bestaunt wird.

Außerdem brauchten die Baummethusalems auch unverschämtes Glück, um als einige der ganz wenigen verbliebenen Kauribaumriesen den gierigen Sägen und Äxten der Holzfäller zu entgehen - den weißen Siedlern genügten nur wenige Jahrzehnte, um die reichen Bestände fast gänzlich kahl zu schlagen.

Leider merkt der Mensch immer erst dann, wenn es eigentlich schon zu spät ist, was er wieder angerichtet hat. Darum behüten die *Kiwis* ihre letzten verbliebenen Kauririesen, haben Bohlenwege zum Schutz der empfindlichen Baumwurzeln angelegt und die Methusalems unter den Schutz des *DoC* gestellt.

Nach den kalifornischen *Redwoods* und *Sequoias* sind die *Kauris* die größten Bäume der Erde - zumindest behaupten das die Kiwis. Wie wir später noch feststellen werden, nehmen die Westaustralier für ihre höheren, dafür etwas schlankeren, *Karri* und *Jarrah* die gleichen Attribute in Anspruch. Beiden gemein sind das harte Holz und der schlanke, hohe Wuchs, was sie nicht nur zum begehrten Bauholz, sondern auch zum idealen Holz für die Masten der großen Segelschiffe machte. Wären die Großsegler nicht von der Dampfschifffahrt abgelöst worden, gäbe es heute wahrscheinlich keinen einzigen Kauri mehr in Neuseeland.

Das Rigg des Greenpeaceschiffs *Rainbow Warrior*, das 1985 von französischen Geheimdienstleuten im Hafen von Auckland versenkt wurde, ragt heute wie ein Mahnmal vor dem Eingang des *North Wairoa Museum* in **Dargaville** in den Himmel.

Im Inneren des Museums hat man in bunter Mischung alles zusammengetragen, was die Kiwis in der kurzen Geschichte des Landes für "historisch" halten: Das Bild einer jungen Lady, von der man nicht weiß, wer sie war und woher sie stammt (mit dem Hinweis, wer etwas wüsste, möge sich bitte melden), Ankerlaternen von alten Schiffen, Brautkleider aus dem Jahre 1921, gestiftet von Mrs. Sowieso, Schnitzereien aus *Kaurigum* (einer Art Bernstein), nostalgisches Geschirr, modrige Schiffstaue, alte Telegrafenanlagen, Belegnägel gestrandeter Segler, das Modell von Captain Cooks "Endeavour" zwischen hundert Jahre alten Singer-Nähmaschinen und diversen Bügeleisenmodellen, Fotos vom jugoslawischen Club und ein Maori-Kriegskanu aus voreuropäischer Zeit - gemessen an den Zeitmaßstäben des jungen Neuseeland, ein uraltes Stück.

Australien: Great Ocean Road

Australien: Dove Lake und Cradle Mountain im Bundesstaat Tasmanien

Auckland - Touris am Mount Eden

Auf dem Weg nach Süden muss man durch Auckland fahren. Und weil wir schon mal da sind, wollen wir uns auch gleich um die Weiterverschiffung nach Australien kümmern. Die Australia - New Zealand Direct Line in **Takapuna**, einem Vorort Aucklands, unterbreitet uns ein Angebot von 2.040 NZ$. Das Angebot gilt bis zu einer Fahrzeuglänge von 7 m. Ein Agent, den wir auch noch aufsuchen, berechnet unsere Kubikmeter und offeriert uns die gleiche Passage für stolze 5.550 NZ$ - große Entscheidungen bleiben uns somit erspart!

In Großstädten ist Campen immer ein gewisses Problem, besonders im engen, hügeligen Auckland, wo kaum ein einigermaßen ebenes Fleckchen zu finden ist. Wir bleiben vorsorglich auf der nördlichen Seite der Brücke und sehen uns in Devonport um.

Aber auch hier ist alles eng, dicht besiedelt und hügelig. Schließlich landen wir nach dem Abendessen auf dem Parkplatz des Fähranlegers. Die Autos der Berufspendler sind alle verschwunden und wir genießen die *Skyline* der *City of Sails*. Besonders amüsant ist der lila und grün beleuchtete Turm namens *Sky City*. Er blinkt und flimmert so wunderschön kitschig, dass er eher nach Disneyland passen würde - oder nach Las Vegas, denn sein Inneres beherbergt ein Spielkasino.

Obwohl der Turm mit einer spektakulären Rundumsicht über die Stadt der Segel wirbt, gehört der Ausblick vom Mount Eden, der noch dazu völlig kostenfrei ist, nach wie vor zum touristischen Pflichtprogramm. Auch wir steuern am nächsten Tag den großen Parkplatz oben auf dem Hügel an.

Mount Eden hat aber nicht nur Aussicht pur zu bieten, sondern er ist einer jener Plätze, an denen man "Touristologie" studieren könnte. Das gesamte Spektrum des Neuseelandtouristen schlechthin ist hier vertreten, denn auf den Mount Eden kommen sie alle. Der amerikanische Schnelltourist, der in drei Tagen Neuseeland "macht", ebenso, wie die jungen Leute aus München oder Hamburg, die mit Zelt und einem 500-Dollar-Auto ein paar Monate lang das Land der langen, weißen Wolke unsicher machen wollen.

Auch die Pauschaltouristen aus Europa fehlen nicht. Sie werden in bequemen Bussen hier heraufgekarrt, und dürfen mal kurz aussteigen und die Videokamera rundum surren lassen. Die eiligen Individualtouristen in den Mietmobilen von

Britz und Maui drehen so lange mit dem Stadtplan in der Hand ihre Runden, bis sie, trotz Einbahnstraßen und *Roundabouts*, in der unübersichtlich beschilderten Großstadt den Weg hinauf auf den Hügel gefunden haben.

Auch wenn die Spezies der Langzeitreisenden nicht so reich vertreten ist, und wir uns manchmal ein bisschen einbilden, die Touristen, das wären immer nur die anderen, gehören wir auch dazu. Aber wir haben eindeutig mehr Zeit, können den Ausblick länger genießen und uns über die anderen Touristen amüsieren. Besonders über jene, die den Mount Eden absolvieren, obwohl ihnen der Hügel, die Stadt und die Aussicht eigentlich schnurzegal ist. Über die Busladung japanischer Männer zum Beispiel: Weil die Kiwis versäumt haben, ein schönes Schild aufzustellen, wo draufsteht, dass die Stadt da unten Auckland in Neuseeland ist, lohnt sie auch kein Stückchen Film.

Aber nachdem der Busfahrer sie schon mal von den Sitzen komplimentiert hat, nützen sie den Stopp für ein Foto mit ihrem und dem Konterfei ihrer Mitreisenden. Als findige Angehörige einer erfolgreichen Industrienation haben sie die Prozedur perfekt rationalisiert: Nachdem sich alle Businsassen zum Gruppenfoto aufgebaut haben, sammelt einer sämtliche Kameras ein und drückt gewissenhaft mit jeder einmal ab. Danach marschiert die Gruppe, ohne weitere Blicke auf das Panorama zu verschwenden, wieder diszipliniert zum Bus.

Von Umweltsündern und Fleckenmitteln

Hübsch ist es im Kiwiland. Die Landschaft wechselt von anheimelnd bis atemberaubend und auch das, was der Mensch geschaffen hat, wirkt adrett und reinlich. Die Straßen sind gefegt, kein Schnipselchen fliegt umher, und wenn tatsächlich einmal ein Unkräutchen vorwitzig an Straßenrändern oder -böschungen wachsen möchte, wird ihm augenblicklich mit einer Ladung Chemie zu Leibe gerückt. Das Gras, das vom Regen aus der berühmten Wolke sattgrün und kräftig sprießt, wird von etwa 70 Millionen vierbeinigen Rasenmähern kurzgehalten. Die lassen zwar ab und zu was fallen, was praktischerweise gleich den Boden düngt - aber leider auch in Bäche, Flüsse und Seen sickert. Dort hinterlässt es einen Erreger, der *Giardia lamblia* heißt, und dem menschlichen Darm ausgesprochen schlecht bekommt. Das Wasser, das in den abgelegenen Regionalparks und *Campgrounds* des *DoC* aus dem Hahn läuft, sollte also tunlichst abgekocht werden.

Australien: Brisbane, die Hauptstadt des Bundesstaates Queensland

Australien: Ein Aborigine sitzt an einer Straßenecke in Brisbane und spielt auf einem Didgeridoo

Am Wasserhahn im **Orere Point Regional Park** warnt das obligate Giardia-Schild. Das ausgedehnte Farmgelände wird von Rangern betreut, und die weitläufige Bay mit ihren rot blühenden *Pohutukawas*, den *Christmas Trees*, wurde zum Campinggelände umfunktioniert. Das ehemalige Siedlerhaus steht heute leer. "Das Haus ist historisch und schon sehr alt. Es stammt nämlich aus dem Jahr 1900", erklärt der Ranger. "Die Bewohner kamen mit dem Boot hierher, als es noch keine Straße gab. Deshalb mussten sie auch mit dem Schiff von Auckland aus versorgt werden."

Hundert Jahre - eine Ewigkeit in einem Land, das vor gerade mal 1.200 Jahren von den Polynesiern besiedelt wurde - von den weißen Einwanderern ganz zu schweigen. Auch wenn wir nicht mehr mit dem Schiff aus Auckland anreisen mussten, abenteuerlich war die Zufahrt über die engen, holprigen Schotterpisten noch immer. Weil kein Wochenende ist, stehen wir trotz der relativen Großstadtnähe mutterseelenallein auf dem riesigen Gelände. Wenn wir vor unserer Haustür sitzen und über die Bucht sehen, haben wir die Coromandel-Halbinsel, ein bevorzugtes Urlaubsgebiet der Kiwis im Blick.

Nach einem Ruhetag rumpeln wir den abenteuerlichen Weg wieder nach oben und kurven den dramatischen Pazifikküstenhighway weiter entlang. Wir wollen die **Coromandel Peninsula** nicht nur aus der Ferne sehen. Die Sonne scheint auf eine zerrissene, zerfurchte Küstenlandschaft, deren Lavafelsen und schwarze Strände von Neuseelands vulkanischer Geburt künden. Genauso zerfurcht und zerrissen wie die Küstenlinie ist auch die holprige Schotterpiste, die durch ausgefahrene Spurrillen und Schlaglöcher, über Waschbrettbuckel und um scharfe Haarnadelkurven und Serpentinen herumführt. Die enge Ost-West-Verbindung der Coromandel, die über 25 km steil bergauf und bergab führt, ist eine ausgesprochen miserable Straße - aber nach jeder Kurve hält sie eine neue, atemberaubende Aussicht bereit.

Dann kommt endlich wieder Teerbelag - neu und glatt - und ein neuer Ort. Frisch aus dem Boden gestampft, strahlt **Matarangi** den tristen Charme aller Reißbrettsiedlungen aus und will so gar nicht zur zerfurchten Coromandel-Landschaft passen. Wenn wir nicht ein Wohnmobil durch die Bäume hätten schimmern sehen, hätten wir die Zufahrt zum abgelegenen Strand gar nicht entdeckt und wären weitergefahren.

Rosy und Ted hätten wir dann auch nicht kennengelernt. Die beiden sind die ersten wohnmobilen Kiwis, auf die wir treffen, denn die Campingwelle wird erst nach Weihnachten so richtig anrollen. Als Erstes stellen wir fest, dass campende Neuseeländer mindestens genauso kontaktfreudig sind wie Amerikaner, aber als isolierte Insulaner ungleich neugieriger auf alles Neue und Fremde. Wir haben kaum die Handbremse angezogen, als Rosy und Ted auch schon vorm Fahrzeug stehen und unser ungewöhnliches Wohnmobil besichtigen wollen.

Die Lehrerin und der ehemalige Goldschmied leben seit über zwei Jahren auf Achse. Immer wenn das Geld knapp wird, sucht sich Rosy irgendwo einen Aushilfsjob und springt für erkrankte Lehrer ein. Auch jetzt ist sie wieder auf Stellensuche. Doch dummerweise sind zurzeit sämtliche Kiwipauker kerngesund. Die beiden sind wirklich nette Leute - wenn man sie nur besser verstehen könnte. Die Aussprache der Kiwis ist ja zwar ganz allgemein gewöhnungsbedürftig - so tanken sie zum Beispiel nicht bei *Bi Pi*, sondern fahren zu *Bäi Päi*, und wir kommen weit her, nämlich von *öiversäis*, von Übersee - aber die zwei sprechen einen besonders unverständlichen Slang. In Amerika half ich mir, besonders am Telefon, stets mit dem Zauberwort: "Spell it please". Im Kiwiland hingegen, wo es Ortschaften mit so klangvollen und unaussprechlichen und unverständlichen Namen wie beispielsweise: *Arowhenua Pa* oder *Kiriwhakapapa* gibt, und wo *I* wie *Ai* und *A* wie *Ai* und *E* wie *Äi* klingen, hört sich buchstabiert stets an wie: *Äiaiäiaiäiai.* Da gibt man irgendwann entnervt auf - weil man sich ziemlich dämlich vorkommt, dass man immer noch nichts verstanden hat. Nur, dass eine Lehrerin kein klar verständliches Englisch sprechen kann, wundert mich schon ein wenig. Aber klar schreiben, das kann sie. Und weil sie gemerkt hat, dass wir ihren Campingtipps nicht immer folgen konnten, bekommen wir sie schwarz auf weiß, von Nord nach Süd gegliedert.

In einem Land, das ringsum vom Meer umgeben ist, bestimmt auch das Meer den Speisezettel. Die Kiwis lieben nicht nur Fisch, sondern auch Muscheln, *Shellfish* genannt. Bei Rosy und Ted stehen Muscheln auf dem Speiseplan - nicht aus dem Supermarkt, sondern frisch aus der Bucht, und weil mir diesbezüglich der nötige Durchblick fehlt, werde ich am nächsten Morgen zur *Shellfish*-Suche mitgenommen.

Nicht nur die Schafe lassen ab und zu was fallen, sondern auch der Mensch hinterlässt so einiges, was er möglichst unauffällig loswerden möchte. In den Küstenorten wird dies praktischerweise im Meer entsorgt. In Matarangi auch. Am den Strand schwappt eine verdächtig schaumige, braune Brühe, die von den Muscheln gefiltert wird. Hat man sie eingesammelt, müssen sie eine Nacht lang im Salzwasser liegen, damit sie allen Sand ausspucken können, und werden dann kurz aufgekocht. Den Sand spucken sie ja wirklich aus, aber was ist mit den Bakterien? Ob ich diese zweifelhafte Delikatesse wirklich essen werde? Die Muscheln hier wären sicher, behauptet Rosy, es stünden ja nur wenige Häuser um die Bucht. Dort wo es wirklich gefährlich wäre, warnten große Tafeln vor dem Genuss der Meeresfrüchte. Auch wenn da keine Warntafel steht - meine Muscheln landen wieder im Meer.

Wir fahren weiter nach **Kuaotunu**. Dort saßen wir vor fünf Jahren für eine kurze Mittagspause an der hübschen *Reserve* am Strand und bedauerten unsere knappe Zeit. Jetzt haben wir Zeit. Der Platz am Strand ist noch genauso hübsch wie vor fünf Jahren - aber jetzt steht eine Warntafel da. Sie warnt allerdings nicht vor dem Genuss verseuchter Muscheln, sondern vor wildem Camping.

Na, dann nicht, nehmen wir die nächste, steile Schotterstraße unter die Räder und kurven weiter zum **Otama Beach**. Dort hat hinter einer Düne ein Farmer aus Wales, der auch schon in Kanada gelebt hat, eine Wiese zum Campen freigegeben. Wir löhnen drei Neuseelanddollar, füllen unseren Wassertank auf und stürzen uns in die kühlen, sauberen Fluten. Und später, als wir am einsamen Strand entlang marschieren, stellen wir zufrieden fest, wie schön wir es doch haben.

Wie weiße Mondsicheln am Nachthimmel, heben sich die sanft geschwungenen, weißen Sandstrände vom intensiven Blau der Bucht ab. Von den *Shakespeare Cliffs* aus hat man einen atemberaubenden Blick auf die tief eingeschnittene **Mercury Bay,** den von Land aus schlecht zugänglichen *Lonely Beach* und den weitläufigeren, nicht minder attraktiven *Cooks Beach.* Plätze wie diese geisterten während grauer Wintermonate jahrelang durch Peters Träume. Ein wenig verklärt natürlich und jenseits der Wirklichkeit, haben wir sie doch nur kurz und außerdem bei Sonnenschein und Sommerwärme erlebt. Aber jetzt, mit genügend Zeit, und noch dazu einem Schlauchboot, können wir das Erlebnis intensivieren.

Die geschützte Bucht ist wie geschaffen zum Paddeln. Wir umrunden die Shakespeare Cliffs und legen am Lonely Beach mit seinen rot blühenden "Weihnachtsbäumen" an. Als wir später auf die andere Seite zu dem hübschen kleinen *Inlet* paddeln wollen, das wir gestern schon zu Fuß erkundet haben, zieht sich plötzlich eine unappetitliche, braune Spur quer über die Bucht. Wir umfahren sie im großen Bogen, aber schon stoßen wir auf die nächste. Es lässt sich nicht verhindern, dass die Brühe beim Paddeln ins Boot tropft. Ob das die Abwässer von Cooks Beach sind oder nur von den vielen Yachten und Schiffen, wissen wir nicht

- wir wenden uns mit Grausen. Das Schwimmen in dieser traumhaft schönen Bucht ist uns damit auch vergangen, und bevor wir unser Boot verstauen, waschen wir es am Strand mit sauberem Wasser ab.

Mit ihren gerade mal 3,5 Millionen Einwohnern auf einer Fläche so groß wie die alte Bundesrepublik waren die Abwässer von ein paar vereinzelten Häusern in der Vergangenheit ganz sicher kein Drama. Heute jedoch sprießen entlang der Traumstrände die Feriensiedlungen wie Pilze aus dem Boden, Campingplätze und Caravanparks ziehen Kiwis wie Überseetouristen an und die Zahl der Yachten, die in den geschützten Buchten vor Anker gehen, nimmt ständig zu. Ebbe und Flut sind mit dem Wasseraustausch in den meisten *Bays* längst sichtbar überfordert. Irgendwann werden die Kiwis, die so stolz auf ihr schönes Land sind, vor einem echten Problem stehen.

Mit den Umweltsünden ihrer Altvorderen haben die Neuseeländer schon jetzt genug Probleme am Hals. Zwar ist die Coromandel-Halbinsel auch heute noch zu großen Teilen mit dichtem Urwald bewachsen, aber dort, wo die steilen Hügel von den frühen Siedlern ratzekahl gerodet und in Viehweiden umgewandelt wurden, sind die Spuren der Erosion inzwischen auch für Laien deutlich sichtbar. An vielen Stellen versucht man nun die Hänge wieder aufzuforsten - der Not gehorchend mit schnell wachsenden Kiefern.

Wir haben übrigens auch ein Problem. Es ist zwar kein großes - vielleicht 2 cm im Durchmesser - aber ein ausgesprochen hartnäckiges und klebriges. Peter kaut nämlich schon seit Jahren zur Zahnpflege Kaugummi und jetzt ist so ein hässliches, angekautes Ding an den Ärmel seines Fleecepullovers geraten. Da pappt es nun im zarten, synthetischen Gespinst, und ich weiß nicht, wie ich es entfernen soll, ohne den Pullover zu gefährden. Ratlos erzähle ich in der Drogerie vom Kaugummi im Fleece. Daraufhin drückt mir die Verkäuferin ein Fläschchen Eukalyptusöl in die Hand. "Zur zeitweiligen Linderung von Husten, Erkältungen und Grippe" steht auf dem Ettikett. Also ich wollte ein Mittel, das Kaugummi auflöst, nichts zum Inhalieren. Kopfschüttelnd verlasse ich den Laden. Aber wir sind ja nun ohnehin auf dem Weg nach Tauranga und Mt. Maunganui, dort werde ich in einer größeren Drogerie noch mal mein Glück versuchen.

"Kaugummi? Da hilft Eukalyptusöl", erklärt mir der nächste Drogist. "Das ist auch gut zum Inhalieren, und wenn man Schnupfen hat, gibt man ein paar Tropfen ins Taschentuch!" Spricht's und drückt mir auch ein Fläschchen in die Hand. Mutig geworden, rücke ich damit am Abend dem Kaugummi zu Leibe - und siehe da - er löst sich auf in Wohlgefallen. Das Eukalyptusöl hinterlässt nicht mal einen Fettfleck im Gewebe - und Peter riecht jetzt wie ein Hustenbonbon.

Wie ich später feststelle, mischt man am anderen Ende der Welt das Eukalyptusöl auch in flecklösende Seifen, und mitunter setzt man es sogar dem Waschpulver zu. Flecklösen ist nämlich so eine Sache. Seit wir nicht mehr im Land der vielen *Coin Laundries* sind, suchen wir zum Waschen meist einen *Caravanpark* auf. Dort stehen in der *Laundry* die gleichen primitiven Rührmaschinen wie in den USA, nur dass sie hierzulande leider allzu oft nur an den Kaltwasserhahn angeschlossen sind. Da helfen sich die Kiwis wieder mit Chemie, verbessern das dürftige Waschergebnis mit speziellen Kaltwasserwaschmitteln. Die sind aggressiv gegen Schmutz, killen jeden Fleck, zermürben jede Faser und bleichen jede Farbe. Also - teure Klamotten besser zu Hause lassen und auf den Kiwi-Look umsteigen: T-Shirts, Shorts und Badelatschen.

Was allerdings ein richtiger Kiwicamper ist, der benötigt keine Waschmaschine. Ausgerüstet mit einigen Eimern, einem Wäschestampfer und einer Wringeinrichtung aus zwei Gummiwalzen, werden die schmutzigen Hemden und Unterhosen zünftig am Bach oder See gewaschen und die nassen Laken und Handtücher zum Trocknen über Zäune und Leinen drapiert.

Dank des Handbuchs vom Campingclub wissen wir nun immer genau, in welchen Gemeinden man ungestört im Wohnmobil übernachten kann, wo die öffentlichen *Dumping Stations* sind, und vor allem, wo die kostenlosen Campingplätze liegen.

Bevor wir uns für die Weihnachtsfeiertage an einen dieser Plätze zurückziehen, müssen wir erst in Rotorua bei American Express unsere Post abholen und uns im Supermarkt eindecken. Die touristischen Attraktionen **Rotoruas**, die geothermischen Erscheinungen im Maoridorf **Whakarewarewa**, haben wir bereits vor fünf Jahren ausgiebig besichtigt und hundertfach auf Zelluloid gebannt. Weil Peter sich nichts aus schwefeligen Blubberlöchern macht, beschränken wir uns diesmal aufs Notwendige. Wir parken den Camper und holen unser Nummernschild ab, denn noch immer fahren wir - unbeanstandet - hinten mit einem Pappschild herum.

Als wir mit unserer Post zurückkommen, umkreist mal wieder jemand unser Wohnmobil. Die üblichen Fragen deutscher Kurzurlauber wie etwa: "Seid ihr wirklich aus Erlangen?" oder: "Habt ihr das Wohnmobil tatsächlich von Deutschland nach Neuseeland gebracht?" tragen wir inzwischen mit Fassung. Obwohl wir noch immer ab und zu in sicherer Entfernung warten, bis sich die Neugierigen verzogen haben. Diesmal müssen wir allerdings keine Auskunft darüber geben, wie wir denn hierher gekommen wären. Der Mann, der so interessiert unser rollendes Heim umkreist, ist in 18 Monaten selbst nach Neuseeland gesegelt und weiß, wie viel Wasser zwischen Europa und dem Ende der Welt ist. Er ist der erste Weltumsegler den wir treffen. Absoluter Stress wäre die Segelei, gesteht er uns. Nach einer ruhigen Atlantiküberquerung hatten er und seine Frau nur noch schweres Wetter. Und teuer kommt die Segelei natürlich auch. Denn auch wenn's den Wind umsonst gibt, die Liegeplätze sind es nicht. Außerdem möchten beide von Neuseeland ja auch noch etwas mehr als nur die Küste sehen, weshalb sie sich für drei Wochen zum stolzen Preis von 6.000 $ ein Wohnmobil gemietet haben. "Ihr habt die bessere Entscheidung getroffen", versichert er uns zum Abschied.

Das wissen wir längst und an Tagen wie dem heutigen, wissen wir es doppelt zu schätzen. Wir haben die Markise ausgekurbelt, den Campingtisch im Schatten aufgestellt und genießen gegrillte Lammsteaks zu Kartoffelsalat und neuseeländischem Rotwein - Heiligabend am **Lake Ohakuri**. Unser Wohnmobil steht direkt am Ufer des Stausees, das Schlauchboot liegt aufgepumpt daneben, am Wäschetrockner baumeln die nassen Badesachen. Es ist unser erstes richtiges Sommerweihnachten und wir genießen es in vollen Zügen. Das letzte Weihnachten hatten wir in Yuma verbracht und pünktlich zu den Feiertagen war eisige Kälte über die Wüste hereingebrochen. Über sämtliche Radiosender säuselten rührselige Weihnachtslieder, drückten auf meine Tränendrüsen und mich befiel ein schlechtes Gewissen, weil ich meine "armen Kinder" alleine zu Hause gelassen hatte.

Wo Weihnachten in den Sommer fällt, hält sich die Gefühlsduselei zwangsläufig in Grenzen. Keine Stillenachtberieselung im Supermarkt, in den Städten hängen nur ein paar spartanische Goldsterndekorationen an den Laternenpfosten und ab und zu klebt irgendwo ein kitschiger Weihnachtsmann.

Ein Familienfest ist Weihnachten aber auch hierzulande. Ganze Familienverbände rücken mit Zelt, Wohnwagen und Camper an und der vor wenigen Tagen noch völlig leere Campingplatz füllt sich bis in den letzten Winkel. Statt Stille Nacht und Oh Tannenbaum dröhnt der nervenzerfetzende Sound der Motoren über den See; schließlich hat jede Familie mindestens einen PS-starken Wasserflitzer dabei. Jedoch im Gegensatz zum amerikanischen Lake Powell, wo die

Krachmacher sich nur jenseits der Bojen austoben durften, zeigen die Kiwis besonders gerne im Uferbereich, was sie können. Schwimmen wird zunehmend lebensgefährlich.

Am zweiten Feiertag haben wir die Nase voll vom Motorenlärm, kurbeln die Markise ein, lassen die Luft aus dem Schlauchboot und suchen uns unseren Weg über stille, einsame Sträßchen, fernab von jedem Tourismus, durchs Hinterland. Nichts ist schöner, als in Neuseeland mit viel Zeit durchs Land zu gondeln. Zwar haben wir uns für heute einen See mit dem unaussprechlichen Namen *Lake Rerewhakaaitu* ausgesucht, aber wir bleiben schon vorher hängen. Als wir an den *Waikite Valley Thermal Pools* vorbeikommen, werden wir einer plötzlichen Eingebung folgend, unseren Vorsätzen untreu und stellen uns auf den angeschlossenen Campingplatz. Die 10 $ pro Nase enthalten die 4 $ Eintritt in den Pool und außerdem gibt's hier eine Waschmaschine. Die haben andere zwar auch, aber diese hier arbeitet mit dem kochendheißen Wasser der Thermalquelle. Der Sack mit der schmutzigen Wäsche quillt nämlich mal wieder über. Und auch uns tut es ausgesprochen gut, mal ausnahmsweise nicht in kalten Seen und Buchten zu schwimmen, sondern im warmen Wasser zu relaxen.

Maoriland - Maoris, Moas, Kiwis und andere Zweibeiner

Kurvenreich folgt die Straße steil bergab und bergauf der zerfurchten Küstenlinie des **East Cape**. Das Innere der Halbinsel ist kaum erschlossen. Nur ab und zu schlängelt sich ein holpriges, ungeteertes Sträßchen für ein Stück ins bewaldete Hinterland. Wir sind im Maoriland. Zwar gehören auch Neuseelands Ureinwohner oder, besser gesagt, die ersten Siedler, überwiegend zu den Unterprivilegierten, aber die krasse Armut wie bei den amerikanischen Indianern sehen wir nirgendwo. Das Land wirkt genauso sauber und aufgeräumt wie das restliche Neuseeland und auch in den Orten trifft man nirgendwo auf bettelnde und alkoholisierte Maoris.

Die Maoris geben sich selbstbewusst und pflegen in ihren *Maraes* und Gemeindehäusern Zusammenhalt und Kultur. Natürlich haben auch die Maoris den Engländern ihr Land nicht freiwillig überlassen. Und als sie vor 150 Jahren in **Waitangi** per Vertrag unter den Schutz der englischen Krone gestellt wurden, geschah dies mehr aus Eigennutz und Furcht vor der Landgier der Franzosen als aus Menschenfreundlichkeit.

Trotzdem, nirgendwo sonst in den Ländern der Neuen Welt wurde die Integration der Ureinwohner besser vollzogen als in Neuseeland. Äußerlich zeigt sich das schon allein daran, dass die Sprache der Maoris von Amts wegen akzeptiert wurde und Beschriftungen vielerorts zweisprachig angebracht sind. Das allein reicht aber als Erklärung doch nicht ganz aus - auch in Amerika und Australien übt man sich angesichts vergangenen Unrechts in praktischer und finanzieller Wiedergutmachung. Vielmehr verfügen die Maoris, Nachkommen eines erfolgreichen Entdeckervolkes, über ein gerüttelt Maß an Anpassungsfähigkeit. Als ehemalige Bewohner tropischer Südseeinseln hätten sie im kalten, rauen Neuseeland sonst schwerlich überleben können.

Angepasst, integriert und zum christlichen Glauben bekehrt, mussten sich die Maoris, als getreue Untertanen der englischen Krone, während beider Weltkriege auch für Ehre, Vaterland und König kräftig als Kanonenfutter verheizen lassen. Zu Ehren ihrer Gefallenen errichteten sie in **Tikitiki** eine mit kunstvollen Schnitzereien ausgestattete Kirche - wenn das kein Fortschritt in Sachen Zivilisation ist. Die barbarischen Zeiten, als man sich gegenseitig mit der *Greenstone*-Keule erschlug, sind damit endgültig vorbei.

Auch am East Cape gibt es Strände im Überfluss, aber beileibe nicht jeder ist ein lieblicher Badestrand. Am **Torere Beach** branden kurze, steile Wellen auf schwarze, klein zerriebene Kieselsteine und vor der starken Strömung haben uns bereits Rosy und Ted gewarnt. Die Brandung hat Treibholz und knorrige Baumstämme, von den wilden Flüssen des unzugänglichen Berglands ins Meer gespült, auf den Strand zurückgeworfen. Wie ausgebleichte Skelette liegen sie auf dem schwarzen Kieselstrand. Nur die vereinzelten Zelte und Wohnmobile der Camper geben ein paar bunte Farbtupfer ab.

Auch wir haben die Handbremse angezogen und die Markise ausgekurbelt. Wir wollen am **Torere Beach** den Jahreswechsel verbringen - es ist bereits unser zweiter in Neuseeland - und er wird hier generell ohne Raketen, ohne Böller gefeiert. Aber um Mitternacht nähert sich ein Traktor mit gelben Blinklichtern dem Strand. Auf dem Anhänger sitzen die Maoris aus der Umgebung und begrüßen singend das Neue Jahr. Die einschmeichelnden Weisen und die Stimmgewalt der Interpreten machen dieses Silvester für uns zu einem unvergesslichen Erlebnis.

Am nächsten Morgen kommt jemand aus dem nahen Dorf und kassiert von den Campern am Strand eine *Donation*. Wir wollen ein paar Tage stehen bleiben und drücken ihm 5 $ in die Hand. Neugierig kreuzt gleich darauf unser Nachbarcamper, selbst ein Maori, auf und will wissen, wie viel wir denn gelöhnt hätten. "Das war viel zu viel", erklärt er uns. "Für 5 $ könnt ihr ja die nächsten hundert Jahre hier stehen bleiben!" Wir werden es leider nicht nutzen können, unser Visum ist nur neun Monate lang gültig.

Als James Cook im Bereich des heutigen **Gisborne** am 9. Oktober 1769 als erster Europäer neuseeländischen Boden betrat, wurde er von den Maoris nicht gerade mit offenen Armen empfangen. Der legendäre polynesische Navigator Kupe, den die Maoris als den Entdecker Neuseelands betrachten, war in Neuseeland bereits gut 800 Jahre zuvor an Land gegangen. Ob auch er unfreundlich empfangen wurde, weiß man nicht. Von Zweibeinern bewohnt waren die Inseln aber schon damals. Die einen waren, wie man gemeinhin annimmt, auch Polynesier, die anderen waren gefiedert, und zu ihrem Unglück nahr- und schmackhaft. *Moas* hießen sie, waren Laufvögel und noch größer als afrikanische Strauße. Die polynesischen Zweibeiner werden heute als Moajäger bezeichnet, und beide, die *Moas* und ihre Jäger, wurden von Kupes Nachfahren in kürzester Zeit ausgerottet. Die *Moas* wurden gejagt und verspeist und von ihren ehemaligen Jägern dürfte so mancher aus rituellen Zwecken ebenfalls im Kochtopf gelandet sein. Obwohl Polynesier ja bekanntlich nichts aufgeschrieben haben, weiß man über die Laufvögel trotzdem ziemlich genau Bescheid. Denn zur Freude der Gelehrten sind von ihnen außer Legenden auch noch etliche kapitale Knochen zum Ausbuddeln und Erforschen für die emsigen Archäo-, Bio- und Zoologen übriggeblieben.

Die Maoris hatten beim Anblick des englischen Schiffes ganz sicher befürchtet, dass ihnen ein ähnliches Schicksal wie den Moajägern drohen könnte. Kapitän Cooks erste Begegnung mit ihnen verlief denn auch blutig und wenig erfolgreich. Nicht mal Frischwasser konnte er aufnehmen, weshalb er die schöne Bucht wütend **Poverty Bay** nannte.

James Cook ließ sich von diesem ersten Misserfolg bekanntermaßen nicht entmutigen und die bald darauf in Scharen einfallenden Engländer nicht mehr abschütteln. Aber während an Kupes Landung nur noch Maorilegenden erinnern, wurden im Gedenken an Captain Cooks folgenreichen Landfall allerlei Gedenksteine, Denkmäler und Monumente aufgestellt. Selbst dem Schiffsjungen Nick Young, der zwei Tage vorher das neue Land vom Mast aus gesichtet hatte, hat man zum Gedenken eine kleine Bronzestatue aufgestellt.

Weil Gisborne gerade mal 170 km von der Datumslinie entfernt liegt, ist sie damit auch jene Stadt, in der jeder neue Tag beginnt. Zwar liegen am East Cape ein paar Nester noch weiter östlich, aber das sind keine Städte und damit in Gisborne nicht der Rede wert.

Geblieben ist der ungeliebte Name Poverty Bay, obwohl Gisborne alles andere als ärmlich wirkt. So bewundern wir z.B. die Skatingbahn, die eigens für die Jugend gebaut wurde. Zu Hause in unserer reichen Gemeinde müssen sich die Kids zu diesem Zweck verbotenerweise in der Auffahrt der Marktplatz-Tiefgarage austoben. Aber Skatingbahnen und Spielplätze sind wohl weniger eine Frage von Armut und Reichtum als einer Zielsetzung der Prioritäten. "Die haben in ihrem Rathaus ganz bestimmt nicht so schöne Kronleuchter und Ledersessel wie wir zu Hause in unserem", lästert Peter. Kinder haben in Neuseeland einen höheren Stellenwert als bei uns, wachsen freier und ungezwungener auf als im dichtbesiedelten Deutschland. Das fördert auch die Bereitschaft, mehr Nachwuchs als nur ein Kind zu bekommen. Junge Ehepaare mit vier Kindern wie die Orgelpfeifen sind keine Seltenheit.

Was der Jugend recht, ist den Senioren billig. Auf einem Clubgelände spielen gut drei Dutzend schon ziemlich betagte alte Knaben *Bowling*. Zu ihren weißen Hosen und Hemden tragen sie weiße Hüte und sie schieben mit Ruhe und Bedacht ihre Kugeln. Alles geht friedlich und harmonisch vonstatten, und alle Beteiligten haben sichtbar ihren Spaß an der Sache. Der Anblick der vergnügten alten Herren ist für uns so exotisch, dass wir ihn mit der Kamera festhalten müssen.

Auf dem Platz nebenan spielen ältliche Ladies, genauso weiß gekleidet und nicht minder vergnügt, *Croquet*. Sie haben es nicht nötig, sich die Zeit mit Nörgeln und Krakeelen zu vertreiben.

Als die Vorfahren der weiß gekleideten alten Herrschaften nach und nach das ganze Land in Beschlag nahmen, ging das verständlicherweise weniger friedlich und harmonisch vonstatten. Wie überall in der Neuen Welt, mussten auch in Neuseeland die Bewohner der Küsten als Erste den neuen Siedlern weichen. In den

Urwaldgebieten des Berglands hielt sich der Widerstand. *Tuhoe*, Kinder des Nebels, hieß der Stamm des Häuptlings *Te Kooti*, der die Bergzüge des mit undurchdringlichem Busch und Urwald bedeckten Urewera National Parks bewohnte. Die *Tuhoe* fochten einen erbitterten Freiheitskampf gegen die Briten aus. Nach jahrelanger Belagerung, während der die Maoris zu Hunderten verhungerten, brach 1872 schließlich der Widerstand zusammen.

Wüsten und Urwälder bringen aber nicht nur Widerstandskämpfer, sondern mitunter auch recht komische Käuze hervor. Kurze Zeit später tauchte bei den inzwischen bekehrten Maoris der Region ein neuer Messias auf. Er hieß *Rua Kenana* und erklärte sich selbst zum jüngeren Bruder von Jesus. Seinen Anhängern versprach er sieben Frauen und ein ewiges Leben. Als er jedoch 1937 starb und ohne, wie versprochen, von den Toten aufzuerstehen, verliefen sich seine Anhänger enttäuscht.

Rebellen und Sektierer sind längst Geschichte. Heute bietet der **Urewera National Park** den gefährdeten, flugunfähigen Vögeln, wie zum Beispiel dem nachtaktiven *Kiwi*, Schutz.

Uns locken in erster Linie die wilde Landschaft mit ihrer heimischen Vegetation, die Wasserfälle und natürlich der See. Eine Staubfahne hinter uns herziehend, rumpeln wir um tausend Kurven und Kehren ein enges, steiles Schottersträßchen aufwärts. In der *Rosie's Bay*, einer winzigen Campingstelle direkt am Lake Waikaremoana, lassen wir uns häuslich nieder.

Obwohl Ferienzeit und damit Hochsaison ist, steht außer uns nur noch ein kleines Zelt in der Bay. Abseits der Rennstrecke gelegen, bleibt dieser Nationalpark von den Touristenmassen verschont und wir genießen die Ruhe und Stille.

Uns wird beileibe nicht langweilig, denn wenn wir nicht im glasklaren, kalten Wasser des Sees schwimmen oder mit dem Boot über die Bucht paddeln, werden wir musikalisch von einigen Vögeln hoch oben in den Wipfeln der Bäume unterhalten. Die schwarzen *Tuis* mit den weißen Federbommeln am Hals sind eifrige Sänger. Frühmorgens um halb fünf beginnen sie bereits mit ihrer klangvollen Darbietung und komponieren bis spät in den Abend neue Tonfolgen und Tonleitern.

Auch an den reizvollen Wasserfällen und auf den Wanderwegen ist wenig Betrieb, weshalb wir uns im Urewera National Park letztendlich wesentlich länger aufhalten als in den amerikanischen Parks, mit ihrer oft so spektakulären Landschaft.

Als wir nach einer knappen Woche das holprige Schottersträßchen wieder abwärts rumpeln, wird uns erst bewusst, dass wir am **Lake Waikaremoana** auf über 1.000 m Höhe waren. Unten ist es inzwischen richtiggehend heiß geworden und die Kiwis stöhnen.

Kleines Land - Land der Superlative

Über braunverbrannte Hügel und Bergkuppen rollen wir weiter bergauf und bergab nach Süden. Nach der üppigen Busch- und Urwaldvegetation des Urewera stechen uns an der Ostküste die Erosionsschäden der kahlrasierten Hänge besonders stark ins Auge. Aber nun haben wir am **Lake Tutira**, einem reizvollen See in einem nicht minder reizvollen Vogelschutzgebiet, die Handbremse angezogen, die Markise ausgekurbelt und das Boot aufgepumpt. Mit unserem roten Paddelboot gleiten wir zwischen den schwarzen Schwänen über den blauen See. Welch ein Idyll - das ist ja fast schon kitschig! Es kommt noch mehr. Das Wasser ist wunderbar warm und der *Campground* kostet keinen Cent.

Am nächsten Tag ist die Idylle etwas getrübt. Der Himmel hat sich zugezogen und ab und an regnet es. Wir verkriechen uns ins Wohnmobil. Peter baut sein Funkgerät auf und ich schließe den Computer an. Draußen umkreisen uns die beiden vom Nachbarcamper. Die Gardinen sind zugezogen - am besten gar nicht hinsehen. Peter hämmert Morsezeichen, ich tippe unsere Erlebnisse in den Computer. Trev und Midge ziehen ihre Kreise immer enger und gleich darauf klopft es an der Tür. "Also, wir wollen jetzt mal euren Camper ansehen." Na denn, wir haben schon lange keine Führung mehr durch unser Wohnmobil gehalten, führen unsere Duschkabine vor, erklären Heizung und Boiler, zählen die Vorzüge unseres solarbetriebenen Kompressorkühlschranks auf.

Als wir im Gegenzug später gebührend den neuen Camper der beiden bewundert haben, eröffnen sich uns tiefe Einblicke in die Befindlichkeiten und das verwickelte Seelenleben der Kiwis.

"Alles war früher besser", klagt Midge. "Wir hatten die besten Schulen der Welt, die besten Ärzte, das beste Gesundheitssystem. Jetzt geht alles abwärts, denn alles, was gut ist, wird exportiert." Damit meint sie sowohl die neuseeländischen Akademiker als auch das Fleisch des Rotwilds und der Lämmer.

"Und seit die Regierung das unnütze, sündhaft teure Kraftwerk am Lake Manapouri gebaut hat, haben wir seit Jahren auch noch Schulden", fährt Midge mit ihrer Klage fort. Trev nickt zustimmend, fügt aber im nächsten Atemzug hinzu, dass wir dieses einmalige Wunderwerk der Technik unbedingt besichtigen müssten - schließlich hätten die Neuseeländer die besten Ingenieure der Welt. Das sind aber der Superlative nicht genug.

Denn wie uns Midge mit gespaltenen Gefühlen berichtet, hätten sie auch das weltbeste Sozialsystem, weshalb ständig jene faulen und nichtsnutzigen Insulaner von allen möglichen pazifischen Inseln ins Land kämen und lustig und zufrieden von der Wohlfahrt lebten. Na, diese Sprüche kommen uns doch irgendwie bekannt vor...

Nachdem wir weiter an der Ostküste entlanggekurvt sind und uns am schwarzen Kiesstrand von **Whangaimoana** häuslich für die Nacht eingerichtet haben, müssen wir den vielen neuseeländischen Superlativen noch einen weiteren hinzufügen. Wir stellen nämlich fest, dass sie, gemessen an der Zahl der Einwohner, die meisten (und wohl auch die findigsten) Angler der Welt haben. Wie an jedem Gewässer im ganzen Land, stehen die Kiwis auch hier in der **Palliser Bay**, ganz im Süden der Nordinsel, einträchtig nebeneinander am Ufer und halten ihre Angeln ins Meer.

Weil das Baden wegen einer gefährlichen Unterströmung verboten ist, spazieren wir am schwarzen Strand entlang. Peter will endlich mal sehen, wie jemand einen leibhaftigen Fisch aus dem Wasser zieht, denn angesichts der vielen Fischer ringsum, geht er seit geraumer Zeit selbst wieder mit dem Gedanken an eine Angel schwanger.

"Sieh mal, dort vorn", Peter deutet auf eine weit entfernte Personengruppe, "da muss jemand einen dicken Fisch am Haken haben!" Ja, dort zieht ein Mann schwer an einer Leine. Aber irgendwie sieht die Szene doch merkwürdig aus, er hat gar keine Angelrute in der Hand. Beim Näherkommen sehe ich eine Nylonschnur in der Luft glänzen - weit draußen über dem Meer steht ein Drachen am Himmel. "Die angeln nicht, die lassen einen Drachen steigen!", lache ich.

Der Mann an der Drachenschnur wurde mittlerweile von einem jüngeren abgelöst. Wie die Wolgaschiffer mit einem Kahn im Schlepptau müht er sich gegen den ablandigen Starkwind mit der Leine den Strand hinauf, wo sie von einem jungen Mädchen aufgespult wird. Sie arbeitet an einer schweren Winde, die auf einem dreibeinigen Gestell befestigt und mit starken Heringen und Seilen im Boden verankert ist. So viel Aufwand und Mühe wegen eines relativ kleinen Drachens? Der ältere Mann beginnt nun an einer zusätzlichen Winde zu drehen und dann taucht plötzlich eine riesige, schwere Plastikflasche aus dem Meer auf, die offenbar als Anker gedient hat. Ein Drachen an einem Anker - wirklich seltsam! Am Drachen ist jedoch eine weitere Leine befestigt - und daran zappeln die Fische! Gewaltige Exemplare - einer davon ist ein richtiger Grundhai. Jetzt sind wir vollends sprachlos. Wenn uns vorher jemand erzählt hätte, dass man mit einem Drachen fischen kann, hätten wir das für einen Witz gehalten.

Der Fang wird gleich an Ort und Stelle getötet und gesäubert. Beim Anblick der Fische, die ohne Kopf und bereits ausgenommen, noch im Sand zappeln, beschließt Peter wieder einmal, dass er nun ganz bestimmt keine Angel kaufen wird. Die anonymen Filets aus dem Supermarkt belasten unser Gemüt und unseren Appetit weit weniger.

Ungeachtet unserer zwiespältigen Empfindungen gegenüber lebenden Fischen einerseits und schmackhaften Filets andererseits, setzen die Drachenfischer ihre seltsame Arbeit fort. Sie bestücken eine neue Leine mit Haken und Ködern, lassen sie vom Drachen und dem ablandigen Wind aufs Meer hinaustreiben und der schwere Anker zieht die Haken für den neuen Fang auf den Meeresgrund.

Weil aber der Mensch nicht immer nur an seinen Magen denken kann, sondern mitunter auch dem Geist Nahrung zuführen muss, besuchen wir in **Wellington** das Nationalmuseum. Im Gegensatz zu unseren Museen, die in erster Linie verglaste Ausstellungsräume wertvoller Kunstgegenstände und Altertümer sind, dient das Museum in Neuseelands Hauptstadt mehr der anschaulichen und auch anpassbaren Wissensvermittlung für Jung und Alt. Hauptthema ist Neuseelands beständige Gefährdung durch Erdbeben und Vulkanausbrüche. Ansonsten geht es um allgemeine Themen des alltäglichen Lebens, um Kunst und Sport und darum, dass die Kiwis, auch wenn ihr Land klein und unbedeutend ist, doch irgendwie die Größten sind.

Malerisch an einer geschützten Bucht gelegen, erinnert die hübsche Stadt mit ihren vielen Hügeln und dem reizvollen Nebeneinander von alten, farbenfrohen viktorianischen Bauten und moderner Hochhausarchitektur ein wenig an San Francisco. Es gibt sogar ein *Cable Car*, das einen steilen Berg zum Observatorium hinaufrumpelt. Im Sonnenschein ist die Stadt besonders fotogen, aber leider verhunzen die vielen Oberleitungen der Elektrobusse so manches Motiv.

Im Gegensatz zu anderen neuseeländischen Städten, die eine weitaus geruhsamere Gangart pflegen, wirkt die Hauptstadt deutlich geschäftiger. Und statt der Shorts und Badelatschen, die sonst das allgemeine Straßenbild prägen, gibt man sich am Regierungssitz wesentlich eleganter.

Wir haben zwar im Allgemeinen nicht viel für Städte übrig, aber Wellington gefällt uns. Ausgiebig kurven wir die vielen Buchten der Stadt ab, übernachten irgendwo am Strand und entdecken dabei auch, was man in Wellington mit dem Abwasser macht - an einer abgelegenen, relativ unzugänglichen, felsigen Stelle wird es diskret ins Meer gespült. Vorsichtshalber warnt das berühmte Schild nicht nur vor dem Muschelgenuss, sondern auch vor dem Baden.

Südinsel - Sounds, Bays und Kiwi-Schneevögel

Die Meerenge **Cook Strait**, die Neuseelands Nord- und Südinsel trennt, liegt mitten in den berüchtigten brüllenden Vierzigern, den unruhigen Gewässern um den vierzigsten Breitengrad, weswegen die Fährpassage von Wellington nach Picton mitunter zum unangenehmen Erlebnis werden kann. Aber wir haben Glück mit dem Wetter. Der Himmel ist blau und die Durchfahrt gibt sich absolut zahm und friedlich. Und obwohl wir die *Sounds* schon kennen, genießen wir sie auch beim zweiten Mal. Als sich die Fähre im warmen Licht der tiefstehenden Abendsonne ihren Weg zwischen Inseln und Kanälen hindurch in den **Queen Charlotte Sound** nach **Picton** sucht, behaupten wir, dass die **Marlborough Sounds** noch viel schöner sind, als die Sunde von Vancouver Island.

Am nächsten Morgen wenden wir uns nach Westen. Vor fünf Jahren war unser Besuch der Westküste buchstäblich ins Wasser gefallen. Verheerende Unwetter hatten Passstraßen zu Tal gewaschen, Flüsse über die Ufer treten lassen und ganze Ortschaften von der Außenwelt abgeschnitten. Als wir jetzt im strahlenden Sonnenschein die kurvenreichen Sträßchen an den Marlborough Sounds entlangkurbeln, die atemberaubenden Ausblicke auf die verzweigten Halbinseln genießen und in den geschützten Buchten schwimmen, können wir uns das Weltuntergangsszenario, das damals herrschte, gar nicht vorstellen.

Manchmal kann man sich auch nicht vorstellen, dass in Neuseeland nur 3,5 Millionen Menschen leben. Besonders, wenn man das Gebiet um den **Abel Tasman National Park** und die **Golden Bay** ansteuert. Hier machen bevorzugt

Neuseeländer Urlaub. Böse Zungen behaupten, im Januar wäre es dort sogar den *Sandflies* zu voll. Mittlerweile ist es Anfang Februar, aber für unseren Geschmack ist es hier immer noch zu voll.

Erst am **Farewell Spit**, jener schmalen Landzunge, die wie ein Schnabel die Golden Bay zur Hälfte umschließt, atmen wir wieder auf. Dort, wo die Tasmansee in großen Brechern an den breiten, in feinen Dunst gehüllten Strand rollt, wo feiner weißer Sand an schwarzen Lavaplatten schmirgelt, kann man wieder die Einsamkeit genießen. Über Trittstufen muss man die Einzäunungen der Schafweiden übersteigen, und über weitläufiges Farmgelände wandern, wenn man die unvergleichliche Stimmung des wilden Strands genießen will. Der Farewell Spit schützt die Strände der Golden Bay vor der starken Brandung der Tasmansee - und uns vor den Menschenmassen der Golden Bay.

Der durchschnittliche Tourist hält sich während seiner knapp bemessenen Urlaubswochen bevorzugt an Routen, die von Tourismusspezialisten ausgetüftelt wurden und die so ziemlich alle Highlights enthalten, die "man gesehen haben muss". Gemessen an europäischen Urlaubsgebieten ist der Verkehr auf diesen Hauptstrecken im Grunde noch immer harmlos und der Trubel - auch wenn wir genervt aufstöhnen - gering. Biegt man von den Hauptstrecken ab und nimmt eine der engen Nebenstraßen unter die Räder, ist man fast augenblicklich allein auf der Welt. Abseits der Touristenstrecken ist das Land keinesfalls weniger schön - nur ruhiger. Staus kann es mitunter trotzdem geben - so ein, zwei oder vielleicht drei Fahrzeuge lang, wenn nämlich plötzlich eine Schafherde die Straße entlangtrottet, weil der Schaffarmer auf dem Geländebuggy mit tatkräftiger Unterstützung von zwei oder drei Hütehunden die blökenden Wollknäuel von einer abgeweideten Viehweide auf frisches, saftiges Grün treibt.

Auf die Mietmobile von Britz und Maui trifft man selten, wenn man, wie wir, die Rennstrecke, die an den überfüllten Bays und den **Pupu Springs**, den größten Süßwasserquellen der Erde entlangführt, verlässt, um gemächlich am **Motueka River** entlang, landeinwärts zu kurven. Und wenn man dann auch noch einer holprigen Fahrrinne zum Fluss hinunterfolgt, dann campen dort unten garantiert keine Touristen, sondern wohnmobile Kiwis.

Daphne und Robin heißen sie und kommen aus Invercargill. Von ihnen erfahren wir, wie Kiwirentner vor dem Winter flüchten. Wie alle Kiwis sind zwar auch diese beiden davon überzeugt, dass ihr Land das schönste der Welt sei - wenn da nicht der grässlich lange, kalte und nasse Winter wäre. Einfach nur von Süd nach

Nord zu ziehen, ist wenig hilfreich - auf der Nordinsel ist es im Winter nicht viel wärmer und es regnet oft ohne Unterlass. Neuseeländische Schneevögel müssen der Sonne und der Wärme wegen schon bis nach Australien flattern. Weil aber beide Länder doch eine ganze Menge Wasser trennt, haben Daphne und Robin statt eines Hauses zwei Wohnmobile - eines in Neuseeland und eines in Australien. Als 100 %ige Wohnmobilisten beäugen sie natürlich auch unseren Camper neugierig von allen Seiten. "Wirst sehen", unkt Peter, "gleich stehen sie vor der Tür und wollen in unser Wohnmobil hineinsehen." Aber so plump ist Daphne nicht, sie erreicht ihr Ziel mit einer viel raffinierteren Methode. Als sie ihre Neugier nicht mehr zügeln kann, fragt sie ganz beiläufig: "Möchtet ihr nicht mal sehen, wie ein Kiwicamper von innen aussieht?"

Was macht man da als höflicher Tourist. Dankend ablehnen und sagen, dass man schon bald ein Dutzend gesehen hätte? Unmöglich! Die Besichtigung von Daphnes Camper bleibt allerdings nicht folgenlos. Peter, der Sportbegeisterte, entdeckt unter einer Sitzgruppe ein *Golfbag*. Längst hat er festgestellt, dass in Neuseeland beinahe jedes noch so winzige Nest seinen Golfplatz hat. Und weil er sich, außer vielleicht fürs Briefmarkensammeln, so ziemlich für jede nur denkbare Sportart interessiert, erteilt ihm Daphne nach der Besichtigung unseres Wohnmobils einen ausgiebigen Einführungsunterricht in die Kunst des Golfspielens. Als sie ihm allerdings später auch noch das Angeln beibringen will, verzichtet Peter dankend; die Erinnerung an die kopflos zappelnden Fische vom Whangaimoana Beach ist noch zu frisch.

Bis Peter seine neu erlernten Kenntnisse praktisch ausprobieren kann, dauert allerdings noch ein wenig. Zuerst peilen wir nämlich noch den **Nelson Lakes National Park** an und pumpen am glasklaren, von eindrucksvollen Bergen eingerahmten **Lake Rotoiti** unser Schlauchboot auf.

In **Murchison**, dem Tor zur **Buller River Gorge**, gibt es außer einer öffentlichen *Dumping Station* auch einen Golfplatz. Weil am anderen Ende der Welt wirklich so ziemlich jeder Golf spielt, sind die Preise entsprechend. Die 9-Loch-Runde kostet 6 $, und die Mitglieder des Vereins müssen nur 140 $ Jahresbeitrag berappen.

In der *Tourist Information* leiht sich Peter einen Satz Schläger, kauft im Grocery Store ein halbes Dutzend Golfbälle und dann schreitet er zur Tat. Das heißt, zuerst haut er beim ersten Abschlag ein gutes Dutzend Löcher in die Luft, dann zielt er etwas tiefer und haut die Löcher in den Boden. Der *Greenkeeper* hat ihm zuerst etwas mitleidig zugesehen, aber jetzt kriegt er es doch mit der Angst zu tun, und bevor Peter den ganzen Platz umpflügt, erteilt er ihm lieber einen kurzen Unterricht. Kritisch begutachtet er Peters Leihschläger - Schrott wäre das, meint er abfällig - und bevor er Peter alleine auf den Platz entlässt, stattet er ihn kurzerhand mit seinem eigenen Set samt Wägelchen aus.

Westküste - Panorama und Blutsauger

Majestätische Gletscher und undurchdringliche Regenwälder, stille Badeseen und tosender Ozean, türkisfarbene Gletscherflüsse und treibholzübersäte Sandstrände - die Kontraste der Westküste sind sagenhaft und treiben den Filmverbrauch in die Höhe - sofern das Wetter mitspielt. Was ein richtiger Tourist ist, der findet Regenwälder toll - aber er möchte sie - bitteschön - im Sonnenschein sehen. Wir auch.

Statistisch gesehen regnet es an der Westküste an 300 Tagen im Jahr. Aber als wir an den **Pancake Rocks**, einer der Hauptattraktionen der Westküste, unser Wohnmobil inmitten einer Armada von Mietmobilen und Reisebussen parken, stellen wir mit Zufriedenheit fest, dass wir einen der 65 trockenen Tage erwischt haben. Die Felsformationen, die wirklich aussehen wie geschichtete Pfannkuchen, sind im Sonnenschein besonders fotogen, und rings um uns surren und klicken die Auslöser. Neben den Hinweisschildern in englischer Sprache sind Übersetzungen in Deutsch und Japanisch angebracht, was zeigt, woher die Touristenströme kommen. Andere europäische Sprachen wie Italienisch und Spanisch lohnen wahrscheinlich mangels Masse nicht und auf die Franzosen sind die Kiwis wegen des Anschlags auf die *Rainbow Warrior* und der Atomtests am Mururoa Atoll noch immer sauer.

Wir haben uns im kleinen Neuseeland, wo so viele hübsche Plätze zum Bleiben einladen, ein richtiges Trödeltempo angewöhnt. Aber jetzt machen uns die statistischen 65 trockenen Tage Beine. Wir wollen so viel wie möglich im Sonnenschein sehen und natürlich ganz besonders den Mount Cook. Hinter **Ross**, einem ehemaligen Goldgräbernest, verlässt der Highway die Küste und führt, vorbei an klaren, wunderbar warmen Seen, durch dichten Regenwald - und bis wir am

Franz-Josef-Gletscher ankommen, hat sich der Himmel doch tatsächlich zugezogen und es beginnt zu nieseln.

Das sind keine guten Aussichten für den **Lake Matheson**, in dessen glatter Wasseroberfläche sich morgens spektakulär die Gipfel der *Southern Alps* spiegeln sollen. Professionelle Fotografen werden in Anbetracht der wenigen statistischen Sonnentage für dieses eine Superfoto ganz sicher einen längeren Aufenthalt einplanen müssen - der Normaltourist hofft auf sein Glück.

Wir auch - trotz des Nieselregens. Und weil wir bequem sind und alles andere als leidenschaftliche Frühaufsteher, lassen wir uns der Einfachheit halber gleich am Parkplatz nieder. Das spart uns am Morgen eine unnötig lange Anfahrt zum See. Den Moskitos, die rund um den Parkplatz ihr Revier haben, ersparen wir damit die Suche nach warmblütigen Opfern. Die halbe Nacht kämpfen wir gegen die blutrünstigen Biester, die den Weg durch die Fliegengitter der Dachhauben gefunden haben.

Als am nächsten Morgen in aller Herrgottsfrühe der Wecker klingelt, sind wir noch reichlich müde. Erst der Blick in den wolkenlosen Himmel macht uns munter. Mit leerem Magen sprinten wir den Weg zum See entlang, bauen am View of Views unser Stativ auf und harren der Dinge, die da kommen sollen.

Anfangs kräuselt noch ein leichter Wind die dunkle Wasseroberfläche und leichte Nebel schweben romantisch drüber hinweg. Dann steigt die Morgensonne langsam höher, scheint auf die schneebedeckten Gipfel, die Wasseroberfläche glättet sich - und Mount Cook, Neuseelands Superberg, spiegelt sich noch schöner als auf den schönsten Fotos im Wasser des Sees. Eilig flitzen wir ein Stück zu einem weiteren Aussichtspunkt. Das Panorama ist so atemberaubend schön wie auf einer Kitschpostkarte - und Peter macht mindestens fünfmal die ganz bestimmt allerletzte Aufnahme (📷 Seite 160).

Nachdem wir zu unserer reichhaltigen Gletschersammlung noch den **Fox Glacier** hinzugefügt haben, düsen wir weiter nach Süden - durch Regenwald, vorbei an Seen, die uns ein wenig an Alaska erinnern, und genießen an der Küste immer wieder traumhafte Ausblicke. Am **Ship Creek**, der in einem wahren Dschungelszenario ins Meer mündet, packt uns wieder die Fotowut. Trotz der dramatischen Umgebung sind wir allein auf dem weitläufigen Parkplatz. Das heißt nicht ganz - außer uns sind auch noch *Sandflies* da - jene berüchtigten, winzigen Blutsauger, die völlig geräuschlos angreifen und deren Bisse, nicht Stiche, tagelang, vor allem aber nächtelang, höllisch jucken.

Na gut, Sandflies gehören nun mal zur Westküste. Wir schmieren uns mit einem Spezialmix aus Desinfektionsmittel und Babyöl ein und gehen auf Fotopirsch: Ausgebleichte, dekorativ an den breiten Sandstrand gespülte Baumstämme, mit Kohlbäumen bewachsene Inselchen inmitten des Ship Creek, dessen Ufer fotogen mit Farnen und Schlingpflanzen überwuchert sind - exotische Dschungelatmosphäre im Licht der Abendsonne - aber verflixt, der Mix hält nicht lange vor. Einzige Rettung ist an diesem Abend das höllisch giftige *Dimp*. Wir hatten das Zeug vor fünf Jahren vorsorglich gekauft, weil es in allen Reiseführern angepriesen wurde. Inzwischen ist es aus den Regalen der Drogerien verschwunden - unachtsam verschüttet, fraß es sogar Löcher in die Vinyldecke auf unserem Campingtisch - aber heute ist uns egal, wie schädlich das Zeug ist.

Zum Weiterfahren haben wir trotzdem keine Lust mehr. Wir flüchten ins Wohnmobil, verrammeln Türen und Fenster und belüften den Camper mit dem elektrischen Ventilator. Dessen angeschraubtes Fliegengitter ist das einzige, das die Biester nicht überwinden können. Unsere Fenster mit ihrem Zwangsbelüftungssystem und den kombinierten Kassettenrollos und Moskitonetzen sind einer derartigen Invasion nicht gewachsen. Sie sind allenfalls geeignet, europäische Mücken und Fliegen abzuhalten. Im Bad überwinden die winzigen Blutsauger durch die Zwangsbelüftung sogar das geschlossene Fenster.

In der Nacht geben sich die Sandflies zwar einigermaßen friedlich, aber im ersten Morgengrauen werden sie sofort wieder aktiv: Die Biester sind sogar durch die Ventilation im Fahrerhaus eingedrungen. Die *Sandflies* im Bad schwirren nur noch einige Zentimeter über dem Boden, aber als wir die Tür öffnen, stürzen sie sich sofort auf unsere nackten Füße und beißen gierig in Zehen und Fersen. Nichts wie weg hier!

Erst in **Haast** am Visitors Centre halten wir wieder an und schütteln die mittlerweile halbtoten Blutsauger aus Bettlaken und Teppichen. Wir hatten zwar schon viel darüber gehört und gelesen, aber nun wissen wir auch aus eigener Erfahrung, was *Sandflies* sind.

In Haast macht der Highway 6 einen Knick nach Osten und wendet sich landeinwärts. Ihm folgt die Armada der Touristen, um am Haast-Pass die Southern Alps zu überwinden. Weil es hier keinen anderen Weg über die Berge gibt, werden auch wir ihm folgen - aber erst später. Zuerst folgen wir ein paar Kiwis in ihren Mobilen und fahren geradeaus weiter.

Die Stichstraße zur **Jackson Bay** wurde uns von allen Seiten wärmstens ans Herz gelegt. Die einsame, schmale *Backroad* führt durch dichten Regenwald mit hohen Baumfarnen, überquert türkisfarbene Gletscherflüsse und bietet immer wieder atemberaubende Ausblicke auf die majestätische Gebirgskulisse des **Mount Aspiring National Park**. Sie endet schließlich in Jackson Bay, einem romantischen kleinen Fischerhafen am Ende der Welt.

Milford Sound - Neuseeland pur

Schaudernd stehen wir im Visitors Centre in **Makarora** vor den Fotos der verheerenden Flut vom Januar 1994. Damals mussten wir, von Wanaka kommend, am Lake Hawea umkehren, weil es in der Nacht Teile der Haast-Passstraße heruntergewaschen hatte. An der Westküste tobten schwere Stürme, Straßen und Brücken wurden weggerissen, Autos und Häuser weggespült, und Touristen wie Einheimische mussten mit dem Hubschrauber evakuiert werden. Wenn wir damals mit dem gemieteten Camper nicht drei Tage Zwangsaufenthalt in einer Werkstatt in Dunedin gehabt hätten, wären wir mittendrin in der Bescherung gewesen.

Diesmal haben wir den **Haast-Pass** bei strahlendem Sonnenschein genossen, sind durch Regenwälder zu reizvollen Wasserfällen gewandert, haben in den Pools eisiger Gletscherflüsse und im warmen **Lake Hawea** gebadet.

Neuseeland, die grüne Insel? Die Hänge entlang der Seen sind nicht grün, sondern braungelb verbrannt - hier muss es ungewöhnlich lange nicht mehr geregnet haben. "Zurzeit herrscht ein ausgedehntes Hoch über ganz Neuseeland. Selbst am Milford Sound ist schönes Wetter", erfahren wir in **Wanaka**. Dann nichts wie hin - wir haben lange genug in der Gegend herumgetrödelt. Die Chance, den Milford Sound im Sonnenschein zu sehen, dürfen wir uns nicht entgehen lassen, denn vor fünf Jahren haben wir ihn im strömenden Regen erlebt.

Da halten wir uns auch im Jubel-Trubel-Ort **Queenstown** nicht lange auf. Menschenmassen machen uns sowieso nervös, rasenden Jetbootfahrten können wir wenig abgewinnen und das *Bungy Jumping* an der alten Brücke über den **Shotover River** haben wir auch schon gesehen. Wir wollen ein Foto vom *Mitre Peak* im Sonnenschein - möglichst mit unserem *Rolling Home* davor.

Ob jene 100 km zum Milford Sound nun wirklich die schönsten der Welt sind, wie ein rühriger Diavortragsreisender einmal behauptet hat, sei dahingestellt -

atemberaubend schön und dramatisch sind sie ganz ohne Zweifel. Dramatisch sind auch die Unterschiede in der Szenerie. Dort, wo sich bei unserem ersten Besuch vor fünf Jahren reißende Flüsse schäumend und gischtend ihren Weg zu Tal bahnten, überqueren wir heute ausgetrocknete Bachläufe. Die Wasserfälle, die überall von den Felsen herabstürzten, sind versiegt.

Auch in den **Mirror Lakes** ist nicht sehr viel Wasser. Sie sind verkrautet und der Spiegeleffekt ist relativ bescheiden. Die Japaner aus den Reisebussen stört das nicht, denn zumindest spiegelt sich ein spiegelverkehrt geschriebenes Schild mit der Aufschrift: "Mirror Lakes" im Wasser, und man weiß, wohin man seine Lieben fürs Foto postieren muss. Ein Stück weiter, an einem Parkplatz, wo sich ein überwältigendes Panorama auftut, haben sie es schwerer. Weit und breit kein Schild, das bestätigt, dass man hier im **Fiordland National Park** ist, und wie der Berg im Hintergrund heißt, steht auch nirgends. Nun stehen sie mit ihren Kameras etwas verloren in der Gegend herum, wissen nicht so recht, wohin sie ihr Ehegespons platzieren sollen, und mancher findet es gar nicht der Mühe wert auszusteigen.

Das Bergmassiv, durch das der berühmt, berüchtigte **Homer Tunnel** führt, gilt als Wetterscheide. Doch auch am anderen Ende der abenteuerlich engen, schwarzen Röhre mit dem starken Gefälle, durch das bei Regen schon mal gewaltige Wassermassen schießen können, scheint die Sonne. Nach dem Tunnel geht es bis zum Milford Sound 20 km weit derart extrem steil bergab, dass der Geruch überbeanspruchter Bremsbeläge die Luft schwängert.

Spitz ragt die felsige "Bischofsmütze" des **Mitre Peak** am Rand des **Milford Sound** in den blauen Himmel, die grünen Wedel der Kohlbäume am Ufer wehen im Wind - Alpengipfel und Ozean treffen beinahe unmittelbar aufeinander. So wie man mit dem rotglühenden Ayers Rock automatisch Australien assoziiert, steht dieses Bild für Neuseeland und prangt von Kalendern, Reiseführern, Postern. Leider sehen nur die wenigsten Reisenden dieses Bild auch in natura - auch bei unserem ersten Besuch konnten wir das Panorama allenfalls erahnen.

Heute jedoch rollt sich vor uns ein Natur gewordenes Poster in seiner ganzen Großartigkeit auf. Nachdem wir unserer ersten Bewunderung mit einigen Ausrufen wie: "Wahnsinn!" und "Sagenhaft!" genüge getan haben, schreiten wir zur Tat. Zielstrebig, und ein wenig verkehrswidrig, steuern wir die besonders fotogene Stelle mit den Kohlbäumen an und platzieren unser rollendes Zuhause vor dem Mitre Peak. Nachdem wir es um die halbe Welt hierher gebracht haben, müssen wir das auch dokumentieren (📷 Seite 161).

Eigentlich wollten wir auch mit dem Boot in den *Milford Sound* hinausfahren, aber weiter draußen hängen tief dunkle Wolken. Das können wir uns schenken - bei Regen haben wir die Fahrt schon gemacht. Stattdessen sitzen wir an der Anlegestelle und genießen das Panorama. Nach und nach laufen die Boote ein und aus dem Bauch jeden Schiffes quellen gut und gerne drei oder vier Busladungen Touristen - zum größten Teil Japaner. Sie verlassen die Schiffe, ohne sich noch einmal nach dem großartigen Panorama im Hintergrund umzudrehen. Erst als ein Boot mit der großen Aufschrift "Milford Sound Queen" anlegt, haben sie wieder ein Motiv, vor dem sie sich mit ihren Kids aufbauen können.

Ostküste - Tierisches und Philosophisches

Nichts bringt ehrsame Kiwis mehr in Rage als die Tatsache, dass man heutzutage alles absperren muss - Häuser, Garagen, Autos - alles muss verrammelt werden. Vor zwanzig Jahren, als Neuseeland noch eine Insel der Seligen war, auf der es weder Kriminelle noch Schlüssel gab, da konnte man bedenkenlos alles sperrangelweit offen stehen lassen - Häuser, Garagen, Autos - niemand machte lange Finger. Zumindest behaupten sie das heute.

In **Invercargill**, jener regenreichen Stadt im Süden, scheint die gute alte Zeit noch nicht vorbei zu sein. Ihre guten Tage hat die ehemalige Goldrauschstadt aber bereits hinter sich. Die Jugend zieht weg. Außer der größten Tiefkühlfabrik der südlichen Hemisphäre und der Aluminiumschmelze in **Bluff**, gibt es nicht viel, was die jungen Leute zum Bleiben reizen könnte.

Alex hat seine Jugend längst hinter sich und deshalb ist er noch hier. 81 ist er, kein bisschen vergreist oder senil, sondern noch recht frisch und munter, geistig rege - nur ein bisschen schwerhörig. Alex ist Amateurfunker und hat auf dem Supermarktparkplatz Peters Rufzeichen am Wohnmobil entdeckt. Er ist es seiner Funkerehre schuldig, dass wir heute auf seinem Grundstück in einem Vorort übernachten, und so kreuzen wir am Abend in unserem Camper an der angegebenen Adresse auf.

Das Gartentor steht sperrangelweit offen, die Haustür auch. Wir drücken ein paar Mal auf die Klingel, um uns bemerkbar zu machen und warten - aber Alex ist schwerhörig. Etwas ratlos gehen wir ums Haus herum, spähen durch die offene Terrassentür, gehen wieder zurück, klingeln noch einmal. Dem Geklapper nach, das nach draußen dringt, spült er gerade Geschirr. Wir könnten mühelos und unbemerkt das ganze Haus ausräumen - drinnen stehen sichtbar Fernseher, Computer, Funkgeräte. Irgendwann entdeckt uns Alex durchs Fenster: "Warum steht ihr da draußen herum? Weshalb kommt ihr nicht rein?"

Als der ehemalige Schaffarmer fand, dass es Zeit wäre, sich zur Ruhe zu setzen, weil zum einen die Schafzucht nichts mehr einbrachte und zum anderen auch seine Frau gestorben war, verkaufte er seine Schaffarm und legte sich in Stadtnähe ein Haus mit einem "*kleinen*" Grundstück zu. "*Nur*" 4 ha mit Wiese und Bäumen, und deshalb hatte er auch genügend Zeit, die Amateurfunklizenz zu machen, sich mit den tieferen Geheimnissen seines Computers auseinanderzusetzen und zum Reisen kam er auch endlich. Wir hoffen nur, dass Alex doch seine Türen abschließt, wenn er sich in Europa, Amerika und sonst wo in der Welt herumtreibt.

Uns treibt es jetzt an der Ostküste zurück nach Norden. Urwald, Wasserfälle, Pinguine, Seelöwen - die **Catlins** im Südosten der Südinsel gelten fast noch als Geheimtipp. Abseits der touristischen Rennstrecken haben meist nur Kiwirentner und Wiederholungstäter genug Zeit, über die staubigen Schotterstraßen des abgelegenen Waldgebietes zu rumpeln und in den *Bays* mit ihren sturmzerzausten, windgebeugten Zypressen zu campen. Wir widmen Neuseelands südlichstem Punkt ein Foto, marschieren über Stock und Stein und Wurzelwerk zu allen möglichen Wasserfällen, die zurzeit samt und sonders nur spärlich rieseln, und stolpern in der **Cannibal Bay** beinahe über dösende Seelöwen.

Auf die geballte Masse der Mietmobile und Reisebusse trifft man erst wieder in **Dunedin** und auf der **Otago-Halbinsel**, wo die Beobachtung von Albatrossen und Pinguinen professionell angeboten wird. Touristisch geht es auch ein Stück weiter nördlich, an den **Moeraki Boulders** zu (📷 Seite 161).

Wir fahren vom Dorf **Moeraki** die holprige Naturstraße zum **Katiki Point**. Am dortigen *Lighthouse* hat ein Tierschützer verletzte Gelbaugenpinguine wieder aufgepäppelt und die seltenen Vögel haben daraufhin unterhalb des Leuchtturms eine neue Kolonie gegründet. Abseits allen touristischen Rummels kann man die scheuen Tiere von einer Schutzhütte aus gut beobachten. Weil Pinguine normalerweise erst bei Anbruch der Dämmerung vom Fischfang zurückkehren, campen wir vor einem nahen *Backpacker-Hostel* und beziehen unseren Beobachtungsposten in der Schutzhütte. Natürlich gibt es auch im Nürnberger Zoo Pinguine, und dort muss man sich nicht mal umständlich verstecken, um die Frackträger zu sehen - aber Tierbeobachtung in freier Natur ist ein Erlebnis für sich. Weil heute die See sehr rau ist, kommen die Herren im Frack schon bei Tageslicht an Land. Der Anblick der Pinguine, die mühsam das steile Ufer hinauf watscheln und hopsen, ist so faszinierend, dass wir sogar das Fotografieren vergessen.

Als wir am Morgen zur Hauptstraße zurückrumpeln, geht es plötzlich nicht mehr weiter. Ein Viehtransporter blockiert die Straße. Unter Einsatz von Elektroschockgeräten, Stöcken und Tritten versuchen die Farmer, Kühe und Kälber in den Transporter zu bugsieren. Endstation Schlachthaus? Beim Anblick der verängstigten Rinder könnte man glatt zum Vegetarier werden.

Kurz darauf kommt der Farmer und entschuldigt sich für die Verzögerung. Er muss die Tiere in den Norden schaffen, weil das ausgetrocknete Land das Vieh nicht mehr ernährt. Die Südinsel stöhnt bereits das zweite Jahr in Folge unter der anhaltenden Trockenheit. Mindestens zwei Wochen lang ergiebige Regenfälle wären notwendig, um das Gras wieder wachsen zu lassen.

Sonnenschein und Dürre - Sonnenschein und Fotowetter - des einen Leid - des andern Freud. Uns beschert das Hochdruckwetter der Südinsel wahrhaft sagenhafte Motive und treibt den Filmverbrauch gewaltig in die Höhe. Ob entlang der Stauseen des **Waitaki River** oder am türkisfarbenen **Lake Pukaki** - wenn man weiß, wie mies hier das Wetter sein kann, könnte man glatt in einen Rauschzustand geraten.

Wolken und Regen - auf der Südinsel gehört das normalerweise dazu. Und weil Naturvölker ihre Berge und Seen nicht nach irgendwelchen wichtigen Personen benannten, sondern nach den Erscheinungen der Natur, hieß Mount Cook bei den Maoris nicht etwa Kupe, sondern *Aorangi* - der Wolkenstecher.

Wenn man Glück hat, sieht man den unteren Teil des Berges, wenn man viel Glück hat, erlebt man das Schauspiel, wie sich sein schneebedeckter Gipfel durch die Wolken bohrt - und wenn man unverschämt viel Glück hat, sind gar keine Wolken da! Wir haben dieses unverschämte Glück.

Auch auf dieser Seite der Alpen, im **Mount Cook National Park**, ist uns der Wettergott wohlgesonnen. Aber es ist höllisch kalt geworden. Ein eisiger Wind pfeift uns um die Ohren und lässt die Finger klamm werden. Auf der Südinsel beginnt der Herbst und die Höhenlage und die Gletschernähe tun ein Übriges.

Peter vergräbt fröstelnd die Hände in den Jackentaschen, überprüft mit einem Blick durch den Sucher noch einmal die Einstellung und wartet. Kurz darauf verwöhnt uns Mount Cook mit einer seiner seltenen Spätvorstellungen: der schneebedeckte Gipfel beginnt im Sonnenuntergang zu erröten. Peters steife Finger werden wieder lebendig und lassen den Auslöser für ein halbes Dutzend Rotnuancen klicken. Erst als sich dunkle Schatten immer weiter nach oben geschoben und das letzte Leuchten ausgelöscht haben, klappt er das Stativ zusammen.

Natürlich hat der neuseeländische Supersonnenschein auch seine Nachteile. Wir sind nämlich nicht die Einzigen, die ihre Wanderstiefel schnüren, denn das Wetter hält, was der Sonnenuntergang versprach. Kein Wölkchen verdeckt das großartige Panorama - dementsprechend stark ist der Andrang auf dem schmalen Pfad zum **Hooker Lake**. Auf langen Hängebrücken überqueren wir zweimal den **Hooker River** - aber nach vier Monaten Neuseeland sind wir an diese schwankenden Dinger längst gewöhnt.

Am Gletschersee mit den treibenden Eisschollen sitzen wir zwischen Scharen ermatteter Wanderer und stärken uns für den Rückweg - im Gänsemarsch. Jetzt haben wir nämlich zusätzlich Gegenverkehr, müssen ständig ausweichen und Hunderte von freundlichen Kiwis, *Aussies*, Amis oder was auch immer, nebst ein oder zwei Busladungen höflicher Asiaten mit "Hi" oder "Hello" grüßen und tausendmal "Thank you" sagen, wenn man uns auf dem engen Weg Platz macht. Die halbe Welt tritt sich im Mount Cook National Park auf die Füße. Trotz Superwetter und Alpenpanorama - am nächsten Morgen ergreifen wir die Flucht.

In der ursprünglichen Tierwelt Neuseelands fehlen Landsäugetiere völlig. Um so reichhaltiger, bunter und exotischer ist die Vogelwelt - man denke nur an den *Kiwi*, den *Pukeko*, den *Takahe* und den *Weka*. Die Ersteren ghören zur Gattung der seltenen, flugunfähigen Vögel und stehen unter strengem Naturschutz. Der Wizard gehört zur Gattung der komischen Käuze und steht unter dem besonderen Schutz der Stadt Christchurch. Singvögel sind übrigens alle fünf nicht: der Ruf des Weka ist zum Beispiel ein lautes Pfeifen. Das, was der Wizard von sich gibt, hört sich in etwa so an: "Sex ist nichts für Männer, sondern nur etwas für Frauen, Homosexuelle und Amerikaner!".

Wer den *Wizard* beobachten will, muss kein Ornithologe sein. Er trägt ein weites, weißes Zauberergewand und unter seinem phantasievollen Spitzhut quillt wallendes graues Haar hervor. Außerdem ist er tagaktiv, steht mittags zwischen eins und zwei am *Cathedral Square* von **Christchurch** auf einer Leiter, wettert über die Schlechtigkeit der Frauen, die Dummheit der Männer und darüber, dass alles Elend der Welt von der Sucht der Frauen zum Shopping käme.

Auch wenn der *Wizard* schon beinahe zum Wahrzeichen aufgestiegen ist, so ist er trotzdem kein einheimischer Kauz, sondern ein aus Melbourne eingewanderter, ehemaliger Professor. Solche feinen Unterschiede stören die neugierigen Touristen, die mit gezückten Kameras den philosophischen Weisheiten des komischen Vogels zuhören, jedoch keineswegs. Und weil auch komische Käuze regelmäßig ihre Futterkörnchen brauchen, kaufen sie dem gelehrten Spinner anschließend seine Landkarten ab, auf denen die Welt *Down Under* oben ist und manch einer ersteht sogar ein Buch über das magische Leben des Zauberers.

Wir bewundern derweil einen roten Käfer, der direkt vor der Kathedrale parkt. Das Prachtstück hat vorne und hinten eine original Käfermotorhaube, vorne und hinten ein Lenkrad - dass das hintere blind ist, sieht man erst, wenn man genauer in das Auto hineinsieht - und erregt mehr Aufsehen als jede Luxuskarosse. Peter steht derweil mit gezückter Kamera bereit und wartet auf den Besitzer. Und tatsächlich, unser Verdacht bestätigt sich. Kaum, dass sich die Menschenmenge verlaufen hat, taucht der *Wizard* auf. Leider hat er sein buntes Gefieder schon abgestreift und gegen zivile Klamotten vertauscht, als er in sein verzaubertes Vehikel steigt. Aber bevor er losfährt, lacht er bezaubernd in Peters Kamera.

Christchurch hat jedoch nicht nur kuriose Spinner, altenglisches Flair und die steilen Bergzüge der **Banks Peninsula** zu bieten, sondern es verfügt zusätzlich über alle Vorzüge einer Großstadt. Auf neuen Reifen, mit nachgestellten Stoßdämpfern und einem zusätzlichen rechten Außenspiegel verlassen wir die englischste Stadt außerhalb Englands. Und während wir uns über den Lewis Pass wieder Richtung Westen wenden, beginnt der von allen Farmern sehnlichst erwartete Regen zu fallen.

Die Einfuhr fremder Tierarten ging nicht immer gut aus, denn der Mensch brachte Ratten, Katzen, Hunde, Schafe, Rinder und Rotwild mit. Weidetiere und Rotwild setzen der heimischen Vegetation zu und Ratten, Katzen und Hunde stellen den flugunfähigen Vögeln nach. Dann kam man Anfang des 20. Jahrhunderts auf die Idee, *Kusus*, australische *Possums*, einzuführen. Die Beuteltiere leben auf Bäumen, sind in etwa katzengroß und haben einen buschigen Schwanz.

Elegante Pelzmäntel sollten aus den nachtaktiven Gesellen werden. 60 $ erbrachte früher das Fell, wurde uns von einem Maori berichtet. Mittlerweile ist Pelz verpönt und die putzigen Vegetarier, die sich von den Knospen und Trieben der empfindlichen heimischen Bäume ernähren, sind zur Plage geworden. Sie werden gejagt und vergiftet und ein großer Teil fällt dem nächtlichen Straßenverkehr zum Opfer, weil sie wie gebannt im Licht des Scheinwerferkegels auf der Straße sitzen bleiben.

In allen Gebieten und *Campgrounds*, die vom *DoC* unterhalten werden, warnen große Tafeln vor ausgelegten Giftködern. Für Haustiere wie Hunde und Katzen besteht insofern keine Gefahr, als sie hier von vorneherein strikt verboten sind. In den Regionalparks, wo mitunter auch Weidetiere gehalten werden, geht es weniger streng zu. Da hat auch schon mal ein einzelnes *Possum* Narrenfreiheit. Im **Awhitu Regional Park** zum Beispiel steht mitten auf der Campingwiese ein ausladender Baum. Allen Nachstellungen zum Trotz hat hier ein Possum sein Revier. Fix und frech stibitzt es Brotstückchen, Nüsse und Rosinen und alles, was es sonst noch kriegen kann, und beim Anblick des drolligen Gesellen vergisst jeder Camper und jeder Ranger, dass der kleine Australier eigentlich ein Schädling ist.

Auch Jake, der Maori, der früher den Possums gegen Bares an den Pelz ging, lässt für den putzigen Baumbewohner ein paar Nüsse auf dem Picknicktisch liegen. Er campt mit Kind und Kegel und seiner tonganischen Ehefrau in einem winzigen Bus. Weil die Tage kürzer und die Abende kühl werden, zieht sich die Familie beizeiten in den Bus zurück, schaltet das Licht an und am Morgen ist die Batterie leer. Es ist dummerweise die Startbatterie - sein Bus hat nur die eine. Möglicherweise wäre ja sein altersschwacher Keilriemen schuld an der Misere, meint Jake. Aber natürlich könnte es genauso gut sein, dass die ganze Lichtmaschine im Eimer ist.

Wir helfen mit unserem Generator aus, und während unser kleiner Honda leise tuckernd die Batterie lädt, erzählt uns Jake, dass er, seit er nicht mehr Jagd auf Possums macht, von Berufs wegen Spediteur ist. Er hat einen Kleinlaster, dem neben der Beförderung von Waren mitunter eine äußerst wichtige und ehrenvolle Aufgabe zukommt.

Jakes Ehefrau ist nämlich als Tonganerin eine treue und ergebene Untertanin seiner Majestät, König Taufa'ahau Tupou IV. Der schwergewichtige Tupou wiederum ist ein gewissenhafter Monarch, der seine Untertanen hin und wieder in der Fremde besucht. Die tonganische Gemeinde in Auckland ist zwar recht groß, aber als der König sich zum Besuch anmeldete, hatte keiner ein geeignetes Fahrzeug, um die Königliche Hoheit so zu transportieren, dass er trotz seiner majestätischen Leibesfülle den huldigenden Untertanen zuwinken konnte. Aber Jake, der Maori, hatte einen Kleinlaster und einen Sessel der groß genug für das majestätische Hinterteil von Taufa'ahau Tupou IV. war. Und so tuckerte Jake mit dem huldvoll winkenden König auf der Ladefläche die jubelnden Reihen der tonganischen Gastarbeiter ab.

Am Nachmittag, als das Benzin im Generator zur Neige gegangen und Jakes Batterie wieder voll ist, düst die Familie von dannen. Abends kommen sie zurück, verdrücken sich in den Camper und schalten das Licht an...

Wir schalten auch das Licht an - dank unserer Stromsparlampen und der Solaranlage müssen wir uns deswegen keinen Sorgen machen - ziehen die Rollos herunter und lümmeln uns mit einem Schmöker in die Sitzecke.

"Was kratzt da an der Tür?" Das Geräusch ist so laut, dass es sogar Peter gehört hat. Mit der Taschenlampe in der Hand schleicht Peter nach draußen: Das Possum ist munter geworden, sitzt im Lichtkegel der Taschenlampe und sieht uns unverwandt an. Erst als Peter näher kommt, flüchtet es in seinen Baum und beäugt uns aus sicherer Entfernung.

Wir sind im Gegensatz zu Possums eindeutig tagaktiv. Selbst über dem interessantesten Roman werden uns irgendwann die Augen schwer und wir ziehen die Bettdecke über die Ohren. Das Possum hingegen kommt jetzt erst richtig in Fahrt, rappelt an der Rückwand des Campers herum und plötzlich tappst es ungeniert übers Dach und spitzt neugierig zur hochgekurbelten Dachluke im Alkoven herein.

"He, der Strolch fällt noch zu uns ins Bett herein und zerreißt dabei das Fliegengitter von der Dachluke!" Peter klopft mit der Faust gegen die Wohnmobildecke. Das Possum zeigt sich unbeeindruckt. Erst als Peter mit einem Besenstiel bewaffnet, durch die Luke aufs Dach steigt, verduftet unser nächtlicher Besucher.

Morgens, wir sitzen gerade beim Frühstück, haben wir schon wieder einen Besucher. Einer von Jakes Sprösslingen steht vor der Tür. Sie hätten zwar gestern einen neuen Keilriemen eingebaut, aber die Batterie wäre dummerweise schon wieder leer. Und jetzt müssten sie wegfahren, ob wir nicht ein Starthilfekabel hätten. Haben wir. Aber neuseeländische Regionalparks sind weitläufig. Jakes Bus steht ein ganzes Ende weg und bei uns stehen die vollen Kaffeetassen auf dem Tisch. Wir kippen den Kaffee hinunter, stellen das Geschirr in die Spüle, starten den Motor und kurz darauf tuckert auch Jakes Bus wieder vor sich hin. Er ginge jetzt endgültig eine neue Lichtmaschine kaufen, ruft er uns zu, nachdem er die Familie im Camper verstaut hat.

Wir arbeiten uns weiter zielstrebig nach Norden vor. Wie oft haben wir uns eigentlich gefragt, welche Insel der schönere Teil Neuseelands ist? Als wir auf der Nordinsel ankamen und die steilen Sträßchen durchs bezaubernd schöne Hinterland unter die Räder nahmen, stand für uns außer Zweifel, dass die Nordinsel die Schönere ist. Dann setzten wir auf die Südinsel über und fanden, dass wir unsere Meinung doch revidieren müssten. Die Südinsel ist in jedem Fall noch einen Tick schöner, dachten wir jetzt.

Nun sind wir wieder im Norden, bewundern **Mount Egmont** im Sonnenschein, bestaunen die Glühwürmchen in den **Waitomo Caves**, wandern im **Tongariro National Park** und fotografieren die Geysire und Blubberlöcher, die Krater und Sinterterrassen im *Hidden Valley* bei **Orakei Korako**. Und wieder überlegen wir, ob nicht doch die Nordinsel die schönere der beiden Inseln sei. Letztlich kommen wir zu dem Schluss, dass es unmöglich ist, eine Rangfolge aufzustellen. Nur eines wissen wir ganz genau: Käme nicht der Herbst mit Dauerregen und Schmuddelwetter, könnten wir ewig so weiterfahren, um tausend Kurven und Roundabouts herum, über steile Hügel und enge Schottersträßchen, zu stillen Seen und einsamen Buchten, durch Regenwälder und Weideland...

Aber letztendlich bestimmt die Sonne unsere Route. Bevor wir jedoch wie die "Kiwi-Schneevögel" nach Australien flattern und unser Wohnmobil über den Ozean schicken, muss es von oben und ganz besonders von unten generalgereinigt werden und eine Durchsicht wollen wir ihm auch noch mal gönnen. Inzwischen zeigt auch unser Keilriemen Auflösungserscheinungen und laut Betriebsanleitung ist auch der jährliche Wechsel der Bremsflüssigkeit wieder fällig. Den wollen wir nicht in irgendeiner Bude machen lassen, sondern in der guten Werkstadt, die vor fünf Monaten unser ABS repariert hat.

Den letzten Wechsel hatten wir bei Mercedes in Yuma machen lassen, waren mit unserem Werkstatthandbuch in englischer Sprache aufgekreuzt und nach getaner Arbeit hatte uns der mexikanische Mechaniker erklärt, unser Hauptbremszylinder wäre kaputt. Bei einem Bremsversuch mit Holzklötzen demonstrierten sie uns in der Werkstatt die mangelhafte Bremsleistung unseres Trucks. Nach einem nächtlichen Telefongespräch mit Deutschland demonstrierten wir den Mechanikern am nächsten Morgen, wie sich das Bremspedal aufpumpen lässt. "Wir haben wohl einen Fehler gemacht und bei angezogener Handbremse gearbeitet", entschuldigten sich die Mechaniker, entlüfteten die Bremsanlage - und hinterher funktionierte unser Hauptbremszylinder wieder wie neu.

Solche Aufregungen wollen wir uns diesmal ersparen, vereinbaren einen Termin und pünktlich um 8 Uhr stehen wir am Morgen beim Mercedes Service vor dem Werkstattor. Unser Benz bekommt einen neuen Keilriemen verpasst, das Getriebe- und Kupplungsöl wird gewechselt und außerdem lassen wir in die Dieselleitung einen Wasserabscheider installieren, damit sich der Motor nicht so sehr mit verwässertem Diesel plagen muss. Und die Bremsflüssigkeit soll natürlich auch erneuert werden.

"Wir haben ein Werkstatthandbuch in Englisch. Braucht ihr das?" Der Meister sieht mich mitleidig an. Wie man Bremsflüssigkeit wechselt und Bremsen entlüftet, das wüssten er und seine Mechaniker. Na, dann nicht. Die Story vom angeblich kaputten Hauptbremszylinder kann ich mir trotzdem nicht verkneifen.

"Nein danke, das Handbuch brauchen wir wirklich nicht!", sagt er und krempelt die Ärmel hoch. Nachdem wir unserem Wohnmobil noch eine Motorwäsche gegönnt haben, begleichen wir die recht zivile Rechnung von 372 $ und fahren von dannen. Wir kommen nur bis zur nächsten roten Ampel. "Es ist Luft in der Bremse!", stellt Peter fest. Nein, nicht schon wieder!

Das mit der Luft ist ihnen wirklich peinlich. Verlegen beginnen sie mit ihren Gerätschaften zu hantieren, aber irgendwie scheinen sie zu keinem befriedigenden Ergebnis zu kommen. Diskret lege ich unser aufgeschlagenes Handbuch auf den Beifahrersitz - und ebenso diskret riskiert der Meister ab und zu einen Blick. "Wie haben denn die in Yuma letztendlich die Luft aus der Bremse gekriegt?" fragt er mich schließlich so nebenbei. Ja, so genau weiß ich das natürlich auch nicht, nur dass sie sich mit der fälschlicherweise angezogenen Handbremse entschuldigt haben. Aber nein, die Handbremse haben sie hier überhaupt nicht angefasst. Nervös werkeln sie weiter - entlüften immer wieder aufs Neue.

"Das muss doch der Hauptbremszylinder sein!", murmelt der junge Mechaniker genervt vor sich hin.

"Nein, nix Hauptbremszylinder! Bisher hat unser Auto ausgezeichnet gebremst!", protestiere ich. Schließlich ziehen wir ab. Wir sind auch genervt. Das mit der Luft würde sich in ein oder zwei Tagen geben, versichern sie uns. Es gibt sich natürlich nicht. Und was machen wir jetzt? Nachts rufen wir wieder in Deutschland an. Der Meister diktiert am Telefon die genaue Reihenfolge aller Arbeiten, Peter schreibt gewissenhaft mit - und anschließend übersetzen wir die Entlüftungsanleitung ins Englische.

Niemand wundert sich, als wir am Morgen wieder in der Werkstatt aufkreuzen. Der Mechaniker liest sich unsere Anleitung durch, stutzt, liest noch einmal - und dann geht ihm plötzlich ein Licht auf! Unser linksgesteuertes Auto hat den Hauptbremszylinder auf der anderen Seite - und die Mechaniker haben - gewohnheitsmäßig - immer in der falschen Reihenfolge entlüftet. Kleine Ursache, große Wirkung! In der richtigen Reihenfolge ist die Prozedur schnell erledigt und unser Benz bremst hinterher so gut wie eh und je.

Von innen geputzt, von außen poliert und von unten hochdruckgereinigt schicken wir unser Wohnmobil am 23. April verriegelt und verrammelt auf eine neue Seereise - und wir fliegen am nächsten Tag voraus nach Australien.

Australien

Bereits beim Landeanflug verwöhnt uns **Sydney** mit einem sagenhaften Panoramablick auf Opernhaus und **Harbour Bridge**. Aber bevor wir uns dem Sightseeing widmen, müssen wir uns erst um ganz banale Dinge kümmern. Wir brauchen eine Unterkunft. Zwei Wochen Überbrückung ohne Wohnmobil gehen ins Geld und wir wollen nicht unnötig viel für teure Hotelzimmer ausgeben. Weil unser Reiseführer wärmstens Evas Backpacker empfiehlt, buchen wir noch im Flughafen ein Doppelzimmer und lassen uns mit einem *Shuttlebus* in die Stadt kutschieren.

Evas Backpacker ist zwar sauber, ansonsten aber ein erbärmliches Loch, das noch dazu 44 $ die Nacht kostet. Nein, hier bleiben wir keine zwei Wochen! Morgen werden wir uns als erstes eine andere Bleibe suchen.

Down Under - Sydney

"Nehmen wir nur die Kamera oder gleich die ganze Ausrüstung mit?" Peter hält unentschlossen den voluminösen Fotorucksack in der Hand. Immer diese Entscheidungen! Haben wir nur die Kamera mit dem Varioobjektiv dabei, bräuchten wir garantiert das Tele oder einen Filter, schleppen wir den Fotorucksack mit, machen wir keine einzige Aufnahme.

"Ach was", sage ich, "Wir wollen doch nur auf Zimmersuche gehen. Was sollen wir uns da mit der Kamera herumplagen. Lassen wir doch am besten das ganze Zeug hier. Wir sind noch zwei Wochen in Sydney, da haben wir noch genug Zeit zum Fotografieren. Das Opernhaus läuft uns nicht davon, und die Hafenbrücke wird morgen auch noch dastehen!"

Stimmt schon. Aber die Dudelsackspieler in ihren malerischen Schottenröcken, die plötzlich von allen Seiten auftauchen, sind morgen nicht mehr da und die Militärkapellen, die sich an allen Ecken formieren, auch nicht. Und die uniformierte Jugend, die so zackig aufmarschiert, tut das auch nur heute Vormittag. Wir wissen es doch - wenn wir wirklich einmal ohne Kamera losmarschieren, stellt sich das meist als grober Fehler heraus. Dabei haben wir doch schon in Neuseeland gehört, dass heute *Anzac Day* ist, der Tag, an dem die beiden Länder ihrer Toten der beiden Weltkriege gedenken.

Aber wer hätte gedacht, dass die aus solch einem Anlass ein Volksfest machen? In Deutschland, wo solche Tage in den trüben November fallen, trauern wir mit ernsten Mienen zu düsteren Requiemklängen, streuen uns im Gedenken an die nationale Kollektivschuld Asche aufs Haupt und klopfen uns an die Brust. Dass die meisten unserer Väter beileibe nicht freiwillig gegen Russland und die Welt marschiert sind, spricht sie und uns nicht frei.

Die *Aussies* und Kiwis haben es da leichter. Im Bewusstsein, zu den "Guten" gehört zu haben, bekommen die Toten ein paar Kränze und die Veteranen und Aktiven den Jubel. Man könnte glauben, sie wären erst gestern siegreich von den Schlachtfeldern zurückgekehrt. Die stolz geschwellte Brust mit Orden verziert, trotzen sie Rheumatismus und Arteriosklerose, halten Gleichschritt trotz Stock und Atemnot. Noch niemals vorher haben wir so viele alte Männer auf einmal gesehen. Längst müssen sie hoch in den Achtzigern, zumindest aber Ende Siebzig sein. Dank des Filters im menschlichen Gehirn, der mit der Zeit alles Schreckliche und alles Grauen gnädig vergessen lässt, sind nur noch die Heldentaten in Erinnerung geblieben.

Und während die Straßen Sydneys von den Klängen des River-Kwai-Marsches widerhallen, bombt zur gleichen Zeit die Nato im fernen Jugoslawien. Wir Deutschen gehören jetzt auch zu den Guten, aber mir dreht sich trotzdem der Magen um.

Nachdem sich Helden wie Zuschauer verlaufen haben, machen wir in Kings Cross ein kleines Hotel ausfindig, das kaum teurer ist als das *Backpackers*, aber anständig eingerichtete Zimmer hat. Wir buchen für zwei Wochen und stürzen uns dann in das Abenteuer Großstadt.

Wie oft haben wir das Opernhaus mit seinem charakteristischen Dach schon auf Bildern und im Fernsehen gesehen, nun stehen wir direkt davor und die Atmosphäre ist einfach faszinierend! Sydney ist eine der schönsten Städte, die wir bisher gesehen haben - nicht mal San Francisco kann da mithalten. Die *Skyline* der Hochhäuser mit dem reizvollen Kontrast von alt und neu, die Hafenbrücke und der Botanische Garten, wir sind begeistert, lassen uns treiben im Strom der Touristen und Einheimischen und fotografieren auf Teufel komm raus (📷 Seite 168).

Im Gegensatz zu den meisten amerikanischen Städten hat Sydney mit seinen zahllosen Vorstädten ein gut ausgebautes Netz an öffentlichen Verkehrsmitteln. Mit unserem Pass für 29 $, mit dem man eine Woche lang mit U-Bahn, Bus und Fähre fahren kann, steigen wir mutig die Treppen zum U-Bahnhof hinab. Im heimatlichen Nürnberg endeten diese Abenteuer meist mit ungewolltem Schwarzfahren oder dem Fahren mit einer Kinderkarte - aber die *Aussies*, im Gegensatz zu den Kiwis zwar eher etwas unterkühlt, sind diesbezüglich sehr hilfsbereit. Außerdem stehen an fast allen Stationen Bahnbeamte, die Ortsunkundigen gern weiterhelfen. Für uns ans Auto gewöhnte Provinzbewohner äußerst beruhigend, denn Sydneys U-Bahn fährt an manchen Stationen zweigleisig auf drei Ebenen.

Unsere erste Fahrt ist kurz, wir müssen in die Pitt Street, um unser neues Carnet vom American-Express-Büro abzuholen. Als wir ein wenig unschlüssig mit dem Stadtplan herumstehen, kommen sofort zwei Polizisten, um uns weiter zu helfen.

In den nächsten Tagen machen wir Sydney unsicher, tuckern mit der Fähre zum **Darling Harbour**, nach **Manley** und nach **Parramatta** und stöbern durch sämtliche Souvenirshops und *Aboriginal Art Galleries*. Seit Jahren schon ist Peter von den geheimnisvollen Klängen des *Didgeridoos*, jenes urzeitlichen Instruments der australischen Ureinwohner fasziniert und will sich unbedingt solch ein von Termiten ausgehöhltes Stück Ast kaufen. Die Holztrompeten kommen aus Nordqueensland und dem nördlichen Northern Territory - nur dort gibt es Termiten und die passenden Bäume dazu. Trotzdem gibt es nirgendwo sonst in Australien ein derart geballtes Angebot an *Didgeridoos* und Malereien der Ureinwohner wie in Sydney.

Peter ist noch unschlüssig. Eifrig bläst und prustet er in den einschlägigen Shops in sämtliche Didgeridoos und manchmal gelingt es ihm sogar, den Dingern einen Ton zu entlocken. Meine Bedenken wegen Ansteckung, Herpes und schlimmeren Dingen schiebt er beiseite - die anderen machen es genauso - und außerdem wird allerorts behauptet, dass sich auf dem Mundstück aus desinfizierendem Bienenwachs keine Keime halten könnten.

"Ich bin 40.000 Jahre alt", erklärt der Aborigine seinem bunt gemischten Publikum, "und wenn wir auf dem Didgeridoo spielen, ist das Kultur. Wenn andere das probieren, ist das nur Lärm." Virtuos gibt er eine Probe seiner archaischen Musik zum Besten, entlockt dem primitiven Instrument, das an und für sich nur über einen einzigen Ton verfügt, eine erstaunliche Klangfülle. Wir fühlen uns augenblicklich in den australischen Busch versetzt.

Der Ureinwohner stammt aus Queensland und er hat sich für seinen Auftritt am *Circular Quai*, wo sonntags mit Pantomimen, Hochradfahrern und allerlei Gauklern mächtig Konkurrenz ist, geschickt in Szene gesetzt. Stilecht sitzt er auf einem Kängurufell, hat die schwarze Haut mit weißer Farbe bemalt, und da er nur ein lendenschurzähnliches rotes Tuch trägt, kann man gut erkennen, wie das Zwerchfell arbeitet. Didgeridoo spielen ist zum größten Teil Atemtechnik.

Vor sich hat er ein Körbchen stehen, in das die Passanten und Zuhörer immer wieder ihre Spenden werfen. "Ich teile meine Kultur mit euch und deshalb sollt ihr auch eure Kultur mit mir teilen", fordert er seine Zuhörer immer wieder auf - was sie denn auch bereitwillig tun. Sein Korb füllt sich zusehends und wir sitzen geschlagene zwei Stunden auf einem Mäuerchen und hören ihm zu. Der Typ ist wirklich gut, der absolute Alleinunterhalter.

Mittags ist er aber doch ziemlich ausgepumpt und von der weißen Kultur hat er auch genug eingenommen. Bis nach Queensland hätte er noch einen weiten Weg, witzelt er. Er ist einer der ersten Aborigines, die wir treffen, einer der ganz wenigen, die es verstehen, ihre Kultur selbst zu vermarkten, und der einzige, der dies mit derartiger Ironie tut.

Abends sitzt Peter im Hotelzimmer und übt mit Strohhalm und Wasserglas den zirkulierenden Atem, eine Technik, bei der man gleichzeitig ein- und ausatmet, und die richtiges Didgeridoospielen erst ermöglicht. Kurz darauf ist auch er endlich stolzer Besitzer einer Holztrompete. Im Schneidersitz hockt er auf dem Hotelbett, prustet mit hochrotem Kopf vor sich hin und produziert das, was unser cleverer Ureinwohner Lärm nannte.

Papierkrieg um das Small Motorhome

Das Schiff hat fünf Tage Verspätung. Zu allem Überfluss wird es auch noch am Freitagnachmittag in Sydney einlaufen. Es soll zwar gleich entladen werden, aber wie es sich nun mal für rechtschaffene Beamte gehört, arbeiten Zoll und *Quarantine* am Wochenende nicht. Wir können unser Wohnmobil also erst am Montag abholen. Die Vorarbeiten und Behördengänge lassen sich jedoch schon vorher erledigen.

Um mit unserem linksgesteuerten Auto in Australien fahren zu dürfen, müssen wir am Heck gut sichtbar ein Schild mit der Aufschrift "Left Hand Drive" mit 7,5 cm großen Buchstaben anbringen. Das Schild gibt es allerdings nirgendwo fertig zu kaufen, weshalb wir es extra anfertigen lassen müssen (in Westaustralien führt es der Automobilclub).

Mit der *ANZDL Delivery Order* von der Schifffahrtsgesellschaft fahren wir per Bus zum Flughafen hinaus. Hier residiert der Zoll, der unser *Carnet* abstempeln muss. Der Beamte, an den wir geraten, ist indischer Abstammung. Er kommt sich zwar ungeheuer wichtig vor, aber irgendwie haben wir das Gefühl, dass er sich doch nicht so recht auskennt.

Er heftet einige Papiere an unser *Carnet* und behält es ein. Es soll erst draußen am Hafen abgestempelt werden, nachdem es vom Zoll höchstpersönlich in Augenschein genommen wurde. Wir bekommen einen Termin: Montag, 9 Uhr im Hafen. Hoffentlich zerlegt uns der Typ vor lauter Wichtigkeit nicht das ganze Wohnmobil.

Mit dem zweiten Papier kutschieren wir per Taxi zur Quarantänebehörde nach Rosedale - Sydneys Vorstädte haben gewaltige Ausmaße.

Weil Reisende aus Übersee mit dem eigenen Wohnmobil nicht zum Beamtenalltag gehören, dauert es eine Weile, bis wir für stolze 80 $ zwei weitere Papiere bekommen. Nun müssen wir nur noch telefonisch einen Inspektionstermin ausmachen. Am Montag um 10 Uhr wird ein Beamter der *Quarantine* am Hafen erscheinen und nachsehen, ob unser *Rolling Home* auch sauber genug ist. Ächz!

Montagmorgen: Der Zoll ist pünktlich! Gott sei Dank kommt nicht der Inder vom Airport, sondern ein freundlicher Süditaliener. Er kontrolliert, ob die Auto- und die Fahrgestellnummer mit unserem *Carnet* übereinstimmen, stempelt es ab und damit ist die erste Hürde genommen. Bis der Mann von der Quarantänebehörde kommt, muss ich bis 10 Uhr im Hafengebäude frieren. Irgendwie fühle ich mich heute nicht so gut. Aber Gott sei Dank, unser Wohnmobil ist sauber genug! Der Typ nimmt es wirklich genau, fährt mit dem Finger in sämtliche Radkästen, unter die Trittbretter und in versteckte Winkel und Falze. "Sauber wie ein neues Auto", bestätigt er uns. Das Innere unseres Wohnmobils oder gar der Kühlschrank interessieren ihn nicht. Anscheinend ist es für ihn logisch, dass wir keine frischen Lebensmittel auf eine mehrwöchige Seereise schicken.

Nachdem wir den Auslieferungsstempel erhalten haben, laden wir unser Gepäck ins Auto und verlassen die Innenstadt. Unser Wohnmobil muss nun zu einer technischen Inspektion, einer Art TÜV. In Australien wird diese Prozedur von eigens autorisierten Werkstätten durchgeführt. Na, wenn unser TÜV das sähe!

Der Meister kreuzt mit einem kleinen elektronischen Kästchen auf. Damit misst er, ob unsere ungetönten Scheiben nicht zu stark getönt sind, guckt ein wenig unters Auto, ob es nicht durchgerostet ist, und schreitet dann zur Tat - genauer gesagt zum Bremsenprüfen! Nicht etwa auf einem Rollenprüfstand, sondern mittels des gleichen elektronischen Kästchens, mit dem er zuvor unsere Scheiben überprüft hat. Dazu legt er es auf den Beifahrersitz, klipst es am Sicherheitsgurt an, lässt den Motor aufheulen, und düst nach einem Bremsversuch im Werkstatthof von dannen. Peter bricht der kalte Angstschweiß aus.

Als der Meister zurückkommt, hat er mit unseren neuen Reifen einige Vollbremsungen absolviert. Im Wohnmobil sind Schränke aufgesprungen, der Inhalt ist durch die Gegend geflogen. Sein Gerät hätte nicht funktioniert, weil unser Auto linksgesteuert ist, entschuldigt er sich. Schließlich kam ihm die Idee, das

Gerät einfach herumzudrehen, doch da konnte er die Anzeige nicht mehr lesen. Letztendlich hat das schwarze Zauberkästchen aber doch die erforderlichen Daten ausgespuckt. Peter wischt sich aufatmend den Schweiß von der Stirn. Zumindest steht nun amtlich fest, dass unser Auto für Australiens Straßen sicher genug ist.

War es wirklich nur der Angstschweiß, der bei Peter ausgebrochen ist? Irgendwie findet er, dass er sich heute auch nicht so gut fühlt. Bevor wir unseren Benz beim RTA, der *Roads and Traffic Authority* zulassen, müssen wir beide ein Aspirin schlucken.

Weil wir unserem Auto weitere TÜV-Prüfungen und uns unnötige Behördengänge ersparen wollen, ist uns daran gelegen, gleich für zwölf Monate die Zulassung bzw. das *Permit to Operate an Unregistered Vehicle* zu erhalten. Wir wissen allerdings, dass meist nur eine viertel- oder halbjährliche Erlaubnis erteilt wird.

Um in Australien mit unserem deutschen Nummernschild fahren zu können, müssen wir außerdem nachweisen, dass das Auto in Deutschland noch ordnungsgemäß zugelassen ist. Aber diese Hürde kommt erst ganz zum Schluss. Zuerst geht es darum, wie viel wir für den *Greenslip*, eine Versicherung für Personenschäden, berappen müssen. Ein Motorhome, Campervan oder ähnliches Gefährt ist im Computer nicht vorhanden. Anhand des Gewichts sind wir ein Truck und die Beamtin will über 1.000 $ von uns, was wir entschieden zuviel finden.

Daraufhin rückt nun der Chef persönlich mit gestrenger Miene an. Vor allem auch, weil wir behaupten, dass unsere Zulassung nicht, wie in anderen Ländern üblich, ausläuft, sondern so lange besteht, bis sie abgemeldet wird. Auch meine Beteuerung, dass wir bei einem abgemeldeten Auto keinen Kfz-Schein hätten, lässt ihn unbeeindruckt. Wir haben zwar noch eine internationale Zulassung, die ist aber immer nur ein Jahr lang gültig und läuft bereits in einem halben Jahr aus.

Während wir noch überlegen, wie wir wohl die Zulassung auf dem Erlanger Landratsamt erreichen können, kommt dem RTA-Beamten die Idee, die deutsche Botschaft anzurufen. Als er zurückkommt, ist er deutlich freundlicher, da er nun von amtlicher Seite die Sache mit dem Kfz-Schein bestätigt bekam. Schließlich bekommen wir unser *Permit* für elf Monate ausgestellt, denn drei Wochen von unserem zwölfmonatigen Visum sind ohnehin schon vorbei. Weil aber unser Wohnmobil so groß ist, müssen wir wohl oder übel zähneknirschend die 1.050 $ für den *Greenslip* berappen.

Bis wir auf dem Campingplatz im Vorort **Rockdale** ankommen, ist es bereits finster. Wir hatten nicht mal mehr Zeit, Lebensmittel einzukaufen. Nach einer schnellen Nudelsuppe fallen wir ins Bett und nachts steigt unsere Körpertemperatur auf weit über 39 Grad - wir haben uns beide die berüchtigte Sydneygrippe eingefangen.

Als kurz darauf unser Sohn Michael für einen dreiwöchigen Urlaub in Sydney eintrifft, haben wir unsere Grippe noch nicht auskuriert. Eine knappe Woche lang macht er allein die Stadt unsicher, bis wir, immer noch ein bisschen schwach auf den Beinen, nach Norden starten. Michael liebt Action - Surfers Paradise, Gold Coast, Brisbane, Sunshine Coast. Action gibt es genug - nur mit dem Sunshine hat er Pech. Es ist kalt und es regnet - abends und morgens wird die Heizung angestellt.

Als Michael von **Brisbane** abgeflogen ist, verlassen wir den Küstenhighway. Einsame Nebenstraßen führen uns durch Eukalyptuswald und Farmland und in der abgelegenen *Cania Gorge* kommt bei uns zum ersten Mal das richtige Australiengefühl auf. In der Schlucht aus verwittertem, rotem und grauem Sandstein kann man das immense Alter dieses Kontinents erahnen und erfühlen. Vor gerade mal 200 Jahren war diese urtümliche Landschaft noch Lebensraum der Aborigines - heute haben Ausflügler und Touristen die Pfade der Ureinwohner breitgetreten.

Queensland - Schneevögel, Zuckerrohr und Regenwald

Queensland, der *Sunshine State*, während der sommerlichen Regenzeit unerträglich schwül und heiß, lockt im Winter mit einem angenehmen Klima. Aber selbst in **Rockhampton**, am Wendekreis des Steinbocks und somit in tropischen Breiten gelegen, müssen wir morgens noch die Heizung anschalten. Wir haben wieder mal außergewöhnliches Wetter erwischt. Man rechnet in Australien mit einem kühlen und nassen Jahr.

Ähnlich ihren amerikanischen Altersgenossen flüchten auch die Aussierentner aus Victoria, New South Wales und dem südlichen Western Australia in die Wärme. Regelrechte Wohnwagenkarawanen ziehen die Küste entlang ins nördliche Queensland. Die *Aussies* nächtigen wie wir an den großen *Rest Areas*, in preiswerten *Forest Camps* oder den Campingplätzen der Nationalparks.

Seit zwei Jahren sind wir nun "On the Road" und haben den Rhythmus der Straße im Blut: Morgendlicher Aufbruch, fremde Städte, neue Landschaften, jeden Abend ein anderer Platz zum Übernachten. Jeden Abend fremde Gesichter, neue "Nachbarn". Aber während wir von Amerika und Neuseeland daran gewöhnt sind, dass man sich mit einem freundlichen Winken oder einem kurzen Hi oder Hello begrüßt, treffen uns nun scheele Blicke.

Kommen wir mal mit anderen Campern näher ins Gespräch, stellt sich meist nach kurzer Zeit heraus, dass es sich um in erster Generation ausgewanderte Europäer handelt. Haben die älteren Australier noch immer Ressentiments gegen Deutschland und die Deutschen?

"Sie halten euch für Amerikaner", erklären uns ausgewanderte Deutsche, "und Amerikaner gelten als reiche Besserwisser, die glauben, sie wären die Herren der Welt."

"Left Hand Drive" ist gleichbedeutend mit USA, denn jeder kleine Australier weiß, dass man in Amerika auf der "falschen" Seite fährt. Außerdem ziert unser Wohnmobil eine große, farbige Karte von den USA und Kanada, in die wir alle bereisten Staaten eingeklebt haben. Daneben hat Peter - im Verhältnis viel zu groß - eine Karte von Neuseeland angebracht. "I love NZ" steht darüber. Nun sind ja Neuseeland und Australien befreundete Staaten - Rivalitäten und Sticheleien schließt das aber nicht aus.

Besonders die Tatsache, dass Neuseeländer ohne Visum in Australien leben und arbeiten dürfen, und vor allem die Jüngeren, der größeren Chancen wegen, vermehrt zuwandern, wird nicht überall gern gesehen. "Seit so viele Kiwis ins Land strömen, ist in Australien der durchschnittliche IQ alarmierend gesunken", spöttelte ein australischer Minister öffentlich. Worauf der neuseeländische Premierminister, auch nicht auf den Mund gefallen, konterte: "Bei uns in Neuseeland ist er daraufhin sprunghaft angestiegen!"

Aber ob man uns nun für Amerikaner, Deutsche oder sonst was hält, in erster Linie ist es wohl unser Benz, der den Rentnern in ihren klapprigen Wohnwagen und Campern aufstößt.

Erst als Peter auf rote Selbstklebefolie eine große Australienkarte überträgt und neben die anderen klebt, tauen auch die *Aussies* auf.

Es wird zusehends wärmer und wir tauen auch allmählich auf. Die Landschaft und die Vegetation ändern sich. Von den Australischen Alpen im Süden bis zur

Cape-York-Halbinsel im Norden zieht sich landschafts- und klimabestimmend die *Great Dividing Range*, ein Küstengebirge, an dessen Ostflanken der für die Landwirtschaft benötigte Regen hängen bleibt. Im Verbund mit der nötigen Wärme gedeihen im Norden Queenslands tropische Früchte wie Bananen, Mangos und Papayas.

In erster Linie beherrscht jedoch das Zuckerrohr die Landschaft. Die Felder mit den zartgrünen, weißblühenden Stangen erstrecken sich von der Küste bis zu den Berghängen. Sie werden von verzweigten Schmalspur-Schienennetzen durchzogen. Wenn von Juni bis Dezember das Rohr geerntet wird, transportiert man sie in den Loren der Bahnen direkt zu den Zuckermühlen.

Wir haben jetzt Ende Juni, die Saison hat also gerade begonnen, und weil Zuckerrohr nur in tropischen Regionen wächst, ist es für uns etwas Exotisches. Was liegt da näher, als eine der heftig rauchenden Zuckermühlen zu besichtigen, die es in fast jeder Stadt oder Kommune gibt.

Die *Victoria Mill* in **Ingham**, wie beinahe alles, was die Engländer damals bauten oder entdeckten, nach Englands Königin Victoria benannt, ist die derzeit größte und bietet täglich Führungen an. Ausgestattet mit Helm, Schutzbrille und Gehörschutz tappen wir einer Gruppe *Aussies* hinterher und erfahren dabei, dass Queenslands Pflanzer jährlich 38 Millionen Tonnen Zuckerrohr produzieren und Rohzucker das zweitgrößte Exportgut Australiens ist, worauf man natürlich entsprechend stolz ist. Stolz ist man auch darauf, dass im Bereich dieser Mühle das Zuckerrohr grün verarbeitet wird, das heißt, dass das Zuckerrohr vor dem Ernten nicht mehr abgebrannt wird. Diese Technik hat sich als umweltverträglicher und ertragreicher erwiesen, funktioniert aber angeblich weiter im Norden, wo die Niederschläge höher sind, nicht. Stolz ist man auch darauf, dass die Mühle in Sachen Energie autark arbeitet. Die ausgepressten Zuckerrohrstangen sind kein Abfall, sondern ihr Verbrennungsvorgang treibt die Maschinen der Mühle an.

Die Victoria-Mühle wurde 1883 in Betrieb genommen. Viel verändert hat sich seit diesen Tagen nicht. Der Betrieb sieht noch heute aus wie in den Anfängen der Industrialisierung. Die deutsche Gewerbeaufsicht würde angesichts der Sicherheitsstandards die Hände über dem Kopf zusammenschlagen. Wir klettern über steile Metalltreppen, laufen über Stege mit offenen Rosten und direkt unter uns blubbert heiß die braune Melasse.

Seit Königin Victoria wurde der Betrieb auch ganz augenscheinlich nicht mehr gereinigt. Wir blicken fassungslos auf die vor Schmutz starrenden Hallen und die verklebten Maschinen, die allgegenwärtigen Spinnweben. Selbst vor der großen Öffnung des Heißlufttrockners , wo der Rohzucker in einem letzten Arbeitsgang getrocknet wird, hängen dicke, verstaubte Spinnweben. Sicher, der Zucker wird anschließend in den Raffinerien noch einmal gekocht und gebleicht, und dem braunen Zucker wird wieder ein Teil der vorher entzogenen Melasse hinzugefügt - in Australiens und Neuseelands Supermärkten gibt es aber auch diesen unraffinierten Rohzucker zu kaufen und zum Abschluss der Führung erhält jeder Teilnehmer einen Becher Rohzucker direkt aus der Spinnwebentrommel.

Wo heute Zuckerrohr und tropische Früchte wachsen, wucherte noch vor zweihundert Jahren dichter Regenwald. Was nicht den Sägen und Äxten der Siedler zum Opfer gefallen ist, wird jetzt in *State Parks* und *National Parks* geschützt. Nach dem Besuch der Zuckerraffinerie rumpeln wir über Schlaglochpisten und abenteuerliche Brücken zum *Campground* im **Broadwater State Park** hinaus.

Wir haben zwar schon viele Regenwälder gesehen, aber dies ist unser erster tropischer. Die Stimmung im Wald ist einzigartig. Gleich zu Anfang eines kurzen Rundweges steht ein gigantischer *Ficus* mit riesigen Brettwurzeln, schlanke Palmen streben nach oben ans Licht und an allen Stämmen schlingen sich Kletterpflanzen und Würgefeigen nach oben. Gar manches Gewächs, das bei uns auf der Fensterbank ein kümmerliches Leben in trockener Heizungsluft fristete, erkennen wir hier wild wuchernd wieder.

Aber es ist nicht nur die Vegetation, die uns so fasziniert. Von den Regenwäldern der gemäßigten Zonen sind wir eine gedämpfte, jedes laute Geräusch absorbierende Stille gewöhnt. Hier jedoch raschelt, flattert und kreischt es, wo immer wir uns auch bewegen. Die Geräuschkulisse ist unbeschreiblich. Ab und zu gelingt es uns auch, einige der farbenfrohen Vögel ausfindig zu machen: Blau-rot-grün gefiederte *Rosellas*, Gelbhaubenkakadus, *Galahs* - gesellige, stets in Schwärmen lebende Vögel, die in Freiheit große Strecken fliegen. Auch sie führen, in falsch verstandener Tierliebe und oftmals mit gestutzten Flügeln, in vielen Wohnzimmern ein trauriges Dasein.

Am Morgen werden wir vom "Gelächter" der *Kookaburras* geweckt. Der zur Familie der Eisvögel gehörende *Laughing Jack* ist der Vogel Australiens schlechthin. Weil er von Mäusen über Ratten, Schlangen und Insekten so ziemlich alle nur denkbaren Schädlinge vertilgt, ist der *Kookaburra* auch ausgesprochen nützlich. Sein Gelächter, mit dem er in der Morgen- und Abenddämmerung sein Revier markiert, brachte ihm den Beinamen "Lachender Hans" ein. Den Aborigines war der *Kookaburra* heilig. Er hatte den göttlichen Auftrag, den Menschen am Morgen zu wecken. Aber auch wo es keine Kookaburras gibt, ist die Gefahr zu verschlafen gering. Dann wird der Weckauftrag gewissenhaft von anderen Schreihälsen erfüllt - Kakadus, Raben, Flötenvögel - die Morgenkonzerte in den tropischen Regionen, aber auch im Busch, sind ungemein vielfältig.

Weil die Tage im tropischen Norden, noch dazu in der "winterlichen Trockenzeit" extrem kurz sind, stehen wir auch wirklich kurz nach Beendigung des morgendlichen Weckkonzerts auf - kurz nach fünf Uhr wird es am Nachmittag bereits wieder dunkel, und Australien ist groß.

Je weiter wir nach Norden kommen, desto interessanter und exotischer wird die Landschaft. Hinter den allgegenwärtigen Zuckerrohrfeldern erheben sich zerklüftete Berge, die uns an die Vulkankegel der Südseeinseln erinnern. Mitunter biegen wir auch zur Küste ab.

Im **Edmund Kennedy National Park** reicht der Wald bis an den Strand. Vor dem Panorama der Inseln des **Great Barrier Reef** liegt ein mit Treibholz übersäter, einsamer Sandstrand. Ein Wanderweg führt durch den Wald und dann am Beach entlang zum *Wreck Creek*. Die toten Stämme weichen langsam einem Mangrovenwald auf hohen Stelzwurzeln.

Je näher wir der Flussmündung kommen, desto vorsichtiger werden wir. Im Creek soll es die gefährlichen Salzwasserkrokodile geben. Während wir die exotische Landschaft fotografieren, beäugen wir misstrauisch alle im Wasser liegenden Baumstämme. Aber Peter entdeckt nur fünf Fische. Sie schwimmen nahe an der Wasseroberfläche recht seltsam nebeneinander her. Sollen das wirklich Fische sein? Im Fernglas erkennen wir die hochliegenden Augen - es sind junge Krokodile, gerade mal 25 cm groß. Wo die Babys sind, kann die Mutter nicht weit sein. Wir wollen lieber nicht ihren Appetit wecken und halten es für angebracht, uns schnellstens zu verdrücken.

Die Strände in Nordqueensland sind ganz allgemein mit Vorsicht zu genießen, auch wenn es nicht überall Krokodile gibt. Vor allem während der schwülheißen Regenzeit ist das Baden im Meer wegen giftiger Quallen lebensgefährlich. Jetzt ist jedoch, zumindest dem Kalender nach, Trockenzeit. Weil wir wieder einmal Lust haben, richtig zu schwimmen, steuern wir den **Mission Beach** an. Er soll der schönste Strand in Nordqueensland sein. Zudem gibt es hier einen preiswerten *Council Campground*, der im Gegensatz zu den teuren, privaten Plätzen direkt am Strand liegt.

Der Strand ist wirklich exotisch. Bestanden mit Palmen und anderen tropischen Gewächsen und einem wahren Südseepanorama im Hintergrund sieht er aus wie das Klischee eines tropischen Paradieses. Nach langer Zeit gehen wir mal wieder schwimmen - bis uns ein brauner Abwasserteppich entgegenkommt - da sind wir blitzschnell wieder auf dem Trockenen. Der rammelvolle Campingplatz tut ein Übriges, uns schneller als beabsichtigt aus diesem Südseeparadies zu vertreiben.

Cairns - Strände, Märkte, Ureinwohner

Der Sound seines *Didgeridoos* tönt aus sämtlichen Souvenirshops; die CDs und Kassetten sind ein begehrtes Andenken an den Urlaub *Down Under*. Erfolgreich, charmant und auch für europäisches Empfinden ungemein gutaussehend, hat er es verstanden, sich dem weißen Lebensstil anzupassen und die ererbte Kultur geschäftstüchtig zu vermarkten. Verheiratet mit einer Weißen und ehemaliger Filmpartner von Marlon Brando gibt David Hudson einen prächtigen Vorzeige-Ureinwohner ab. Er ist Tourismusbotschafter des Staates Queensland und sein Konterfei soll demnächst auf einer Briefmarke verewigt werden.

Wenn er nicht gerade mit seiner Holztrompete auf Tournee durch die Welt jettet, steht David Hudson in seinem Laden in Cairns und verscherbelt T-Shirts mit Aboriginalmotiven, Bumerangs und natürlich *Didgeridoos* an Touristen aus Übersee.

Peter, der von diesem Urinstrument noch immer magisch angezogen wird und an keinem vorbeigehen kann, ohne hineinzublasen, bekommt vom Meister höchst persönlich Kurzunterricht in Atemtechnik und Nutzung der Kehlkopfsounds. Sieht einfach aus - aber Nachmachen ist schwer. Und weil David Hudson auf seinen Tourneen auch schon durch Köln gekommen ist, werden wir mit einem stilechten "Tschüs" verabschiedet.

Draußen treffen wir zum ersten Mal vermehrt auf Angehörige von Davids Volk. In der Gegend um Cairns leben viele Aborigines. Sie sind leider nicht zum

Vorzeigen. Mit ihren leeren, ausdruckslosen Gesichtern, dem schleppenden, torkelnden Gang sind diese entwurzelten, jeder Hoffnung beraubten Menschen ein Bild des Jammers, lebende Mahnmale der Schuld Australiens.

Von den reservatsnahen Städten Amerikas sind wir ja an betrunkene Indianer gewöhnt - aber das waren nur Männer, während die Frauen sich zum größten Teil ihre Würde bewahren konnten. Hier trinken auch die Frauen und ihr Anblick ist besonders schlimm.

Erst kürzlich haben wir, wenn auch mit einer gehörigen Portion Skepsis, Marlo Morgans "Traumfänger" gelesen. Die amerikanische Ärztin berichtet in diesem Buch von ihrem *Walkabout* mit einem, vom Staat nicht registrierten, Stamm durch den australischen Busch. Sie zeichnet dabei das Bild von geistig und moralisch hochstehenden Menschen mit außergewöhnlichen mentalen und telepathischen Fähigkeiten, deren Mitglieder beschlossen haben, den Rest des Lebens zölibatär zu leben und damit auszusterben, weil ihre und die weiße Lebensweise nicht miteinander vereinbar sind.

Ich glaube ja nicht, dass Australiens Ureinwohner moralisch höherstanden als die europäischen Siedler. Dass sie einst über Fähigkeiten verfügten, die uns längst abhanden gekommen sind, können wir uns jedoch gut vorstellen. Fähigkeiten, die in unserer Welt wenig gefragt sind und die mit reichlich Alkohol weggespült wurden.

"Wir haben ihnen die Bürgerrechte gegeben, jetzt leben sie von der Wohlfahrt, lungern herum und trinken. Früher haben sie wenigstens noch auf den Viehfarmen gearbeitet", schimpfte gestern ein Aussie, mit dem wir uns unterhielten. Sozialhilfe allein kann dieses Problem ganz sicher nicht lösen, geschweige das Unrecht wiedergutmachen, das den Ureinwohnern angetan wurde.

Nördlich von **Cairns** reihen sich Bilderbuch-Traumstrände in tropischer Umgebung. Leider steht an jedem noch so winzigen Fleckchen ein Schild: "Camping verboten" und die Campingplätze selbst sind bis auf den letzten Stellplatz rappelvoll. Noch dazu ist das Meer teilweise unappetitlich mit Abwässern verseucht. Weiter als bis zur **Mossman Gorge** fahren wir ohnehin nicht, denn die Pisten der **Cape-York-Halbinsel** sind nur mit Allradfahrzeugen zu befahren. Aber auch mit einem Allradantrieb wäre unser Wohnmobil für Australien kein geeignetes Off-Road-Fahrzeug. Tiefhängende Äste und enge Straßen machen oft sogar geteerte Zufahrten zu Nationalparks und anderen Sehenswürdigkeiten zum Abenteuer.

Nach **Kuranda** führt die Landstraße in engen und steilen Serpentinen ins **Atherton Tableland** hinauf. Der Ort liegt inmitten üppig wuchernder, tropischer Vegetation und die Blütenpracht der Bäume und Büsche wetteifert mit den Marktständen um die buntesten Farben. Heute ist nämlich Markt - aber eigentlich ist in Kuranda immer Markt, denn der Ort lebt ausschließlich vom Tourismus. Das ganze Städtchen scheint ein einziger Souvenirshop zu sein. Aber schon gegen drei Uhr leert es sich zusehends. Die Touristen fahren in ihren Bussen oder mit der Eisenbahn zurück nach Cairns oder mit der Seilbahn knapp über den Baumwipfeln zurück ins Tiefland.

Wir fahren zu den **Barron Falls** hinaus, wo sich der aufgestaute **Barron River** eindrucksvoll in mehreren Stufen durch die **Barron River Gorge** zwängt und zum Schluss in einen grünen Pool stürzt. Damit die Autoreisenden die Wasserfälle auch bequem besichtigen können, wurde ein weitläufiger, mit verschwenderisch blühenden Bäumen bestandener Parkplatz eingerichtet, und wir erküren ihn spontan zum Übernachtungsplatz.

Am nächsten Morgen schlagen wir die Route nach Mareeba ein. Die tropische Vegetation hat jetzt lockerem Eukalyptuswald Platz gemacht, und zwischen den Bäumen türmen sich die ersten Termitenhügel auf. Es sind die Behausungen jener emsigen, lichtscheuen Viecher, die in Akkordarbeit die vielen Baumstämme und Äste zu *Didgeridoos* aushöhlen, die anschließend in den Souvenirläden an deutsche Touristen verhökert werden. Angesichts der Massen, die rund um den Kontinent verkauft werden, wundert es mich, dass in Queensland überhaupt noch Bäume stehen.

Auch in **Mareeba** ist Markt. Kein Touristenmarkt, sondern ein gemischter Floh- und Gemüsemarkt, wie sie samstags in vielen australischen Orten abgehalten werden. Die umliegenden Farmer verkaufen hier ihre landwirtschaftlichen Erzeugnisse sowie Handarbeiten und Basteleien.

Neben Weißkraut, Kartoffeln und Mandarinen frisch vom Erzeuger, werden geschnitzte Schlüsselkästen und spitzenverzierte Klorollenhalter angeboten, und zwischen Rohrzangen und Schustereisen finden sich bunte Sofakissen und gehäkelte Deckchen, deren Farben und Muster aussehen, als wären sie allesamt Kreationen unserer verblichenen Tante Anni.

Grüne Hügel, Baumfarne, Wasserfälle und Seen - das **Atherton Tableland** erinnert an unser geliebtes Neuseeland. Gewissenhaft spulen wir alle Sehenswürdigkeiten ab, die im Reiseführer und den diversen Blättchen aus den örtlichen *Besucherzentren* aufgeführt werden, lichten Wasserfälle und Würgefeigen ab und am **Lake Eacham** würden wir ganz gerne bleiben. Der See ist hübsch, und, im Gegensatz zu den australischen Stauseen, auch nicht mit giftigen Algen verseucht. Selbst der Trubel hält sich in engen Grenzen. Leider steht hier ein Schild: "No Camping".

Für die weitere Strecke zurück nach Cairns sind auf der Karte keine besonderen Sehenswürdigkeiten mehr eingezeichnet und auch der Reiseführer erwähnt nichts. Wir empfinden jedoch die Fahrt über die **Gillies Range** als absoluten Höhepunkt. Der *Lake Barrine*, groß angepriesener Jubel-Trubel-See, lag noch ca. 800 m hoch. In engen, steilen Serpentinen führt der Gillies Highway nun über die Range und schraubt sich bis auf Meereshöhe hinab. Eukalyptuswald, verwitterte Sandsteinfelsen, eine atemberaubende Aussicht und - leider - keinerlei Möglichkeit zum Halten, zum Genießen und Fotografieren!

Auch wenn der Highway über die Gillies Range asphaltiert ist, und wir auch sonst größtenteils über befestigte Straßen fahren, Australiens Fahrbahnen sind nicht so glatt und eben wie deutsche Autobahnen. Unsere Stoßdämpfer fühlen sich schon wieder ziemlich weich an. Der Mercedes-Mechaniker in Cairns kann allerdings nur feststellen, dass sie dicht und nicht gebrochen sind - aber ans Nachstellen traut er sich ganz offensichtlich nicht heran. Wir werden zum Koni-Stoßdämpferspezialisten weitergeschickt, dort könne man nämlich auch unsere Federn prüfen, denn der Mechaniker glaubt, dass dies evtl. die Ursache wäre.

Der Spezialist kennt sich aus, baut vorne und hinten je einen Dämpfer aus und überprüft sie. Anschließend wird eine Probefahrt absolviert und der *Springman* gerufen. Diagnose: Die hinteren Blattfedern sind flachgedrückt. Die MEX 1, der Cassiar- und Dempster Highway und die vielen Wellblechpisten setzen einem Wohnmobil doch weit mehr zu als glatte europäische Straßen.

Stan, ehemals Stanislaus aus Polen, seines Zeichens Schmied und "Federdoktor", weiß Abhilfe. Er zieht unserem Benz auf jeder Seite zwei zusätzliche Federblätter ein, wir blechen 300 $, und nach getaner Arbeit ist unser Wohnmobil fit fürs Outback.

Im roten Herzen

Eukalyptusbäume und Termitenhügel säumen das schmale Teerband. Entlang der einspurigen Fahrbahn liegen tote Kängurus, Opfer des nächtlichen Verkehrs und Überlebensgarant für zahllose Krähen. Wenn wir auf sie zurollen, flattern sie erst im letzten Moment unwillig davon, ärgerlich krächzend, weil sie schon wieder bei ihrer Mahlzeit gestört wurden.

Seit Stunden fahren wir schon so nach Westen. Wir haben uns für die *Gulf Developmental Road* entschieden. Der *Flinders Highway*, der weiter südlich nach Westen verläuft, ist als schrecklich eintönig verschrien.

Einspurig sind jedoch beide Straßen. Begegnen sich zwei Fahrzeuge, zieht jedes nach links, fährt halb auf dem Teer, halb auf dem Bankett - so ist es auf diesen einspurig geteerten Fahrbahnen die Regel. Die Farmer in ihren robusten Landcruisern rumpeln dabei mit unverminderter Geschwindigkeit aufs Bankett, während wir vor dem Ausweichen jedes Mal vorsichtig abbremsen müssen. Auch die berüchtigten *Road Trains* (Seite 168) lassen nicht lange auf sich warten. Bis zu 50 m lang sind die Dinosaurier des *Outbacks* - nicht mal amerikanische Trucks können da mithalten.

"Wenn ein Road Train auf euch zu kommt, dann geht sofort ganz herunter von der Fahrbahn und überlasst ihm den Teer!", haben uns die *Aussies* gewarnt. Vielleicht waren wir nicht schnell genug und das Bankett ist an dieser Stelle auch verdammt schmal, jedenfalls zieht der dicke Brummer auch nach links und donnert, einen Steinhagel und eine riesige Staubwolke hinterlassend, an uns vorbei. Beim nächsten Laster verdrücken wir uns sofort respektvoll ganz weit nach links aufs Bankett und bleiben stehen, bis er an uns vorbeigerauscht ist.

Unsere erste Nacht im **Outback** verbringen wir stilecht an einem Billabong kurz vor **Georgetown**. Zugegeben, die Zufahrt zu dem Wasserloch, Überbleibsel eines ausgetrockneten Flusslaufs, ist mehr als halsbrecherisch, und wenn nicht bereits andere Camper dort unten gestanden hätten, wären wir mit unserem Mobil niemals über die spitzen Steine hinuntergerumpelt - aber das Outbackgefühl ist unbeschreiblich.

Nach Georgetown führt die Straße ständig durch *Cattleland*. Die riesigen *Stations*, wie die Viehfarmen hier heißen, sind nicht eingezäunt und man muss höllisch auf das Vieh aufpassen, das mit Vorliebe am Straßenrand weidet. Nach dem Motto: "Auf der anderen Seite der Straße ist das dürre Gestrüpp immer grüner!"

tappen Kühe und Kälber auch immer wieder vorwitzig über die Fahrbahn und lassen sich oft nicht einmal durch kräftiges Hupen verscheuchen. Die vielen Tierkadaver entlang der Fahrbahn zeugen davon, dass nicht nur Kängurus, sondern auch so manches Rindvieh unter den Rädern der *Road Trains* endet.

Die *Gulf Developmental Road* endet in **Normanton**, einem staubigen Outbacknest am Ende der Welt. Wir füllen den Tank und nehmen die *Burke Developmental Road*, die Teil des **Matilda Highways** ist, unter die Räder. Bretteben zieht sich die Fahrbahn durch die ausgedörrte Landschaft nach Süden. Doch warum ist auf diesem einspurigen Highway am Ende der Welt so viel Betrieb? Ständig kommen uns eilige Fahrzeuge mit gelben Signallichtern und Reklameaufdrucken entgegen - bis uns aufgeht, dass hier eine Sonntagsrallye veranstaltet wird. Vor einer dieser rasenden Kisten können wir nicht mehr schnell genug aufs Bankett flüchten - sie passiert uns in einer Staubwolke und einem Steinhagel - es prasselt und kracht - und unsere Windschutzscheibe hat drei dicke Treffer, sogenannte *Bulleyes*, abbekommen!

Gestern hatten wir noch darüber gesprochen, unser speziell für Alaska und Kanada gebasteltes Schutzgitter anzubringen. Hätten wir es, statt zu reden, wirklich getan - unsere Windschutzscheibe wäre wohl noch heil. Wir schützen die Löcher mit einem provisorischen Windschutzscheibenpflaster und hoffen, dass nichts weiterreißt.

Auf dem Campingplatz in **Cloncurry** holen wir die Arbeit mit dem Gitter - einen Tag zu spät - nach. Die Löcher beeinträchtigen zwar nicht die Sicht, erweisen sich aber für eine befriedigende Reparatur als zu groß. Nachdem sie sich durch ganz Australien nicht vergrößert haben und auch der deutsche TÜV die Scheibe nicht beanstandet hat, fahren wir noch immer mit den Bulleyes herum.

"Lube, Parts, Cold Drinks, Ice Creams" steht groß auf dem Schild über dem Werkstattor und darunter: "Cheapest prices in town". Die "Stadt" **Camooweal**, kurz vor der Grenze zum **Northern Territory**, besteht aus einer Handvoll Häusern, drei Tankstellen mit angeschlossener Werkstatt und einem *Outback Hotel* mit angeschlossenem Campingplatz, auf dem wir gerade die Nacht verbracht haben. "Die machen bestimmt unseren Ölwechsel!", frohlockt Peter, der wieder einmal hofft, um die anstehende Schweinerei herumzukommen. Das Tor der Werkstatt mit den billigsten Preisen sieht vielversprechend hoch aus und von Weitem hat Peter bereits eine Auffahrrampe erspäht.

Die Frau hängt den Zapfhahn in die Säule, wischt die Hände an den Jeans ab und mustert argwöhnisch uns und unseren Benz. Ölwechsel? Da müssten wir den Mechaniker fragen, erklärt sie uns. Sie bahnt sich und uns durch ein Sammelsurium an altem Werkzeug, Geschirr, und Spielzeugtraktoren den Weg durch die "Werkstatt", umrundet dabei ein eisernes Bettgestell mit Matratze, vorbei am Bügelbrett mit einem Korb voll Bügelwäsche und der Truhe mit der angepriesenen Eiskreme.

Mittendrin durch das Werkstatt-Wohnstuben-Idyll wuseln zwei kleine Steppkes - ein wenig schmuddelig wie die Mutter - oder ist's die Großmutter? Sie ist grauhaarig und undefinierbaren Alters, genau wie der Mechaniker, der gerade an einem Truck schweißt, der im hinteren Teil des Mehrzweckraumes steht. Unwillig klappt er die Schutzbrille in die Höhe, wirft einen kurzen Blick auf unser Fahrzeug vor dem Tor. Nein, er kann keinen Ölwechsel an unserem Truck machen, seine Rampe ist nicht groß genug, brummt er kurz angebunden und will sich wieder seiner Schweißarbeit zuwenden.

So schnell gibt Peter jedoch nicht auf. "Kann ich vielleicht selbst hier in der Werkstatt...?", bohrt er hartnäckig nach. Es geht ihm ja hauptsächlich um das Umfüllen des Altöls und das Reinigen der Auffangwanne.

"Nicht in meiner Werkstatt!", knurrt der Mechaniker. Das soll Peter gefälligst draußen vor der Stadt auf einem ebenen Platz machen. Na, dann eben nicht. Aber dann kommt Peter angesichts des wilden Sammelsuriums eine Blitzidee: "Ich sammle seltene *Licence Plates.* Haben sie welche?"

Er hat. "Queensland, New South Wales, Victoria, was sie wollen, kosten 20 Dollar das Stück. Suchen sie sich eines aus!" Mit dem Kinn weist er nach draußen, hinter die Werkstatt. Dort weidet aber nur eine weiße alte Schindmähre. "Das ist Joey!", krähen die Steppkes.

Peter interessieren weder der Gaul noch die Schilder von den dichtbesiedelten Staaten; er sucht eines vom Northern Territory mit der Aufschrift: NT Outback Australia. "Haben sie das auch?"

Klar, hat er. Aber wo? Na, an dem Truck, an dem er gerade schweißt, und dessen Ladefläche als Ablage für den Rest des Hausstandes dient. "Wollen sie das? Das können sie auch haben!" Spricht's, greift zum Schraubenzieher und montiert das Objekt von Peters Begierde kurzerhand ab. Keine Ahnung, was er jetzt mit nur einem Schild macht. Vielleicht meldet er es als gestohlen. Vielleicht hat er den Karren auch drüben im nur 20 km entfernten Northern Territory gekauft und meldet ihn nun in Queensland an. Uns ist das egal. Solange wir in Australien sind, werden wir unser Wohnmobil ohnehin nicht mit dieser neuesten Errungenschaft verzieren. Aber den Bären aus den Northwest Territories fährt Peter unbeanstandet und voll Stolz im vorderen Alkovenfenster spazieren, das vom Yukon im seitlichen und das von Alaska hinten.

Seit wir im Northern Territory sind, ist die Landschaft nicht gerade abwechslungsreicher geworden. Nur die Fahrbahn ist um Klassen besser. Endlos und schnurgerade dehnt sie sich bis zum Horizont - ein zweispurig dunkelgraues Asphaltband, gesäumt von Banketten in kräftigem Rostrot - der Farbe Australiens. Trotz der Eintönigkeit sind wir der Meinung, dass man solche Strecken im wahrsten Sinne des Wortes "erfahren" muss, um ein Gefühl für die Größe und Weite des Kontinents zu bekommen.

Am *Roadhouse* **Three Ways** biegen wir auf den Stuart Highway nach Süden ein. Die ehemalige Goldrauschstadt **Tennant Creek** nützen wir nur zum Auftanken; wir wollen weiter zu den **Devils Marbels**. Die Teufelsmurmeln sind eine willkommene Abwechslung in der Eintönigkeit des Highways. Die von Wind, Wetter und Wasser erodierten Granitkugeln und Blöcke stapeln sich fotogen in der Landschaft.

Früher trafen sich hier die Aborigines zu ihren Zeremonien, heute tummeln sich an ihren heiligen Plätzen die Touristen, zu denen natürlich auch wir gehören. Wir spazieren lange zwischen den orangerot gefärbten Steinkugeln herum und ich falle in den reinsten Fotorausch (📷 Seite 176).

Nach den Devils Marbels wird die Landschaft wieder flach und eintönig. Ein stürmischer Wind fegt über die Ebene, wirbelt die trockene Erde auf und dichte, rote Staubwolken verdunkeln den Horizont. Peter hat bei Gegenwind schräg von vorne alle Hände und Füße voll zu tun und auch der Benz wird ob der ungewohnten Schufterei reichlich durstig.

Die Eintönigkeit des Highways wird höchstens mal durch ein *Roadhouse* unterbrochen, jene typisch australischen Tankstellen mit Rundumversorgung im *Outback*. Wir rollen immer stur geradeaus, und wenn tatsächlich mal eine leichte Kurve kommt, wird sie zuverlässig durch ein Schild angekündigt.

Gut 20 km nördlich von Alice Springs überqueren wir wieder den Wendekreis des Steinbocks und kurz darauf wird die Landschaft wieder interessanter und bergiger.

The Alice - das Ende der Traumzeit

Alice Springs das rote Zentrum Australiens! Als Europäer verbinden wir das unweigerlich mit flirrender Wüstenhitze und Schweiß, der in Strömen fließt. Aber in Alice Springs ist Winter. Am Morgen schalten wir die Heizung an und ich hole den Fleecepullover aus dem Schrank.

Bevor wir uns den Sehenswürdigkeiten der Stadt zuwenden, braucht unser Benz Nachschub an Diesel. Als wir in den Truckstop einbiegen, steht dort auf wuchtigen Reifen bereits ein bulliges Gefährt, dem man trotz der Wohnmobilfenster und der Solaranlage auf den ersten Blick ansieht, dass es in seinem früheren Leben beim Militär Dienst tat. Auf den zweiten Blick entdecken wir den Mercedesstern und auf den dritten das deutsche Nummernschild. Die Besitzer des ungewöhnlichen Gefährts, zwei quasselfreudige Rheinländer, stellen sich als Jupp und Katharina vor. "Ach", meint Jupp, "ihr wart in Amerika. Da habt ihr sicher unsere Freunde getroffen. Die sind dort auch mit einem deutschen Wohnmobil unterwegs. Wolf und Ilona heißen sie." Aber natürlich - die Welt ist klein und Amerika ist nur ein Dorf - da kennt jeder jeden und selbstverständlich kennen wir auch Wolf und Ilona.

Jupp und Katharina wollen ihren *Truck* im Dezember nach den USA verschiffen, um zusammen mit Wolf und Ilona ein zweites Mal Südamerika zu bereisen. Bei der Wilhelmsen Line in Brisbane machte man Jupp bereits ein Angebot, sein Fahrzeug zum Sonderpreis von 6.000 $ zu transportieren. Eifrig notieren wir den Namen der Sachbearbeiterin. Wir wollen schließlich auf der gleichen Route nach Südafrika verschiffen.

Alice Springs ist nicht nur geographisches, sondern vor allem auch touristisches Zentrum. Nahezu jeder Australienbesucher kommt hierher und sei es nur per Flugzeug, um Ayers Rock und die Olgas zu sehen. Dementsprechend besteht die Innenstadt fast ausschließlich aus Souvenirläden, Galerien mit Aboriginalkunst und Reisebüros nebst Autovermietern. Die Malereien mit Motiven der Traumzeit sind ein absoluter Renner - kostspielige Artefakte einer zum Aussterben verurteilten Kultur. Einige wenige talentierte Künstler lassen aus urzeitlichen Mythen mit Pinsel und Acrylfarbe erstaunlich modern wirkende Kunstwerke entstehen.

Um so schockierender ist für uns die Konfrontation mit den Angehörigen dieser Kultur. Von den Europäern unsanft aus ihrer Traumzeit aufgerüttelt, machen sie auf uns den Eindruck, als weigerten sie sich, vollends wach zu werden. Das Land, dem sie sich in mehr als 40.000 Jahren bedingungslos angepasst haben, gehört jetzt den Weißen. Die Sippe, um die sich einst alles drehte, die Rückhalt, Autorität und moralische Instanz war, bietet diesen Halt schon längst nicht mehr. Sie fordert nur noch von denen, die eigenes Geld verdienen, ihren Anteil - für mehr Bier, mehr Schnaps, mehr Wein. Haltlos fallen sie in ein Vakuum, torkeln barfuß, zerlumpt und mit leerem Blick durch die Stadt. Der Traumzeit beraubt, von den heiligen Stätten vertrieben, lässt sich die nüchterne Realität der Weißen nur im Rauschzustand ertragen. Und im Rausch merkt man auch nicht, wie die weißen Touristen in einiger Entfernung ihre Kameras zücken und das Zoom ausfahren.

Weil bei den Weißen das Geschäft mit der Kunst boomt, versuchen viele Aborigines, wenn sich die Dollars von der Wohlfahrt verflüssigt haben, zusätzliches Geld mit Malerei zu verdienen. Verständlich, dass beileibe nicht jeder Ureinwohner, der mit Pinsel und Acrylfarbe hantiert, ein Künstler ist, und nur das wenigste, was entlang der Touristenrouten auf Leinwand gepinselt wird, die Bezeichnung Kunst auch wirklich verdient.

Weil wir uns sehr für die Aboriginal-Malereien interessieren und auf der Suche nach einem Bild sind, das in Naturfarben gehalten ist, bummeln wir durch diverse Shops. Dabei erleben wir mit, wie dieser "Kunsthandel" über die Bühne geht.

"Morgen kommst du wieder - dann hast du das Bild fertig! Aber akkurat und sauber - kein Gekleckse!", raunzt der Galerist, ein ehemaliger Deutscher mit slawischem Akzent, einen Aborigine an. Mit einem Stück weißer, bespannter Leinwand in der Hand und 10 $ Vorschuss in der Hosentasche schlurft der erbärmlich anzusehende "Künstler" mit eingezogenem Kopf davon.

Eine beklemmende Szene, die sich während einer knappen halben Stunde noch mehrmals wiederholt. Beklemmend ist für uns auch, wie diese Bilder ausgestellt werden. Um die Authentizität echter Aboriginalkunst zu belegen, werden die Künstler mit ihrem Werk in der Galerie fotografiert. Das ist an und für sich bei besonderen Kunstwerken Sitte und auf vielen Fotos sahen wir Ureinwohner, die vor Stolz über ihr gelungenes Werk strahlten. Aber die Fotografien in dieser Galerie wirken auf uns wie Fahndungsfotos der Polizei. Ein Foto erschreckt mich besonders. Ein Mann hält sein fertiges Gemälde vor die Brust. Die Geste und der Gesichtsausdruck der Hoffnungs- und Trostlosigkeit erinnern mich an das Bild von

Martin Schleyer, die aktuelle Tageszeitung vor der Brust haltend, als er wahrscheinlich schon wußte, dass er seine Entführung nicht überleben würde.

Später sehen wir übrigens diesen Galeristen im deutschen Fernsehen wieder. Es ist gerade Olympiade in Sydney und die Fernsehsender überbieten sich gegenseitig mit Berichten über Australiens Natur und Kultur, über seine Ureinwohner und natürlich auch deren Kunst. Die surrende Fernsehkamera hat aus dem Ausbeuter in wundersamer Weise einen mildtätigen Gönner der Ureinwohner werden lassen, der die Hungrigen speist, mittellosen Künstlern zu Ruhm und Ehren verhilft und uns sprachlos staunend in die Flimmerkiste starren lässt.

Alice Springs entstand, als eine Telegrafenleitung quer durch den Kontinent verlegt wurde. Die Besichtigung der alten Telegrafenstation, sowie der Quelle, ohne die Stadt und Telegraf nicht entstanden wären, gehört zum Pflichtprogramm für Touristen. Nach Alice Todd, der Frau des Leiters der Telegrafenstation, wurden Quelle und Stadt benannt. Die Quelle war einst ein wichtiger Zeremonienplatz der Ureinwohner. Heute ist der Ort ein *Historical Reserve* und man hat die Ureinwohner von hier verbannt - vielleicht ist die Quelle deshalb trocken.

Uluru

Im Licht der Morgensonne ist die Fahrt auf dem **Stuart Highway** ganz besonders stimmungsvoll. Dunkelrot heben sich die Tafelberge vom tiefblauen Himmel ab und das graugrüne *Spinifexgras* kontrastiert reizvoll mit der rostroten Erde. Auf dem Highway ist kaum Verkehr, nur die großen Reisebusse sind bereits unterwegs - wir nähern uns dem Australien-Highlight schlechthin - **Ayers Rock** bzw. *Uluru* in der Sprache der Ureinwohner.

In der weiten Ebene ragt vor uns plötzlich ein roter Tafelberg auf. Soll das bereits Australiens Wahrzeichen sein? Nein, es ist **Mt. Connor**. Zwar überragt er die Ebene genauso weit wie der Ayers Rock, aber die Magie des berühmten Sandsteinfelsens fehlt ihm. Endlich taucht *Uluru* in kräftigem Rot kurz hinter den Hügeln auf und auch die **Olgas** oder *Kata Tjuta* strecken für einen Moment ihre "vielen Köpfe" empor.

Doch vor dem Nationalpark steht **Yulara**. Ein Touristenghetto, auf dem Reißbrett entworfen und mittlerweile die viertgrößte Stadt im Northern Territory.

Hotels, Banken, Souvenirshops, Nachtclubs und Restaurants - da kommt garantiert das richtige Outbackfeeling auf. Der Campingplatz hat gigantische Ausmaße und nicht minder gigantische Preise: ein Stellplatz ohne Strom kostet 22 $! Aber, innerhalb des im Aboriginalland gelegenen Nationalparks ist Campen verboten, und so müssen auch wir blechen.

Aber kaum, dass wir diese künstliche Touristenstadt verlassen, nimmt uns *Uluru* wieder in seinen Bann. Hier ist einer der Orte, wo man die Kraft und Energie der Erde ganz unmittelbar spürt. In unserer ganz persönlichen Skala steht der Ayers Rock neben dem Grand Canyon und den Victoria Falls.

Dieses Gebiet ist das Zuhause der *Pitjantjatjara-* und *Yankunytjatjara-*Völker, die sich *Anangu* nennen und *Tjukurpa* ist das Fundament ihrer Kultur. Es umfasst Verhaltensregeln, Ordnung und Zusammenleben. Es ist das Gesetz der gegenseitigen Fürsorge sowie der Pflege des Landes, das die Existenz der Menschen ermöglicht. Es bezieht sich sowohl auf die Zeit der Entstehung als auch auf die Gegenwart. *Tjukurpa* ist kein Traum, keine Traumzeit, es ist real. Es ist das Leben an sich, in der Vergangenheit, in der Gegenwart und der Zukunft.

Es erklärt die Natur und alle Lebensformen: Am Anfang hatte die Welt keine Konturen und war ohne Gestalt. Urwesen erschienen aus dieser Leere, reisten weit umher und erschufen dabei alle Lebewesen, sowie die Formen und Eigenheiten der Landschaft, wie wir sie heute sehen. *Uluru* und *Kata Tjuta* sind der sichtbare Beweis ihrer Taten während der Erschaffung der Welt.

Die *Anangu* stammen direkt von diesen Urwesen ab und sind nun für das Land, dessen Pflege und Betreuung verantwortlich. Die genauen Einzelheiten von den Taten und Reisen unserer Ahnen werden in Form von *Tjukurpa*, dem Gesetz der *Anangu*, in Geschichten, Liedern, Tänzen und Ritualen von Generation zu Generation weitergegeben. Ebenso das Wissen, wie für das Land, die Tiere, Pflanzen und Menschen Sorge zu tragen ist.

Uluru und *Kata Tjuta* sind Teil eines Netzwerkes markanter, durch Pfade verbundener Punkte, die durch die Reisen der Urwesen entstanden sind. Wenn die Anangu auf das Land mit seinen Konturen und Lebewesen schauen, ist das für sie der sichtbare Beweis, dass die Ahnenwesen noch immer existieren: *Uluru* mit seinen Höhlen, Spalten und Wasserlöchern erzählt ihnen weiterhin von *Tjukurpa*. Sie brauchen keine besonderen Gebäude, die an ihre Religion und an das Gesetz erinnern. *Tjukurpa* ist überall und in der Landschaft selbst.

Zumeist sind es jüngere, aufgeschlossen wirkende Besucher, die sich interessiert vor den Displays im Kulturzentrum am *Uluru* drängen. In Englisch, Deutsch, Französisch und Italienisch, sogar in Japanisch klären die *Anangu* über ihre fälschlich mit Traumzeit übersetzte Kultur auf. Die Schautafeln erzählen von *Kuniya* und *Liru*, der Python und der Giftschlange, deren Kampf sichtbare Spuren und Wunden am *Uluru* hinterlassen hat. Und sie berichten von den Mala-Ahnen, jenen urzeitlichen Hasen-Wallaby-Leuten, die bei ihrer Ankunft am *Uluru* auf den Berg kletterten, um einen Zeremonienpfahl zu errichten, und von denen die Anangu abstammen.

Der *Climb* genannte Aufstieg auf den *Uluru* kreuzt die Route, die die Mala-Ahnen nahmen, als sie am *Uluru* ankamen. Deshalb ist dieser Aufstieg von großer spiritueller Bedeutung für die *Anangu* und sie bitten die Besucher, die kulturelle und geistige Bedeutung des Berges zu respektieren und ihn aus diesem Grund nicht zu besteigen.

Es ist interessant, wie sich die *Anangu* die Erschaffung der Welt und des Ayers Rock vorgestellt haben. Aber mittlerweile waren die Geologen da. Sie haben das genaue Alter des Rock datiert, festgestellt, dass er aus Arkosesandstein besteht, und ihnen erklärt, dass er der verwitterte Überrest eines erodierten und wieder aufgeworfenen Faltengebirges ist. Noch dazu haben ihnen unsere Missionare die wahre Religion, das Heil und die Erlösung gebracht und deshalb müssten sie jetzt eigentlich wissen, dass die Geschichten von ihren Mala-Ahnen purer Aberglaube sind! Das ist ein Berg und Berge sind dazu da, dass man raufsteigt!

Sind das die Gedanken jener Touristen, die trotz der Bitten der rechtmäßigen Eigentümer täglich in Scharen auf den *Uluru* hinaufklettern? Oder steigen sie zuerst hinauf und gehen erst danach ins Kulturzentrum? Viele, vor allem Asiaten, kommen ausschließlich, um auf den Felsen zu klettern.

Von Weitem sieht es aus, als würde eine Ameisenkolonne auf den Fels hinaufkrabbeln. Hinterher kann man per T-Shirt mit der Aufschrift: "I climbed Ayers Rock" dem Rest der Welt von der Heldentat berichten. Vor einigen Jahren haben die Aborigines die Rückgabe ihres Landes und ihrer heiligen Stätten in einem langjährigen Prozess vor Gericht erstritten und daraufhin den Nationalpark für 99 Jahre an den Staat verpachtet. Die Rückgabe erfolgte allerdings unter der Auflage, dass der *Climb* bestehen bleibt.

Zugegeben, es liegt in unserer Mentalität, Berge zu "bezwingen". Und obwohl der Aufstieg für uns aus Respekt vor den Ureinwohnern von vornherein kein Thema war, reizt er uns, zumindest einen Augenblick lang, doch ein wenig. Aber für uns ist selbstverständlich, fremde Kulturen und Religionen zu achten.

Die Wanderstiefel schnüren wir trotzdem, denn um den *Uluru* führt ein 9 km langer Fußweg herum. Der rostrote Monolith, der aus der Ferne wie glattgehobelt wirkt, ist in Wirklichkeit stark zerklüftet. Für die Anangu hat jedes Wasserloch, jede Höhle und Spalte eine sakrale Bedeutung. Manche Plätze sind nur eingeweihten Frauen zugänglich, manche nur initiierten Männern. Die heiligen Stellen sind eingezäunt und Tafeln weisen darauf hin, dass man sie nicht betreten und fotografieren darf. Es ist den Stammesangehörigen wieder möglich, hier ihre seit Jahrtausenden überlieferten Rituale ungestört auszuüben.

In einiger Entfernung zelebrieren allabendlich die weißen Besucher ihr eigenes Ritual. Auch sie haben dafür einen ganz speziellen, einen magischen Platz: *Sunset Point*. Wenn abends die Sonne langsam sinkt, füllt sich der riesige, tagsüber unbeachtete Parkplatz langsam mit Fahrzeugen. Autos und Wohnmobile reihen sich einträchtig nebeneinander und ihre Fahrer bereiten sich mit Eifer und Akribie auf die heilige Handlung vor.

Ayers Rock im Sonnenuntergang: Auf unzähligen Postern, Postkarten und Kalendern erhebt sich der archaische Monolith rotglühend über die Ebene und wurde damit zum Wahrzeichen Australiens schlechthin. Aber mag es auch noch so viele perfekte Profifotos geben, der Besucher muss dokumentieren und belegen, dass er selbst da war, und sei es auch nur mit einem unterbelichteten Amateurfoto. Das ist seit Jahrzehnten überliefertes Touristengesetz, dem auch wir uns nicht entziehen können und wollen.

Nachdem Peter gewissenhaft ein gutes Dutzend verschiedener Standpunkte überprüft hat, baut er das Stativ letztendlich am bestmöglichen Platz überhaupt auf: auf dem Wohnmobildach. Peter ist bereit. Zufrieden lässt er von seinem Logenplatz den Blick über die Wartenden schweifen. Der Parkplatz hat sich bis in den letzten Winkel gefüllt, die Kameras liegen schussbereit.

Was ist das? Neben uns wird eifrig aufgebaut, wuseln befrackte Kellner geschäftig um weißgedeckte Tische herum, balancieren Tabletts, hantieren mit Eiskübeln. Während wir noch rätseln, was das Tamtam wohl bedeuten soll, laden ein paar Kleinbusse mit der Aufschrift "VIP" ihre Touristenfracht ab: Sonnenuntergang mit eisgekühltem Schampus - das absolute *Outbackfeeling*.

Traumzeit oder Kommerz - *Uluru* ficht es nicht an, wer hier wie seine Rituale ausübt. Während der Vollmond hell über dem Monolithen aufgeht, neben uns die Schampusgläser klingen, und von allen Seiten die Kameras klicken und surren, überzieht ihn die untergehende Sonne mit einer Flut glühender Rottöne. Peters Zeigefinger gerät in wilde Zuckungen und beruhigt sich erst wieder, als das letzte Rot verloschen ist.

Während sich der Berg nur noch dunkel gegen den Vollmondhimmel abhebt, setzt sich am *Sunset Point* eine Blechschlange in Bewegung. Mit tausendfach leuchtenden Augen windet sich das Reptil nach Yulara, wo es sich auflöst und auf magische Weise täglich wieder neu formiert.

Kata Tjuta - "Viele Köpfe" heißen die roten Felskuppeln der **Olgas** zutreffend in der Sprache der Eingeborenen (📷 Seite 176). Auch hier stehen Tafeln mit der Bitte: "Heiliger Platz, bitte nicht klettern!" Während der Wanderung durch die uralten Felskuppeln können wir das durchaus nachempfinden. Die Stimmung inmitten der vielen Köpfe ist unbeschreiblich. Keine unserer von Menschenhand gebauten Kathedralen kann solch ein erhebendes Gefühl hervorrufen wie diese von roten Felsen umgebene Naturarena. Noch dazu sind wir auf der Wanderung durch das **Valley of the Winds** fast ganz alleine.

Obwohl sich ungeheure Menschenmassen im Nationalpark aufhalten, hält sich die Zahl der Wanderer bei den Olgas in Grenzen. Zwar halten auch hier immer wieder Busse und entladen ihre Touristenfracht, aber viel Zeit bleibt den Armen nicht. Sie schaffen es, wenn überhaupt, gerade mal zum ersten Viewpoint und schon werden sie von der Bushupe wieder gnadenlos zurückgerufen.

Zum Abendessen stehen wir am *Sunset Viewing Point* der Olgas und genießen vom Wohnzimmerfenster aus den Ausblick. Wir sind aber nicht die einzigen, die ihr Dinner vor den *Olgas* einnehmen. Es ist auch einer von den VIP-Bussen aufgekreuzt. Ein Kellner mit Weste und Fliege kredenzt zwei Japanern an einem weiß gedeckten Tisch Schampus und brutzelt auf dem Gasgrill Filets.

Wir genießen den Sonnenuntergang über den Olgas von unserer Dachloge aus.

Als wir später durch eine unvergleichliche Abendstimmung nach *Yulara* zurückfahren, haben wir die Olgas immer wieder im Blickfeld, die sich nun schwarz gegen den roten Abendhimmel abheben, während vor uns *Uluru* in einem geheimnisvollen Violett leuchtet.

Während der kühlen Wintermonate ist Australiens Rotes Zentrum ein Paradies für Wanderer. **Kings Canyon**, **Ormiston Gorge**, **Standley Chasm**, **Simpsons Gap** - wir genießen die Touren durch uralte, verwitterte Ranges, zerklüftete Schluchten und archaische Landschaften. Wo *Ghost Gums* ihre weißen Äste knorrig in den blauen Himmel strecken und pieksendes *Spinifexgras* die rote Erde überzieht, klettern wir durch ausgetrocknete Flussläufe, machen mit dem Teleobjektiv Jagd auf scheue Felsenkängurus und dürre *Dingos*. Im Sommer, wenn die Temperaturen auf über 50 Grad steigen, sind körperliche Aktivitäten weniger vergnüglich und viele Wanderwege werden aus Sicherheitsgründen ganz geschlossen.

Von Freshies und Salties

Spinifex, Wüsteneichen, Rinder - gut alle 100 bis 150 km mal ein *Roadhouse*. Teurer Sprit für den fahrbaren Untersatz, kühles Bier für die Kehle, frittierter Schnellimbiss für den Magen, Campingplatz und Hotel für die müden Häupter. Dann wieder *Spinifex*, Wüsteneichen, Rinder - bis zum nächsten *Roadhouse* oder der nächsten *Rest Area* am historischen Gedenkstein, aufgestellt zu Ehren von Australiens weißen Erforschern.

Abends campen wir, wie die meisten *Aussies*, die mit ihren Wohnwagengespannen nach Norden ziehen, an den *Rest Areas* mehr oder weniger direkt neben dem Stuart Highway. Zwar donnert nachts mal ab und zu ein *Road Train* vorbei - aber was soll's, an den Roadhouse-Campingplätzen ist es auch nicht leiser.

Das Zentrum mit seinen relativ kühlen Wintertemperaturen und den eisigen Nächten liegt hinter uns. Die Termitenhügel werden größer, die Vegetation zunehmend grüner. Es ist heiß geworden.

Australien ist verdammt groß und von Sehenswürdigkeit zu Sehenswürdigkeit sind eine Menge Kilometer zu fahren: von Alice Springs nach **Mataranka** sind es genau 1.070 km. Hier bleiben die meisten für ein oder zwei Tage: denn Mataranka steht für Entspannung, Erfrischung und Abwechslung nach über tausend Kilometern Stuart Highway. Der Ort lockt mit seinem natürlichen Thermalpool, der Teil des **Elsey National Parks** ist.

Der private Campingplatz ist proppenvoll. Im Teich der warmen Quelle planscht juchzend und kreischend eine halbe Busladung Touristen. Die andere

Hälfte der Busladung ist damit beschäftigt unter stetigen Begeisterungsrufen das palmenumstandene, tropische Idyll mit der Kamera abzulichten. Unter normalen Umständen hätten wir augenblicklich die Flucht ergriffen, aber drei Tage Highway und Hitze wirken wie ein Filter im Gehirn. Wir nehmen den Rummel nur noch am Rande wahr, lassen uns ins Wasser gleiten und geben mit einem von Herzen kommenden "Aaah!" unser Wohlbehagen kund. Das türkis schimmernde und 34 Grad warme Wasser ist ungemein entspannend - eine Labsal für Körper und Geist - nur die Erfrischung kommt bei 34 Grad Wassertemperatur zu kurz.

Wir lechzen nach Ruhe und Erfrischung und haben dem Trubel am Pool den Rücken gekehrt. Mehr Ruhe verspricht der abgelegene, weitläufige Nationalpark-Campingplatz und Erfrischung der *Roper River*, an dessen Verlauf durch den Park mehrere Badestellen liegen. Palmen und Eukalyptusbäume säumen seine Ufer, Kakadus und Sittiche liefern mit ihrem Geschrei und Gekreisch den passenden Dschungel-Sound.

Zuerst sticht mir das braune, undefinierbare Zeug ins Auge, das vereinzelt, teils in Teppichen auf der grünen Wasseroberfläche schwimmt. Abwässer? Nein, die sehen anders aus. Misstrauisch mustern wir das schlammige Ufer, das Wasser, das keinen Blick zum Grund durchlässt. Irgendwie trauen wir uns in die grüne Brühe nicht so recht hinein. Wenn es nur nicht so schrecklich heiß wäre... Dann entdecke ich das Schild: Im Roper River gibt es Süßwasserkrokodile!

"Ja, natürlich gibt es Süßwasserkrokodile im Fluss. Aber die *Freshies* sind vollkommen harmlos", klärt uns der Ranger am Campingplatz auf. "Im Gegensatz zu den gefährlichen *Salties*, den Salzwasserkrokodilen, werden die nur maximal zweieinhalb bis drei Meter lang!" Ach, so klein sind die Tierchen, das ist ja ungemein beruhigend!

"Wenn die so harmlos sind, warum stellt ihr dann Warnschilder auf?"

"Das verlangt das Gesetz. Aber *Freshies* fressen nur Fische und Kleingetier und sie gehen erst am Abend auf Beutefang. Deshalb darf man in der Dämmerung nicht mehr zum Baden gehen. Tagsüber ist Schwimmen völlig ungefährlich. *Freshies* sind so scheu, dass man sie gar nicht zu Gesicht bekommt", und zur Bekräftigung seiner Worte drückt uns der Ranger einen Lageplan mit den besten Badestellen in die Hand.

Unterhalb des *Campgrounds* sind Badepontons im Fluss verankert. Man könnte wirklich ganz bequem über Leitern ins Wasser. Es schwimmen auch schon ein paar Leute in den grünen Fluten herum und die Kids schubsen sich gegenseitig kichernd und spritzend ins kühle Nass. Von den Krokodilen ist nichts zu sehen. Es ist wirklich höllisch heiß und das braune Zeug, das am Ufer herumschwimmt, sollen ja auch nur harmlose Algen sein...

Das Schwimmen im Fluss ist ein Hochgenuss! Ein wenig ungewohnt, weil man im grünen Wasser nicht sieht, was unter einem ist, und weit weg vom rettenden Ponton getrauen wir uns auch nicht. Es könnte ja immerhin möglich sein, dass plötzlich ein drei Meter kurzes Süßwasserkrokodil außerplanmäßig Appetit auf importierte *Germans* bekommt.

Countrymusic tönt aus Lautsprechern, über Verkaufsständen flattern die *Stars and Stripes*, und Händler bieten amerikanische Gürtelschließen und indianische Traumfänger feil. In den Auslagen baumeln T-Shirts mit aufgedruckten Wölfen und Adlern und vom farbigen Hochglanzposter blickt ein Indianerhäuptling in vollem Federschmuck würdig und weise über das bunte Treiben. Falscher Film? Vertauschte Seiten? Nein, wir sind noch immer in Mataranka.

Erfrischt und ausgeruht haben wir uns der Abwechslung zugewandt - es ist Rodeo in Mataranka! Irgendwie haben wir es in den anderthalb Jahren Amerika nie geschafft, ein Rodeo zu besuchen und an reinen Touristenveranstaltungen, wie sie in manchen Orten täglich abgehalten werden, waren wir nicht interessiert. Nun wollen wir zumindest ein australisches Rodeo miterleben.

Auf den ersten Blick mutet auch das Ambiente in Mataranka echt amerikanisch an. Nur dass die Cowboys, die in Jeans, Cowboystiefeln und Cowboyhut Kälber und Rinder über einen Parcours treiben, hier *Stockmen* heißen (das Wort "Cowboy" gilt in Australien übrigens als Beleidigung). Auch die Helfer, die an den Gattern die Tiere einlassen, könnten jedem Western entsprungen sein. Erst wenn man die Männer, die versuchen sich so lange wie möglich auf den wilden Hengsten und Bullen zu halten, genauer ansieht, merkt man, dass wir nicht in USA, sondern in Australien sind.

Viele der *Stockmen*, die für Preisgeld und Applaus ihre Knochen hinhalten, sind Aborigines. Den Umgang mit Pferden und Rindern haben sie auf den großen *Rinder Stations* gelernt, wo sie das Jahr über arbeiten. Ihre Verwandten und Bekannten sitzen mit Kind und Kegel unter den Zuschauern - gewaschen, gekämmt, in sauberen Kleidern - und nüchtern, was aber ganz sicher nicht nur am strikten Alkoholverbot liegt, das auf dem gesamten Rodeogelände herrscht. Es sind eben hauptsächlich die Entwurzelten, die es in Städte wie Cairns und Alice Springs zieht.

Schlappe 105 km sind es bis nach **Katherine**. Mit Supermarkt, Post und Tankstelle gibt es hier alles, was der Mensch auf Reisen braucht. Natürlich auch *Caravanparks* und Hotels, aber wie üblich campen wir lieber wild ein Stück außerhalb am Katherine River. Das Piktogramm mit dem durchgestrichenen Zelt ficht uns nicht an - wir zelten nicht, wir haben ein Wohnmobil.

Katherine ist außerdem Ausgangspunkt für die gleichnamige *Gorge* und den **Nitmiluk National Park**. Doch bevor wir uns den Naturschönheiten widmen, besichtigen wir eine jener typischen Sehenswürdigkeiten, die es nur in Australien gibt.

"Ich glaube, hier ist es", Peter tritt auf die Bremse und rangiert den Camper an den Straßenrand. Gestern haben uns junge Leute von einem Schuppen an der Straße zur **Katherine Gorge** erzählt, wo angeblich gute *Didgeridoos* günstig verkauft werden.

"Nur bei mir gibt es die echten *Didgeridoos*! Nur meine sind richtig von Termiten ausgefressen!", begrüßt uns ein waschechtes Outback-Original. Und während der Aussie das ausgefranste Shirt in die nicht minder ausgefransten Shorts stopft, fordert er uns auf: "Kommt herein und seht euch um!" Zwischen Kettensägen und Äxten bahnt er sich den Weg zu einem Stapel ausgefressener Rohlinge, die noch nicht entrindet sind, damit wir uns mit fachmännischen Augen selbst davon überzeugen können, dass hier keine Bohrer oder Drechselmaschinen am Werke waren.

"Alles Natur! In Katherine und Darwin verhökern sie nur billige Fabrikware", werden wir aufgeklärt und dann weiter in den Schuppen bugsiert. Hier haust und arbeitet der Natur-Didgeridoo-Produzent zusammen mit seinem liebreizenden Töchterlein, das für die künstlerische Gestaltung der Instrumente zuständig ist. Im kombinierten Werkstatt-Wohnstube-Küche-Schlafzimmer-Verkaufsraum liegen zwischen schmutzigem Geschirr, zerknüllten Hemden und einem durchgesessenen Sofa die *Didgeridoos* in verschiedenen Herstellungsstadien.

Wir werden jetzt von höchster Instanz in den geheimnisvollen Fertigungsprozess eingeweiht: Nachdem die Termiten ihre Arbeit getan haben, und die *Didges* entrindet und ein wenig in Form gehobelt sind, werden die Blasrohre von der Tochter bemalt. Den feinen, mit einem langen Grashalm gemalten Röntgenstil des

Arnhemlandes hat sie weiterentwickelt. Mit einem dicken Pinsel und Acrylfarbe kleckst sie bunte Schildkröten, Regenbogenschlangen und Krokodile aufs Holz.

Und während sich der Vater voll Stolz am Stoppelbart kratzt, erfahren wir weiter: "Nur meine *Didges* sind, wie ihr sehen könnt, auch wirklich von Hand bemalt. Alle anderen haben nur billige Abziehbilder aufgeklebt!" Peter zeigt sich beeindruckt und interessiert, und einen Moment lang habe ich schon Angst, er will eines der überteuerten, groben Dinger kaufen. "Vielleicht komme ich auf dem Rückweg noch mal vorbei", verabschiedet er sich endlich und ich atme erleichtert auf.

"Ist eigentlich ganz simpel", sinniert Peter. "Mit unserer Lagerfeueraxt fälle ich einen hohlen Baum..." Im nächsten Moment tritt er schon wieder auf die Bremse und stürmt in Sandalen und kurzen Hosen das Wäldchen am Straßenrand, ortet mit Feuereifer Termitenhügel, untersucht abgefallene Äste, klopft an Baumstämme. Nur mein düster und plastisch gezeichnetes Schreckenszenario von Schlangen, Giftspinnen und anderem Krabbelgetier, und vor allem die Erinnerung an die mit eigenen Augen gesichteten Schlangen, bringen ihn letztendlich von seinen Do-it-yourself-Plänen ab.

Der Katherine River benötigte Jahrmillionen eifrigster Do-it-yourself-Arbeit, um sein Bett durch das 60 m hohe Gestein zu fräsen. Die fleißige Arbeit ist ohne Zweifel ungeheuer eindrucksvoll geworden und für das Northern Territory äußerst gewinnbringend. Zumindest in der Trockenzeit, wenn die Touristen in Scharen einfallen, um das Ergebnis der unermüdlichen Fräsarbeit zu bewundern. Dann fließt der Katherine River allerdings so langsam und gemächlich vor sich hin, dass man ihm die gewaltige Leistung gar nicht so recht zutraut. In der Regenzeit jedoch ist der Katherine River wild und unberechenbar, schwillt mitunter um mehr als 20 m an, überflutet ganze Ortschaften und hinterlässt als Beweis für die ungläubig staunenden Touristen aus Übersee jede Menge Gras und Gestrüpp in den Kronen der Bäume.

Dann kann es auch vorkommen, dass sich zu den harmlosen *Freshies* ein oder zwei *Salties* verirren - jene gefährlichen Salzwasserkrokodile, die bis zu 6 m lang werden und hauptsächlich im Mündungsbereich der großen Flüsse leben. Auch in der letzten Regenzeit verirrte sich ein *Saltie* in die Schlucht. Es wurde aber eingefangen, versichert uns der Ranger und wir könnten getrost baden - auf eigene Gefahr, versteht sich. Sich bei 45 Grad auf den schattenlosen Wanderwegen entlang der Schlucht das Hirn vertrocknen zu lassen, wäre jedoch weitaus gefährlicher, warnt er uns. Außerdem muss man die Schlucht vom Wasser aus erleben. Am einfachsten geht das mit den großen Ausflugsbooten, die je nach Wasserstand bis in die zweite der fünf durch kleine Katarakte getrennten Gorges vordringen. Wer will, kann aber auch Kajaks oder Kanus mieten oder sein eigenes Boot zu Wasser lassen - gegen Gebühr und Sicherheitskaution versteht sich. Nur das Baden im Fluss ist kostenlos.

Ist es, dass wir nicht gerne für die Benutzung des eigenen Bootes bezahlen oder weil die Hitze unsere Aktivitäten lähmt - jedenfalls sitzen wir am nächsten Morgen gegen alle Gewohnheit in einem Ausflugsboot, um mit eigenen Augen das Ergebnis jahrmillionenlanger Schleifarbeit zu bewundern. Umgeben von soviel spektakulärer Natur wurde natürlich auch der Mensch zu kultureller Höchstleistung angespornt: 10.000 Jahre alte Felszeichnungen der Aborigines zieren die roten Wände der Gorge. Da konnte der weiße Mann nicht nachstehen und erhob die Schlucht zur Filmkulisse. Das Happy End des Filmspektakels *Crocodile Dundee 2* wurde hier dramatisch in Szene gesetzt.

Glücklicherweise ist es auch zur nächsten Attraktion und Abfrischung nicht allzu weit - nur 90 km - für australische Verhältnisse ein Pappenstiel. Die **Edith Falls** sind Teil des Nitmiluk National Parks. Der Wasserfall selbst ist klein, gerade mal 10 m hoch - aber die eigentliche Attraktion ist ja auch der Pool, in den er sich ergießt. 190 m im Durchmesser, glasklares, erfrischendes Wasser und tropische Umgebung - bei ständig steigenden Temperaturen ein wahrhaft paradiesisches Vergnügen! Ach ja, die *Freshies*, die gibt's hier natürlich auch. Vor Jahren hat ein unvorsichtiger, nächtlicher Schwimmer den Appetit der scheuen Tiere geweckt und wurde prompt attackiert. Von 7 Uhr abends bis 7 Uhr morgens ist seither das Baden im Pool verboten.

Kakadu National Park - Crocodile Dundees Reich der Salties

Langsam gleitet das Boot durch einen Teppich aus weißen Wasserlilien. Aufgeschreckte Wasservögel erheben sich kreischend in die Luft, der Seeadler tut seinen Unmut ärgerlich krächzend kund. Über großblättrige Wasserpflanzen, die verschwenderisch in Lila und Rosa blühen, läuft auf riesigen Füßen ein kleiner, bunter Jesusvogel. Wir sind eingetaucht in eine völlig neue Welt. Auch wenn wir dafür schon wieder in ein Touristenboot steigen mussten.

Das *Yellow Water*, Überschwemmungsgebiet und Brackwasserarm des Alligator River, ist einer der Hauptanziehungspunkte des **Kakadu National Parks** - und es ist das Reich der gefährlichen Salzwasserkrokodile. Schlauch- und Ruderboote, langsame Kajaks und Kanus sind hier tabu. Die Überschwemmungen der letzten Regenzeit gehen bereits zurück, aber noch immer stehen die Bäume, die sich dem Zyklus von Überschwemmung und Trockenheit angepasst haben, bis zu einem Meter tief im Wasser.

Wir gleiten mit dem Boot zwischen den Stämmen hindurch und fühlen uns wie verzaubert. Endlich entdecken wir auch das erste *Saltie*. Die wärmenden Strahlen der Morgensonne haben es aus seinem nassen Element gelockt. Dösend sonnt sich das Reptil auf einem umgestürzten Baumstamm, zeigt uns gähnend die mächtigen Kiefer und messerscharfen Zähne. Auch zwischen den Pandanuspalmen, die auf den leichten Anhöhen wachsen, räkeln sich die gefürchteten *Crocs*. Bis zu 3 m lang sind die Exemplare, die wir während dieser Bootstour zu Gesicht bekommen. Größere Kaliber werden eingefangen und aus diesem touristisch stark frequentierten Bereich deportiert. Seit Krokodile in Australien geschützt sind, hat nicht nur ihr Bestand wieder stark zugenommen, sondern auch die Anzahl der Attacken auf den Menschen, insbesondere auf leichtsinnige Angler.

Die ausgewachsenen Exemplare sichten wir später während eines Spaziergangs entlang des **East Alligator River**. Vom geschützten Steilufer aus suchen wir lange Zeit vergeblich mit dem Fernglas das grautrübe Wasser und die Sandbänke ab. Bis sich plötzlich zwei riesige Krokodile mit lautem Platschen ins Wasser stürzen. Was sie uns dort unten bieten, deuten wir als Revierkampf. Pfeilschnell sucht das unterlegene Krokodil das Weite. Der Revierinhaber, ein gut 6 m langer Brocken, patrouilliert noch eine ganze Weile schwimmend vor seiner Sandbank. Nur Kopf und Augen und manchmal auch der gepanzerte Rücken heben sich von der Wasseroberfläche des Flusses ab. Exemplare wie dieses können auch die leichten Aluminiumboote zum Kentern bringen, die von den Aussies so gerne zum Angeln benutzt werden.

Was uns den Kakadu National Park so sympathisch macht, sind seine zahlreichen kostenlosen Campingstellen. Meist an einem *Billabong* gelegen, sind sie Garant für echte Outbackstimmung. Zum Gekrächze weißer und schwarzer Kakadus erleben wir dramatische Sonnenuntergänge.

Von den Wasserlöchern selbst halten wir respektvoll Abstand, denn in ihnen hausen nicht nur Salzwasserkrokodile, sondern sie sind auch Brutstätte für blutrünstige Moskitos und andere Plagegeister. Nach Sonnenuntergang blasen sie zum Angriff auf Touristen und meist finden auch ein paar Gewitzte den Weg in unser Wohnmobil. Aber im Gegensatz zu ihren großen, relativ langsamen Verwandten aus Alaska und Kanada, die mit einer Fliegenpatsche und etwas Glück zu erlegen waren, sind die australischen Moskitos winzig und ungleich schneller. Nächtliche Jagdzüge gegen die surrenden Nervensägen enden meist zu unserem Ungunsten und jeden Morgen wachen wir mit neuen, juckenden Stichen auf.

Ob die Biester den Aborigines auch so zusetzen? Vielleicht haben sie ein geheimes Mittel dagegen oder sie ertragen die Angriffe mit stoischer Ruhe. In ihren Mythen kommt zwar so ziemlich alles vor, was kreucht und fleucht, aber von Moskitos haben wir noch nichts gehört - obwohl die Aborigines den Nationalpark schon seit Tausenden von Jahren bewohnen.

Manche ihrer Felszeichnungen in *Ubirr Rock* und am *Nourlangie Rock* sollen 20.000 Jahre alt sein. Noch heute gelten die Orte den Aborigines als heilige Stätten. Aber auch wenn sie wieder die offiziellen Eigentümer des Nationalparks sind, können sie nicht verhindern, dass sich an diesen, für sie so wichtigen Plätzen, die Touristen in Scharen tummeln.

Nachdem aber die Touristen nun schon mal da sind und sich in absehbarer Zeit auch nicht mehr vertreiben lassen werden, bemühen sich die Aborigines in einem Kulturzentrum, anhand von Displays die Grundzüge ihrer Kultur zu vermitteln. Für uns Europäer ist es jedoch schwer, die Mythen von den Ahnen, welche die Welt gestalteten und dann zum Traum wurden, nachzuvollziehen. Der *Lightningman*, eine Art blitzschleudernder Zeus, ist dabei eine der Hauptgestalten dieser Region, in der während der Überschwemmungszeit die meisten Gewitter der Erde niedergehen.

Auch das Zusammenleben untereinander und die Partnerwahl sind durch ein kompliziertes Regelwerk festgelegt. In einer lebensfeindlichen Umwelt zählen nicht die Wünsche und Bedürfnisse des Individuums, sondern einzig das Überleben der Sippe. Die Ehe mit Europäern ist in diesem Regelwerk zwar nicht vorgesehen, in der Praxis gehen aus diesen außerplanmäßigen Verbindungen aber mitunter äußerst selbstbewusste Nachkommen hervor. Wie zum Beispiel die junge Frau, die uns voll Stolz von ihrem deutschen Vater erzählt. "Ich bin die beste

Kombination, die man sich überhaupt denken kann: Deutsch und Aborigine, eine Mischung der größten Kulturen die es je gab", erklärt sie uns bar jeder Ironie.

Im Laufe von 40.000 Jahren, neuerdings sprechen Forscher sogar von annähernd 60.000 Jahren, haben sich die Aborigines dem Land angepasst, und ein reiches Wissen um seine Tier- und Pflanzenwelt erworben. Auch die Weißen greifen nun vermehrt auf dieses Wissen zurück.

Um große, verheerende Buschfeuer zu vermeiden, haben die Aborigines in der kühleren Jahreszeit seit jeher kleine, kontrollierbare Brände gelegt, die gefährliches Unterholz und Gestrüpp beseitigen und Platz für neues, frisches Gras machen sollen. Auch hier im National Park verfährt man nun wieder so - um das Land zu pflegen, wie sich die Ureinwohner ausdrücken. Überall im Park kokeln kleine Feuer und Rauchschwaden verdunkeln den Himmel. Seltsamerweise sieht man niemanden, der diese Brände beaufsichtigt, aber alle scheinen, nachdem das Gestrüpp und das trockene Gras verbrannt sind, von selbst zu verlöschen. Bäume und Tiere haben sich dieser Tradition angepasst, alle Stämme sind zwar bis gut 2 m Höhe vom Feuer geschwärzt, scheinen aber keinen Schaden zu nehmen. Da immer nur kleine Parzellen abgebrannt werden, haben auch die kleinen Tiere die Möglichkeit zu flüchten oder sich zu vergraben.

Neuerdings behaupten australische Umweltschützer, dass eben diese zehntausendjahrelange Praxis des gezielten Abbrennens einen Teufelskreis verursacht hat, der für die extrem feuergefährliche Vegetation Australiens verantwortlich ist. Durch das ständige Abbrennen würden andere, resistentere Pflanzen am Hochkommen gehindert, andererseits ließen sich große Feuersbrünste aber nur noch durch das gezielte Abbrennen verhindern.

Wir haben uns auch angepasst. Es ist der Rhythmus der Straße, der unser Leben bestimmt. Nach einiger Zeit in abgelegenen Nationalparks müssen der Kühlschrank wieder gefüllt, die Vorräte aufgestockt und die Post beim American Express Büro abgeholt werden. Jetzt haben wir Darwin und dem *Top End* den Rücken gekehrt und uns wieder nach Süden gewandt.

"Der **Litchfield National Park** ist noch viel schöner als der Kakadu", wurde uns von allen Seiten vorgeschwärmt. Nun stehen wir vor den riesigen Termitenhügeln, die genau in Nord-Südrichtung ausgerichtet sind und schießen ein paar Pflichtfotos. Das riesige Feld wirkt von Weitem wie ein Friedhof mit grauen Grabsteinen. Na ja, recht interessant.

Aber spätestens am **Buley Rockhole** und den **Florence Falls** wissen wir, warum beim Stichwort Litchfield alle in Verzückung geraten: Teiche, in denen Wasserfälle und Kaskaden natürliche Whirlpools bilden und in denen man herrlich schwimmen kann. Bei der Hitze eine willkommene Erfrischung - die leider nicht lange anhält, weshalb wir uns mit System von Pool zu Pool vorarbeiten.

Deshalb ist im Park soviel Betrieb. Es sind vor allem viele abenteuerlich aussehende Tourbusse mit Allradantrieb unterwegs, deren phantasievolle Beschriftungen alle irgendetwas mit *Adventure* zu tun haben. Das einzig Abenteuerliche daran scheint aber die Safarikleidung der Reiseleiter zu sein und die knappe Zeit, die sie ihren zahlenden Gästen zugestehen - Schwimmen ist nicht drin. Ein Klick mit der Kamera - und ab geht die Post.

An den **Wangi Falls** ergattern wir gerade noch einen Stellplatz. Am hohen Wasserfall, der in einen geradezu paradiesischen Pool stürzt, ist mächtig Betrieb, denn hier dürfen sogar die "Abenteurer" ins Wasser.

Am Ufer weist ein Schild darauf hin, dass sich während der Regenzeit hin und wieder Salzwasserkrokodile hierher verirren können. Flussabwärts wurden deshalb Fallen aufgestellt und des Nachts kontrollieren Ranger den Pool, der bei Gefahr sofort geschlossen wird. Also doch noch ein wenig *Adventure*!

Westaustraliens Norden - Hitze und Ödnis, Schluchten und Riffe

"Kannst du mir verraten, warum wir hier entlangfahren und unser Geld durch den Auspuff blasen?" Peter ist genervt. Endlos zieht sich der *Great Northern Highway* nach Südwesten. Flach wie ein Bügelbrett dehnt sich das Land bis zum Horizont. *Spinifex* wechselt mit vereinzelten Büschen, zwischendurch ist Gestrüpp schwarz abgebrannt. Seit Tagen schon rollen wir durch diese Ödnis. Aber wir wollen schließlich Australien umrunden; eine Alternative oder gar Abkürzung gibt es nicht.

Nachdem wir in den vergangenen Jahren mit landschaftlichen Superlativen am laufenden Band verwöhnt worden sind, tun wir uns mit dieser Strecke besonders schwer. Dabei ist sie im Grunde ja auch ein Superlativ: Sie ist die eintönigste Straße, die wir je gefahren sind. Das Kimberley-Gebiet mit seinen schroffen Sandsteinwänden und den skurrilen *Baobabs*, jenen flaschenähnlichen Bäumen mit den kurzen Stummelästen, liegt längst hinter uns (📷 Seite 177).

Nach der **Geiki Gorge**, einem bizarren, urzeitlichen Kalksteinriff, durch das sich der **Fitzroy River** eine Schlucht gefräst hat, reduzierte sich die Landschaft auf Spinifex und Termitenhügel. Nun sind auch die Termitenhügel verschwunden. Das Land ist abweisend und lebensfeindlich. Zwischen **Broome**, einem künstlich hochgejubelten Touristenort, und Port Hedland, liegen 610 km Monotonie, dazwischen gibt es nur ab und zu ein *Roadhouse*.

Port Hedland, die größte Stadt im nördlichen Western Australia, setzt dem Ganzen noch die Krone auf. Der Verladehafen für Erze und andere Bodenschätze ist an Hässlichkeit nicht zu überbieten. Aber immerhin können wir uns hier mit frischem Obst und Gemüse eindecken und der Diesel ist billiger als an den Roadhouses.

Plötzlich erhebt sich vor uns ein flacher Bergzug und zwischen dem stacheligen Spinifexgras erblühen lila und blassrosa Blumenteppiche. Eintönigkeit und Ödnis liegen hinter uns und wir atmen auf. Später wird die Landschaft zwar kurzfristig wieder eben, aber schon bald ragt vor uns die rote, zerklüftete **Hamersley Range** auf. Kurz nach Port Hedland, wo der *Great Northern Highway* von der Küstenstraße abzweigt, und nach Süden führt, haben auch wir die Küste verlassen. Ein 700 km langer "Abstecher" führt uns durch die *Pilbara Region*, wo in großem Stil Eisenerz abgebaut wird. Uns locken jedoch nicht die Bergwerke, sondern der **Karijini National Park**, mit seinen vielgerühmten, farbenprächtigen Schluchten.

"Eine Gams bist du in deinem früheren Leben bestimmt nicht gewesen", witzelt Peter. Ich schiele beklommen nach unten in die Tiefe, klammere mich an den Zweigen eines Strauches fest und taste mit den Füßen vorsichtig nach dem Felsvorsprung unter mir. Der Weg hinunter in die **Dales Gorge** ist mehr eine Kraxelei denn eine Wanderung, aber die Schönheit der Schlucht entschädigt für alle Mühe. Vom *Circular Pool*, der eingerahmt von hohen Felswänden am Grund der Gorge liegt, geht es weiter über Stock und Stein, über Felsvorsprünge und Wurzeln, über umgestürzte Bäume und Wasserläufe zu den *Fortescue Falls*. Die von einer Quelle gespeisten Fälle bilden zwei hellgrüne *Pools* und nach Tagen der Monotonie geht unser Herz auf. Wir sind mit Australien wieder versöhnt.

Wir haben aber nicht nur die Monotonie, sondern auch die Hitze hinter uns gelassen. Nachdem es in der Vergangenheit auch nachts nicht mehr abkühlte, sind die Nächte in der Hamersley Range erstaunlich kalt. Heute Morgen zeigte das Thermometer ganze 8 Grad und auch jetzt ist es uns nicht warm genug, um in den schattigen Pools zu schwimmen. Kaum zu glauben, dass in der *Pilbara* im Sommer Australiens Hitzerekorde gebrochen werden. Wir geraten erst ins Schwitzen, nachdem wir über tausend Stufen wieder zum Rand der Schlucht aufgestiegen sind.

"Das war die schönste Wanderung, die wir jemals gemacht haben", behaupten wir, einige Stunden später wieder vor dem Wohnmobil sitzend. Es mag sein, dass die tagelange Öde unseren Blickwinkel etwas verschoben hat, aber ein landschaftlicher Höhepunkt war die Wanderung durch die Schlucht auf jeden Fall.

Kaum, dass wir zurück auf dem *North West Coastal Highway* sind, hat uns die Ödnis wieder. Aber wo die Natur mit Höhepunkten geizt, machen sich die *Aussies* ihre Sehenswürdigkeiten selbst - beispielsweise in Port Hedland den riesigen Salzberg, den die *Leslie Salt Company* dort aufgehäuft hat. Die kilometerlangen Eisenerzzüge, die von zwei Loks gezogen und von weiteren zwei Loks geschoben werden, versetzen uns zwar nicht in Verzückung, ringen uns aber immerhin ein Staunen ab.

Mit Höhepunkten ganz anderer Art hat **Exmouth** aufzuwarten. Die Kleinstadt, an der Spitze einer Halbinsel gelegen, ist in vielerlei Hinsicht berühmt. Als Versorgungsbasis für die *U.S. Naval Communication Station* gegründet, ragen deren 13 Sendemasten teilweise höher als der Eiffelturm schon von Weitem sichtbar über die flache Landschaft.

Traurige Berühmtheit erlangte der Ort jedoch im März 1999, als ein Zyklon mit Spitzengeschwindigkeiten von 280 km/h über den Ort hinwegfegte und dabei sogar eine Wetterstation aus Beton durch die Luft wirbelte (dieser Wirbelsturm war noch stärker als der verheerende Zyklon, der 1974 Darwin zerstörte). Viele Bewohner von Exmouth sind nach dieser Katastrophe weggezogen und die Einwohnerzahl hat sich halbiert - auch jetzt leben noch immer Menschen behelfsmäßig in Wohnwagen und Campingbussen.

Die Gemeinde beschäftigt außerdem einen Ranger, der bei wilden Campern berühmt-berüchtigt ist. Freies Campen ist für viele Australier ein Grundrecht, das sie sich nicht nehmen lassen wollen, und im weitläufigen, dünn besiedelten Westaustralien ist dies an und für sich auch absolut problemlos.

Vor einigen Jahren kam jedoch ein westaustralischer Minister, geschäftstüchtiger Besitzer mehrerer Caravanparks, auf die Idee, das Heer der freien Camper von den kostenlosen *Rest Areas* zu vertreiben, und verabschiedete flugs ein Gesetz, welches das freie Campen bzw. Übernachten im Wohnmobil im Umkreis von 50 km einer Ortschaft oder eines Campingplatzes verbietet.

Da an den Roadhouses oft ein *Caravanpark* angeschlossen ist, fand sich entlang des Küsten-Highways kaum noch eine freie Übernachtungsmöglichkeit, denn Orte wie Exmouth reagierten sofort und stellten eigene Ranger zur Jagd auf wilde Camper ein. Der Australische Camping Club intervenierte zwar sofort, worauf das Gesetz auch prompt entschärft wurde, der Ranger von Exmouth treibt aber nach wie vor rund um den Ort sein Unwesen. Jupp und Katharina, die mit ihrem Wohnmobil abends auf einem leeren, einsamen Platz standen, hätten 100 $ Strafe für wildes Campen berappen sollen. Wir drücken uns zwar um Campinggebühren, wo immer es geht. Aber auf eine solche Strafe wollen wir es nicht ankommen lassen und steuern sicherheitshalber gleich den **Cape Range National Park** mit dem davor liegenden **Ningaloo Reef** an.

"Wenn ihr ein Riff sehen wollt, müsst ihr nicht unbedingt stundenlang zum Great Barrier Reef hinausfahren", haben uns Australier geraten. "Das ist wegen der vielen Touristen unverhältnismäßig teuer. Die Korallen und Fische am Ningaloo Reef sind mindestens genauso schön. Und weil das Riff unmittelbar der Küste vorgelagert ist, kostet die Fahrt mit dem Glasbodenboot auch nur einen Bruchteil dessen, was ihr am Great Barrier Reef berappen müsstet!"

Als geizige Traveller haben wir diesen Ratschlag sofort beherzigt, haben uns die 160 $ pro Nase, die eine Bootstour in Cairns gekostet hätte, geschenkt, und gondeln nun für 20 $ seit eineinhalb Stunden mit einem Glasbodenboot über das Ningaloo Reef. Obwohl bei dem verheerenden Sturm auch das Riff gelitten hat, tut sich unter uns eine farbenprächtige Welt auf: Zwischen den Korallen gleiten bunte Fische, Leopardenhaie und Schildkröten lautlos dahin. Die großen Meeresschildkröten, die bis zu 150 Jahre alt werden können, haben an den Küsten rund um das Kap ihre bevorzugten Laichgebiete. Jeden Sommer legen sie zwischen November und Februar an den Stränden ihre Eier ab. Nur im Sommer 1998 blieben sie aus und suchten zur Eiablage abgelegene Inseln auf. Es sieht also fast so aus, als hätten die mittlerweile seltenen Meeresbewohner den Zyklon vom März 1999 vorhergesehen.

Weil wir die tropischen Gewässer mit ihren Krokodilen und giftigen Quallen hinter uns gelassen haben und die Haie hoffentlich hinter dem Riff bleiben, können wir in der *Turquoise Bay* den weißen Sandstrand und die bunte Unterwasserwelt auch mit der Schnorchelausrüstung genießen. Als wolle die Natur für die öde Umgebung entschädigen, hat sie ihren Pinsel tief in den Farbtopf getaucht und selbst das Wasser in der Bay mit sattem Türkis überzogen. Turquoise Bay - selten ist ein Name treffender und noch nie haben wir Wasser in solch kräftiger Farbe gesehen.

Die weiße Schlange, die vor uns durch den Sand kriecht und dann im Gestrüpp verschwindet, ist weniger farbenprächtig. Gut getarnt, sahen wir sie am weißen Strand erst in allerletzter Sekunde. Kurz darauf identifizieren wir sie im Information Centre als hochgiftige Mulgaschlange.

Monkey Mia und Nambung National Park - von lebenden und versteinerten Attraktionen

Wenn Amerikaner am Grand Canyon stehen und einen atemberaubenden Sonnenuntergang erleben, entlockt ihnen dieses Schauspiel gerade mal ein beiläufiges "nice". Aussies, vor allem im nördlichen Westaustralien, sind da weitaus begeisterungsfähiger und noch das letzte vertrocknete Wasserloch wird mit Attributen wie "lovely" und "beautiful" bedacht. Auch die wenig reizvollen Strände und Campingstellen entlang des North West Coastal Highway werden von Campingführern und Einheimischen überschwänglich angepriesen.

Wer ständig nur brettebene Trostlosigkeit um sich hat, ist naturgemäß viel leichter zufrieden zu stellen als verwöhnte Reisende. Verständlich ist auch, dass sich die Gemeinden etwas einfallen lassen, um ein paar Krümel vom Kuchen des Australientourismus abzubekommen, auch wenn die ausgetretenen Pfade des Massentourismus nicht in diese abgelegene Gegend führen. Australische Rentner, von denen mancher bereits zum sechsten Mal mit seinem Wohnwagen den Kontinent umrundet, sind dankbar für jede Abwechslung im Spinifex-Einerlei.

Als bei **Monkey Mia** in der flachen **Shark Bay** vor einigen Jahren regelmäßig wilde Delfine einen Fischer besuchten, erkannten sie sofort das touristische Potential dieses Ereignisses. Mit gezielten Fütterungen wurden immer mehr Tiere angelockt, die Abhängigkeit vom Menschen durch knapp gehaltene Rationen jedoch vermieden. Die Rechnung ging auf: Das Streicheln und Füttern der Delfine avancierte zur Attraktion schlechthin und flugs wurde ein touristisches Unternehmen aufgezogen, Teerstraßen angelegt, eine Ferienanlage gebaut. Selbstverständlich kassiert man auch Eintritt, aber der Pass für die westaustralischen Nationalparks ist gültig.

Wir haben zwar schon jede Menge Delfine gesehen und müssen sie auch nicht unbedingt füttern und streicheln, aber wenn wir schon mal hier sind...

"Meist kommen die Delfine am Nachmittag", steht in einem unserer Reiseführer. Das ist praktisch, weil wir dann zur freien Campingstelle in der *Whalebone Bay* zurückzufahren können. So müssen vor uns schon viele gedacht haben, denn weil sich das teure *Resort* amortisieren muss, wurden die Delfine kurzerhand umgewöhnt. Jetzt kommen sie meist, genau weiß man das natürlich nie, gegen 8 Uhr morgens - was weitaus günstiger ist, weil die Schaulustigen dann gleich vor Ort im Resort nächtigen müssen. Geizig wie wir sind, verspüren wir dazu keine Lust und nützen die Bay, die ausnahmsweise einmal tiefer als nur bauchtief ist, zum Schwimmen, bevor wir zu unserem freien Campingplatz zurückfahren. Am nächsten Tag berichten uns Reisende, dass sich auch um 8 Uhr morgens keine Delfine blicken ließen.

In der Shark Bay findet sich noch eine weitere Attraktion, deren Besuch noch dazu kostenlos ist. Der **Hamelin Pool**, eine seichte Bucht, beheimatet eine *Stromatoliten*-Kolonie. Geologen und Biologen würden beim Anblick dieser lebenden, aus einer Bakterienkultur gebildeten Steine, wahrscheinlich in Verzückung geraten, aber irgendwie wissen wir Banausen eben immer nur das richtig zu schätzen, was dem prüfenden Blick durch den Sucher standhält. Erst als wir lesen, dass die *Stromatoliten* nicht nur eine der ältesten Lebensformen überhaupt, sondern als erste Sauerstoff ausatmende Lebensform für unsere Atmosphäre und damit auch für die Weiterentwicklung der Evolution verantwortlich sind, widmen wir ihnen ehrfürchtig ein Pflichtfoto.

Eukalyptusbäume, Koniferen, blühende Sträucher und Wildblumen säumen den Highway zum **Kalbarri National Park**. Es sieht aus, als hätte jemand entlang der Straße einen Wildgarten angelegt. Vereinzelte sattgrüne Weideflächen lassen darauf schließen, dass wir die schlimmste Trockenzone hinter uns haben. Das frische Grün tut der Seele gut und wir atmen auf. Nach der endlosen Ödnis wirkt die Szenerie beinahe unwirklich auf uns.

Die tropischen Breiten liegen längst hinter uns und es ist deutlich kühler geworden. Im westaustralischen Frühling hat Ende September die Wildblumenblüte eingesetzt. Die dramatische Steilküste des Nationalparks versetzt uns nach dem zurückliegenden Einerlei der reizlosen Buchten und Strände in euphorische Begeisterung. Zahlreiche Wanderwege führen durch blühendes Gebüsch ans Meer hinunter, wo sich die türkisfarbenen Fluten des Indischen Ozeans in spektakulären Wellen an der schroffen Felsenküste brechen.

Am Abend fahren wir zurück an den **Murchison River**. Die ausgedehnte, vom Highway weit entfernte *Rest Area* wurde von den Australienumrundern zum wilden Campingplatz umfunktioniert. An solch prägnanten Stellen trifft man auch immer wieder auf Landsleute.

"Wie gefällt euch denn Australien?" Es ist nicht das erste Mal, dass uns von Langzeitreisenden aus Europa diese Frage vorsichtig tastend gestellt wird. Auch das deutsche Ehepaar, das sich für den Trip rund um den fünften Kontinent eigens ein nagelneues Aussiemobil gekauft hat, und nun neben uns am Fluss campt, will uns auf diese Weise auf den Zahn fühlen. Sicher, heute Nachmittag im Kalbarri National Park haben wir noch fotografiert wie die Wilden, und der Karijini National Park entfachte in uns Begeisterungsstürme, unseren Frust über die zurückliegende Einöde konnten sie aber noch nicht wettmachen.

"600 $ jagen wir pro Monat durch den Auspuff", schimpft Peter. "Und warum? Um *Spinifex* und brettebene Ödnis zu besichtigen!" Das Ehepaar aus dem Schwäbischen sieht uns zuerst groß an und nickt dann zustimmend. Es scheint, als hätten die beiden ihren eigenen Empfindungen nicht getraut. So viel Geld in eine Megareise investiert, das muss doch eigentlich toll sein. Komischerweise hat uns niemals jemand gefragt: "Wie gefällt euch denn Amerika?" oder: "Wie gefällt euch denn Neuseeland?" Jeder schwärmte begeistert und nahm ganz selbstverständlich an, dass der andere genauso empfand.

Heute, mit genügend zeitlichem und geographischem Abstand denken wir nicht mehr so krass. Wenn man den Kontinent Australien erleben und erfahren will, gehört auch das abweisende nördliche Westaustralien dazu. Außerdem machen die freundlichen Bewohner Westaustraliens, die Kargheit ihres Landes mehr als wett. Und im Übrigen - je weiter man nach Süden kommt, desto abwechslungsreicher wird die Landschaft. Außerdem ist der Highway Nr. 1, der den gesamten Kontinent umrundet, auch im dünn besiedelten Norden inzwischen lückenlos asphaltiert.

Auch von **Cervantes** zieht sich ein glattes Asphaltband nach Norden. "Ein Glück, dass sie die Straße inzwischen befestigt haben", frohlockt Peter. Der Weg zu den *Pinnacles* im **Nambung National Park** wird in unseren Unterlagen als schlechte Piste bezeichnet. Aber Peter hat sich zu früh gefreut; nach 11 km ist Schluss mit lustig. Warum man die letzten sechs im urigen Waschbrettzustand ließ, wissen wahrscheinlich nur die Eingeweihten - der Parkplatz und die Einfahrt am Rangerkassenhäuschen sind wieder geteert. Aber wahrscheinlich sind die Verantwortlichen der Meinung, dass holprige Waschbrettpisten zum Wildniserlebnis australischer Nationalparks ganz einfach dazugehören.

Die pittoresken **Pinnacles**, die spitz und zackig aus dem gelben Wüstensand ragen, waren einst vom Meer angeschwemmte Muscheln, deren Kalk sich mit Sand vermischte, den dann der Wind landeinwärts trug und zu hohen Dünen auftürmte. Dann folgte ein unendlich langer, komplizierter chemischer Prozess, bei dem Regenwasser, abgestorbene Pflanzen und Humus eine Rolle spielten.

Wir wollen die von Regen und Wind geschaffenen bizarren Kalksteinsäulen irgendwie mit unserem Vehikel ablichten, was aber nicht so einfach ist. Der Rundweg durch das Areal ist eng und zwischen manchen *Pinnacles* muss uns Peter in heikler Zentimeterarbeit hindurchmanövrieren. Noch dazu tappt die Besatzung zweier Reisebusse mit ihren Kameras zwischen den Türmchen herum. Erst als wir die hölzerne Aussichtsplattform hinter uns gelassen haben, lichten sich die Menschenmassen, und wir machen uns daran, unser rollendes Heim aus allen nur denkbaren Perspektiven in der faszinierenden Wüstenlandschaft abzulichten.

Wir sind auf dem 5 km langen Rundkurs noch nicht sehr weit gekommen - unser weißes Wohnmobil wirkt in der Nachmittagssonne vor dem Hintergrund der gelben Kalksteintürmchen ungeheuer fotogen und es sind noch so viele *Pinnacles* da, die darauf warten, mit unserem weitgereisten Mobil abgelichtet zu werden - da läuft uns winkend und aufgeregt gestikulierend eine ältere Frau entgegen. "Mein Bus! Meine Gruppe ist verschwunden! Sie werden ohne mich abfahren. Ich finde nicht mehr zurück!", stammelt sie atemlos.

Nachdem sie sich ein wenig beruhigt hat, kriegen wir die Geschichte auf die Reihe: Um vier Uhr muss sie zurück am Bus sein. Jetzt ist es bereits zehn vor Vier. Im Gewirr der *Pinnacles* hat sie nicht nur die Orientierung, sondern auch den Kontakt zu ihrer Reisegruppe verloren. "Ich habe euren Campervan schon vorhin an der Aussichtsplattform gesehen. Ich bin nämlich aus Neuseeland und mache hier Urlaub. Bin ich froh, dass ich euch gefunden habe!" Wie ein Wink des Himmels erschien ihr unser Wohnmobil mit der aufgeklebten Liebeserklärung an Neuseeland, als es plötzlich wieder inmitten der *Pinnacles* auftauchte. Wir laden die Oma kurzerhand ins Wohnmobil und nehmen wieder den Rundkurs unter die Räder - ungenützt bleiben die Fotomotive links und rechts der Piste liegen...

Der Busmotor tuckert bereits startbereit. Busfahrer und Fahrgäste begrüßen uns und die Vermisste mit freudigem Winken, und wir überlegen, was wir denn nun mit unseren verlorengegangenen Motiven machen. "Also noch mal zwäng' ich mich mit dem Wohnmobil nicht mehr zwischen den Pinnacles durch", entscheidet Peter. Kurz entschlossen drücken wir uns unsere Buschhüte aufs Haupt und machen uns noch einmal zu Fuß auf den Weg durch die faszinierende Wüstenlandschaft.

Von Perth zum Wave Rock - Baumeister Mensch und Künstler Natur

Als wir im Bereich der hohen Sendemasten von Exmouth aus dem Auto stiegen, ließ uns ein prasselndes Geräusch aufhorchen. Es klang wie von einem Schweißgerät - kam aber eindeutig unter unserer Motorhaube hervor. Dann war das Geräusch wieder verschwunden - ließ sich nur noch einmal kurz hören, als wir an der Campingstelle am Reef hielten. "Das muss wohl eine elektrische Spannung gewesen sein, die von den riesigen Sendemasten ausging", dachten wir. "Wenn es noch einmal auftritt, gehen wir in eine Werkstatt."

Aber unter der Motorhaube war seitdem nichts Verdächtiges mehr zu vernehmen. Jetzt ist das verflixte Geräusch wieder da. Beim Fahren ist zwar nichts zu hören - aber wenn wir draußen stehen, lässt sich hin und wieder das unregelmäßige Prasseln und Knacken ausmachen. Wir geben Gas und lauschen - das Geräusch verändert sich nicht in seiner Intensität - aber orten lässt es sich auch nicht. Peter hat zwar kein großes Zutrauen zu australischen Werkstätten, aber so wie es aussieht, werden wir wohl doch in Perth eine Werkstatt aufsuchen müssen.

Je mehr wir uns Westaustraliens Hauptstadt nähern, desto stärker wird der Verkehr. Der Himmel zieht sich pechschwarz zu, und bis wir die City erreichen, regnet es in Strömen. "Perth ist die sonnigste Stadt Australiens", steht im Reiseführer. Na, wenigstens haben wir die unerträgliche Hitze endgültig hinter uns gelassen.

Auf dem überfüllten Campingplatz, wo wir gerade noch ein Fleckchen am Zaun ergattert haben, kommt abends wieder die Heizung zu Ehren. Und unser mysteriöse Geräusch? Ist wieder verschwunden. Wir könnten jetzt natürlich in eine Werkstatt gehen und erzählen: "Wir haben da manchmal ein Geräusch, im Moment ist es jedoch nicht zu hören", aber das erscheint uns nicht sehr sinnvoll.

Um die Stadt am **Swan River** zu erkunden, lassen wir das Wohnmobil ohnehin am Campingplatz stehen und ziehen per pedes los. Perth ist eine hübsche Stadt und die reizvolle Mischung aus alter und neuer Architektur macht sie recht fotogen. Vor allem ist Perth, wie die meisten westaustralischen Städte, wesentlich gepflegter als Sydney, das außerhalb der City oft recht schmuddelig wirkt.

Der westaustralische Diesel, oft genug nur ein dünner Billigimport aus Malaysia, bekommt unserem fahrbaren Untersatz nicht so gut. Je nach Güte der Tankfüllung, protestiert der Motor mit einem unwilligen Hämmern gegen die magere Kost. Aber das verflixte Prasseln und Knacken ist nicht mehr zu hören. Es sieht fast so aus, als hätte das arme Auto Angst vor der Werkstatt. Falls das Geräusch aber doch noch mal auftritt - nun, wir werden uns noch eine ganze Weile in der Umgebung von Perth herumtreiben.

Auch die Hafenstadt **Freemantle** gehört zum touristischen Pflichtprogramm. Der "alte" Stadtkern ist sehr hübsch, und vermutlich wären wir auch vor ein paar Jahren angesichts der reizvollen Architektur in Jubelrufe ausgebrochen. Die ständigen Regengüsse und Windböen sind allerdings weniger dazu angetan, Jubelstimmung aufkommen zu lassen.

In Jubelrufe brechen wir erst aus, als wir der Großstadt den Rücken gekehrt haben. Wir campen mit unserem Wohnmobil in einem richtigen Wald. Auf einsamen Wegen spazieren wir zwischen Eukalypten, pittoresken Grasbäumen und anderen exotischen Gewächsen herum, und obwohl bei uns zu Hause hauptsächlich Fichtenmonokulturen wachsen, fühlen wir uns in unseren heimatlichen Reichswald zurückversetzt.

Auch die gelbblühenden Rapsfelder, die den Highway 40 säumen, erinnern uns an die vertraute heimische Kulturlandschaft. Nie hätten wir uns träumen lassen, dass uns nach zweieinhalb Jahren auf Achse der Anblick eines simplen Rapsfeldes derart in euphorische Stimmung versetzen könnte.

Ansonsten sind die 300 km zum Wave Rock - einer vielfotografierten Granitformation - eher langweilig: Weizenfelder und Getreidesilos bestimmen die Landschaft.

Wave Rock - eine gigantische Welle, die kurz vor dem Brechen zu Granit versteinerte! Selten ist ein Name treffender und selten hat sich die Natur eine phantasievollere Kreation einfallen lassen. Eindrucksvoll leuchtet die Morgensonne die steinerne Welle aus, als wir voll Tatendrang anrücken. Aber erst als ein Aborigine eine Fabel aus der Traumzeit erzählt und eine ganze Busladung Rentner in ein Dutzend Kameras gegrinst hat, können auch wir in Ruhe unsere Fotos schießen. Mitunter lächeln auch wir in die Kamera - ohne den Größenvergleich durch eine Person kann man die Dimension der 15 m hohen und ca. 100 m langen "Welle" gar nicht dokumentieren (📷 Seite 177).

Wind und Wasser sind oft erstaunlich kreative Künstler. Spaziert man ein Viertelstündchen um die Welle herum, kann man auf der Rückseite des Felsens eine andere spektakuläre Skulptur bewundern: **Hippo's Yawn**. Mit weit aufgerissenem Rachen gähnt ein steinernes Nilpferd seit einigen Millionen Jahren gelangweilt vor sich hin. Vielleicht ist dem *Hippo* aber auch nur deshalb so langweilig, weil die vielen Busreisenden für den kurzen Besuch beim Nilpferd kaum Zeit haben.

Die steinernen Felsformationen weckten auch die Kreativität des Menschen: Stets darauf bedacht, die Kräfte der Natur für seine eigenen Zwecke zu nützen, griff er zu Kelle und Mörtel und setzte er der langen Welle aus Stein eine gemauerte "Krone" auf. Seither kann *der Künstler Wasser* nicht mehr an seiner Skulptur herumschmirgeln, weil das kostbare Nass abgeleitet und mittels eines Damms für die trockene Jahreszeit gespeichert wird.

Australien ist zwar ein uralter Kontinent, in dem die Kräfte der Natur in für menschliches Ermessen unvorstellbaren Zeiträumen wirken konnten, aber der Staat *Western Australia* ist jung. Häuser aus dem Jahr 1830 erscheinen daher ungeheuer alt und geschichtsträchtig und die *Aussies* sind entsprechend stolz darauf - besonders darauf, dass die ersten Siedler keine Sträflinge waren. Extra ausgeschilderte Touristendrives lotsen die Besucher durch die historischen

Ansiedlungen und Weinanbaugebiete entlang des *Avon River* und *Swan River*, und auch wir erfüllen treu und brav das touristische Pflichtprogramm. Andächtig bestaunen die *Aussies* die Anfänge westaustralischer Besiedlung und Peter, geboren im geschichtsträchtigen Nürnberg, witzelt vor jedem klapprigen Scheunentor: "Aha, auch historisch."

Umgeben von so viel alter Bausubstanz fällt auch unserem Auspuff ein, wie viele beschwerliche Rüttelstrecken er bereits hinter sich hat, und er fängt an, fürchterlich zu scheppern. Peter entdeckt einen Riss rund um das ganze Rohr. In einer Landmaschinenfirma im historischen **Northam** wird der Schaden schnell und preiswert geschweißt und anschließend rollt unser Small Motorhome wieder ohne störende Geräusche. Nachdem der Motor auch sein Prasseln und Knacken nicht mehr hören ließ, kehren wir dem Großraum Perth den Rücken.

So öde weite Teile des nördlichen Westaustralien auch sein mögen, so reizvoll ist das südliche Gegenstück. Steile Küsten wechseln mit sandigen Stränden, zwischen sanften Hügel ragen schroffe Ranges hervor und das Grün der Eukalypten und skurrilen Grasbäume tut der Seele gut.

Hauptanziehungspunkt des Südens sind jedoch die Giganten der *Karri-* und *Jarrahwälder*. Wenn sie auch in Ausmaß und Alter nicht mit den Baummethusalems des amerikanischen Westens konkurrieren können, erreichen sie doch nach gut 600 Jahren mit etwa 80 m eine beachtliche Höhe. Mit ihrer glatten, grauen Rinde sehen die Stämme der riesigen Karribäume beinahe wie Betonpfosten aus. Das harte Holz und der gerade Wuchs weckte natürlich die Begehrlichkeit der weißen Einwanderer, weshalb die *Karris* und *Jarrahs* reihenweise den Sägen und Äxten der Siedler zum Opfer fielen. Noch heute sind die historischen Sägegruben zu bewundern, wo die dicken Stämme in schweißtreibender Handarbeit zu Planken zerteilt wurden. Die wenigen verbliebenen Baumriesen wurden in der Vergangenheit zu Feuer-Lookouts umfunktioniert. Inzwischen lässt sich die Feuergefahr wesentlich effektiver aus der Luft überwachen, weshalb heute die Touristen ihre Kondition und Schwindelfreiheit auf den Tritteisen der alten Feuerbeobachtungsposten testen dürfen.

Im **Valley of the Giants** trieb die menschliche Phantasie noch seltsamere Blüten. Zur Erbauung der Touristen baute man den *Tree Top Walk*, einen stählernen Brückenweg durch die Kronen der mächtigen Bäume - wir können über soviel Hirnrissigkeit nur den Kopf schütteln und halten uns lieber an die reizvollen, natürlichen Wanderwege durch Wald und Frühjahrsblüte.

Motorenschrauber und Kängurujäger

Es prasselt und knackt wieder unter der Motorhaube - und zwar so laut wie nie zuvor. Zurück nach Perth wären es auf direktem Weg mehr als 400 km, aber laut Werkstattverzeichnis gibt es auch in Albany einen Mercedes-Service. Zwar entpuppt sich die Firma als eine Holden-Niederlassung, aber neben dem Werkstatttor prangt beruhigend ein großer Stern.

"Unser Benz gibt manchmal ein prasselndes Geräusch von sich und gerade eben ist es besonders intensiv", erkläre ich bei der Reparaturannahme. Der Mechaniker beugt sich über die geöffnete Motorhaube und lauscht mit gerunzelter Stirn den Geräuschen. "Das ist die Steuerkette. Wenn die sich gedehnt hat, schlägt sie gegen die Motorwand. Aber möglicherweise ist es auch nur etwas ganz Harmloses. Wir werden das alles überprüfen."

Bestürzt kramen wir für Brad, den Obermechaniker, das englische Werkstatthandbuch aus den Tiefen des Staukastens. Der Motor unseres 410ers wäre in Australien gut bekannt, beruhigt er uns. Der 300 D hätte schließlich den gleichen.

Zwei Stunden später stecken noch immer drei Mechaniker über unserem Auto die Köpfe zusammen. "Das Geräusch kommt ganz eindeutig aus dem Motor", erklärt uns Brad. "Wir haben alles überprüft und konnten nichts anderes finden. Ihr könnt unmöglich weiterfahren, ohne einen größeren Schaden zu riskieren."

Unser braver Benz hat zwar mittlerweile 120.000 km auf dem Buckel, aber wir finden, dass er für solche Macken eigentlich noch viel zu jung ist. Geschockt marschieren wir los, um unsere Werkstatt in Erlangen anzurufen. "Unser Benz gibt ein prasselndes Geräusch von sich. Der Mechaniker sagt, es kommt aus dem Motor", berichten wir. Der Lkw-Meister, Absolvent einer gründlichen, deutschen Ausbildung, hat für Geräusche aus dem Motor sofort sämtliche denkbaren Ursachen auf Lager und erklärt uns die weitere Vorgehensweise: Zuerst müssen die Steuerzeiten überprüft werden. Wenn die stimmen, ist die Kette in Ordnung. Dann könnte entweder der Kettenspanner defekt sein oder aber der Spritzversteller lose.

Das mit den Steuerzeiten hätten sie schon überprüft, erklärt uns Brad, die wären in Ordnung. In Perth, wohin sie hilfesuchend telefoniert hatten, war man außerdem der Meinung, dass der 410er für eine ausgeleierte Kette noch viel zu wenige Kilometer auf dem Tacho hätte. Der Spritzversteller - welch ein Glück, dass unser Fernreisehandbuch ein ausführliches Kapitel "Kfz-Englisch" enthält - erweist sich als fest, und der Kettenspanner ist augenscheinlich auch in Ordnung. Aber weil sich unter unseren Ersatzteilen ein Neuer findet, wird er vorsorglich ausgetauscht.

Danach prasselt und knackt der Motor noch immer. "Das kann nur die Kette sein", entscheidet Brad. "Sie hat sich zwar nicht gedehnt, aber ich bin der Meinung, dass sie seitlich zu viel Spiel hat." Außerdem hat er an zwei oder drei Zähnen kleine Kratzer entdeckt, die er uns per Vergrößerungsglas demonstriert. "Ihr müsst damit rechnen, dass die Kette plötzlich reißt. Das zerstört euch den kompletten Motor - womöglich mitten in den Nullarbor Plains. Da müsst ihr ja bald durch! Auf einer Strecke von mehr als 1.200 km gibt es keine Werkstatt", warnt er uns. "Wenn ihr da liegen bleibt - das wird teuer!" Brad rät zur Operation. "Das ist eine Standardkette, die bekomme ich in Albany", behauptet er. "Wenn nicht, kommt sie innerhalb eines Tages aus Perth."

Nacheinander werden die Eingeweide unseres Autos bloßgelegt, der Keilriemen abmontiert, der Lüfter, der Kühler... "Na, hoffentlich kriegen die hinterher wieder alles auf die Reihe", unkt Peter angesichts der tausend Teile, die sich um unser Wohnmobil häufen.

Die Kette ist natürlich keine Standardkette und in Perth hat man sie auch nicht auf Lager. Sie muss in Melbourne bestellt werden. Unser Wohnmobil wird aus der Werkstatt geschleppt und wir campieren die nächsten Tage, es steht ein Wochenende vor der Tür, in Schräglage auf dem Werkstatthof.

Am Montagmorgen ist die neue Kette da. Das Wohnmobil wird zurück über die Werkstattgrube bugsiert und von oben und unten verrenken sich die Holden-Mechaniker im engen Motorraum die Finger.

"Heute bekommen wir euer Auto nicht mehr fertig", hat uns Brad am Morgen eröffnet. "Und in der Werkstatt könnt ihr natürlich auch nicht schlafen. Ihr kommt ganz einfach mit zu mir."

Brad ist wirklich ein netter Kerl. Wir wollen nicht unhöflich sein und außerdem sind wir schon ein wenig neugierig, wie australische Familien leben. Und nun stehen wir in Brads riesiger Scheune und bewundern seine kostspieligen Motorboote. "Mit dem großen Boot gehen wir zum Fischen", erklärt uns Brad voll Stolz. "Das ist stark und solide, damit kann man auch mal weiter raus. Das Rennboot nehmen wir nur zum Wasserskifahren." Brad lebt mit seiner Freundin und seinen drei Töchtern nebst Hund, Katze, Meerschweinchen und Wellensittich in einem Vorort von Albany.

Brad und seine Familie mögen nicht unbedingt repräsentativ für Australien sein, aber die Prioritäten sind auf dem Fünften Kontinent eindeutig verteilt. Die Freizeit steht fast überall an erster Stelle - Brads Wohnungseinrichtung wäre jedenfalls in Deutschland längst auf dem Sperrmüll gelandet.

Bei selbstgepökeltem Rindfleisch erzählt uns Brad später, dass er "direkt aus dem Busch" stammt, wo sein Bruder noch immer die ererbte *Cattle Station* bewirtschaftet. "Ich selbst habe früher Kängurus gejagt", berichtet Brad weiter. "Für den Eigenbedarf an Haustierfutter darf jeder Australier drei Kängurus im Jahr schießen. Aber ich hatte eine Lizenz, ich hab das professionell gemacht."

Kängurujäger! Mit Entsetzen fallen Peter die tausend Innereien unseres fahrbaren Untersatzes ein, die in der Werkstatt noch immer auf den Einbau harren. Ein paar Eingeweide liegen zwar noch herum - der Kühler, der Lüfter, der Keilriemen - aber der Motor läuft wieder - ohne jedes Fremdgeräusch. Auch später, bei der Probefahrt, ist nichts Verdächtiges zu hören - und niemand ist darüber mehr erleichtert - und erstaunt? - als Brad der Kängurujäger und Obermechaniker. Stolze 1.500 $ kostet uns der Spaß, wobei die Kette allein mit saftigen 500 $ zu Buche schlägt.

Und wir? - trauen der ganzen Sache noch nicht so recht. Aber in der reizvollen Umgebung von Albany gibt es viel zu sehen und vorsichtshalber wollen wir uns erst mal in der Nähe aufhalten. Während wir die *Frenchman Bay* und den **Torndirrup National Park** erkunden, halten wir immer wieder an und lauschen - aber aus dem Motorraum dringen keinerlei verdächtige Geräusche.

Nachdem wir landeinwärts im **Porongurup National Park** wandern waren und in der **Sterling Range** den *Bluff Knoll* bestiegen haben, und der Benz noch immer ohne Fremdgeräusch vor sich hintuckert, sind wir der Meinung, dass wir uns nun ohne Bedenken weiter nach Osten vorarbeiten können. In unserem Campingführer für Westaustralien sind Richtung Esperance hübsche Campingstellen an reizvollen Stränden verzeichnet und wir hoffen, dass es jetzt endlich ein wenig wärmer wird, damit wir nach langer Zeit mal wieder einen Sprung ins Wasser wagen können.

Gleichmäßig tuckert der Diesel im Leerlauf vor sich hin. Peter sitzt am Steuer und klopft mit den Fingern den Takt zur Konserve aus dem Autoradio - er will weiter - endlich wieder Asphalt unter den Rädern haben. Drei Tage haben wir am reizvollen und weitläufigen *Munglinup Beach* gecampt.

"Fünf", behauptet Peter. Er zählt den Ankunfts- und Abfahrtstag mit.

"I got a wild and a restless spirit...", tönt Willie Nelson von der Kassette. "Ja, du auch!", brumme ich. Ich lass mich vom stetigen Tuckern des Diesels nicht beeindrucken, trockne das Frühstücksgeschirr ab. Zweieinhalb Jahre sind wir nun "on the road", und noch immer hat sich Peters Rastlosigkeit nicht gelegt. Mal ab und zu ein Tag Ruhepause - das reicht ihm. Während ich zumindest hin und wieder ein paar Tage ohne morgendliche Aufbruchstimmung brauche - einfach mal aufwachen, ohne dass ich mir erst in Erinnerung rufen muss, wo wir eigentlich gerade stehen.

Und wenn wir noch zehnmal am Munglinup Beach stehen - Peter rollt im Geiste längst durch die *Nullarbor Plains*, durch Südaustralien und Victoria. Wir wollen doch nach Tasmanien! Die Fähre ist längst gebucht. Also, auf was warten wir noch?

Ich verstaue das letzte Messer im Besteckkasten, ist der Kühlschrank richtig zu? Sind alle Luken und Klappen dicht? Peter legt den Gang ein - na endlich - wir sind wieder on the road!

Viehweiden und Getreidefelder - das, was links und rechts der Straße liegt, bietet nicht viel Abwechslung. Erst **Esperance** hat mit seinen glattgeschliffenen Granitfelsen und dem türkis- bis tiefblauen Wasser wieder eine eindrucksvolle Küstenlinie zu bieten.

Außerdem ist eine E-Mail von Jupp und Katharina da: "Die Ro/Ro-Linie von Wilhelmsen Lines über Südafrika nach Amerika wurde ersatzlos gestrichen. Aus unserem Sonderpreis wird nichts. Wir müssten das Schiff nehmen, das rund um die Welt geht - und das würde 15.000 $ kosten. Dabei ist nicht mal sicher, ob sie uns überhaupt mitnehmen."

Damit sind unsere Südafrikapläne gestrichen. Aber vorerst denken wir noch nicht darüber nach, was wir nach Australien machen oder wie wir wieder nach Hause kommen.

Erst einmal müssen wir über den **Nullarbor** - die baumlose Ebene. Als langweilig und öde sind die *Nullarbor Plains* verschrien - und auch als nicht ganz ungefährlich. Gibt es doch auf einer Strecke von 1.249 km keine Ortschaft, keine Werkstatt - nur ab und zu ein *Roadhouse*.

Das ehemalige Goldgräbernest **Norseman** mit seinem fotogenen Förderturm haben wir hinter uns gelassen und rollen nun beständig nach Osten. Baumlose Ebene? Im Gegenteil - der Highway führt durch üppigen *Mallee-Bush* - gemessen an den öden Strecken des Nordens oder den langweiligen Getreidefeldern finden wir ihn sogar recht reizvoll.

Abends campen wir in einem Wäldchen und genießen den dramatischen Sonnenuntergang. Erst am nächsten Tag wird der Baumbewuchs spärlicher, bis nur noch niedriges Gestrüpp die Straße säumt. Große Schilder warnen vor freilaufenden Kamelen, Kängurus und Emus. Auf einer Länge von 145 km dehnt sich der Highway kerzengerade ohne jede Kurve bis zum Horizont und weiter - die längste gerade Strecke Australiens. In Notfällen muss die Straße auch als Landebahn für die *Flying Doctors* herhalten.

Die Eintönigkeit wirkt ermüdend. Gegen alle Gewohnheit legen wir uns abwechselnd zum Schlafen nach hinten ins Wohnmobil, denn die Gefahr, sich ohne Beifahrer zu verfahren, ist nicht groß. Kurz vor dem *Mundrabilla Roadhouse* steuern wir zum Fahrerwechsel eine *Rest Area* an.

Wir steigen aus, gehen ums Wohnmobil herum - und dann hören wir es wieder - jenes verflixte Knacken und Prasseln. Jetzt sind wir mitten auf dem Nullarbor - und zum nächsten Ort sind es noch genau 660 km. Wir können nur hoffen, dass sich das Geräusch, wie bisher, von selbst wieder legt.

Zu unserem Seelentrost rufen wir vom *Roadhouse* unsere Werkstatt in Deutschland an, erzählen vom erfolglosen Austausch der Kette.

"Dieses Geräusch - ist das eigentlich von der Drehzahl abhängig?" will der Meister wissen.

"Nein, das war es noch nie!"

"Dann kann es auch nicht aus dem Motor kommen!"

Warum eigentlich haben wir ihn nicht gleich angerufen - bevor wir in Albany in die Werkstatt gegangen sind? Weil wir dachten, dass bei undefinierbaren Geräuschen eine Ferndiagnose unmöglich ist. Das stimmt an sich schon. Aber diese alles entscheidende Frage hätte er dann wohl gleich gestellt. Dann wäre er nicht mit der fertigen Diagnose: "Das Geräusch kommt aus dem Motor!" auf die falsche Fährte gelenkt worden. Außerdem ist das mit der Drehzahl so simpel und so logisch, dass wir da auch von selbst hätten draufkommen müssen.

Eine Ferndiagnose übers Telefon kann aber auch der deutsche Meister nicht stellen - von verstopften Einspritzdüsen bis zum defekten Keilriemenantrieb oder einem zu hohen Benzinanteil im Diesel kann das mysteriöse Geräusch tausend Ursachen haben.

Am nächsten Tag ist es wieder verschwunden. Ohne nervtötendes Prasseln und Knacken passieren wir die "Grenze" zu Südaustralien. Der **Eyre Highway** durchquert hier den **Nullarbor National Park**, der eigentlich auch nicht völlig baumlos ist, und verläuft dicht an der Steilküste entlang. Immer wieder zweigt der Weg zu *Viewpoints* ab, die einen atemberaubenden Blick auf die dramatische Küstenlinie der **Great Australian Bight** bieten.

Kurz bevor der Highway bei **Ceduna** wieder auf die Zivilisation trifft, haben die Südaustralier eine *Quarantine Station* eingerichtet. Es ist verboten, frisches Obst und Gemüse ins Land zu bringen. Die Westaustralier betreiben das Gegenstück vor dem Northern Territory, um ihr Agrargebiet bei Kununurra vor den gefürchteten Fruchtfliegen zu schützen. Auf einer *Rest Area* kurz vor dem *Checkpoint* verarbeite ich nach dem Abendessen meine Äpfel zu Apfelkuchen. Der Rest wird versteckt. Ich habe es satt, vor Fahrten durch abgelegenes Gebiet, jede einzelne Kartoffel und Zwiebel auszutüfteln, die ich pro Tag verbrauche werde.

Vorbei an eintönigen Weizenfeldern und riesigen Getreidesilos reißen wir unsere Kilometer herunter. Zwischendurch knackt und prasselt unser Benz - obwohl der Motor prächtig schnurrt. Dann ist es um sechs Uhr abends plötzlich stockfinstere Nacht. Wir sind in den letzten Tagen ständig nach Osten gefahren, haben zwei Zeitzonen passiert, aber unsere Uhren umzustellen vergessen. Am nächsten Morgen stellen wir fest, dass wir der südaustralischen Sommerzeit um ganze zweieinhalb Stunden hinterherhinken.

Bis wir in **Port Augusta** ankommen, knackt und knistert es unter unserer Motorhaube wieder so laut, dass mir angst und bange wird. *Mercedes Australia* in Melbourne empfiehlt uns eine Werkstatt für *Commercial Vehicles* in Adelaide.

Wir streichen den **Flinders Ranges National Park** vom Programm, übernachten an einem *Lookout* mit Blick auf einen rosa Salzsee und fahren am nächsten Tag knackend und prasselnd in Adelaide in der Werkstatt vor.

Ich habe keine Ahnung, aus wie vielen Einzelteilen unser fahrbarer Untersatz besteht, aber von der Pumpe für die Servolenkung bis zur Wasserpumpe geraten nacheinander so ziemlich alle in Verdacht, der Übeltäter zu sein. Nur die Düsen werden freigesprochen. Zwischendurch lässt man den Motor auch mal ohne Keilriemen laufen - da knackt es nicht - aber nachdem das Geräusch ja nur sporadisch ist, will man sich nicht festlegen. Zwei Stunden später ziehen wir unverrichteter Dinge wieder ab. Was wir jetzt bräuchten, ist eine solide, deutsche Werkstatt, die sich mit unserem Auto wirklich auskennt.

Deutsch wird es schon im **Barossa Valley**. Sauber und aufgeräumt wirken die Ortschaften - eben typisch deutsch - aber die Auswanderer kamen damals nicht mit dem Wohnmobil, sondern allenfalls mit dem Ochsengespann oder Pferdewagen. Und so haben sie hier statt einer deutschen Mercedes-Werkstatt nur ein Deutsches Wursthaus, wo die Mettwürste und Landjäger wie anno dazumal am Fleischerhaken baumeln, und beim Bäcker gibt's echten Bienenstich. Nur das Geheimnis, wie man richtiges deutsches Schwarzbrot backt, haben die Schlesier, die in den dreißiger Jahren des neunzehnten Jahrhunderts nach Südaustralien auswanderten und nun auf dem alten Friedhof von **Tanunda** liegen, mit ins Grab genommen. Vielleicht haben es ihre Kinder und Enkel über dem vielen Wein, den sie im Barossa Valley anbauen, aber auch ganz einfach vergessen.

Während des letzten Weltkriegs, als alles Deutsche verteufelt war, wurden manche Orte, wie z.B. das deutsche Gnadenfrei, kurzerhand umbenannt. Heute ist deutsches bzw. das, was man sich darunter vorstellt, wieder "in". So ziert in Hahndorf eine dralle Dirndlschönheit in Lebensgröße die Klotür am Marktplatz. Nebenan, bei den Herren, zeigt ein zünftiger Lederhosenseppel an, wo die richtige Tür ist. Ein paar Schritte weiter bietet ein Souvenirshop bayerische Bierkrüge mit dem Konterfei König Ludwigs feil und im Schaufenster ticken Kuckucksuhren in allen Größen. Im *German Arms Hotel* hat man den australischen Kellner in bayerische Lederhosen gesteckt und das Café Bamberg serviert zu Jodelmusik echte Bamberger Klopse, was immer das auch sein mag.

Hahndorf, am Rand des Barossa Valley gelegen und nach einem deutschen Kapitän Hahn benannt, gibt sich bayerisch. Wen kümmert es schon, dass seine

Ortsgründer ostpreußische Lutheraner waren. *Aussies*, Amis und Japaner stellen sich unter *Germans* ganz einfach Bayern vor - krachledern, jodelnd, Bier saufend und Sauerkraut fressend.

Das liegt wahrscheinlich daran, dass richtige Bajuwaren, wenn sie in die Fremde auswandern, auch ihre blau-weiße Kultur exportieren bzw. sich zur Pflege derselben sofort in einem Verein zusammenschließen. Als Peter am Autoradio dreht, schickt der bayerische Club gerade die deutschen Fußballergebnisse über den Äther. Und weil die ausgewanderten Bayern so hinterwäldlerisch doch gar nicht sind, schicken sie auch noch einen Gruß aus Sachsen hinterher: "Wer reitet so spät durch Kraut und Rüben? Es ist der Honecker, er will nach Drüben!" Wir üben Nachsicht. Vielleicht hat es sich bis ans andere Ende der Welt noch nicht herumgesprochen, dass es mittlerweile keinen Honecker mehr gibt.

Nach den Bayern jodeln auch die Österreicher. Im schönsten Dialekt moderiert der Sprecher Blas- und Volksmusik, und während wir durch die *Adelaide Hills* wieder auf **Adelaide** zurollen, kommen uns die heimatlichen Klänge doch ein wenig unwirklich vor.

Nachdem keine heimatliche Werkstatt aufzutreiben ist, müssen wir wohl oder übel mit einem australischen Mercedesdienst vorliebnehmen. In **Mount Gambier** gibt es den nächsten. Als wir vor der Werkstatt vorfahren, benimmt sich unser Benz lammfromm und gibt keinen unrechten Mucks von sich. Wir ziehen wieder ab, umrunden den *Blue Lake*, dessen Farbe aus noch unerforschten Gründen im Frühjahr von einem Tag auf den anderen von Grau zu Blau wechselt. Jetzt ist er blau und Peter zückt die Kamera.

Aus ebenfalls noch unerforschten Gründen fängt unser Benz plötzlich wieder an zu prasseln und zu knacken. Wir machen auf der Stelle kehrt und kreuzen ein zweites Mal vor der Werkstatt auf. Diesmal wird das Geheimnis gelüftet. "Das ist der Keilriemenspanner!", weiß der Mechaniker bereits nach wenigen Minuten. Als wir ihn wegen der fixen Diagnose etwas ungläubig ansehen, zieht er zur Demonstration ein paar Mal am Keilriemen: "Hören sie das Knacken?"

Wir schleppen zwar reichlich Ersatzteile mit uns herum, aber ein Keilriemenspanner ist nicht dabei. Er muss wieder mal in Melbourne bestellt werden und wir quartieren uns übers Wochenende auf dem Campingplatz bei den *Blue Lakes* ein.

Am Montag wird der Übeltäter in einem kurzen Eingriff ausgetauscht und wir löhnen für die Operation dreihundert Dollar. Australiens Automechaniker sind in

Peters Ansehen wieder gestiegen - und wir können uns jetzt endlich in Ruhe den nächsten Nationalpark vornehmen.

Schroff erheben sich die zerklüfteten Felsformationen der **Grampians** über den Eukalyptuswald. Eine herbe Landschaft, die uns ein wenig an den Chiricahua und den Big Bend National Park in Amerikas Wildem Westen erinnert. Wir sind rundum zufrieden. Das einzige, was jetzt noch knackt und prasselt, ist unser Lagerfeuer. Wir haben einen unbefestigten Seitenpfad eingeschlagen und campen auf einer einsamen Lichtung im Eukalyptuswald. Die Eigenart mancher Eukalypten, ihre morschen Äste einfach abzuwerfen, liefert reichlich Nachschub für die stimmungsvoll lodernden Flammen. Peter sitzt davor und entlockt seinem *Didgeridoo* archaisch anmutende Töne. Um uns herum fliegen kreischend graurosa Kakadus und rotblaue Rosellas, Vögel, die wir nicht kennen, flöten exotische Melodien und die *Kookaburras* stimmen zum Sonnenuntergang ihr schadenfrohes Gelächter an. Das ist Australien, so wie wir es uns immer vorgestellt haben!

Wie beinahe in jedem Nationalpark, gibt es auch in den *Grampian Mountains* ein Aboriginal-Kulturzentrum. Zwar haben wir gelesen, dass bereits 30 Jahre nach Ankunft der ersten Weißen hier sämtliche Ureinwohner ausgerottet oder vertrieben waren - aber es macht sich immer gut, wenn man den Touristen auf großen Tafeln ein paar Traumzeitstories erzählt. Die merkt sich meist keiner, denn für Touristen sind alle Aborigines sowieso Bumerang werfende Didgeridoobläser - dass dieses Instrument der tropischen Regionen der Mehrzahl der Stämme im Süden unbekannt war, interessiert weder ihn noch das Tourismusgeschäft. So wie die Nachkommen der preußischen Hahndorfer, dem Diktat des Tourismus gehorchend, sich heute bayerisch geben, blasen die schwarzen Australier im Kulturzentrum, dem Trend der Zeit folgend, auf tropischen Didgeridoos und verscherbeln Bumerangs.

Wir haben uns auf einsamen und weniger einsamen Wanderwegen ausgetobt, pittoreske Felsformationen wie die *Balconies* (auch *Jaws of Death* genannt) abgelichtet und mit dem Teleobjektiv Jagd auf Australiens farbenprächtige Vogelwelt gemacht. Nun sind wir in die *Victoria Valley Road* abgebogen, um das Bergmassiv von der anderen Seite zu sehen.

Kaum, dass wir die steile Straße ein paar Meter aufwärts gefahren sind, beginnt es plötzlich unter unserer Motorhaube ganz fürchterlich zu rumpeln.

Nach dem ersten Schrecken stellen wir fest, dass sich das Lüfterrad selbständig gemacht hat und nun gegen alle möglichen Teile eiert. Nach dem Austausch des Keilriemenspanners wurde entweder die Schraube nicht richtig festgezogen oder aber sie wurde ganz vergessen. Schöne Bescherung, denn wir haben keine Ahnung, was für eine Schraube da hinein muss! Außerdem entdecken wir, dass hinten im Kühler eine tiefe, scharfe Delle ist. Entweder kam das von der Schraube oder er wurde bereits beim Aus- und Einbau in Albany verletzt.

Während ich noch den Straßenrand nach der verlorenen Schraube absuche und Peter den Werkzeugkasten nach Ersatz durchforstet, halten neben uns zwei junge Männer aus Tasmanien. Fortschrittlich wie die Jugend nun mal ist, haben sie auch ein Mobiltelefon dabei - das im abgelegenen Nationalpark natürlich nicht funktioniert.

Obwohl die beiden eigentlich in die andere Richtung nach Halls Gap wollten, kutschieren sie mich ins 30 km entfernte **Dunkeld**, wo ich Hilfe organisieren will. Weil die Werkstatt in Mount Gambier am heutigen Samstag nicht arbeitet, verständigt die Tankstellenpächterin den RACV, den königlichen Automobilclub von Victoria (die australischen Automobilclubs erkennen die Mitgliedschaft beim ADAC an). Mit dem australischen Gegenstück zu unseren Gelben Engeln fahre ich schließlich zu Peter zurück. Der hat sich inzwischen selbst alle möglichen Bolzen zurechtgepfriemelt. Gott sei Dank - denn dem Aussie-Engel fehlt nicht nur der nötige Durchblick - in seinem Erste-Hilfe-Eimer, randvoll gefüllt mit rostigen Schrauben und Muttern, findet sich auch kein passender Ersatz für unsere Lüfterschraube. Der Engel beschränkt sich darauf, Peter die verlangten Schraubenschlüssel zuzureichen, ansonsten ist sein Dienst kostenlos.

Die eingebaute Schraube hat ein Zollgewinde und ist nur ein sehr kurzfristiges Provisorium. Sie reicht aber zumindest aus, um bis nach **Hamilton** zu kommen, wo wir trotz des späten Nachmittags noch einen geöffneten *Hardware Shop* und auch die passende Schraube auftreiben. Den Einbau erledigen wir gleich vor der Ladentür.

"So langsam lernen wir wirklich alle Einzelteile unseres Wohnmobils kennen", stellt Peter nicht ohne Stolz nach getaner Arbeit fest. Recht hat er. Diese unvorhergesehenen Ereignisse sind auch immer außerordentlich lehrreich - wie sonst hätten wir jemals erfahren, dass Inbusschraube auf Englisch "allen key bolt" heißt. Nur das Ansehen von Australiens Automechanikern hat bei dem Vorfall wieder stark gelitten.

Von Lämmern und harten Männern

"Nach dieser Brücke müsste eigentlich gleich der Scherschuppen auftauchen!" Mit Jims handgezeichnetem Lageplan in der Hand, habe ich Peter zur *Greenhills Station* hinausgelotst. Die Schafe sind bereits zusammengetrieben, harren, durch Zäune getrennt, ihrem Schicksal. Die Lämmer und ihre Muttertiere weichen mit ängstlichem Blöken zurück, als wir auf den Schuppen zugehen.

"Habt ihr schon mal eine Schafschur gesehen?", hatte uns Jim gefragt. Er und seine Frau Pat stehen mit ihrem Wohnwagen neben uns auf dem idyllischen Gemeindecampingplatz in **Penshurst**. Eine Schafschur? Nein, dazu hatten wir bisher noch keine Gelegenheit, und an einem Touristenspektakel, das hie und da immer wieder mal aufgeführt wird, sind wir nicht interessiert. "Okay, dann kommt am Montag raus zur *Greenhills Station*. Wir scheren da zurzeit die Lämmer!"

Jim hängt mit dem Oberkörper in einem gepolsterten Riemen, sein Kopf ist rot vor Anstrengung, das T-Shirt schweißgetränkt. "Hey, how are you?", ruft er uns zu und lässt im nächsten Moment schon wieder den Scherapparat durchs graue Fell des Lämmchens gleiten. Das gibt keinen Ton von sich, steckt wehrlos eingeklemmt zwischen Jims Knien. Die Vorderpfoten hält er mit der linken Hand in die Höhe, die rechte Hand führt den Scherkopf. Heute geht es dem Lamm nur an die Wolle, obwohl es auch bei der Schur so manch blutigen Schmiss abbekommt - erst in ein paar Jahren wird es als Hammel in der Kühltruhe landen.

Das Schaf ist jetzt all seine Wolle los. Jim hängt den Scherapparat ein, löst sich aus dem Stützriemen, und entlässt das geschorene Lamm durch ein kleines Tor in einen Pferch hinter der Scherbühne. Ein kurzes Aufrichten im Kreuz, ein Schluck aus der Wasserflasche, dann greift er sich durch ein anderes Türchen das nächste Lamm, hängt sich wieder in den Riemen, der den Rücken entlastet und die Beine schont, klemmt das Tier zwischen die Knie, setzt den Scherkopf an...

Schafscheren ist Knochenarbeit, bezahlt wird pro Stück und Jim ist beileibe nicht mehr der Jüngste. Die Scherer arbeiten auf einer Art Bühne. Der Dielenboden glänzt vom Lanolin, dem Wollfett, und ist rutschig, weshalb die Scherer sohlenlose Mokassins tragen. Heute sind nur drei der sechs Scherplätze besetzt, ein Scherer war verhindert und außerdem sind ja nur 1.550 Lämmer zu scheren. Die beiden anderen Scherer sind deutlich jünger als Jim. Sie sind auch schneller, arbeiten ohne den stützenden Gurt, das spart Zeit. Der Jüngste, obwohl noch Anfänger, schafft 39 Lämmer in der Stunde. Dass die Tiere bei diesem Tempo nicht mit

Samthandschuhen angefasst werden, versteht sich von selbst. Alle Lämmer tragen bei der Schur blutige Schrammen davon.

"Jeder Scherer muss zuerst lernen, sauber zu arbeiten", erzählt uns später der Farmer. "Das Tempo stellt sich dann ganz von alleine ein. Wer zu früh auf Tempo geht, verletzt die Tiere unnötig, bricht ihnen sogar die Beine."

Vor der Scherbühne wirbelt ein junges Mädchen hin und her. Sie ist die Enkelin des Eigners. In ihrer Funktion als *Rouseabout* schiebt sie mit einem langen Brett die Wolle zusammen und wirft sie auf den Tisch zu den Wollsortierern. Weil heute nur drei Mann scheren, teilen sich ihr Vater und Pat, Jims Frau, den Job, die Wolle nach verschiedenen Güteklassen einzuordnen.

Zwischen zwei Schafen winkt uns Jim, nach hinten in den Schuppen durchzugehen. Geoff, der Eigner, ist gerade dabei, die geschorenen Lämmer in den einzelnen Pferchen zu zählen und entlässt sie dann mit einem Schubs ins Freie zu den Muttertieren. Wenn jedoch das erste in die falsche Richtung rennt, stürmen die anderen blindlings hinterher und landen als Haufen am Ende des Gangs. Schafe gehören so ziemlich zu den dümmsten Tieren, die man sich denken kann.

Geoff verteilt anschließend frische, ungeschorene Lämmer aus einem großen Pferch in die kleinen hinter der Scherbühne, wo sie sich ängstlich, ohne einen Laut von sich zu geben, aneinander drängen. Es sind *Crossbred*, drei Monate alt. Ihre Wolle ist nicht ganz so fein und gekraust wie die der Merinos, aber sie sind widerstandsfähiger. Geoff hält 8.000 Schafe und produziert, wie sich australische und neuseeländische Schafzüchter auszudrücken pflegen, jährlich etwa 1.500 Lämmer - ein Produkt mit sinkendem Wert, denn der Wollpreis fällt seit über 10 Jahren kontinuierlich. Geoff hält deshalb auch noch reine Fettlämmer als Fleischlieferanten. Außerdem wachsen auf seiner *Station*, die seit 1904 im Besitz der Familie ist, auch noch Weizen und Futterpflanzen.

Am Abend macht Jim noch einen erstaunlich frischen Eindruck. Er ist stolz auf seinen Job, macht ihn gerne. Schafscheren ist ein uraustralischer Job, harte Männersache, obwohl ich gehört habe, dass es inzwischen unter den Scherern auch ein paar Frauen gibt.

Seit 33 Jahren gehen Jim und Pat für zehn Monate im Jahr zum Scheren und ziehen mit ihrem alten Wohnwagen von Station zu Station. Pat sortiert Wolle, und wenn eine große Schur ist, an der viele Scherer beteiligt sind, kocht sie für die ganze Mannschaft. Zu Reichtum sind die beiden bei dieser Knochenarbeit ganz sicher nicht gekommen. Pat fehlen zwei Frontzähne - etwas, das wir eigentlich nur aus Amerika kennen. Eine Frontzahnbrücke ist bei diesem Job anscheinend ein unerschwinglicher Luxus.

Schafscherer oder Farmarbeiter - dem Gros der Auswanderer, die im Verlauf des neunzehnten Jahrhunderts den ärmlichen Verhältnissen ihrer irischen oder englischen Heimat entflohen, blieben auch auf dem Fünften Kontinent nur die Knochenjobs. Meist hatten die Kosten für die lange Schiffspassage sämtliche Reserven verbraucht und oft genug endete das Abenteuer Immigration, bevor es überhaupt begonnen hatte.

Die Küstenlinie im Bereich des heutigen **Port Campbell National Parks** war einst der Schrecken der Segelschifffahrt - heute ist sie einer der touristischen Hauptanziehungspunkte.

Blaugrüne Brecher branden mit Getöse an den Strand, werden durch ausgewaschene Kalksteintore gepresst, donnern und röhren in Grotten und Tunneln. Seit Jahrmillionen nagt die Wucht des Ozeans ständig am weichen Sandstein der Küstenlinie, lässt sie mit jeder Welle ein wenig weiter abbröckeln und zurückweichen. Sehr zur Freude der Tourismusbranche blieben als Zeugen dieser unermüdlich erodierenden Naturgewalten zerklüftete Kalksteinfelsen, Grotten und Naturbrücken im Meer zurück, die Australier und Besucher aus Übersee gleichermaßen in Scharen anrücken lassen. Auch wenn das Klicken der Auslöser vom Donnern der Wellen übertönt wird - die schroffen, von der Brandung umtosten Felstürme, von frommen Immigranten "Zwölf Apostel" getauft - sind nach dem Opernhaus von Sydney und dem Ayers Rock das meistfotografierte Motiv Australiens.

"Also früher hättest du unter lauten Jubelrufen jeden einzelnen Felsklotz mindestens dreimal abgelichtet", spöttelt Peter. "Jetzt drückst du bei jedem nur noch einmal ab, was beweist, dass du mit Naturwundern ziemlich übersättigt bist!"

Aber auch wenn ich die Urgewalten heute etwas ruhiger auf mich wirken lasse - die **Great Ocean Road** im Bereich des Port Campbell National Parks ist die spektakulärste Küste, die wir je gesehen haben (📷 Seite 185).

Es waren genau jene Naturgewalten, die wir heute vom sicheren Aussichtspunkt bestaunen, die für die Schifffahrt vor hundert Jahren eine tödliche Gefahr darstellten: die Küstengewässer entlang der Great Ocean Road sind ein wahrer Schiffsfriedhof. Die **Bass Strait**, die Tasmanien von Victoria trennt, ist an sich schon ein raues Gewässer, aber die Klippen, die starken Brecher und Strömungen dieses relativ seichten Küstenabschnittes konnten für die Segler, die ja noch keinen Motor hatten, um sich aus eigener Kraft von der gefährlichen Küste freizuhalten, zur tödlichen Falle werden.

1878 sank der Dreimaster *Loch Ard* mit 52 Menschen an Bord einige Kilometer nordwestlich der Zwölf Apostel. Die spektakulär anzusehenden Felsformationen wurden später nach dieser Tragödie *Loch Ard Gorge* benannt. Den sicheren Hafen von Melbourne praktisch schon vor Augen, hatten Besatzung und Passagiere nach monatelanger, beschwerlicher Überfahrt in der Nacht zuvor eine Party gefeiert. Weil sie im dichten Nebel das Leuchtfeuer von *Cape Otway* verpasst hatten, geriet das Schiff im starken Seegang zu dicht unter die Küste, wo es zerschellte. Nur der Schiffsjunge und ein junges Mädchen überlebten das Unglück. Der Schiffsjunge, der die 19-jährige in eine geschützte Grotte der Gorge retten konnte, avancierte daraufhin in Australien zum Nationalhelden, aber das von allen erwartete Happy End sind die beiden schuldig geblieben. Die Schiffbrüchige hatte bei dem Unglück die gesamte Familie verloren und kehrte mit dem nächsten Segler in ihre irische Heimat zurück.

So gefährlich wie damals ist die "Ansteuerung" von **Melbourne** zwar heute nicht - aber ein Vergnügen ist es gewiss nicht, im Verkehrsgetümmel der großflächigen Millionenstadt die City anzupeilen. "Gleich dreh' ich wieder um und fahr zurück ins Outback!", schimpft Peter, als wir eingekeilt im Stau stehen. Nach dem hinter uns liegenden reizvollen Küstenabschnitt mit Regenwäldern, beschaulichen Orten mit Stränden und Leuchttürmen, kommt uns die hektische Metropole doppelt hässlich vor.

Häuser und Straßen wirken schmuddelig, kein Vergleich zum gepflegten, aber auch viel jüngeren Perth. Na gut, der alte Bahnhof in der Flinders Street ist recht imposant und die *Malls* in der City sind auch hübsch anzusehen. Außerdem können wir in einem Secondhandshop unser "Lesefutter" aufstocken. Die deutschen Titel, die vor 20 Jahren und mehr einmal aktuell waren, wurden wahrscheinlich von Auswanderern oder deren Kindern verscherbelt. Manches ist trotzdem recht interessant und wir sind froh über den Nachschub. Schon lange haben wir keine deutschen Langzeitreisenden mehr getroffen, mit denen wir unsere ausgelesenen Bücher hätten tauschen können. Vierwochentouristen haben, wie wir früher auch, für Bücher weder Zeit noch Platz.

Abends fahren wir durch endlose Vororte in den Stadtteil *Coburg* hinaus und stellen uns gegen alle Gewohnheit auf einen Caravanpark. Kaum, dass wir uns häuslich eingerichtet haben, klopft es auch schon an die Tür. Draußen stehen Klaus und Eleonore, die wir mit ihrem Unimog-Mobil vor vier Monaten in Darwin getroffen haben. Wie sich herausstellt, haben sie genau wie wir, am Sonntag die Überfahrt nach Tasmanien gebucht.

Klaus und Eleonore sind Indienfans. Nach zwei Jahren auf dem Subkontinent verordneten sie sich allerdings eine Luftveränderung, luden in Madras ihren Unimog in einen Open-Top-Container und verschifften nach Freemantle. Da unsere Südafrikapläne den Rationalisierungsmaßnahmen der Wilhelmsen Lines zum Opfer gefallen sind, ziehen wir inzwischen auch den Landweg über Indien ins Kalkül. Leider sind die Ausmaße unseres Wohnmobils nicht containertauglich und die Vorstellung, unser Wohnmobil auf einem *Flatrack* per Kran an Deck eines Schiffes hieven zu lassen, wo es dann wochenlang, dem Salzspray ausgesetzt, an Deck stünde, lässt uns die Nackenhaare sträuben.

"Wenn ihr erst Ende März wegwollt, ist es, bis ihr euer Auto wieder habt, in Indien bereits zu heiß", erklären uns Klaus und Eleonore. "Und wenn man dann bereits, so wie ihr, Anzeichen von Reisemüdigkeit zeigt, kann man dieses tolle Land nicht genießen. In Indien gibt es kein Wenn und Aber - entweder man liebt es oder man hasst es.

Wir wollen Indien auf jeden Fall bereisen - aber gut vorbereitet von zu Hause aus. Entlang der 10.000 km langen Strecke liegen so viele Natur- und Kultursehenswürdigkeiten, dass wir uns dafür Zeit nehmen wollen und uns darauf einstimmen müssen. Wir kennen uns - wenn wir jetzt die Heimreise über Indien antreten würden, verkäme sie ausschließlich zum Heimweg.

Tasmanische Tiger

Tasmanien liegt in den berüchtigten Roaring Forties, den stürmischen Gewässern um den vierzigsten Breitengrad, und Meerengen wie die **Bass Strait** haben den unangenehmen Effekt, Winde durch ihre Düsenwirkung noch zu verstärken. Vor ein paar Jahren kamen beim berühmten *Sydney-Hobart-Race* sechs Regattasegler in 30 m hohen Wellen ums Leben. Wir setzen jedoch nicht mit einem übertakelten Regattasegler, sondern auf einem handfesten Schiff, das noch dazu aus einer deutschen Werft stammt, nach Tasmanien über. Aber obwohl heute angeblich ruhiges Wetter ist, und das Fährschiff *"Spirit of Tasmania"* wirklich beachtliche Ausmaße hat, spüre ich die Schiffsbewegungen doch erheblich und ich bin einmal mehr froh darüber, dass wir ansonsten während unserer Reise Räder und festen Boden unter uns haben.

Es ist schon seltsam, dass sich Reisende über lange Distanzen hinweg immer wieder über den Weg laufen. Mit auf dem Schiff ist auch Gisela, jene pfiffige, alleinstehende Berliner Rentnerin, die wir an einer *Rest Area* am *Grey River* im Norden Westaustraliens getroffen haben - was auch schon länger als ein Vierteljahr her ist.

Eingesperrt im Arbeiter-und-Bauern-Staat, muss sie das Fernweh, ohne Aussicht auf Linderung, noch weit mehr geplagt haben als uns. Gleich nach der Wende kurvte sie, gepackt von ungebremster Reiselust, durch Europa. Als die Pensionierung anstand, richtete sie ihre Blicke nach *Down Under*. Ein Jahr Australien in einem geländegängigen Landcruiser-Campmobil - das war es, was die forsche Sechzigerin wollte.

Der regelmäßige Eingang einer Rente war den *Aussies* in der Botschaft für die Erstellung eines Jahresvisums allerdings nicht genug. Sie wollten Geld auf dem Konto sehen, mehr als Gisela, die ja auch noch mit Rückkaufgarantie den *Landcruiser* kaufen wollte, vorweisen konnte. Aber Menschen, die ein Leben lang unter der Fuchtel und Bevormundung von Behörden gestanden haben, entwickeln einen erstaunlichen Ideenreichtum, wenn es darum geht, diese auszutricksen.

"Die Australier wollen Geld auf meinem Konto sehen?", dachte sich Gisela, "Sollen sie haben! War ja keine Rede davon, dass es mein eigenes sein muss!" Unverzüglich schickte sie einen Notruf an alle Verwandten und Bekannten: "Bitte zahlt alle für drei Tage euer Geld auf mein Konto ein", was erstaunlicherweise tatsächlich funktionierte. Nachdem ihr Bankkonto auf solch wundersame Weise angewachsen war, schickte Gisela den Auszug mit dem stattlichen Vermögen an die Botschaft, überwies den Spendern ihre Leihgaben zurück und bekam postwendend ihr ersehntes Visum.

Seitdem rappelt sie mit ihrem *Landcruiser* über einsame Outbackpisten und zeigt den australischen Macho-Männern, was eine Harke bzw. eine echte Berlinerin ist. Denen fällt nämlich jedes Mal vor Schreck die Kinnlade herunter, wenn sie feststellen, dass die jugendliche Rentnerin bar jeden männlichen Schutzes die *Four-Wheel-Drive-Strecken* in *Down Under* unsicher macht. Zwar wäre sie auf dem *Cape-York-Track* mitsamt ihrem *Landcruiser* beinahe umgekippt, aber nachdem sie sich von ihrem Schrecken erholt hatte, zog sie mit ihrem Auto den festgefahrenen Jeep eines jener Macho-*Aussies* aus der nächsten Flussdurchfahrt.

Und nun ist Tasmanien an der Reihe. Ob die Männer dort auch solche Machos sind, wie auf dem Kontinent, das weiß sie natürlich noch nicht, über solche Nichtigkeiten steht nämlich nichts im Reiseführer. Aber dass es in Tasmanien so allerlei seltene und ausgestorbene Lebewesen gibt, darüber wird ausführlich berichtet.

Es gibt ja fast nichts, was richtige Wissenschaftler nicht des Erforschens wert fänden, aber so richtig interessant wird etwas erst, wenn es bereits ausgerottet, ausgestorben oder zumindest vom Aussterben bedroht ist. Dankbare Studienobjekte sind auch bedrohte Naturvölker, weshalb sich Ethologen, Ethnologen und sonstige Gelehrte mit Vorliebe bei den letzten Yanomamis am Amazonas tummeln.

Seit die Aborigines nicht mehr zum Abschuss freigegeben sind und sich deshalb wieder vermehren, sind sie statt interessant eher lästig. In Tasmanien allerdings, wo man mit dem Ausrotten wesentlich gründlicher war, hat die letzte reinrassige tasmanische Aboriginalfrau bereits 1876 das Zeitliche gesegnet. Ihr Skelett gelangte daraufhin posthum zu allerhöchsten Ehren und wurde im Dienste der Wissenschaft genauestens gewogen, vermessen und studiert.

Ebenso erging es dem Tasmanischen Tiger, der eigentlich kein Tiger, sondern ein Beutelwolf ist bzw. war. Seit das letzte Exemplar in den Dreißiger Jahren in einem Zoo in Hobart einging, ist diese Spezies vom schafereißenden Untier schon beinahe zum Wappentier aufgestiegen und ziert neuerdings sogar tasmanische Autonummern. Allerdings hofft die Wissenschaft, dass in der undurchdringlichen Wildnis Westtasmaniens noch einige Exemplare zu Studienzwecken überlebt haben könnten. Berichten zufolge soll nämlich immer wieder einmal ein Tasmanischer Tiger gesichtet worden sein.

Auch Peter mit seinem Faible für Rares und Seltenes ist ganz wild auf einen dieser falschen Tiger. Ihm reicht jedoch einer aus Blech, weshalb er gleich am Morgen nach unserer Ankunft im tasmanischen **Devonport** beim *Service Tasmania* aufkreuzt, wo Autos angemeldet und die Schilder abgemeldeter Autos abgegeben werden müssen.

Die Story vom Wohnmobil-Weltreisenden, der solch seltene *Licence Plates* wie den Eisbären aus den kanadischen Northwest Territories sammelt, beeindruckt die Tassie-Beamten ungemein. Auch, dass er an den Nummernschildern der dicht besiedelten Staaten wie Victoria oder New South Wales nicht interessiert ist, schmeichelt den Bewohnern der kleinen Apfelinsel. Nur - sie dürfen die Schilder nicht einfach so herausrücken, das wäre illegal. Wenn Peter ein Paar mit den begehrten Tasmanischen Tigern haben möchte, bräuchte er eine offizielle Sammlerlizenz! Ein Paar? Wer redet denn von einem Paar? Peter will doch nur ein einziges, als Souvenir an das schöne Tasmanien! Ja wenn das so ist, ist die ganze Sache nur noch halb so illegal - und mit den besten Wünschen für das bevorstehende Weihnachtsfest greift die Beamtin hinter sich ins Regal und drückt Peter ein besonders gut erhaltenes Exemplar mit dem begehrten Tiger in die Hand. Die *Tassies* haben daraufhin vom ersten Tag an bei Peter einen dicken Stein im Brett.

Hobart - Yachten, Feuerwerk und Brezelbäcker

Kurvenreiche Bergsträßchen führen durch dichten Regenwald nach Osten, Baumfarne, Eukalypten und knorrige, kleinblättrige *Myrtletrees* bedecken die steilen Hügel, entlang der Straße blühen lila Kerzen - Tasmanien gefällt uns.

Entlang der Ostküste reihen sich von glattgeschliffenen Sandsteinfelsen eingerahmte Bays, durch Bergzüge abgeschiedene Traumbuchten, endlose Sandstrände. Baden könnte man hier und nach Herzenslust wandern - wären da nicht die tiefhängenden Wolken und der andauernde kalte Schnürlregen. Dabei soll der Osten die "Sonnenseite" Tasmaniens sein. Die *Tassies*, vom rauen Klima abgehärtet, sind da weniger zimperlich. Nach dem Motto: "Es gibt kein schlechtes Wetter, sondern nur unzureichende Bekleidung", schlüpfen sie statt in Badehosen in Neopren, paddeln, schwimmen, angeln und trotzen gut verpackt dem Regen und der Kälte.

Wir lieben mehr die Wärme, und nachdem wir Weihnachten in einer abgeschiedenen Bay verbracht haben, wollen wir zu Silvester in Hobart sein.

"Ihr habt euch wohl verfranzt?" Erstaunt ob der vertrauten Klänge sehen wir von unserem Stadtplan auf. Hinter uns hat auf dem Seitenstreifen ein Auto gehalten und der Fahrer beugt sich nun durch unser Seitenfenster. "Das nicht direkt. Aber der Campingplatz ist ausgebucht und nun suchen wir einen Platz, wo wir ungestört den Jahreswechsel verbringen können."

"Kein Problem", meint unser Landsmann, der bereits vor 40 Jahren Deutschland verlassen hat, "in Hobart braucht ihr keinen Campingplatz. Fahrt mir einfach nach!"

Nach ein paar Minuten biegt er in ein kleines Sträßchen ab, das wir selbst wahrscheinlich übersehen hätten. An dessen Ende liegt neben dem Gelände eines Segelclubs, umgeben von einem weitläufigen Park, ein großer, geschützter Parkplatz. "Gleich hinter der Düne ist der Strand", erklärt unser Führer, "da habt ihr einen Logenplatz, wenn übermorgen auf der anderen Seite der Bay das Feuerwerk gezündet wird."

Zu einem anderen Großereignis kommen wir leider zu spät. Peter wollte unbedingt sehen, wie die Yachten des diesjährigen Sydney-Hobart-Race einlaufen, und hat die Route entsprechend geplant. Günstige Winde sorgten jedoch für Rekordzeiten und das schnellste Rennen, das jemals gesegelt wurde. Als wir in **Hobart** eintreffen, liegen die millionenteuren Yachten längst vertäut am Kai und wir müssen uns damit begnügen, die flachen Rennflundern mit den überdimensionalen Riggs im Ruhezustand zu bewundern.

Um die Teilnehmer wird hier viel Getöse und Tamtam gemacht. Segelzeiten werden ausgehängt, Crewfotos verkauft, offizielle Shirts verscherbelt. Weiter draußen hat, unbeachtet vom allgemeinen Trubel, ein schwedischer Weltumsegler seine Yacht festgemacht. Wie ein Ackergaul unter lauter Rennpferden wirkt das kompakte Schiff - wobei ich die Leistung des Ackergauls weit höher ansetze.

Nichts vermisst der Deutsche, egal ob Reisender oder Auswanderer, in der Fremde so sehr wie sein kräftiges Schwarzbrot. Irgendwann kommen einem die labbrigen Scheiben, egal ob getoastet oder nicht, ob mit Körnchen angereichert oder pur, zu den Ohren raus. Auch die mancherorts angebotenen, dunkel eingefärbten Gebilde, vielversprechend *"German Rye"* genannt, erinnern nur daran, dass Germany verdammt weit weg ist. Und irgendwann beginnt man dann in den Supermärkten oder Gesundheitsläden die Roggenmehlvorräte aufzukaufen und selbst den Rührlöffel zu schwingen. Im Gegensatz zu amerikanischen Wohnmobilen sind die deutschen meist leider nicht mit Backöfen ausgestattet und auch der nachträgliche Einbau erweist sich oft als problematisch, weshalb wir uns in den USA den zwar primitiven, aber durchaus funktionierenden Aufsatzbackofen von Coleman kauften. Seitdem vermissen wir nichts mehr in der Fremde - nur, lästig ist die ewige Brotbackerei schon.

Eigentlich wollte ich gerade in den Supermarkt, um mich für den bevorstehenden Jahrtausendwechsel einzudecken, als ich auf der anderen Straßenseite das Schild entdecke. "The Brezel Bäckerei" steht über der Ladentür. "Na, vielleicht haben die neben Brezeln auch genießbares Brot", hoffe ich und verschiebe den Supermarkt auf später. Heute Abend wäre wieder Backen angesagt.

Mit Erstaunen registriere ich das Zeichen der deutschen Bäckerzunft an der Glastür und beim Eintreten strömt mir ein wohlbekannter, aber lange vermisster Geruch entgegen. Den Mohn- und Roggenbrötchen in der Auslage sieht man an, dass sie knusprig sind, diverse Schwarzbrotsorten reihen sich auf den Holzrosten und von großen Blechen locken frischer Bienenstich, *Bee Sting* genannt, Mohnschnecken und Joghurtkuchen. Die Verkäuferinnen in ihren gerüschten Schürzen sehen aus wie zu Hause beim Bäcker um die Ecke - nur, dass sie außer "Bienenstich" kein Wort Deutsch können. Hocherfreut schlage ich kräftig zu, und bevor ich in den Supermarkt gehe, muss ich erst meine verlockend duftenden Einkäufe im Wohnmobil verstauen.

Als ich wieder auf den Supermarkt zugehe, hält neben mir ein Pick-up. "Sind Sie das, mit dem deutschen Wohnmobil?", spricht mich der Fahrer auf Deutsch an. "Es leben sehr viele Deutsche in dieser Gegend", erzählt er mir im Verlauf des Gesprächs. "Ja", sage ich, "das haben wir schon gemerkt. Hier gibt es sogar einen deutschen Bäcker!" "Ich weiß", erwidert der Mann im Pick-up, "ich bin der deutsche Bäcker!"

Im Gegensatz zu den üblicherweise zu Bodenständigkeit neigenden deutschen Handwerkern, zog es den Bäckermeister, der auch in Hamburg noch eine Bäckerei betreibt, vor 10 Jahren nach Australien, wo er eine Weile recht lustig in den Tag hinein lebte, bis er vor einem Jahr die Bäckerei in Hobart eröffnete. Weil sein berühmter Landsmann und Nachbar Blacky Fuchsberger viel Reklame für ihn machte, läuft der Laden bestens. Allerdings müssen viele Zutaten aus Deutschland importiert werden. Auch Roggenmehl in gleichbleibender Qualität ist in Australien nicht zu bekommen.

Ebenso war es ein Problem, passendes Personal zu finden - sein holländischer Bäckergeselle musste viel lernen. Inzwischen weiß der Holländer aber, wie man deutsches Schwarzbrot macht, denn nur am Sonntag backt der Chef persönlich. Der ist ohnehin nicht das ganze Jahr anwesend, denn, laut unserem deutschen Bäckermeister ist's in Hobart im Winter schrecklich finster und absolut tote Hose. Ein Handwerksmeister, der sich ein halbes Jahr lang von seinem Geschäft abseilt

- in Deutschland unvorstellbar. Da kennt man nur die rackernden, schuftenden Selbstständigen, die unermüdlich Werte anhäufen, aber nie Zeit haben, ihren Wohlstand wirklich zu genießen.

Auch wenn Gelehrte seit Monaten argumentieren, dass das neue Jahrtausend erst im nächsten Jahr beginnt - uns ist das egal. Schlag Mitternacht beginnt die Jahreszahl mit Zwei - das ist uns Argument genug. Außerdem verbringen wir den bedeutungsvollen Jahreswechsel am anderen Ende der Welt, was alleine schon ein Grund zum Feiern ist. Auf unserem privaten Campingplatz am Segelclub in der Sandy Bay sind wir längst nicht mehr allein. Auch andere Wohnmobile haben sich eingefunden und so mancher Bewohner der umliegenden Häuser rückt mit Kühltasche und Sektgläsern an.

Wir ziehen die Anoraks über die Fleecepullover - eine laue Sommernacht haben wir an diesem ausklingenden 31.12.1999 ja nicht gerade - klemmen den Sekt unter den Arm und suchen uns erwartungsvoll einen Platz in der Düne. Hobart liegt hell erleuchtet vor uns, ein paar Schiffe, geschmückt mit bunten Lampen, kreuzen stimmungsvoll in der breiten Mündung des *Derwent River* und Peter dreht den Draht am Korken auf. Mit einem Feuerwerk begrüßt die Stadt Schlag zwölf genau gegenüber im Botanischen Garten das neue Jahrtausend. Auf den Yachten werden die Notraketen abgeschossen, und während farbige Sternformationen am Himmel verglühen und rote Leuchtkugeln langsam zu Wasser sinken, stoßen wir mit unseren, im Laufe der Dauerbenutzung schon etwas unansehnlich gewordenen Plastikgläsern auf das Jahr 2000 und auf uns und unsere Reise an.

Weil es, wie bei uns leider auch, jedes Jahr zu Unfällen mit verletzten Kindern kam, wurde privates Feuerwerk und Kracherschmeißen in Tasmanien vor einigen Jahren übrigens kurzerhand verboten.

Tasmaniens Tor zur Hölle

Eigentlich liegt die tiefeingeschnittene, geschützte Bucht mit ihrer kleinen Insel so schön, dass sie ein Ferienparadies sein müsste. Doch die großzügige Parkanlage mit dem alten Baumbestand trug einst den Beinamen "Tor zur Hölle", die kleine Insel heißt noch heute "Insel des Todes". Sie ist die "letzte Ruhestätte" für annähernd 2.000 Sträflinge.

Auch wenn man es sich heute angesichts der liebenswerten, hilfsbereiten Bewohner Tasmaniens nicht vorstellen kann - die Geschichte der Insel reicht weit in die finstersten Anfänge Australiens zurück, als England seine zahlreichen Strafgefangenen eifrig ans andere Ende der Welt deportierte. Tasmanien war dabei als Gefängnisinsel den schlimmsten Verbrechern vorbehalten.

Von 1830 bis 1887 waren die unbeugsamen Mehrfachtäter in den engen, feuchten Zellen von **Port Arthur** untergebracht. Hier mussten die Unverbesserlichen unter der Aufsicht von Soldaten Wälder roden, Stämme sägen und ihr eigenes Gefängnis mauern.

Als wir nach Port Arthur kommen, macht das "Tor zur Hölle" seinem Namen alle Ehre. Gespenstisch und düster heben sich die Türme der ausgebrannten Kirchenruine gegen den grauen, wolkenverhangenen Himmel ab. Kalte Regenschauer lassen uns frösteln. Entlang des Hanges erheben sich bröckelnde Fassaden mit leeren Fensterhöhlen, führen steile, enge Treppen in finstere Zellentrakte. Zum größten Teil sind nur noch Ruinen von der Gefängnisanlage übrig geblieben, denn die meisten Gebäude fielen gegen Ende des 19. Jahrhunderts verheerenden Waldbränden zum Opfer.

Wie es sich für einen richtigen Ort des Schreckens gehört, soll es im Bereich von Port Arthur auch kräftig spuken. Etliche Besucher schickten Fotografien ein, die merkwürdige weiße Nebel und andere unerklärliche Phänomene zeigen. Zum Beispiel die flatternden Haare eines entsetzt dreinblickenden kleinen Mädchens, angeblich aufgenommen in einem absolut windstillen Raum.

Als wir unser Ticket lösen, kommt uns der komische Verdacht, dass die Betreiber der Anlage vom ruhelosen Geist der einst eingelochten Strauchdiebe und Beutelschneider besessen sein könnten: stolze 18 $ pro Nase kostet es, das ehemalige Tor zur Hölle zu besichtigen.

Was wäre die Hölle ohne den Teufel. Nicht weit von Port Arthur kann man ihn in einer privaten *Sanctuary* zum ebenfalls höllisch hohen Eintrittspreis bewundern. Zwar hat er keine Hörner und keinen Pferdefuß - aber er ist schwarz und beißfreudig. Zoologisch gesehen ist der endemische *Tasmanische Teufel* ein Beutelmarder und nützlicher Aasfresser. Vom Standpunkt des fotowütigen Touristen betrachtet, sieht er eher aus wie ein zähnefletschender, flinker schwarzer Mops. Einen Schönheitspreis kann er in der Fauna von *Down Under* mit den hopsenden Kängurus, den possierlichen Koalas und putzigen *Possums* jedenfalls nicht erringen.

Aber weil wir nun schon mal da sind und das Beobachten der nachtaktiven Tiere in freier Natur Glücksache ist, löhnen wir die 11 $ Eintritt und beobachten, wie er artgerecht mit den Resten überfahrener Tiere gefüttert wird.

Nachdem wir es heute mit Tasmaniens Hölle und den Teufeln haben, sehen wir uns zum Abschluss des Tages auch noch in des Teufels Küche um. Devils Kitchen heißen die Felsformationen, die, mittlerweile sogar von der Sonne beschienen, dem ungestümen Anbranden der Tasman See trotzen.

Tasmaniens Westküste - Regenwald und Sonnenschein, Braunforellen und Possums

Düster und abweisend ragen schroff gezackte Felsmassive aus den dichten Regenwäldern. Nur wilde Flüsse haben sich ihren Weg durch diese undurchdringliche Wildnis gebahnt. Die Nationalparks im Westen Tasmaniens schützen ein weithin unzugängliches, unerforschtes Gebiet, das nur auf wenigen Straßen erreichbar ist. Naturschützer hoffen, dass in dieser noch weitgehend unberührten Wildnis der Tasmanische Tiger überlebt haben könnte.

Dort, wo Straßen in bzw. durch die Wildnis führen, hat der Mensch allerdings deutlich sichtbare Spuren hinterlassen. Die *Gordon River Road*, die zwischen *Lake Gordon* und *Lake Pedder* tief in den **Southwest National Park** hineinführt, wurde denn auch weniger der touristischen Erbauung wegen angelegt, sondern aus ganz pragmatischen Gründen. Nachdem man das Gebiet um die beiden Stauseen radikal abgeholzt und die in großen Mengen angefallenen Stämme bis nach Japan verscherbelt hatte, wurden riesige Staumauern gebaut, die das Wasser der beiden Seen speichern. Sieht man von den hässlichen Staudämmen einmal ab, fügen sich die künstlichen Seen harmonisch in die wilde Landschaft ein. Nur die abgestorbenen Baumstämme, die in Teilen der Uferbereiche immer wieder aus dem Wasser ragen, erinnern daran, dass hier der Mensch seine Hand im Spiel hatte.

Statistisch gesehen scheint die Sonne in diesen Regenwaldgebieten nur an dreißig Tagen im Jahr. Hatten wir an der angeblich so sonnigen Ostküste mit dem Wetter Pech, so brechen für uns nun zum Trost einige der wenigen Westküsten-Sonnentage an und wir genießen die dramatischen Ausblicke auf die Seen und campen am Ufer des **Lake Pedder**.

Auch die *Tassies* nützen den seltenen Sonnenschein. Während wir im moorhaltigen, braunen Wasser des erstaunlich warmen Sees baden, rücken sie mit Booten an und lassen die Angelruten ins Wasser schnellen. Wir angellosen Fremden müssen ihnen wie arme Krüppel vorkommen, denen ein wichtiger Körperteil fehlt.

Abends steht plötzlich ein kleines Mädchen vor unserem Wohnmobil. Sie hält eine riesige Braunforelle in der Hand und strahlt uns an: "Den Fisch habe ich heute selbst gefangen. Ich schenke ihn euch!" Zuerst bin ich ja echt platt, aber weil die Forelle nicht nur schon tot, sondern obendrein auch noch ausgenommen ist, landet sie umgehend in der Bratpfanne und bereichert mit ihrem delikaten, zartrosa Fleisch unseren Speisezettel.

Leider fügen sich die Eingriffe des Menschen nicht überall so harmonisch in die Landschaft. Bevor der *Lyell Highway* den **Franklin-Gordon Wild Rivers National Park** und den **Cradle Mountain Lake St. Clair National Park** durchschneidet, führt er in vielen Kurven an baumstammgespickten Stauseen, an riesigen Wasserröhren, an den Mastenwäldern und Hochspannungsleitungen der Wasserkraftwerke vorbei. Tasmanien erzeugt seinen gesamten Strombedarf aus Wasserkraft, was ja an sich sehr löblich, aber leider nicht immer schön ist. Nur für Notfälle, weil vor einigen Jahren während einer Dürreperiode der Wasserspiegel stark sank, existiert ein kleines Ölkraftwerk.

Der **Lake St. Clair** ist ein Überbleibsel der letzten Eiszeit und noch dazu ist er der tiefste natürliche See Australiens. Er liegt reizvoll und auf asphaltierter Straße gut zugänglich am Fuß des *Mount Olympus*, weshalb am schönen See der Teufel los ist und wir am Nationalpark-Campingplatz gerade noch einen Stellplatz ergattern. Ein Boot bringt uns über den 16 km langen See, an dessen Ufer ein Wanderweg zum Campingplatz zurückführt. Unerschrockene können von hier aus einen Mehrtagesmarsch auf dem *Overland Track* starten.

Wir ziehen die Straße vor, die sich kurvenreich durch den *Franklin-Gordon Wild Rivers National Park* nach unten schlängelt. Von Weitem ragen die weißglänzenden Gipfel der *West Coast Range* aus dem Regenwald auf. Auf den ersten Blick sehen sie aus, als wären sie schneebedeckt, aber es ist weißes Quarzgestein, das in der Sonne wie Schnee glänzt.

Entlang der Straße führen Wanderwege durch den Regenwald zu Lookouts und zu Wasserfällen und dann windet sich der Highway in steilen Spitzkehren hinunter nach **Queenstown**. Obwohl wir bereits im Reiseführer gelesen haben, dass dort im Tagebau Kupfer abgebaut wird, treffen uns nach der Schönheit und Unberührtheit der zurückliegenden Wildnis die hässlichen Abraumhalden wie ein Schock.

Auch wenn es zwischendurch so aussieht, als hätten die dreißig Sonnentage längst ihr Ende gefunden - bis wir den *Cradle Mountain Lake St. Clair National Park* umfahren und von der Nordseite erneut ansteuern, hat sich das Wetter trotz gegenteiliger Vorhersagen wieder gebessert.

Obwohl nur ein holpriges, enges und kurvenreiches Sträßchen in den Nationalpark hineinführt, ist am großen Parkplatz am ***Dove Lake*** ordentlich was los: wir haben es mal wieder geschafft, am Wochenende ein von Touristen wie Einheimischen gleichermaßen beliebtes Ziel anzusteuern. Der **Cradle Mountain**, Tasmaniens Wahrzeichen und berühmtester Berg, hebt sich fotogen gegen den strahlend blauen Himmel ab (📷 Seite 185). Kräftige Windböen lassen das dunkelblaue Wasser des *Dove Lake*, der an seinem Fuß liegt, noch dunkler erscheinen, und eingereiht in den Gänsemarsch der Wanderer, erscheint uns auch der Ansturm auf See und Berg noch größer.

Abends campen wir abgelegen im Wald. Als es finster wird, trappelt und raschelt es rings um unseren Camper. Das Gebüsch und die Farne sind aber so dicht, dass wir keine Tiere entdecken können, sooft wir auch mit unserer Taschenlampe anrücken. In der Nacht jedoch weckt uns plötzlich ein lautes Rappeln und Tapsen auf dem Wohnmobildach, und als wir verschlafen die Augen aufschlagen, lugt wieder einmal ein *Possum* neugierig zu unserer großen Dachluke im Alkoven herein. Schlafende Menschen in freier Wildbahn zu beobachten, muss für die putzigen Gesellen mächtig interessant sein.

Pinguine - Von kleinen Frackträgern und ihren Feinden

Entlang der Ost- und Südküste Tasmaniens haben die kleinen blauen Zwergpinguine ihre Brutplätze. Der Ort **Penguin** wurde sogar nach den kleinen Frackträgern benannt. Im Sommer kommen die Elterntiere allabendlich im Schutz der anbrechenden Dunkelheit aus dem Meer und watscheln zu ihren Nestern hinauf, um den hungrigen Nachwuchs zu füttern. Nachdem wir vor einigen Wochen an der Ostküste, in **Bicheno**, bei Kälte und strömendem Regen nur einen einzigen Pinguin entdeckt hatten, wollen wir heute noch einmal unser Glück versuchen. Wenn man allerdings nicht genau weiß, wo die Nester sind, wartet man vergeblich in der Dunkelheit - aber eine geführte Tour wollen wir nicht mitmachen.

Kurz vor Devonport steuern wir einen *Penguin Viewing Point* direkt an der A1 an. Die große, verzweigte Plattform mit Sicht auf den Strand ist ringsum eingezäunt und mit Latten verbarrikadiert. Die Pinguine nisten im Gebüsch und die Nistbauten sollen vor Mensch und Haustieren geschützt werden.

Als wir am Spätnachmittag ankommen, ist außer uns noch niemand hier, denn die Pinguine werden ja erst bei Anbruch der Dunkelheit vom Fischfang zurückkommen. Aber hinter dem Lattenzaun entdeckt Peter im Gebüsch einen jungen Pinguin. Der kleine Kerl, er trägt teilweise noch seinen Babyflaum, hat sich vorwitzig zu weit aus dem Nest nach vorn gewagt und nun liegt er auf dem Bauch und schläft. Um das Küken nicht zu erschrecken, hält Peter einen deutlichen Sicherheitsabstand ein, als er durch den Zaun fotografiert.

Später trifft eine französische Urlauberfamilie im Mietmobil ein. Sie haben ein etwa 10-jähriges Mädchen dabei und Peter macht die Neuankömmlinge auf den kleinen Pinguin aufmerksam. Sofort stürmt das Kind los und grapscht durch den Zaun. Der kleine Pinguin kann sich gerade noch ins Gebüsch retten. Aber erst, als sie Peters entsetzten Blick bemerkt, bequemt sich die Mutter, die Kleine eher halbherzig zurechtzuweisen.

Wir sitzen gerade beim Abendessen, als wir beobachten, wie nun seinerseits der Vater im abgesperrten Nistgebiet querfeldein tappt und unter allen Büschen und Zweigen herumstöbert. Empört über soviel Unverstand lässt Peter seine Gabel fallen und stürmt los. Das Gebiet wäre doch vom Strand her uneingezäunt, rechtfertigt sich der Ignorant. Ob Zaun oder nicht - wie sollten die Pinguine den überwinden? - am Ende kapiert er doch, dass man besser nicht zwischen den Nestern der Jungvögel herumtrampeln sollte.

Nach diesem Vorfall sehen wir den Umstand, dass die Behörden alle Touristen am liebsten nur unter der Aufsicht einer geführten Tour zu den Pinguinen lassen würden, mit anderen Augen.

Später, als sich der Parkplatz an der Plattform zusehends mit Autos füllt, kommen auch eine Rangerin vom *Parks and Wildlife Service* und ein Ehepaar vom

Verein "Freunde der kleinen Pinguine". Sie haben Rotlichtlampen dabei, damit man die Tiere in der Dunkelheit besser sehen kann. Normale Taschenlampen oder gar Blitzlicht würden die Pinguine erschrecken und blenden.

30 bis 40 Pinguine brüten jährlich rund um die Plattform. Jetzt, Ende Januar, haben aber die meisten Jungen ihre Nester bereits verlassen. Drei hungrige Küken warten noch auf Futter und die Ranger rechnen heute Abend mit zwei Elternpaaren. Alles wartet gespannt in der Dunkelheit. Das Pinguinküken hat sich inzwischen wieder aus dem Nest gewagt, wartet hungrig im Gebüsch und tappst unter der Plattform herum.

Kurz nach zehn Uhr entdecke ich eine Bewegung am Strand. Es ist ein einzelner Pinguin, der erst eine Weile unschlüssig am Strand herumsteht - vielleicht irritieren ihn die vielen Menschen - bevor er sich im Schutz der Büsche an den steilen Aufstieg zu seinem Küken macht. Wir halten noch ziemlich lange Ausschau, in einem zweiten Nest warten die anderen beiden Küken auf Futter - aber an diesem Abend kommen keine weiteren Elterntiere zurück. Das Leben im Meer ist gefährlich. Haie, Seelöwen, große Möwen, unvorsichtige Angler und die allgemeine Verschmutzung der See mit Öl und Plastikmüll dezimieren alljährlich die Zahl der Pinguine, die in Australien unter strengem Naturschutz stehen.

Bis wir zum Wohnmobil zurückkommen, sind wir total durchgefroren. Glücklicherweise ist es bis **Devonport** nicht mehr weit. Dort wissen wir einen angenehmen Übernachtungsplatz. Peter schaltet die Scheinwerfer ein und stellt mit Schrecken fest, dass sie gerade mal drei Meter weit scheinen und dass sie sich von innen nicht mehr verstellen lassen. Seit unserem Werkstattaufenthalt in Albany sind wir nicht mit Licht gefahren und haben so den zusätzlichen Murks natürlich auch nicht bemerkt. Um überhaupt etwas sehen zu können, müssen wir mit Fernlicht und Nebelscheinwerfern fahren und können nur hoffen, dass wir bei Tageslicht den Schaden von Hand selbst einigermaßen beheben können.

Arthurs Lake - Sommer in Tasmanien

Der Sommer scheint sich endgültig durchzusetzen. Es ist schon am Morgen angenehm warm und sonnig und Peter hat voller Optimismus die Shorts aus dem Schrank geholt. "Hier ist jetzt Hochsommer", erklärt er mir, "und so lange es nicht schneit, zieh ich die kurzen Hosen auch nicht mehr aus!" Spricht's und dreht entschlossen am Zündschlüssel. Wir haben Tasmanien beinahe komplett umrundet und wollen heute zu den großen Seen am zentralen Hochplateau hinauf. In **Deloraine** erkundigen wir uns noch einmal nach dem Straßenzustand; der Highway ist entlang des Great Lake über längere Strecken ungeteert. Aber niemand weiß Genaueres, nur dass viele Leute die Strecke benutzen.

Anfangs ist der Highway noch asphaltiert und schraubt sich durch eine atemberaubende Berglandschaft aufwärts. Oben, bei ca. 1.200 m über dem Meer, hört der Asphalt auf. Am malerischen Stausee entlang rumpeln wir über Schotter weiter. Anfangs ist die *Gravelroad* auch noch gut befahrbar und zwischendurch kommen immer mal wieder kurze Teerstrecken, doch dann wird die Straße zusehends rauer. Spitze Steine und ausgefahrene Furchen lassen uns um die Reifen fürchten. Auch die rüde Fahrweise der liebenswerten *Tassies* in ihren robusten Allradfahrzeugen macht die Fahrt zu einem zweifelhaften Vergnügen. Freundlich winkend schleudern sie uns im Vorbeipreschen lose Steine gegen die Scheiben. Nun wird auch noch der Himmel immer dunkler, es beginnt zu regnen und schließlich stellen wir fest, dass sich zunehmend Graupel und Schneeflocken unter den Regen mischen. Sommer in Tasmanien!

Zu unserem auserkorenen Campingplatz am *Arthurs Lake* rumpeln wir schließlich noch kilometerweit über eine hässliche Holperpiste. Der *Jonah Bay Campground* ist jedoch reizvoll gelegen und es ist auch eine Menge Betrieb. Dick vermummte Camper in warmen Fleecepullovern ziehen sich bibbernd dicke Mützen über die Ohren, vergraben frierend die Hände in den Hosentaschen und stellen sich trotzig dem Schneegestöber. Peter stellt den Motor ab und steigt aus dem Auto - im T-Shirt und in kurzen Hosen. Die *Tassies* finden das furchtbar lustig.

"Kann man in dem See eigentlich baden?", frage ich naiv. Irgendwie bin ich noch immer auf Sommer fixiert. Jetzt ist die allgemeine Erheiterung wirklich groß, und so langsam dämmert uns, dass die Kälte hier oben keine Ausnahme, sondern Dauerzustand ist. Da hilft nur eines: Heizung anschalten, und angesichts der weißen Flocken, die noch immer vom Himmel fallen, vertauscht auch Peter seine Shorts gegen eine wärmende Trainingshose.

Ganze zwei Grad zeigt am nächsten Morgen das Thermometer. Die Sonne hat sich ein kleines Loch durch die dunkle Wolkendecke gebohrt und beleuchtet gespenstisch die abgestorbenen weißen Bäume, die aus dem Wasser des Sees ragen. Ein kräftiger Windstoß stopft das Wolkenloch wieder zu.

Die Tasmanier sind ohnehin nicht zum Baden oder Sonnen hierhergekommen.

Der Arthurs Lake wäre der Welt bestes Braunforellenrevier, erklärt man uns. Na gut, Neuseeland schließen sie noch großzügig in die weltbesten Forellenreviere mit ein. Wind und Kälte trotzend, waten sie in ihren wasserdichten Hosen bis zum Bauch ins Wasser und halten die Angel in den See oder sie stehen in ihren Motorbooten und lassen von dort die Angelleine über die Wasseroberfläche schnellen.

Tasmanier halten eindeutig mehr aus als verzärtelte Europäer. Angesichts der Zelte, der unisolierten, ungeheizten Wohnwagen ziehen wir die Anorakkapuzen noch tiefer ins Gesicht. Sonnenschein, Regen- und Schneeschauer jagen sich im 10-minütigen Wechsel. Peter denkt an seine Shorts, hängt den Anorak an den Haken und startet das Wohnmobil. Irgendwo muss er doch zu finden sein, der Sommer in Tasmanien.

Victoria - Feuerstühle und Waisenkinder

Wir haben den tasmanischen Sommer nicht gefunden - aber der Sommer von Melbourne trifft uns wie ein Keulenschlag. Bei schwülheißen 39 Grad flüchten wir in den überfüllten Swimmingpool des Caravanparks im Vorort **Coburg**. Zwischendurch schmoren wir immer wieder in der öffentlichen Telefonzelle, rufen Schifffahrtslinien und Spediteure an. Langsam müssen wir uns wirklich Gedanken darüber machen, wie wir nach Hause kommen. Klaus und Eleonore haben ihren Unimog bereits in Devonport in einen Open-Top-Container gepackt und sind direkt von Tasmanien nach Indien zurückgeflogen. Jupp und Katharinas Fahrzeug wurde in Brisbane per Kran auf einen Frachter geladen, wo er nun unter Deck nach Los Angeles schaukelt.

Wir wollen bei Ro/Ro bleiben, auch wenn die Wilhelmsen Lines nach ihrem Zusammenschluss mit der Wallenius ihre Preise kräftig angehoben hat. Südafrika fällt aus, Indien haben wir auf später verschoben. Zurück nach Europa bleiben uns zwei Möglichkeiten: Ein Schiff, das rund um die Welt geht, bis Hamburg etwa ein Vierteljahr unterwegs ist und ein kleines Vermögen kostet, oder das Wohnmobil in Singapur auf ein anderes Ro/Ro-Schiff laden lassen, was etwas kostengünstiger wäre und auch nicht so lange dauert.

"Genaue Preise? Termine?"

"Hat doch keine Eile! Ist noch eine ganze Weile hin bis März oder April. Wir schreiben euch das schon noch rechtzeitig an eure E-Mail-Adresse." Wegen eines einzelnen Wohnmobils lassen sich die Disponenten von Wilhelmsen in Melbourne und in Sydney wirklich nicht aus der Ruhe bringen.

Wir flüchten aus der Großstadt. Nichts wie raus aus dem Verkehr, dem Gedränge, dem schlecht beschilderten Gewirr der Straßen, raus in die Natur. Endlos dehnen sich die Vorstädte der Millionenstadt. Und auch deren Bewohner flüchten: ins Grüne, in die Berge, in die Nationalparks. Raus an den Lake Eildon - mit den Jetbooten im Schlepptau, den Enduros auf dem Hänger. Es ist Samstag, Wochenende, Motorradtag. In vielen Kurven windet sich der *Maroondah Highway* über die **Great Dividing Range** - Kurven wie geschaffen für die vielen Kawasakis, Hondas und BMWs, die eine ganze Arbeitswoche lang in der Garage standen. Kurven wie in unserer heimatlichen Fränkischen Schweiz, wo sich fast jedes sonnige Wochenende ein paar Pseudorennfahrer den Hals brechen. Und genauso irre wie bei uns legen sich auch die *Aussies* in Schräglage. Welch ein Unterschied zu den amerikanischen Bikern, die gemütlich auf ihren Harleys zurückgelehnt, über die Highways rollen. Dort der Rausch der grenzenlosen Freiheit - hier der Rausch der Geschwindigkeit.

Entlang des Highways liegen zwar einige *Rest Areas*, angesichts des Wochenendverkehrs wollen wir uns für die Nacht aber doch lieber ein abgelegeneres Fleckchen suchen. Kurz vor **Taggerty** sichten wir ein Zeltplatzzeichen. *Historic Bush Settlement* und *Youth Hostel* kann ich im Vorbeifahren gerade noch entziffern.

Außer uns ist kein Zelt, kein Wohnwagen und kein Camper zu entdecken, nur fotogen verfallende Blockhütten und still vor sich hin rostende Pflüge und Eggen aus historischer Zeit. "Sind 10 $ für die Nacht in Ordnung?", fragt uns die Platzwartin. "Ich ziehe hier nämlich Waisenkinder auf." Wir handeln sie trotz der Waisenkinder auf 5 $ herunter und ziehen die Handbremse an.

Teils stehen die verfallenen Gebäude leer, teils dienen sie als Gemeinschaftsräume der Jugendherberge. Alte Sesselgarnituren sind aufgestellt, sollen zum Ausruhen einladen und zum Fernsehen. Hinter einer Theke stehen große Töpfe, Pulverkaffee in großen Gläsern, Tassen, Teller. Nebenan in einem offenen Schuppen parken alte Kutschen, Planwagen, ein Leichenwagen mit einem Holzsarg, und oben drauf liegt, wie makaber, eine rostige Säge. Wir entdecken alte Sättel, Riemen, Stiefelknechte, Butterfässer und Wäschemangeln.

Als wir zurückkommen, ist Maggie gerade dabei, ihre Waisenkinder zu füttern. Schlabbernd und sabbernd nuckeln sie an ihren Fläschchen - Chris, Joey und Billie - zwei Kängurubabies und ein Wombatjunges. Die kleinen Kängurus nuckeln gleichzeitig, nur der *Wombat*, ein kompaktes Bündel Muskeln, wird extra gehalten und bedient. Nach der Mahlzeit schlüpfen die Kängurubabies jedes in seinen Beutel. Aus karierten Wolldecken genäht, dient er teilweise als Muttерersatz. Ein anderer Mutterersatz ist Sue, die Labradorhündin. Sie leckt die Babies sauber, beschützt sie.

Maggie hat die Kängurus daumengroß, also noch im Embryostadium, aus den Beuteln der toten Muttertiere geholt. Das eine war dem Straßenverkehr zum Opfer gefallen, das andere schießwütigen Strolchen. Maggie hat die Embryos in einem Beutelchen am Körper getragen, bis sie aus dem Gröbsten raus waren. Den *Wombat* haben ihr Leute aus dem Ort gebracht.

Die Regierung bezahlt ihr für den Volontärjob eine kleine Entschädigung - übrigens dieselbe Regierung, die Hundebesitzern erlaubt, drei Kängurus pro Jahr zu Futterzwecken zu schießen und Lizenzen an professionelle Jäger vergibt. Das Fleisch der Kängurus wird zu Tierfutter verarbeitet, die Felle landen in den Souvenirshops.

Die Gefühle der *Aussies* gegenüber Kängurus sind zwiespältig: zum einen ist das Känguru ihr Wappentier, auf das sie mächtig stolz sind - zum anderen frisst das Wappentier aber dummerweise das Gras, das für Rinder und Schafe bestimmt ist. Also halten sie in ihren Sanctuaries ein paar Dutzend Kängurus für die Touristen, beschützen sie in den Nationalparks, verscherbeln sie in Plüsch an Kinder und Japaner und verfüttern den Rest an Mieze und Bello.

Angesichts der süßen Kängurubabies bekommen wir ein schlechtes Gewissen, dass wir Maggie so schnöde auf 5 $ heruntergehandelt haben und drücken ihr doch 10 $ in die Hand. Woraufhin wir ein kopiertes Blättchen mit der Philosophie des Hauses bekommen. In ihrer kuriosen Buschsiedlung werden nicht nur verwaiste Beuteltiere und verletzte Kakadus aufgenommen, sondern es finden auch Jugendliche in Problemsituationen, Drogensüchtige und gestrandete Aborigines Zuflucht. Aha, Maggie fungiert als Breitbandpädagogin - vom Känguruembryo bis zum Drogensüchtigen, vom Wombat bis zum Aborigine - aber außer Vierbeinern haben wir sonst niemand entdeckt.

Der Hitze wegen werden unsere sportlichen Aktivitäten von den Wanderwegen ins Wasser verlagert. Den **Lake Eildon** überlassen wir jedoch den röhrenden Jetbootfahrern und anderen motorisierten Krachmachern. Die abgestorbenen Bäume, die im Uferbereich des Stausees gespenstisch aus dem Wasser ragen, sind uns nicht geheuer. Wir möchten uns beim Schwimmen nicht so gerne an unsichtbaren Ästen oder Baumstümpfen verletzen. Außerdem gibt es ja in Victorias Bergregion genügend andere Möglichkeiten.

Wir arbeiten uns von Badesee zu Badesee vor und campen in idyllischen Waldlichtungen. Im **Mount Buffalo National Park** plantschen wir in Wasserfällen und ziehen im *Lake Catani* unsere Bahnen. Victorias Berge gefallen uns.

Beim Stichwort Berge und Skifahren denkt der Mensch, von Österreich bis Kanada, an alle möglichen Ecken dieser Erde, aber ganz bestimmt nicht an Australien. Dabei hat Victorias Nachbarstaat **New South Wales** mit seinen **Great Snowy Mountains** und dem 2.228 m hohen **Mt. Kosciuszko** ein ganz passables Wintersportgebiet vorzuweisen.

Als reine "Sommermenschen" haben wir natürlich unsere Route so gelegt, dass der Besuch des **Kosciuszko National Parks** in die warme Jahreszeit fällt. Noch besser als der Nationalpark gefallen uns jedoch der außerhalb gelegene Ort **Jindabyne** und sein gleichnamiger See. Wir verleihen dem See den Titel: Australiens schönster Stausee! Keine abgestorbenen Baumstämme, keine giftigen Algen, sondern klares, angenehm temperiertes Wasser. Sogar unser Kajak kommt wieder mal zu Ehren und trotz der beiden *Caravanparks* campen wir unbehelligt wild direkt am See.

In Jindabyne ist nichts los; Saison ist erst im Winter. Die Österreicher, die sich hier angesiedelt haben, langweilen sich hinter den Ladentheken ihrer Wintersportgeschäfte und auch der österreichische Metzger hat nicht viel zu tun - einen österreichischen Bäcker gibt's leider nicht. Obwohl ich unser Brot selbst backen muss - hier könnte ich es eine Weile aushalten. Aber nach ein paar Tagen drängen Peter und der Zeitplan weiter.

Ist zum Erfrischen mal kein passender Fluss vorhanden, suchen wir mittags öffentliche Schwimmbäder auf und ziehen dort, meist ganz allein, unsere Bahnen. 70 Cent bis einen Dollar pro Nase kostet uns der Spaß zumeist. Und in **Tambangalanga**, einem Nest am Ende des reizvollen **Kiewa Valleys**, weist der Bademeister angesichts unseres weitgereisten Mobils unser Eintrittsgeld gar weit von sich. Spätestens um drei Uhr sind wir stets verschwunden - dann kommen die Schulklassen zum Schwimmunterricht. Kleinere Bäder werden dann kurzerhand für die Öffentlichkeit geschlossen.

Auch wenn der allgemeine Lebensstandard niedriger ist als in Deutschland - beinahe jeder Ort mit 500 bis 1.000 Einwohnern hat sein eigenes Freibad, von den phantasievollen Kinderspielplätzen gar nicht zu reden. Die Prioritäten sind nicht nur im privaten Bereich anders verteilt. Kinder und Jugendliche gelten in Australien ganz eindeutig mehr als in Deutschland, wo sie nur noch als Verbraucher ihres üppigen Taschengeldes von Belang sind.

Von australischen Eltern wird allerdings erwartet, dass sie sich um ihre Kinder kümmern, diese beaufsichtigen, wo Gefahr droht, und auch sonst keinerlei Leichtsinn an den Tag legen. Schilder wie: "Supervise your children at any time", aufgestellt in Freibädern oder an gefährlichen Wegen in Nationalparks, stießen bei der jungen deutschen Familie, die wir neulich trafen, allerdings auf Befremden.

"Wann und wo ich auf mein Kind aufpasse, ist meine Privatsache", befand die junge Mutter. In Sydney, wo sie auf der Suche nach einem Wohnmobil waren, sah man das mit der Privatsache anders. Als das Kleinkind plärrte, hatte sie es zur Beruhigung nach vorne, zu sich auf den Beifahrersitz geholt und auf den Schoß gesetzt. Innerhalb von wenigen Minuten rissen an einer roten Ampel gleich zwei empörte Passanten die Autotür auf, um die Eltern auf ihr leichtsinniges Verhalten aufmerksam zu machen.

Canberra - Australian Capital Territory

Weithin sichtbar flattert Australiens Flagge über dem *Capital Hill* und dem großzügig am Reißbrett konzipierten **Canberra**. Das Regierungsviertel gibt sich modern, demokratisch, weltoffen. Nach zehn Monaten Natur und Wüste, *Spinifex* und Krokodilpools, *Gorges* und Eukalyptuswäldern verordnen wir uns ein wenig Kultur und Bildung.

Wir kurven durch das multikulturelle und mitunter exotisch wirkende Viertel der Botschaften und schreiten beeindruckt durch die marmorne Säulenhalle des Parlamentsgebäudes.

Und weil nun schon mal Kultur und Bildung an der Reihe sind, wollen wir auch noch die im alten Parlament untergebrachte Porträtgalerie besichtigen. Wir parken das Wohnmobil, hängen die Kamera um - und völlig unvermittelt werden wir mit der anderen, der dunklen Seite Australiens konfrontiert: "We are this nations first peoples" steht auf der aufgespannten Flagge der Aborigines. Und darunter: "Genocide is a crime". Mahnend schwelt ein Holzfeuer vor der Flagge. Über einer buntbemalten Hütte, die sich trotzig zwischen Monumenten und Marmorpalästen auf dem Rasen behauptet, hängt ein Schild: "Aborigines Embassy".

Der Platz gegenüber des alten Parlamentsgebäudes ist mit zeremoniellen Stangen abgesteckt. Im Hintergrund haben die Botschaftsangehörigen eine kleine Zelt- und Wohnwagensiedlung errichtet. Ein stiller Protest, unbeachtet vom allgemeinen Tourismus. Sie kämpfen um ihre Rechte, um ihre heiligen Stätten, sammeln Unterschriften für eine Petition an die Vereinten Nationen.

Leider verstehen sich Aborigines nicht darauf, die Menschen anzusprechen, sie für ihre Sache zu mobilisieren. In ihrer Botschaft tut niemand Dienst. Wir setzen trotzdem unsere Unterschrift unter das Papier. Irgendwann müssen die Aussies einsehen, dass es nicht ausreicht, ihr schlechtes Gewissen mit der wahllosen Auszahlung von Sozialhilfe zu beruhigen. Es sei denn, es ist beabsichtigt, dass sich der Rest der Ureinwohner Australiens im Alkohol ersäuft, was einer Fortsetzung des Genozids mit anderen Mitteln gleichkäme.

Sieht man vom alten Parlamentsgebäude über die informelle Botschaft hinweg - was wohl die meisten tun - hat man die *ANZAC Parade* mit dem *War Memorial* im Hintergrund im Blickfeld. Ein tempelähnliches Gebäude, an dessen Wänden vier glorifizierende Gemälde von den Soldaten der verschiedenen Waffengattungen sowie einer Krankenschwester angebracht sind. Die Schwester, umgeben von einem Strahlenkranz, wirkt wie ein kitschiges Abbild der Jungfrau Maria. Der Soldat blickt verklärt, die Hand in Jesuspose wie zum Segen erhoben.

Im angeschlossenen Museumsteil erstreckt sich über mehrere Stockwerke eine Ausstellung über alle Kriege, in denen australische Soldaten beteiligt waren. Auf großflächigen Displays und plastischen Bildern feiern die *Aussies* ihr Heldentum. Eine Sichtweise und Darstellung von Krieg und Soldatentum, die uns erschauern lässt. Der australische Soldat, die Krankenschwester heldenhaft erhöht und verklärt - in unseren Augen eine Verherrlichung des Krieges. Der König rief und sie haben England und Australien, haben die Freiheit verteidigt. In Ordnung. Aber was, zum Teufel noch mal, hatten sie im Burenkrieg und in Vietnam verloren?

Nachdem die Besucher gebührend die von den Deutschen erbeuteten Geschütze bewundert haben, dürfen sie im nachgebauten Bomber selbst Held spielen und per Video Bomben über deutschen und japanischen Städten abwerfen...

Für "wilde Camper" ist Canberra übrigens die schönste Stadt, die man sich vorstellen kann. Die großzügigen Parkanlagen direkt am **Lake Burley Griffin**, der den Capital Hill vom City Hill trennt, laden zum ungestörten, freien Übernachten geradezu ein, weshalb wir uns in Canberra auch wesentlich länger aufhalten als in anderen Städten.

Ausklang in Brisbane - Segler, Wrecker und Kulturaustauscher

Die Schiffe der Wilhelmsen Lines verlassen die australischen Häfen Brisbane, Sydney und Melbourne zweimal monatlich, Singapur hingegen nur einmal. Weil wir nicht wollen, dass unser Wohnmobil wochenlang im Hafen von Singapur herumsteht, ist uns daran gelegen, die Verschiffung von Australien mit der Abfahrt des Singapurschiffes zu koordinieren. Dieses Datum in Erfahrung zu bringen, ist den Sachbearbeitern in Sydney und Melbourne aber entweder unmöglich oder ganz einfach nur zu zeitaufwendig. Alles Nachhaken bleibt erfolglos. Wir müssen befürchten, dass sich am Ende auch in Singapur niemand mehr um unser Wohnmobil kümmert.

Schließlich wenden wir uns an die Firma Hartrodt in Brisbane. Dem in Deutschland geborenen Direktor der Spedition genügen ein paar Anrufe in Singapur, dann weiß er Bescheid. Wir auch - jetzt steht für uns fest: Wir werden die Verschiffung in Brisbane über diese Spedition abwickeln. Nach mittlerweile 93.000 km kommt es uns auf die zusätzlichen 1.000 von Sydney nach Brisbane nun auch nicht mehr an.

Nach Sydney zieht uns nichts mehr, nur am fertiggestellten Olympiagelände schauen wir noch mal vorbei. Das Schwimmstadion ist bereits für die Öffentlichkeit freigegeben, die restlichen Sportstätten kann man aber entweder gar nicht oder nur gegen 14 $ Eintritt pro Nase und Halle besichtigen. Dafür reicht nicht mal Peters Sportbegeisterung aus. Im Strom der Erholungssuchenden - es ist mal wieder Samstag - lassen wir den Einzugsbereich der Riesenstadt hinter uns und fahren in die Blue Mountains hinaus.

Sie sind wirklich beeindruckend die **Blue Mountains**, auch wenn sich ihre schroffen Felsabbrüche und tiefen Schluchten oft hinter dichtem Nebel verstecken. Aber uns entlocken sie nur noch ein beiläufiges: "Ja, recht hübsch": wir zücken die Kamera, schießen ein Foto von der Felsformation *Three Sisters* und marschieren die *Walks* und Aussichtspunkte entlang. Wir sind einfach übersättigt mit Eindrücken und Erlebnissen - nichts geht mehr.

Selbst wenn wir jetzt die Möglichkeit hätten, nach Südafrika zu verschiffen - wir könnten dem Land und dem, was es an Natur und Tieren zu bieten hat, nicht mehr gerecht werden. Was wir jetzt brauchen, ist eine "Verdauungsphase". Wir müssen das Gesehene, das Erlebte verarbeiten, die Naturschönheiten anhand der Dias ein zweites Mal genießen, die vielen Ereignisse beim Lesen der dick gewordenen Tagebücher noch einmal erleben.

Erst dann, wenn wir wieder hungrig sind...

Obwohl wir satt sind, die langweilige Strecke nach Brisbane, entlang der Küste, wollen wir uns nicht mehr antun. Wir bleiben in den Bergen, wählen den Highway, der zwischen dem **Wollemi National Park** und dem **Yengo National Park** hindurchführt. Verwitterte Sandsteinfelsen und dichter Eukalyptuswald säumen die Straße - nicht spektakulär, aber schön anzusehen. Selbst wenn man satt ist - ein kleiner Nachtisch hat immer noch Platz. Auch den *New England Highway*, der entlang der Höhenzüge der **Great Dividing Range** nach Norden führt, empfinden wir als angenehmen Ausklang. Beschauliche Ortschaften, freundliche Menschen, erfrischende Schwimmbäder - erst nach einer knappen Woche treffen wir in Brisbane ein.

Gut zwei Wochen sind es noch bis zur Abfahrt unseres Schiffes. Jupp und Katharina haben uns einen Platz in **Thorneside** empfohlen. Das Wohnmobil muss in Schuss gebracht werden und relaxen wollen wir auch noch ein wenig.

Vorher müssen wir nur noch einmal in den Supermarkt. Kaum, dass wir in den Parkplatz eingebogen sind, schießt hinter uns mit quietschenden Reifen ein Kleinwagen in die Einfahrt, dreht einen Kreis um uns und bleibt genau vor uns stehen. "Bayside 4x4 Dismantlers" steht auf der Reklamelackierung.

Ein junger Mann im Mechaniker-Overall steigt aus. "Tatsächlich aus Deutschland", staunt er auf Deutsch. "Ich dachte, ich seh' nicht richtig. Da hab ich an der Kreuzung gewendet und bin euch nachgefahren. Wie habt ihr denn das Wohnmobil hierher gebracht?"

Na, ja, immer die gleiche Frage. "Ich bin auch mit dem Schiff gekommen", erzählt der junge Mann, "genauer gesagt mit einem Segelboot. Mit der ganzen Familie, meinen Eltern und meinen zwei Geschwistern. Eigentlich wollten wir die Welt ja ganz umsegeln. Aber dann sind wir in Australien hängen geblieben. Die Eltern wollten, dass wir anständig die Schule beenden. Jetzt haben wir hier eine Wrecker-Firma, schlachten Unfallautos aus, überholen die Teile und verkaufen sie wieder. Kommt mit, mein Vater wird sich freuen."

Vorbildlich deutsch organisiert wirkt seine Firma. Die sieben Angestellten flitzen, die Telefone klingeln. "Du wirst bald viele Blumen bekommen!", hatte ihm der befreundete Arzt verkündet. "Zuerst bekommst du allerdings einen Herzinfarkt, dann wirst du beerdigt und dann gibt's die Blumen". Geschockt entschied der Ingenieur und Fahrschulinhaber, dass er mit 47 Jahren eigentlich noch viel zu jung zum Sterben wäre, verkaufte Haus und Firma, kaufte einen Katamaran und segelte, Stress und Hektik hinter sich lassend, samt Kind und Kegel über die Ozeane.

"Hier ist alles anders. Hier habe ich keinen Stress mehr", erklärt er uns im Brustton der Überzeugung - währenddessen die Sekretärin mit einem Stapel Papiere aufkreuzt, das Telefon klingelt und der Kunde unten im Laden hat auch noch einen Sonderwunsch angemeldet. Vielleicht hat er's selbst noch nicht gemerkt - den Stress hat er im Kielwasser des Katamarans mitgenommen.

Peter hat dieses Wort längst völlig aus seinem Vokabular gestrichen - auch wenn die Koordination von Flug und Verschiffung doch stets ein wenig nervig ist. Wir lassen Australien und unsere Reise in Muße ausklingen, schwimmen täglich im 10-Meter-Pool des *Thorneside Mobilhomeparks* unsere 1.000 m. Selbst Peter will sich eine Weile nicht mehr von der Stelle rühren. Und wenn wir nach **Brisbane** in die City müssen, werfen wir nicht den Motor an, sondern nehmen die S-Bahn (Seite 188).

"Das Outback? Wo ist das Outback? Keiner weiß, wo genau es ist, aber alle wollen hin! Was wollt ihr im Outback? Ich sage euch, das ist nichts für euch, nichts für Touristen aus der Stadt. Viel zu heiß, viel zu riskant. Gefährliche Schlangen gibt es da - die beißen euch; giftige Spinnen - die lassen sich von den Büschen zu euch herab und beißen euch auch; winzige Skorpione - die lauern im Gras, krabbeln innen in eurem Hosenbein hinauf und stechen euch; und riesige Goannas - die kriechen an euren Beinen hoch und beißen euch in die Schulter! Bleibt hier in der Stadt. Das ist viel besser für euch!"

Die Angestellten, die in ihrer Mittagspause durch Brisbanes Fußgängerzone eilen und schnell ein Sandwich hinunterschieben, verlangsamen den Schritt und bleiben stehen; eilige Touristen, gehetzt zwischen Besichtigungsprogramm und Souvenirshop, stopfen den Reiseführer in den Rucksack und zücken die Kamera; Hausfrauen stellen ihre Einkaufstüten ab und schieben die Kinder nach vorne. Er wirft einen Blick in die Runde - ist das Publikum groß genug? - setzt sich auf seinem Kängurufell zurecht, führt das Instrument an die Lippen, von dem behauptet wird, es wäre das älteste der Welt, und lässt den Sound des alten, archaischen Australien zwischen den modernen Glasfassaden der Einkaufmall erklingen.

"Sag mal, ist das nicht...?" Peter steckt den Umschlag mit den Flugtickets in den Rucksack und bahnt sich den Weg nach vorn.

"Ich weiß nicht so recht, der damals in Sydney war schlanker."

"Aber sonst - die wilde Bemalung, das zähnefletschende Grinsen - und vom Alter her könnte er es auch sein. Der von Sydney war auch so um die Vierzig."

Er lässt mit seinem *Didgeridoo* (📷 Seite 188) die Kängurus hüpfen, die *Kookaburras* lachen, die *Dingos* heulen und schiebt dann auffordernd das Körbchen, das vor ihm steht nach vorn. "Ich tu das nicht für Geld - das ist ein Kulturaustausch! Ich gebe euch von meiner Kultur - und ihr gebt mir von eurer Kultur!" Natürlich ist er das! Hat seinen Vortrag noch etwas verfeinert und ausgebaut - und geheiratet hat er in der Zwischenzeit auch. An seiner rechten Hand blitzt ein Ehering - das erklärt die Speckpolster, die sich über den roten Lendenschurz schieben.

Die weiße Kultur klingelt reichlich im Körbchen, die Zuschauer verlaufen sich. Die Mittagspause ist kurz; das Besichtigungsprogramm groß. Nur eine weiße Frau mit blonden Haaren sitzt noch auf der Bank im Hintergrund, spricht leise auf ihn ein. Er greift in die Segeltuchtasche neben sich, zieht ein Säckchen voller Münzen heraus und reicht es ihr nach hinten. Sie steckt es in die Handtasche, holt dafür ein Handy heraus. Er nimmt das Handy, steckt es hinter seinen Rücken, zwischen sich und den Marmorsockel, gegen den er sich gelehnt hat. Kulturaustausch. Sie wirft die Coladose in den Papierkorb und steht auf; ihre Mittagspause ist auch zu Ende.

Nach ein paar Tönen auf dem *Didgeridoo* verlangsamen die nächsten Passanten den Schritt - grinsend fletscht er die Zähne: "Kapitän Cook? Was war mit eurem Kapitän Cook? Warum macht ihr so ein Getöse um den? Das einzige, was euer Kapitän Cook wirklich entdeckt hat, war, dass wir nackt waren. Drum hab ich jetzt dieses Ding hier an..."

Amüsiert bleiben sie stehen, die Angestellten, Touristen, Hausfrauen. Aber wir müssen weiter. Das Carnet ist abgestempelt, der Flug gebucht, die Verschiffung bezahlt. Übermorgen geben wir das Wohnmobil im Hafen ab.

Endlos und öde dehnt sich das trockene Land unter uns. Eine Staubstraße zieht sich wie ein dünnes Band durch braunverbranntes Nichts, überquert eine flache Range und verliert sich irgendwo am Horizont. Mitunter teilt eine *Gorge* wie eine künstlich gegrabene Rinne die Ebene. Der Fluss, der sie einst in den Sandstein gefräst hat, ist vertrocknet. Wann immer ich von meiner Lektüre aufblicke und aus dem Fenster nach unten sehe, das Bild, das sich mir bietet, ist stets das Gleiche. Australien - dessen Ödnis uns manchmal genervt, dessen archaische Schluchten und Landschaften uns fasziniert haben. In elf Monaten haben wir es umrundet, es in der Mitte durchquert.

Kamen wir bei unserer Ankunft von Neuseeland über den Pazifik, so fliegen wir nun in die andere Richtung nach Singapur, überqueren Australien bei Tageslicht, sehen es aus einer anderen Perspektive. Wie oft haben wir darüber gerätselt, warum der gesamte Kontinent keine höhere Zivilisationsstufe als die des nomadisierenden Jägers und Sammlers hervorbrachte, warum sämtliche Stämme den Weg der bedingungslosen Anpassung an das Land gewählt haben. Jetzt, beim Blick von oben, angesichts des Nichts unter uns, glauben wir, es zu verstehen.

Selbst den europäischen Einwanderern ist es nur innerhalb eines relativ schmalen Gebietes in den südlichen Landesteilen gelungen, "sich die Erde untertan zu machen", mit Staudämmen den ständig drohenden Dürreperioden zu trotzen. Den Wüsten im Inneren und den alljährlich wiederkehrenden Überflutungen im Norden, wenn weite Landstriche unpassierbar und viele Stations nur noch aus der Luft zu erreichen sind, haben auch sie wenig entgegenzusetzen.

Paragrafen und Bürokraten - die Heimat hat uns wieder!

"Kennzeichen gestohlen? TÜV seit 16 Monaten abgelaufen?" Die Polizeibeamtin zieht mit einem scharfen Atemzug die Luft ein. "Ja, und nun möchten wir gerne wissen, wie wir mit unserem Wohnmobil ohne Schwierigkeiten von Hamburg nach Hause fahren können." Sie atmet hörbar wieder aus. Also wirklich, da muss sie erst mal ihren Chef fragen. Auch der Chef muss die komplizierte Angelegenheit erst noch einmal überdenken und überprüfen, bevor er uns erklärt, dass es vom Gesetzgeber nicht vorgesehen wäre, dass jemand mit seinem in Deutschland zugelassenen Fahrzeug jahrelang in Übersee herumgondelt. Wenn wir also mit besagtem Gesetzgeber nicht in Konflikt kommen wollten, müssten wir das Wohnmobil im Hamburger Hafen auf einen Tieflader verfrachten und nach Hause transportieren lassen.

Der gesetzestreue Bürger ist da erst mal baff, und als vom Nürnberger Verkehrsexperten des ADAC die gleiche Antwort kommt, vollends sprachlos. Oh heiliger Sankt Bürokratius steh' uns bei! Drei Jahre lang haben wir alle Vorschriften gemeistert, so manche bürokratische Klippe umschifft, nun werden wir doch an dieser Paragrafenhürde nicht scheitern?!

Zusätzlich erschwert wird die verzwickte Sachlage dadurch, dass wir nicht mehr im Landkreis Erlangen, wo unser Wohnmobil zugelassen ist, gemeldet sind, sondern im Landkreis Lauf, wo Wolfgang wohnt und unsere gesamte Post eintrudelt. Dort sieht man die Angelegenheit allerdings weit weniger kompliziert. Wir müssen lediglich bei der Polizei unsere Kennzeichen als gestohlen melden und können die Überführung vom Hafen dann mit einem fünf Tage gültigen Kurzzeitkennzeichen tätigen. Nach dem TÜV brauchen wir das Wohnmobil dann nur noch offiziell ummelden. Na also!

Aber noch sind wir nicht so weit. Ein paar Tage später trifft von der Fa. Hartrodt aus Brisbane folgende E-Mail ein: "Ihr Wohnmobil wurde in Singapur planmäßig auf die Pioneer Crest umgeladen. Es wird am 19. Mai in Antwerpen eintreffen." Na gut, Antwerpen ist auch nicht aus der Welt. Der Schock trifft uns erst, als wir in Hamburg wegen des weiteren Vorgehens anrufen: Die Pioneer Crest ist kein Ro/Ro-Schiff, sondern ein stinknormaler Frachter! Unser Wohnmobil wurde in Singapur mit einem Kran verladen! Selbst Jupps robustes Fahrzeug trug bei dieser Prozedur Blessuren davon. Zwar wird uns versichert, dass das Wohnmobil während der gesamten Überfahrt unter Deck stünde, aber das einzige, was Peter einigermaßen beruhigen kann, ist die Tatsache, dass sein ängstliches Ehegespons wieder mal auf einer Transportversicherung bestanden hatte.

Die Wilhelmsen Lines rechtfertigt sich damit, dass man unser Wohnmobil nicht wochenlang im Hafen herumstehen lassen wollte. Unser geplantes Anschluss-Schiff war also gerade weg.

Die Pioneer Crest soll ausnahmsweise pünktlich eintreffen. Allerdings ist der 19. Mai wieder mal ein Freitag, was bedeutet, dass wir es vor dem Wochenende nicht mehr aus dem Hafenbereich bekommen können. Beantragen wir am Freitag das nur fünf Tage gültige Kurzzeitkennzeichen, wird uns die verfügbare Zeit knapp. Letztendlich können wir erst am Montag die Schilder besorgen, um dann mit dem Nachtzug nach Antwerpen zu fahren.

Unser Wohnmobil hat die Prozedur heil überstanden - ein paar kleine Dellen im Blech und an der unteren Schürze, aber alles in allem liegt der Schaden unter der Selbstbeteiligung der Versicherung. Auch in den Wohnteil ist niemand eingebrochen. Nur die Sonnenbrillenhalter und die Wasserwaage, die im Fahrerhaus festgeklebt waren, konnte ein Langfinger gebrauchen. Mit etwas Geduld und Überzeugungskraft erhielten wir vom deutschen Zoll sogar den letzten, fälligen Stempel im Carnet, obwohl der Beamte felsenfest der Meinung war, dass es "diese Dinger" seit dem Schengener Abkommen gar nicht mehr gäbe.

"Dass wir noch einmal in unser Haus ziehen wollen, ist ziemlich unwahrscheinlich", hatten wir bei der Abreise unseren Mietern erklärt, und als wir unser Wohnmobil vom Hafen holen, denken wir noch genauso. Sicher, das Fernweh ist - zumindest vorläufig - gestillt. Aber von Europa kennen wir ja kaum etwas, wollen statt Natur pur zur Abwechslung auch mal Kultur erleben und dem europäischen Winter kann man in Südspanien und Portugal ein Schnippchen schlagen.

Und so ziehen wir Ende Oktober wieder einmal mit den Schneevögeln - diesmal sind es deutsche, holländische und englische, in die Wärme. Der Verkehr auf den Autobahnen fließt zäh, die Nebenstraßen sind verstopft. Peter schiebt eine Kassette in den Rekorder, und während Willie Nelson mit Sehnsucht in der Stimme "On the road again" singt, phantasiert Peter vom Dempster und vom Stewart Highway, von den einsamen Landstraßen durch Nevada und Arizona und von der Fahrt über Neuseelands tausend Hügel. Selbst der Highway Nr. 1 im Norden Westaustraliens gewinnt angesichts des allgegenwärtigen Verkehrsgewimmels nachträglich an Reiz.

Natürlich, ein Bauwerk wie die Alhambra in Granada oder die Kathedrale von Córdoba gibt es in Amerika, Australien und Neuseeland nicht - aber warum nur mussten sie die gesamte Küstenlandschaft zubetonieren? Eingepfercht auf engen Campingplätzen schwärmen wir von den schönen Küsten Kroatiens, wo es uns früher immer so gut gefallen hatte...

Aber verdammt, die Campingplätze in Kroatien sind genauso eng. Um uns herum wuselt und wimmelt, quasselt und grölt es, obwohl wir "ruhige" Vorsaison haben. "Weißt du noch, in der Baja - die Handvoll Wohnmobile in El Requeson...", phantasiert Peter, wohl wissend, dass er ein ähnliches Idyll in Europa nicht mehr finden wird.

Dabei ist es keineswegs so, dass uns unser Deutschland nicht mehr gefällt. Längst haben wir wieder neu entdeckt, wie schön unsere nähere Umgebung ist - die Wälder mit ihren Rad- und Wanderwegen, die romantischen alten Orte mit ihren hübschen Fachwerkhäusern.

Vieles, das uns vorher selbstverständlich erschien, sehen wir nach Jahren der Abwesenheit mit völlig neuen Augen. Auch die Vorzüge unseres Sozial- und Krankenversicherungssystems kann wahrscheinlich nur derjenige richtig schätzen, der im reichen Amerika die Zahnlücken der weniger Begüterten gesehen oder die Erfahrungsberichte von horrenden Operationskosten, welche die Betroffenen an den Rand des Ruins gebracht haben, gehört hat.

Erstaunlicherweise sind wir aber in Amerika nie auf die bei uns so häufig anzutreffenden Dauernörgler gestoßen - im Gegenteil. "Meine Regierung sorgt gut für mich", hatte uns der Vietnamveteran erklärt, der auf einem Fahrrad durch die Lande zog und unter einer losen Zeltplane schlief. "Ich wurde im Krieg verwundet, deshalb muss ich die ärztliche Versorgung nicht selbst bezahlen!" Mit einem zufriedenen Lächeln, das uns besonders an den "Hobos" aufgefallen war, hatte er sich daraufhin unter seine Zeltplane zurückgezogen.

Vielleicht fällt es uns deshalb so schwer, uns wieder an die mürrischen Gesichter und hängenden Mundwinkel zu gewöhnen, und daran, dass der Nachbar im Wohnwagen demonstrativ zur Seite guckt, nur damit er nicht Guten Morgen sagen muss. On the road again? Nein, in Europa macht uns das Reisen keinen Spaß mehr.

"Dass wir noch einmal in unser Haus ziehen wollen, ist ziemlich unwahrscheinlich", hatten wir gesagt. Ziemlich - aber eben doch nicht ganz unwahrscheinlich. Unsere Mieter sind trotzdem geschockt, als wir mit diesem Ansinnen aufkreuzen - wollten sie doch in ein oder zwei Jahren bauen. Das Grundstück ist schon gekauft und die Pläne liegen eigentlich auch schon in der Schublade. Maximal sechs Monate - dann ist solch ein Haus von der Stange bezugsfertig. Was sind schon sechs Monate!

"On the road again", singt Willie Nelson, während wir mit unserem Wohnmobil von Möbelhaus zu Möbelhaus kurven, und Peter sinniert: "In mein früheres Arbeitszimmer kommt ein richtiges Fitness-Studio - mit Geräten fürs Krafttraining, einem Crosstrainer..."

"Weißt du noch, wie es ist, wenn man duschen kann, ohne dass man überlegen muss, ob noch genug Wasser im Tank ist?" "Hab ich schon fast vergessen", gesteht Peter. "Spülmaschine, die eigene Waschmaschine, eine Bäckerei mit knusprigem Schwarzbrot gleich um die Ecke und, nicht zu vergessen, die Sauna unter dem Dach - ehrlich, das ist ja wie im Paradies!"

"Ja", stimmt Peter zu, "und wenn wir dann ein paar Jahre sesshaft waren, möchte ich noch einmal den Dempster Highway fahren, und den Cassiar..."

"Ja, und nach Arizona will ich auch noch mal, nach Montana, nach New Mexico und nach Idaho..."

Reiseplanung von A bis Z

ADAC

- ▷ Die Mitgliedschaft im ADAC ist auf jeden Fall empfehlenswert. Der Automobilclub stellt das für Neuseeland und Australien benötigte Carnet de Passages zwar auch Nichtmitgliedern aus, für Mitglieder ist der Service jedoch deutlich günstiger.
- ▷ Bei Vorlage des ADAC-Mitgliedsausweises händigen die Automobilclubs in USA (AAA), Kanada (CAA), Neuseeland (AA) und Australien (RAC, RACV, NRMA etc.) hervorragendes, kostenloses, detailliertes Kartenmaterial aus.
- ▷ Auch die Dienste der jeweiligen Straßenwacht stehen ADAC-Mitgliedern in den genannten Ländern zur Verfügung.

Auslandskrankenversicherung

- ▷ Für welche man sich letztendlich entscheidet, hängt nicht nur von der Reisedauer, sondern auch vom Alter ab. Es gibt günstige Versicherungen, die nur ein Jahr gültig sind und nicht verlängert werden können.

▷ Die Police der DKV hat den Vorteil, dass sie auf 5 Jahre ausgedehnt werden kann und auch für akut notwendige Behandlungen während eines Zwischenaufenthaltes in Deutschland aufkommt. Die Beiträge sind nach Altersgruppen gestaffelt, wobei Frauen deutlich mehr berappen müssen als Männer.

▷ Die Beiträge sind im ersten Versicherungsjahr ausgesprochen günstig, steigen jedoch ab dem 2. Jahr sprunghaft an. Außerdem unterscheidet die DKV zwischen den USA und dem Rest der Welt, wobei die Beiträge für die USA doppelt so hoch sind. Wer sich bei der DKV versichert, sollte also unbedingt die USA im ersten Jahr bereisen.

♦ Deutsche Krankenversicherung AG, Aachener Straße 300, 50594 Köln,
☏ 0221/578-0 und 0 18 01/358 100 FAX 0221/578-3694
✉ service@dkv.com, 💻 www.dkv.com

▷ Auf 24 Monate begrenzt ist eine Versicherung der **Süddeutschen Krankenversicherung**. Die Antragsformulare sind bei den Raiffeisenbanken erhältlich. Nachteil: Überzahltes wird nicht zurückbezahlt, weshalb man ausreichend Formulare mit sich führen, und stets nur für einen überschaubaren Zeitraum im Voraus bezahlen sollte. Wir wechselten übrigens während unseres Deutschlandaufenthaltes von der DKV zur Süddeutschen Krankenversicherung.

♦ Süddeutsche Krankenversicherung A.G., Postfach 1923, 70709 Fellbach
☏ 0711/5778-0, FAX 0711/5778-777 ✉ sdk@sdk.de, 💻 www.sdk.de

▷ Seriöse Krankenversicherungen bieten auch der ADAC und die Fa. Sea Bridge an (☞ Verschiffungen).

☺ Die Gold-Card-Versionen von Visa und Mastercard enthalten zwar alle möglichen Versicherungsleistungen, darunter auch eine Reisekrankenversicherung - alle Leistungen sind aber auf einen Zeitraum von nur 8 Wochen begrenzt!

▷ Der Nachweis einer (Auslands)-Krankenversicherung ist für die Erteilung eines längerfristigen Australienvisums Voraussetzung!

Bankgeschäfte

- Auch wenn man sich für einige Jahre hauptsächlich in der Natur herumtreibt, ohne Geld und Bank geht - leider - gar nichts. Wir forsteten vor unserer Abreise alle regelmäßigen Zahlungen durch und erteilten der Einfachheit halber Einzugsermächtigungen.
- Unseren Söhnen erteilten wir für alle Konten Zeichnungsberechtigung sowie eine allgemeine Handlungsvollmacht. Die Kontoauszüge ließen wir uns als Kopie zuschicken.
- Inzwischen lassen sich die nötigen Geldgeschäfte bequem per Internetbanking erledigen - entweder im Internetcafe oder per W-Lan mit dem eigenen Laptop. (Letzteres dürfte sicher nur in dichter besiedelten Gegenden funktionieren)

Besonders im Internetcafe die Sicherheitshinweise der Bank beachten und beim Beenden der Anwendung stets den Cache "temporäre Internetdateien" im Browser löschen! Zum Teil ist es auch möglich, mit dem eigenen Laptop im Internetcafe online zu gehen.

Bücher zum Einstimmen

- Die Romane von Patricia Shaw sind bei Australientravellern ein begehrtes Tauschobjekt. Wenn auch das Strickmuster meist das gleiche ist, beschreibt sie doch anschaulich und stets gewürzt mit einer zu Herzen gehenden Familien- und Love story, die Zeit der australischen Besiedlung.
- Wer sich für Australiens Ureinwohner interessiert, sollte Bruce Chatwins "Traumpfade" lesen. Interessant ist auch "Traumfänger" von Marlo Morgan - für nüchterne "Verstandesmenschen" werden allerdings manchmal die Grenzen der Glaubwürdigkeit überschritten.
- Den Kampf der amerikanischen Ureinwohner schildern die Bücher "Blackfoot, Cree, Mohawks..." von Elmar Engel, sowie "Begrabt mein Herz an der Biegung des Flusses" von Dee Brown.
- Die dicken Wälzer von James Michener sind allen interessierten Reisenden ein Begriff. Ob "Alaska", "Texas", "Die Colorado Saga" oder "Die Bucht" - Eine USA-Reise ohne Michener ist das halbe Vergnügen - auch wenn seine lehrreichen Epen manchmal bei den Dinosauriern beginnen. Wer Südafrika bereisen will, dem sei übrigens Micheners "Verheißene Erde" ans Herz gelegt.

▷ Die Einwandererstory seiner mexikanischstämmigen Familie erzählt mit viel Pepp Victor Villaseñor in seinem Roman "Die Wunder eines jeden Tages".

▷ Mexikoreisende wird auch "Der Azteke" von Gary Jennings interessieren.

Campingplätze

USA

(Preise Stand 1997/98)

▷ Die komfortablen **RV-Parks** liegen häufig "idyllisch" direkt neben der *Interstate* oder den Hauptstraßen. Sie sind meist in privater Hand oder Campingketten angeschlossen. Die Durchschnittspreise liegen bei ca. $ 20 bis 22, je nach Lage bis zu $ 85! Für die vielen Dollar gibt es warme Duschen, manchmal einen Mini-Swimmingpool und Whirlpool und natürlich *Full Hookup*. Das heißt, jeder Platz hat Strom- und, Wasseranschluss (amerikanische Wohnmobile haben einen Stadtnetzanschluss und hängen damit direkt am Druck der Wasserleitung) sowie eigene Abwasserleitung - und damit der campende Amerikaner sich nicht einsam fühlt, steht das Nachbarmobil so dicht, dass gerade noch die Markise ausgefahren werden kann.

▷ Mit ca. $ 8 bis 12 bieten die Plätze in **State Parks**, außer in Kalifornien, das beste Preis-Leistungs-Verhältnis. Meist sind sie mit Warmwasserduschen und manchmal auch mit Stromanschluss ausgestattet. In einigen Staaten muss allerdings zusätzlich zur Campinggebühr noch Eintritt in den State Park bezahlt werden!

▷ Bei den Plätzen in **National Forests** handelt es sich um einfache Plätze mit allenfalls einem Plumpsklo und einem Wasserhahn, für die je nach Lage ca. $ 6 bis 12 berappt werden müssen.

▷ Die **Preise** gelten in der Regel pro Stellplatz (nicht pro Person) und werden im Selbstregistrierverfahren bezahlt, d.h. der Camper füllt einen bereitliegenden Umschlag aus und steckt ihn mit den Campinggebühren in eine eigens aufgestellte Box. Dieses Verfahren gilt auch für die meisten staatlichen und Gemeindeplätze sowohl in Kanada als auch in Neuseeland und Australien.

Kanada

(Preise Stand 1998)

▷ Neben den privaten RV-Parks gibt es die preiswerteren und einfacheren **Provincial Parks**, die in etwa den amerikanischen State Parks entsprechen.

Mexiko/Baja California (Preise Stand 1998)

▷ Neben **RV-Parks** im amerikanischen Stil, finden sich entlang der Baja auch kleine, preiswerte Campingplätze zum Preis von US$ 4 bis 6.

Neuseeland (Preise Stand 1998/99)

▷ **Private Campingplätze** kosten normalerweise für zwei Personen zwischen NZ$ 18 und 22. Sie sind mit Stromanschlüssen, warmen Duschen, Küchen und Waschmaschinen in der Regel sehr gut ausgestattet.

▷ Im Bereich der Großstädte Auckland und Wellington gibt es reizvoll gelegene, aber nur einfach ausgestattete **Regionalparks**. Die Stellplatzkosten belaufen sich auf ca. NZ$ 4 bis 5 pro Person.

▷ Das *Department of Conservation* unterhält in **Nationalparks** und **Naturschutzgebieten** besonders idyllische Plätze. Sie sind in der Regel nur mit einem Plumpsklo ausgestattet, außerdem muss das Trinkwasser in den meisten Fällen abgekocht oder gefiltert werden. Zum Preis von NZ$ 0 bis 6 pro Nase bieten sie dem autarken Wohnmobilisten ungetrübten Naturgenuss.

🕮 Ein Campingführer für die Nord- und Südinsel ist sowohl beim Automobilclub AA als auch in den meisten Buchhandlungen erhältlich. Er listet neben den privaten Plätzen auch die staatlichen und kostenlosen Camps auf.

Australien (Preise Stand 1999/2000)

▷ **Private Campingplätze** sind ähnlich ausgestattet wie in Neuseeland und kosten für zwei Personen meist zwischen AU$ 15 und 20. Wer allerdings einen privaten Platz direkt am Strand sucht, wird in den seltensten Fällen fündig.

▷ Wesentlich reizvoller sind die einfachen Plätze in den **National Parks** oder **National Forests** für ca. AU$ 4 bis 5 pro Person oder die preiswerten Kreis- und Gemeinde-Campingplätze.

Carnet de Passages

▷ Das Carnet ist ein Grenz- oder Zolldokument. Es ist ein Passierscheinheft, das die vorübergehende zollfreie Einfuhr von Land- und Wasserfahrzeugen ins Ausland erlaubt. Es ist jeweils 12 Monate gültig, danach muss das

Fahrzeug wieder ausgeführt werden. Ausgestellt wird das Carnet vom ADAC. Zusätzlich zu den Dokumentgebühren (€ 150 für Mitglieder, € 250 für Nichtmitglieder) ist eine Bürgschaft beim ADAC oder eine Bankbürgschaft zugunsten des ADAC zu hinterlegen.

▷ Die Höhe der Bürgschaft richtet sich nach dem Zeitwert des Fahrzeugs und nach den Ländern, die bereist werden sollen.

▷ Für Neuseeland und Australien gelten folgende Sätze:
Bis zu einem Zeitwert des Fahrzeugs von € 15.000 = € 1.500
Bis zu einem Zeitwert des Fahrzeugs von € 25.000 = € 2.500
Bis zu einem Zeitwert des Fahrzeugs von € 50.000 = € 5.000
Bis zu einem Zeitwert des Fahrzeugs von € 75.000 = € 7.000
Bei einem Zeitwert des Fahrzeugs über € 75.000 = Anfrage beim ADAC

♦ ADAC, Grenzverkehr, Am Westpark 8, 81373 München, ☏ 089/7676-6338 (Durchwahl), FAX 089/7607572.

Für die nordamerikanische Zollunion (USA, Kanada, Mexiko) wird kein Carnet benötigt.

Hinweise zur Beantragung und Benutzung, sowie weitere Gebührentabellen bei 💻 www.adac.de

Deutsche Welle

▷ Wer lange Zeit auf Reisen ist, möchte auf Nachrichten aus der Heimat nicht verzichten. Das Programm der Deutschen Welle ist mit einem Kurzwellenempfänger überall in der Welt problemlos zu empfangen. Beratung und Frequenzhinweise von:

♦ Deutsche Welle, Raderberggürtel 50, Köln 50968, ☏ 0221/389-0, FAX 0221/389-3000, 💻 http://dw-world.de
Wer eine E-Mail an ✉ frequenzen@dwelle.de schickt, erhält automatisch die neuesten Frequenzen über seine E-Mail-Adresse.

Diesel

USA und Kanada

Aus Umweltschutzgründen werden in den meisten Staaten der USA dem Dieselkraftstoff mit dem Schwefel auch alle schmierenden Stoffe entzogen. Schwere

Motorschäden sind nicht auszuschließen. Autofahrer sollen bereits gegen den Staat Kalifornien Klage erhoben haben. Es gibt im Handel zahlreiche Zusätze, die diese Mängel des *Low Sulfur Diesels* ausgleichen sollen.

Nach Empfehlungen von Mercedes setzten wir pro 50 l Diesel 0,5 bis 1 Liter Zweitaktöl zu. Gute Erfahrungen machten wir auch mit 1 Liter *Automatic Transmission Fluid Dexron* 3 pro Tankfüllung von 65 Litern. Die Mehrkosten werden durch einen geringeren Verbrauch wieder ausgeglichen.

An manchen Tankstellen ist der Treibstoff auch alt, mit Wasser verpanscht und verschmutzt. Amerikanische Dieselfahrzeuge haben daher oftmals einen Wasserabscheider installiert und benutzen überdimensionale Vorfilter. Viele Dieselfahrer bevorzugen zum Tanken Truckstops. Der Diesel ist dort im Allgemeinen frischer und nicht verpanscht. Wir haben aber auch an Truckstops einige Male ausgesprochen schlechten Sprit erwischt.

Wenn man abseits der *Interstates* durch das Hinterland fährt, sind Dieseltankstellen ohnehin rar und man muss tanken, was man bekommen kann. Den besten Diesel gab es übrigens in Alaska!

Neuseeland

Mit dem Kiwi-Diesel schnurrte unser Motor prächtig.

Australien

Vor allem in Westaustralien und Tasmanien ist der Diesel meist von minderer Qualität, was sich mit einem rauen Lauf, Hämmern und erhöhtem Verbrauch bemerkbar machte. Aus Angst um den Motor setzten wir wieder Zweitaktöl zu.

Dumpingstationen - Wohnmobil-Ent- und Versorgung

USA

Auch wenn man keine RV-Parks anfährt, ist das Entleeren der Abwasser- und Toilettentanks (*Greywater-* bzw. *Blackwatertank*) in den USA kein Problem. Viele **Rest Areas** an den Interstates sind mit Dumpingstationen ausgestattet, Truckstops und Gemeinden bieten diesen Service zuweilen an und in den **Nationalparks** befinden sie sich meist vor der Einfahrt zum *Campground*.

Fast alle Dumpingstationen bieten außerdem die Möglichkeit Trinkwasser aufzufüllen. Don Wright's Guide to free *Campgrounds* sowie das *Truckstop & Diesel Directory*, das es in RV-Zubehörläden gibt, listen sie teilweise auf.

Neuseeland

Über das ganze Land verteilt gibt es ein ausreichend dichtes Netz an öffentlichen Dumpingstationen, auf das mit einem Piktogramm hingewiesen wird. Broschüren des *Department of Conservation* listen sie auf, ebenso das Handbuch des Neuseeländischen Motorhome Clubs. Auch die privaten Caravanparks sind meist mit entsprechenden Ent- und Versorgungsstationen ausgestattet.

Australien

Fehlanzeige! Einige wenige Entsorgungsstationen finden sich in privaten Caravanparks. Die einzige öffentliche Entsorgungsmöglichkeit, die wir an einer Rest Area in Queensland entdeckten, war gegen alle Regeln der Physik angelegt. Die Zufahrt war so schräg, dass wir den Tanks keinen Tropfen Abwasser entlocken konnten.

Auf Tasmanien fanden wir in einigen Orten Entsorgungsmöglichkeiten, jedoch ohne Wasserversorgung oder Möglichkeit zum Reinigen der Tanks.

Australische Wohnmobile sind in den seltensten Fällen mit Abwassertanks ausgestattet. Die Brühe wird beim Campen zumeist per Abwasserschlauch ins nächste Gebüsch oder ein paar Meter vom Wohnwagen entfernt in die Wiese geleitet.

E-Mail

Die einfachste Form erreichbar zu sein, ist die Einrichtung einer E-Mail-Adresse beispielsweise über Hotmail oder Yahoo. In Internetcafés, öffentlichen Bibliotheken oder manchmal auch *Tourist Informations* kann man so für ca. $ 3 bis 5 pro 30 Minuten E-Mails empfangen oder versenden. Manchmal ist dieser Service in Bibliotheken sogar kostenlos. W-Lan-Verbindung über Hot Spots funktioniert nur in dichter besiedelten Gebieten.

Ersatzteile

Den Mercedes Sprinter gibt es seit einigen Jahren in Australien und Neuseeland und mittlerweile als "Dodge Sprinter" auch in den USA.

In Neuseeland und Australien ist auch der Ford Transit recht häufig vertreten, außerdem entdeckten wir vereinzelt Iveco-Werkstätten. Ansonsten werden neuseeländische und australische Camper auf japanischen Kleinlastern aufgebaut.

Theoretisch sind Ersatzteile für jede Automarke auch in den USA und vom Ende der Welt zu ordern.

Wir führten für ca. 3.000 DM (gut 1.500 Euro) Ersatzteile mit uns, die wir samt und sonders wieder mit nach Hause brachten. Den berüchtigten Keilriemenspanner, das einzige Teil, das während der langen Reise wirklich kaputtging, hatten wir natürlich nicht dabei.

Unbedingt mit sich führen sollte man in ausreichender Anzahl Öl- und Treibstoff-Filter, Vorfilter, Keilriemen und Luftfilter.

Fliegengitter

- ▷ Unsere leichten Doppelfenster von Seitz bieten gegenüber den in Übersee gebräuchlichen einfachen Glasscheiben viele Vorteile hinsichtlich Gewicht und Isolation. Dem, was bei Tag und Nacht so kreucht und fleucht, ist das kombinierte Rollo-Moskitonetzsystem allerdings nicht gewachsen!
- ▷ Die Zwangsentlüftungsschlitze mit Tesafilm abzukleben ist zwar hilfreich, aber nicht ausreichend. Besonders lästig sind vor allem die nachtaktiven Insekten und Motten, die in den Büschen und Bäumen der Halbwüsten leben. Sie orten den kleinsten Lichtschimmer und selbst dicke Nachtfalter schaffen es mühelos, sich um die Rollen der Kassettenrollos zu zwängen.
- ▷ Die neuseeländischen Sandflies überwanden sogar geschlossene Fenster über die Zwangsbelüftung. Es ist sinnvoll, zusätzlich von innen per Klettband oder Spanngummi Moskitonetze anzubringen.
- ▷ Da deutsche Wohnmobile in der Regel nicht mit Fliegengittertüren ausgestattet sind, empfiehlt sich als Fliegenschutz eine gut schließende Tüllgardine, beschwert mit Ketten, die an den Türrändern mit Klettbändern abgedichtet wird.

Flüge

- ▷ Da Rückflüge maximal ein Jahr gültig sind, flogen wir stets mit One-Way-Tickets, was leider teuer ist. Flugpassagiere in die USA werden von den Fluggesellschaften jedoch nur dann mit einem solchen Ticket befördert, wenn sie in Besitz eines vorab besorgten gültigen Visums sind.
- ▷ Für die Einreise nach Neuseeland ist in jedem Falle ein Rück- oder Weiterreise-Ticket erforderlich. Wir buchten in Deutschland einen One-Way-Flug nach Australien mit Stopover Neuseeland.
- ▷ Inhaber eines Jahresvisums müssen bei der Einreise nach Australien kein Rückflug-Ticket nachweisen.

Fotografieren

Wer sich an fernöstliche Weisheiten hält, sieht sich alle Sehenswürdigkeiten gleich vor Ort an. Das Gros der westlichen Reisenden will alles zu Hause noch einmal nacherleben, und möglichst auch andere daran teilhaben lassen.

☺ Wer mit einer vollelektronischen Spiegelreflexkamera unterwegs ist, tut gut daran, ein zweites Gehäuse der gleichen Marke mitzuführen. So toll diese Kameras sind - wenn sie streiken, geht gar nichts mehr! Wir hatten im zweiten Gehäuse stets einen empfindlichen Film für Tier- und Teleaufnahmen eingelegt.

▷ Wer mit Digitalkamera und Laptop unterwegs ist, braucht sich um Filme und Entwicklung keine Gedanken zu machen. Wer nach wie vor analog fotografiert, sollte Filme aus Preisgründen in Deutschland kaufen. Im Kühlschrank gelagert, sind sie über ein Jahr haltbar. Im ersten Teil der Reise ließen wir unsere Diafilme in verschiedenen Labors in den USA entwickeln. Das Ergebnis war leider sehr oft nicht zufriedenstellend. Später schickten wir die belichteten Filme nach Hause - ein Aufwand, der sich lohnte.

Freies und wildes Camping

USA

🕮 "Don Wright's Guide to free Campgrounds", erhältlich in Buchhandlungen und bei Campingausstattern (Camper World), listet die kostenlosen Stellplätze, die zumeist vom *Bureau of Landmanagement* verwaltet werden, auf. Naturgemäß liegen die meisten dieser Plätze dort, wo das Land nur dünn besiedelt ist, also in den Wüsten und Halbwüsten, sowie in den *National Forests.* Auch einige *National Parks* und *State Parks* bieten kostenfrei Stellplätze an. Generell darf auf öffentlichem Land (BLM-Land) sowie in vielen *National Forests* frei gecampt werden.

Das Übernachten auf *Rest Areas* ist in Nevada und Oregon erlaubt, andere Staaten begrenzen das Stehen auf 4 bzw. 8 Stunden.

In Städten und Ortschaften entwickeln die meisten Langzeitreisenden ihre eigenen Strategien. Manche steuern bevorzugt die Parkplätze der zahlreichen Kirchen und Sekten an, andere nächtigen lieber in ruhigen Wohngebieten oder auf den Parkplätzen der 24 Stunden geöffneten Supermärkte. Auch die Parkplätze der Yachthäfen bieten sich mitunter für eine Nacht an. Wir steuerten in Städten zumeist die Parkplätze der Kaufhauskette *Wal-Mart* an. Amerikanischen Wohnmobilisten zufolge, soll der alte *Wal-Mart* Chef Sam Walton, einst selbst begeisterter Camper, in seinem Testament verfügt haben, dass übernachtende Wohnmobile von seinen Kaufhausparkplätzen nicht verscheucht werden dürfen. Genächtigt haben wir auf den großen Parkplätzen zwar nicht immer sehr leise, auf jeden Fall aber stets sicher. In San Diego wurden wir, als wir den Platz eines Abends zum zweiten Mal ansteuerten, sogar vom Sicherheitsdienst begrüßt. Wer den Straßenatlas von Rand-McNally statt an der Tankstelle oder im Buchhandel bei *Wal-Mart* kauft, bekommt ihn nicht nur zum halben Preis, sondern findet obendrein im Anhang eine Liste sämtlicher Filialen und hat somit stets eine Adresse für kostenloses "Stadtcamping" zur Hand.

Mexiko/Baja California

Kostenfrei und primitiv kann man an den **Playa Publicas**, den öffentlichen Stränden, campen. Sie sind sicher, da man dort ohnehin nie alleine steht. Andere Strände, wie z.B. El Requeson, sind in Privatbesitz. Die Besitzer kassieren einen Obolus.

Kanada

In British Columbia listet der *Forestry Service* seine kostenlosen Campgrounds in ebenfalls kostenlosen Landkarten auf, die in den *Forestry Service Bureaus* oder den Tourist Informationen erhältlich sind. Diese Traumplätze liegen meist sehr einsam an kleinen Seen oder Flüssen und haben außer Feuerholz und manchmal einem Plumpsklo nur Natur pur zu bieten.

Im spärlich besiedelten Yukon findet sich immer ein Fleckchen für die Nacht, sei es an einem View point oder See oder irgendwo im Wald. Auch die *Milepost* ist beim Auffinden ruhiger Plätze für die Nacht hilfreich.

Neuseeland

Wildes Camping ist in Neuseeland überall dort erlaubt, wo es nicht ausdrücklich verboten ist. In touristisch stark frequentierten Gemeinden, wie etwa auf der Coromandel-Halbinsel oder am Lake Tekapo, finden sich allerdings auf jedem Fleckchen, das groß genug für ein Wohnmobil ist, "No Camping-Schilder".

Ansonsten kann man problemlos an den öffentlichen *Reserves* und *Domains* die Nacht verbringen.

Australien

Bei den Tourist Informationen und Automobilclubs sind kleine Büchlein erhältlich, die die **Rest Areas** entlang der großen Highways auflisten. Viele liegen etwas abseits der Straße, und abends finden sich dort regelmäßig die "Australien-Umrunder" ein. Bei den genannten Stellen sind ebenfalls drei kleine Führer erhältlich, die die kostenlosen Stellplätze in Westaustralien sowie Tasmanien auflisten. Mit Ausnahme weniger Orte (Darwin, Exmouth, Broome), kann man mit dem Wohnmobil fast überall problemlos auf den Parkplätzen der öffentlichen Parks und Reserves die Nacht verbringen.

Sicherheit beim wilden Camping

Die Gefahr, beim Nächtigen im einsamen National Forest überfallen zu werden, ist naturgemäß nicht sehr groß. Kriminelle haben ihr Betätigungsfeld in erster Linie dort, wo es etwas zu holen gibt, d.h. in den Ballungszentren der Großstädte und Touristenzentren. Einige Vorsichtsmaßnahmen sollten trotzdem nicht außer Acht gelassen werden:

- ▷ Das Wohnmobil in der Nacht immer so parken, dass man ohne Rangieren sofort die Flucht antreten könnte.
- ▷ Der Zündschlüssel sollte immer griffbereit am gleichen Platz sein.
- ▷ Es sollte in der Nacht nichts herumstehen, was bei einem plötzlichen Aufbruch herunterfallen könnte.
- ▷ Keine Campingstühle oder -tische vor dem Wohnmobil stehen lassen.

Gas

Mit unserem Gastank konnten wir in allen von uns besuchten Ländern ohne Adapter an sämtlichen LPG-Gastankstellen auftanken. In Australien, wo Gastanks für die Wohnmobil-Innenversorgung unbekannt sind, sollte man tunlichst niemanden darauf aufmerksam machen, dass dieses Gas zum Kochen verwendet wird. Weil das Befüllen von Flaschen an diesen Zapfstellen verboten ist, könnte es sein, dass das Auffüllen des Tanks ebenfalls verweigert wird. Mit den passenden Adaptern können in allen Ländern auch die bei uns üblichen Gasflaschen befüllt werden - in Australien ist mitunter massive Überzeugungsarbeit nötig.

Gesundheitsvorsorge

Wem auch immer wir von unserer Reise erzählen, als erstes wird uns die Frage gestellt: "Was hättet ihr gemacht, wenn ihr krank geworden wärt?" Ärzte gibt es auf der ganzen Welt, und als uns in Sydney die Grippe erwischte, ließen wir uns eben per Taxi ins Gesundheitszentrum kutschieren. (Ins Haus kommt der Arzt nur in Deutschland.)

Ansonsten ist Krankheit für uns kein Thema, um das ständig unsere Gedanken kreisen. Mit einer positiven Einstellung und einer gesunden und natürlichen Lebensweise sehen wir den besten Garant gesund und fit zu bleiben. Zudem fallen auf Reisen krankmachende Faktoren wie Stress und beruflicher Ärger weg und werden durch die positiven Eindrücke neuer Erfahrungen ersetzt. Außerdem drehen sich die Gespräche von *Amis, Kiwis* und *Aussies* nicht, wie bei uns, ständig um Leiden und Gebrechen, sodass man an eventuelle eigene Wehwehchen nicht permanent erinnert wird.

- ▷ Auf den Abschluss einer **Auslandskrankenversicherung** (☞ Auslandskrankenversicherung) sollte allerdings nicht verzichtet werden. Außerdem ist vor Antritt einer längeren Reise eine gründliche Sanierung der Zähne empfehlenswert.
- ▷ **Impfungen** sind für die von uns bereisten Länder nicht vorgeschrieben. Wir ließen lediglich unsere Polio- und Tetanusimpfungen auffrischen. Für Mexiko ist evtl. eine Hepatitisimpfung ratsam.
- ▷ Die **Moskitos** in Kanada und Alaska sind zwar ausgesprochen lästig, übertragen aber keine Krankheiten. Ihre Verwandten im nördlichen Australien können das sogenannte Ross-River-Virus übertragen. Bester Schutz ist, nicht gestochen zu werden.

Insektenmittel

- ▷ Auch wenn oft Gegenteiliges behauptet wird: Unser deutsches *Autan* wirkt in den meisten Fällen. Einzige Ausnahme: Sandflies!
- ▷ Neuseeländer schwören auf einen Mix aus Babyöl und Desinfektionsmittel (*Dettol* oder *Savlon*). Die Schmiere wirkt zwar einigermaßen, hält aber nur sehr kurz vor, sodass man beständig am Einreiben ist. Wirkungsvoll, aber höllisch giftig und nur noch aus Altbeständen erhältlich, ist *Dimp*.

- ▷ Einigermaßen zufrieden waren wir mit einem Spray namens *Bug Off*, dessen natürliche Hauptwirkstoffe Citronella und Eukalyptusöl sind. Allerdings lockt das Mittel Wespen und andere große Brummer an (Kiwis behaupten übrigens, Wespen würden von der Farbe Blau angezogen.)
- ▷ Manche Camper schwören auf eine kleine, mit 12 Volt arbeitende Heizplatte, auf der eine Tablette mit Chrysanthemenwirkstoff verdampft. Der Geruch soll vor allem Moskitos abschrecken bzw. die Biester so benebeln, dass sie nicht mehr stechen. Manchmal half es - manchmal nicht.
- ▷ Die Bisse der Sandflies und Moskitos, die mit Vorliebe in der Nacht anfangen zu jucken, behandelten wir mit einem Gel aus 98 %iger Aloe Vera, erhältlich in neuseeländischen Drogerien. Auch australisches Teebaumöl wirkt desinfizierend und stillt den Juckreiz.

Kfz-Versicherung

Deutschland: Da in allen von uns bereisten Ländern theoretisch, mitunter aber auch praktisch, nachgewiesen werden muss, dass das Fahrzeug in Deutschland noch zugelassen ist, muss die heimische Kfz-Versicherung als "ruhend" gemeldet werden. Da diese Prozedur nicht an der Tagesordnung ist, muss allerdings mit massiver Überzeugungsarbeit gerechnet werden. Notfalls Hilfe vom ADAC oder Spediteur einholen

USA

Wer keinen amerikanischen Führerschein vorweisen kann, hat wenig Chancen, sein Wohnmobil in den USA versichert zu bekommen. Wir schlossen die Haftpflichtversicherung *(Third Party Insurance)* bereits in Deutschland bei American International Underwriters ab. Wer auch nach Kanada einreisen will, muss dies extra beantragen und die Deckungssumme muss in diesem Fall mindestens $ 500.000 betragen. Die Versicherungskosten sind happig: US$ 1.040 für 6 Monate (Reine Haftpflicht)!

Für Mexico gilt diese Versicherung nicht! Bei unserer Einreise nach Mexiko ließen wir per Fax-Nachricht die amerikanische Versicherung ruhen, um sie bei der erneuten Einreise in die USA wieder zu aktivieren. Die Fa. Tour-Insure ist diesbezüglich nicht so flexibel!

- ♦ American International Underwriters, Rieslingstr. 40, 65207 Wiesbaden, ☎ 06122/15646, FAX 06122/8993, ✉ nowag@t-online.de

- Tour-Insure, Carl-Petersen-Straße 4, 20535 Hamburg, ☏ 040/25172150, FAX 040/25172121, ✍ SERVICE@TOURINSURE.DE, 💻 www.tourinsure.de. Eine KFZ-Vollversicherung (Vollkasko) bietet auch die Fa. Sea Bridge an (☞ Verschiffung)

Mexiko

Die Policen, die der amerikanische Broker anbietet, sind wesentlich billiger als die Kurzzeitversicherungen, die direkt an der Grenze angeboten werden. Ein Kostenrechner findet sich unter: 💻 www.mexicaninsurance.com

- Oscar Padilla Mexican Insurance Services, Inc., 825 Imperial Avenue, Calexico, CA92231, USA, ✍ customerservice@mexicaninsurance.com
- Weitere Versicherungen für Mexiko und Mittelamerika: 💻 www.sanbornsinsurance.com
- Mexikoversicherungen bietet auch der amerikanische Automobilclub AAA an.

Neuseeland

Eine Haftpflichtversicherung ist nicht Pflicht, weil Personenschäden über die Zulassung abgedeckt sind. Wir hatten Schwierigkeiten, unser Auto zu versichern. Der Automobilclub AA versichert nur Fahrzeuge bis 2,8 t und bei sämtlichen Versicherungen, die wir aufsuchten, blitzten wir ab. Erst über u.a. Agenten bekamen wir eine Police von einer Versicherung, die es vorher abgelehnt hatte, uns zu versichern.

- Hutchison Rodway Ltd., PO Box 100-461, North Shore Mail Centre, Auckland, ☏ 09/479-1071, FAX 09/479-3128.

Eine KFZ-Versicherung vermittelt auch der Neuseeländische Motorhome Club (Mitgliedschaft ist Voraussetzung).

- The New Zealand Motor Caravan Assn., PO Box 72147, Papakura, Maukau 2244 (Postanschrift), 4 Graham Road, Conifer Grove, Papakura 2112 (Büro), ☏ 64-9-298 5466, FAX 64-9-298 5646, ✍ enquiries@nzmca.org.nz, 💻 www.nzmca.org.nz.

Der Club vermittelt Mitgliedern außerdem einen preiswerten Pass für die reizvollen DOC-Camps

Australien

Ohne Mitgliedschaft beim Campervan & Motorhome Club ist es sehr schwierig, eine Versicherung abzuschließen. Personenschäden sind zwar über den *Green Slip* bei der *RTA* (Zulassung) gedeckt, nicht jedoch Haftpflichtschäden an Kraftfahrzeugen. Wir schlossen über diesen Club eine Vollkaskoversicherung ab. Unser deutscher Schadensfreiheitsrabatt wurde anerkannt. Wir führten eigens eine Bestätigung der deutschen Kfz-Versicherung mit uns.

- ♦ Campervan & Motorhome Club of Australia Inc., PO Box 3327, Hamilton D.C., NSW 2303, ☏ 0249/788788, FAX 0249/788799,
  ✉ insurance@cmca.net.au und enquiries@cmca.net.au,
  💻 www.cmca.net.au

Konto im Ausland

- ▷ In den USA gibt es keine Bank, die in allen Staaten vertreten ist. Sie können jedoch beispielsweise mit der *Bankcard* einer amerikanischen Bank mit dem Cirrus-Symbol von fast allen *ATM* (*Automatic Teller Machines* = Geldautomaten) Geld abheben.
- ▷ Mit deutschen Bankkarten, die mit dem Maestro-Symbol versehen sind, können Sie von entsprechenden *ATM* weltweit auch täglich begrenzt Geld abheben (hohe Gebühr).
- ▷ In Australien sind mehrere Banken auf dem ganzen Kontinent vertreten. In Reiseführern wird für längere Reisen die Einrichtung eines Kontos bei einer australischen Bank empfohlen. Vor dem Transfer einer größeren Geldsumme sollte allerdings unbedingt der Rat einer Bank mit reichlich Auslandserfahrung eingeholt werden, über die Sparkassen und Raiffeisenbanken in der Regel nicht verfügen. Wir trafen Reisende, die in Deutschland ihr Haus verkauft, und den gesamten Betrag auf eine australische Bank überwiesen hatten. Der australische Staat behielt von dieser nicht unerheblichen Summe prompt 30 % ein!
- ▷ Andere Reisende brachten ihr Geld in Form eines bestätigten Bankschecks, der bereits in AU $ ausgestellt war, ins Land. Wer sein Wohnmobil nicht mitbringt, sondern erst vor Ort kaufen möchte, sollte diese Möglichkeit in Erwägung ziehen.
- ▷ Mit dem Zahlungssystem *eftpos (electronic fund transfer at point of sale)* kann man in Australien und Neuseeland zwar in beinahe jedem Tante-

Emma-Laden bargeldlos bezahlen und auch Geld vom Konto abheben, genau wie bei uns ist aber auch dort jede Buchung mit Gebühren verbunden. Wir verzichteten auf die Einrichtung eines Kontos und lebten hauptsächlich von Kreditkarten (deren Benutzung leider aber auch mit Kosten verbunden ist).

ADAC Flexsparen

In Cooperation mit der Deutschen Bank bietet der ADAC ein relativ gut verzinstes Geldanlagesystem an. Mit der SparCard kann man weltweit kostenlos Bargeld an rund 35.000 Geldautomaten der Deutschen Bank Gruppe und deren Kooperationspartner abheben.

Bank of America (USA), Scotiabank (CAN), Westpac (AUS) (von uns abgeschlossen, aber noch nicht erprobt).

Kreditkarten

Die Akzeptanz von Kreditkarten ist in allen von uns bereisten Ländern höher als in Deutschland. So kann man z.B. nicht nur in den USA, sondern auch in Neuseeland und Australien problemlos in fast allen Supermärkten und Geschäften mit der Kreditkarte bezahlen. Wir hatten jeder je eine Visa- und Mastercard, die überall angenommen wurden. Unbedingt darauf achten, dass die Gültigkeit beider Karten nicht im gleichen Monat ausläuft, sondern sich überlappt.

Kühlschrank

Wer selten Campingplätze mit Strom aus der Dose aufsucht, ist mit einem Kompressorkühlschrank gut beraten. Andernfalls ist ständiges Gasauffüllen angesagt. Eine leistungsstarke Solaranlage ist allerdings Voraussetzung.

Lebenshaltungskosten

- ▷ Diese Ausgaben sind natürlich abhängig von den persönlichen Ansprüchen und von den Wechselkursen. Generell sind die Lebenshaltungskosten in den USA höher als bei uns.
- ▷ Da der Neuseelanddollar zurzeit unserer Reise bei etwa € 0,45 lag, war Neuseeland für uns das günstigste Reiseland.
- ▷ Der Australiendollar kostete während unseres Aufenthaltes ca. € 0,65. Fleisch von erstklassiger Qualität ist *Down Under* günstiger als bei uns. Für

frisches Obst und Gemüse muss in abgelegenen Wüstennestern verständlicherweise mehr berappt werden. Da wir zu Hause auch nicht von Luft leben können, schlagen diese Kosten in der Reiseplanung deshalb nicht übermäßig zu Buche.

▷ Anders sieht es mit den Spritkosten aus. Sie machen einen dicken Batzen bei den Reisekosten aus. Aber weil man ja unterwegs ist, um etwas zu sehen, lässt sich hier auch nichts einsparen.

▷ Der einzige Posten, an dem Langzeitreisende wirklich sparen können, sind im Grunde die Campinggebühren.

Post

▷ Mit dem Vermerk versehen: "General Delivery", kann man sich seine Post an jedes Postamt der Welt nachsenden lassen. Die Post wird dort bis zu 14 Tage gelagert. Die genauen Anschriften kann man Büchern entnehmen, die in den Postämtern ausliegen.

▷ Wir bevorzugten den Postdienst von American Express. In einem dieser Büros besorgten wir uns ein Verzeichnis aller Servicestellen und ließen uns die Post jeweils an diese Büros senden. In USA, Kanada, Neuseeland und Australien sind sie in allen größeren Orten vertreten. Für Kunden (Inhaber von Reiseschecks oder American Express Kreditkarten) ist dieser Service kostenlos. Ein Verzeichnis der Servicestellen gibt es bei:

♦ American Express Int. Inc., Theodor-Heuss-Allee 112, 60486 Frankfurt,
FAX 069/9797150

Reifen

Es empfiehlt sich auf jeden Fall, mit komplett neuen Reifen zu starten. Bei normaler Wohnmobilbenutzung in Europa, d.h. Einsatz nur im Urlaub und an Wochenenden, sind die Pneus in der Regel überaltert und überdehnt, lange bevor das Profil abgefahren ist. Zudem sind Reifen in Deutschland billiger als in Übersee - außer in Neuseeland.

Unbedingt zu achten ist auf ausreichende Tragfähigkeit. Bei hinterer Single-Bereifung gegebenenfalls auf breitere Reifen umsteigen. Etliche Reisende schwören übrigens auf die sehr teuren Michelin-Reifen. Wir machten in punkto Tragfähigkeit und Abrieb beste Erfahrungen mit Bridgestone.

Nachdem unsere deutschen Reifen nach den mexikanischen Straßen ihren Geist aufgegeben hatten, zogen wir vorne Bridgestone und etwas später auf den Hinterrädern Yokohama auf. Die beiden Bridgestones überstanden die kanadischen Schotterstraßen klaglos, während die Hinterreifen jeden Nagel aufsammelten und nach 20.000 km nur noch Müll waren. In Neuseeland zogen wir dann eine komplett neue Bridgestone-Bereifung auf. Obwohl wir in Australien sehr viele unbefestigte, teilweise sehr schlechte Straßen mit spitzen Steinen befuhren, hatten wir auf der gesamten Runde keinen einzigen Platten!

Für den Fall der Fälle nicht vergessen: Ein großzügig dimensioniertes Radkreuz! Die schwächlichen Stängelchen aus dem Bordwerkzeug haben allenfalls Alibicharakter. Auch ein Hydraulikheber nebst Holzplatten zum Unterbauen ist hilfreich.

Bevor das Wohnmobil auf eine lange Seereise geschickt wird, empfiehlt es sich, die Radmuttern mit Rostlöser o.Ä. zu schützen.

Ein Reifenluftdruckprüfer sollte übrigens in keinem Bordwerkzeug fehlen. Die Druckluftschläuche amerikanischer Tankstellen sind nicht mit Manometern ausgestattet. Die Prüfgeräte, die in amerikanischen Kaufhäusern und bei Autoausstattern angeboten werden, sind zwar billig, aber ungenau.

Reiseführer

- Es gibt OutdoorHandbücher aus dem Conrad Stein Verlag, die sich mit Wanderungen in den USA *(Pacific Crest Trail, John Muir Trail, Grand Canyon Trails)*, in Kanada *(Kanada: Tageswanderungen in den Rocky Mountains, Rocky Mountains Great Divide Trails, Chilkoot-Trail, Westcoast-Trail)*, in Neuseeland *(Fiordland, Stewart Island)*, Tasmanien *(Overland Track)* aber auch mit Wohnmobilrouten *(Kanada-Alaska-Highways, Route 66, Rund Australien)* befassen.
- Zusätzlich empfiehlt sich die *Milepost* für Alaskafahrer - ein jährlich neu erscheinendes teures Logbuch, das akribisch jeden Rastplatz, jeden Mülleimer, jede Tankstelle und Campmöglichkeit auflistet. Erhältlich in Buchhandlungen, an Tankstellen und im *Wal-Mart*.
- Ebenfalls in Logbuchform: Das *Baja Handbook* des amerikanischen Automobilclubs AAA.

▷ Für den Fernreisenden unverzichtbar: *Fernreisen mit dem eigenen Fahrzeug* von Bernd Büttner, erschienen bei Reise-Know-How. Neben praktischen Tipps über Ausstellung und Handhabung des Zolldokumentes Carnet de Passages, nützlichen Adressen, Routen und Verschiffungsmöglichkeiten enthält es auch ein ausführliches Kapitel Kfz-Englisch. Was Auspuff auf Englisch heißt, findet sich ja zur Not noch im normalen Wörterbuch, aber wer kann schon "Spritzversteller" oder "Drehmomentschlüssel" übersetzen? (Gibt es im Fachhandel oder direkt beim Autor 💻 www.buettner-elektronik.de.)

Reiseschecks

Zusätzlich zu den Kreditkarten hatten wir Reiseschecks von American Express dabei. In US-Dollar bzw. Kanadadollar ausgestellt, werden sie in USA und Kanada in den Supermärkten wie Bargeld behandelt. Wechselgeld wird in bar ausbezahlt. Außerdem ist man mit den Reiseschecks automatisch Kunde bei American Express und damit berechtigt, den Postlagerdienst der Servicestellen kostenlos in Anspruch zu nehmen. Aus Sicherheitsgründen teilten wir den Betrag der Reiseschecks unter uns auf, das heißt, jeder unterschrieb die Hälfte. Die Schecks, auf denen beide Partner zeichnen, jeder aber einzeln für sich abheben kann, sind wegen ihrer weitaus höheren Gebühren nicht zu empfehlen.

Routenplanung

Für unsere vierwöchigen Urlaubsreisen hatten wir vorher stets jeden Tag und jeden Kilometer verplant. Diese Mühe ist für eine lange Reise nicht nötig und auch nicht möglich.

▷ Der Reisende, der in **Nordamerika** etwas sehen will, legt seinen Alaskabesuch in den Sommer und bereist wegen der angenehmeren Temperaturen Mexiko oder die Baja California im Winter.
Mit Schnee in den Hochlagen der Rockies muss von September bis Mai gerechnet werden. Der *Tioga Pass* im *Yosemite National Park* ist oft nicht vor Juli offen, im Gegensatz dazu ist es in den Halbwüsten des Südwestens bereits zu Ostern heiß. Im August und September muss im Südwesten immer wieder mit starken Nachmittagsgewittern und Blitzfluten gerechnet werden.

Die großen National Parks sind generell überlaufen. Es gibt aber abseits der Touristenrennstrecken reizvolle, und weit weniger frequentierte Naturschönheiten, wie z.B. den *Big Bend* und den *Guadalupe Mountains National Park* im westlichen Texas, den *Chaco Canyon* und die *Bisti Badlands* in New Mexico. Wer diese Badlands ausfindig machen will, muss sich im Visitors Center des *Chaco Canyon* einen genauen Lageplan geben lassen.

Im Westen Amerikas könnte man sich im Grunde ein ganzes Leben lang herumtreiben und immer wieder neue Naturwunder entdecken. Im Nordwesten muss auch im Sommer immer wieder mit Regen gerechnet werden.

▷ Wir verschifften das Wohnmobil im September nach **Neuseeland**, wo es rechtzeitig zu Beginn des neuseeländischen Sommers eintraf. Im April wurde es in Neuseeland bereits wieder nass und ungemütlich.

▷ Wir schickten das Wohnmobil wieder übers Wasser nach **Australien**, wo in Sydney der "Winter" begann. Der Winter ist die Trockenzeit im tropischen Norden, mit Temperaturen um 15 Grad in Sydney und an die 30 Grad in Cairns. Ideales Reisewetter - nur die kurzen Tage sind gewöhnungsbedürftig. Die Runde entgegen des Uhrzeigers bot sich somit an. Auch das Zentrum, Alice Springs und Ayers Rock, ist im Winter wesentlich angenehmer zu bereisen als im Sommer, wo bei Hitze aus Sicherheitsgründen die Wanderwege gesperrt werden.

Das Top End, Darwin, Katherine, der *Kakadu National Park*, kann nur während der Trockenzeit bereist werden (Mai bis Oktober). Heiß ist es zu jeder Jahreszeit.

Wir setzten unsere Runde gegen den Uhrzeiger fort und erreichten die Gegend um Perth im September, zu Beginn des Frühjahrs, wo wir die westaustralische Wildblumenblüte erlebten. Die Temperaturen entlang der Südküste waren eher kühl. Den Januar verbrachten wir in Tasmanien. Der Sommerhitze wichen wir schließlich in die australischen Alpen aus, wo die Temperaturen auch wieder recht erträglich waren.

Schlangen

Die Gefahr, von einer giftigen Schlange gebissen zu werden, ist zwar nicht allzu groß, trotzdem sollte man gewisse Vorsichtsmaßnahmen nicht außer Acht lassen. In den USA sahen wir zwar nur ein einziges Mal eine Korallenschlange über den Highway kriechen, aber Klapperschlangen sind auf dem ganzen Kontinent verbreitet.

In Australien, wo der größte Teil der giftigsten Schlangen der Welt beheimatet ist, wären wir selbst dreimal um ein Haar auf Schlangen getreten. Sogar am Strand kroch uns eine hell gefärbte, gut getarnte Mulgaschlange über den Weg. Das Querfeldeinlaufen durch Gestrüpp und Spinifexgras in kurzen Hosen und Sandalen sollte man sich in Australien wie in den USA verkneifen.

Auch beim Sammeln von Feuerholz empfiehlt sich das Tragen von kräftigen Handschuhen. Amerikanische Klapperschlangen machen sich zwar bei der Erschütterung durch eine nahende Person sofort aus dem Staub, einige ihrer giftigen australischen Verwandten bleiben aber unbeweglich liegen und sehen dabei tückischerweise wie kleine Äste aus.

Sicherheit und Kriminalität

Regelmäßig werden wir gefragt: "War das nicht gefährlich? Hattet ihr keine Angst?" Gefühle von Sicherheit bzw. Gefahr sind ausgesprochen subjektiv. Angst macht uns in erster Linie das, was wir nicht einschätzen können, was uns fremd ist. Demzufolge erscheint uns ein Land um so gefährlicher, je weiter es entfernt ist.

An die allgegenwärtigen Gefahren unseres Straßenverkehrs haben wir uns dagegen längst gewöhnt. Der deutsche Autofahrer fühlt sich sicher - trotz täglicher Berichte über schreckliche Unfälle mit Toten und Verletzten brettert er mit zweihundert Sachen lichthupend und ohne Sicherheitsabstand über die Autobahn - in den Augen amerikanischer und kanadischer Autofahrer ein wahnwitziges Abenteuer. Gefahr wittert der deutsche Autobahnraser hingegen beim Anblick eines Fotos, das uns und unser Wohnmobil mutterseelenallein auf einem einsamen Highway irgendwo in Kanadas Norden zeigt: "Hattet ihr da keine Angst? Was wäre gewesen, wenn ihr eine Panne gehabt hättet?"

Neuseeländer haben gelernt, mit der Bedrohung durch Erdbeben und Vulkanausbrüche zu leben und sie weitgehend verdrängt. Uns Deutschen, aber auch Australiern, die auf ihrem Kontinent keine tätigen Vulkane kennen, bereitet der Gedanke an Erdbeben und Vulkanausbrüche ein mulmiges Gefühl. Dem Kiwi dagegen, der zu Hause auf seinem sprichwörtlichen Pulverfass sitzt, fallen beim Stichwort "Australien" gleich tausend Gefahren ein: Giftschlangen, Giftspinnen, giftige Kröten, Krokodile, Warane, bissige Dingos und andere Viecher, die alle nur darauf lauern, harmlose Kiwis anzufallen...

Die USA mit ihrem starken sozialen Gefälle haben bekanntermaßen eine höhere Kriminalitätsrate als die meisten europäischen Länder. Sieht man von einigen, in der Presse hochgespielten Überfällen auf deutsche Touristen in Florida einmal ab, sind wir trotzdem der Meinung, dass der wohnmobile Tourist in den USA sicherer reist als in manchen Ländern Europas. Von Raub- und Gasüberfällen, wie sie entlang der Autobahn zwischen Lyon und Barcelona und neuerdings auch an deutschen Raststätten an der Tagesordnung sind, haben wir in Nordamerika jedenfalls noch nie gehört.

Auch wenn die Kiwis und *Aussies* schimpfen und jammern - Neuseeland und Australien haben dank eines ausgewogenen Sozialgefüges nur eine geringe Kriminalitätsrate. Aber natürlich zieht auch in Neuseeland der zunehmende Tourismus verstärkt Langfinger an. So sind z.B. an zahlreichen Wanderparkplätzen Tafeln angebracht, die davor warnen, Wertsachen im Auto zu lassen. Auch in Rotorua wird immer wieder von Wohnmobilaufbrüchen berichtet.

In Australien warnten uns Einheimische davor, allein auf *Rest Areas* in Reservatsnähe zu campen. Deutsche Touristen berichteten uns von einer wilden Verfolgungsjagd, weil sie einer Gruppe von Aborigines den Reservekanister verweigert hatten. Wir selbst fühlten uns in Australien ausgesprochen sicher.

Solaranlage

Unsere Solaranlage mit 220 Watt und den beiden Solarbatterien mit insgesamt 300 Ampere erwies sich als ausreichend. Tagelanges Stehen auf schattigen Plätzen ist allerdings nicht drin - der Einsatz eines zusätzlichen mobilen Paneels ist sicher sinnvoll. Wir führten einen externen Generator mit uns, den wir jedoch hauptsächlich dazu benutzten, die ständig leere Starterbatterie eines campenden Maori aufzuladen.

Strom

- ▷ Die Stromspannung beträgt in Neuseeland und Australien wie bei uns 230 V und 50 Hertz. Auf neuseeländischen Campingplätzen ist außerdem unser blauer Euro-Stecker Norm. Für Australien ist ein Zwischenstecker nötig.
- ▷ In den USA, Kanada und Mexiko kommen 110 V und 60 Hertz aus der Dose. Wer also zwischendurch auf Strom aus der Steckdose angewiesen ist, muss vorsorgen. Die Spannung lässt sich relativ einfach und preiswert mittels eines Umformers umwandeln. Schwieriger wird es bei den 60 Hertz, die manche Ladegeräte nicht verarbeiten können. Auch unser

computergesteuertes Ladegerät von Votronic streikte angesichts der 60 Hertz. Wer nicht durch eine starke Solaranlage autark ist, sollte diesbezüglich fachmännischen Rat einholen bzw. gegebenenfalls das Ladegerät austauschen!

Telefon

- Mit einem "Handy" ist man selbst in Australien und Neuseeland erreichbar. Wer sich aber einmal die Karten mit der Netzabdeckung ansieht, merkt sehr schnell, dass dies nur eine Scheinerreichbarkeit ist. Zwar rennt auch in Sydney oder Brisbane bereits jeder Schuljunge mit dem Mobiltelefon in der Hand herum, aber auf dem einsamen Platz im australischen Busch oder in den neuseeländischen Bergen kommt keine Verbindung zustande.
- Die Benutzung eines Dual-Band oder Tri-Band-Handys sollte in den USA und Kanada kein Problem sein, allerdings werden Sie nicht überall ausreichenden Empfang haben.
- Die Kosten für Überseegespräche können astronomisch sein und sind von Telefongesellschaft zu Telefongesellschaft unterschiedlich hoch.
- Preiswerter geht es mit Telefonkarten, sogenannten *Prepaid Calling Cards*. Die preiswertesten, die wir in USA aufgetrieben haben, gab es beim *Wal-Mart*. Über eine kostenlose Rufnummer loggt man sich mit einer PIN bei der Telefongesellschaft ein. Die Kosten für das Gespräch werden vom Guthaben auf der Karte abgezogen.
- Neuseeland und Australien: Billiger als die Telefonkarten der dortigen Telecom sind die Karten, die in einigen Internetcafés angeboten werden. Sie sind außerdem wiederaufladbar, weshalb man keine nutzlosen Restsummen übrig behält.
- Telefongespräche von Mexiko nach Deutschland kosten ein kleines Vermögen!

Überbrückungskosten

Wenn das rollende Heim auf eine wochenlange Seereise geschickt wird, steigen die Lebenshaltungskosten natürlich sprunghaft an, weshalb wir es vorzogen, während der langen Verschiffung von USA nach Neuseeland nach Hause zu fliegen. Dort ließen sich die Visa-Anträge für Neuseeland und Australien außerdem leichter erledigen.

Von Neuseeland nach Sydney hatte das Schiff wegen schweren Wetters eine Woche Verspätung. Obwohl wir nicht im Hilton abstiegen, gingen die Hotelkosten für mehr als drei Wochen doch ins Geld, außerdem fiel natürlich die naturgemäß wesentlich preiswertere Selbstverpflegung weg.

Verschiffung

▷ Am einfachsten und sichersten verschifft man ein Wohnmobil *Ro/Ro (Roll on/Roll off)*, d.h., das Fahrzeug wird wie auf einer großen Fähre über eine Rampe ins Schiff gefahren. Im Gegensatz zur Fähre darf man diese Prozedur allerdings nicht selbst vornehmen. Wer sein rollendes Heim im Hafen zur Verschiffung abgibt, muss also auch die Schlüssel aushändigen.

▷ Damit sich während der langen Überfahrt und der Standzeit im Hafen, die sich leider nicht immer verhindern lässt, keine Langfinger am Wohnmobil vergreifen, sollte der Wohnteil unbedingt mit einer stabilen Zwischentür vom Fahrerhaus abgetrennt werden. Dass während der Verschiffung keine Campingmöbel oder ähnliche Dinge, die im Seegang herumschlagen könnten, lose im Wohnmobil herumliegen sollten, versteht sich von selbst.

▷ Teure Geräte, wie Laptop und Drucker, die Kameraausrüstung und Peters Funkgerät führten wir immer im Fluggepäck mit uns. ☹ Das Transportrisiko trägt ohnehin der Kunde. Die Schifffahrtslinien haften nicht einmal bei Totalverlust, weshalb wir unser Wohnmobil trotz happiger Kosten, zwischen 1,2 bis 1,5 % des Wagenwertes, stets zusätzlich versicherten. Diese Versicherung kommt aber nicht für Diebstähle aus dem Wageninneren auf. Teile, die mit dem Wohnmobil fest verschraubt sind, wie z.B. Solaranlagen oder Markisen, gehören dabei zum Wohnmobil. Es empfiehlt sich, eine Liste anzulegen. Im Verlauf unserer Reise verschifften wir unser Wohnmobil viermal, es wurde aber niemals aufgebrochen. Wir trafen aber auch Reisende, die von Einbrüchen berichteten.

▷ Die Wallenius-Wilhelmsen Line verlangt inzwischen, dass das Wohnmobil vollkommen leer ist, was sich angesichts des anfallenden Gepäcks nur sehr schwer realisieren lässt. Für Wohnmobilverschiffungen ist sie nur noch in Ausnahmefällen zu empfehlen.

♦ ✉ info@2wglobal.com, 💻 http://www.2wglobal.com/www/WEP/

♦ Wallenius-Wilhelmsen, Am Nordhafen 2, 27568 Bremerhaven,
☎ 0471/94799-0, FAX 047/47656,

- ♦ Wallenius Wilhelmsen, Sachsenbrücke/Schuppen 48, 20457 Hamburg, ☏ 040/780814-0, FAX 040/78081411

▷ Die Verschiffung von Bremerhaven nach Kanada an die US-Ostküste (Haupthäfen: Halifax und Baltimore) organisiert inzwischen die

- ♦ Fa. Sea Bridge. Wilhelm-Heinrich-Weg 13, 40231 Düsseldorf, ☏ 0211/2108083, FAX 0211/2108097, ✉ info@sea-bridge.de, 💻 www.seabridge-tours.de Dauer ca. 2 Wochen.
- ♦ Aktuelle Frachtrate: € 38 x m³, Speditions- u. Hafengebühr in Bremerhaven: € 145, Zoll- und Hafengebühr in USA/Canada: $ 150. Zurzeit wird zusätzlich zur Frachtrate ein Treibstoffzuschlag erhoben.

▷ Wohnmobile verschifft außerdem:

- ♦ AFL Logistic GmbH 💻 www.shipafl.com, ✉ info@shipafl.com
- ♦ AFL Logistic GMbH, König-Georg-Deich2, ☏ 040/7420013-0, FAX 040/7420013-13
- ♦ AFL Logistic GMbH, Colorado Str. 5, Ste.18, 27580 Bremerhaven, ☏ 471/14269-0, FAX 471/14269-13
- ♦ AFL International Logistic LLC, 13500 S. Figueroa Street, Los Angeles, CA 90061, ☏ (310)895/7194, FAX (310)651/9641
- ♦ American Freight Line S.E. Inc., 671 NW 4th Ave. Ft. Lauderdale, FL 33311, ☏ 1(954)767-0929, FAX 1(954)767-3369

▷ Von der US-Westküste nach Neuseeland oder Australien gibt es keine direkte Ro/Ro-Linie. Unser Wohnmobil wurde in Yokohama umgeladen. Dauer 7 Wochen, wobei allerdings ein Anschluss-Schiff in Yokohama verpasst wurde. Wir verschifften mit American Freight Line s.o.

▷ Die Direktlinie zwischen Australien und Neuseeland ANZDL wurde in der Zwischenzeit von CP Ships geschluckt, die wiederum an Hapag Lloyd gegangen ist. Die Ro/Ro-Verschiffung wird bis Ende 2006 aus Kostengründen eingestellt, Alternativangebote sollen zzt. angeblich ausgearbeitet werden.

- ♦ Hapag Llod (New Zealand) Ltd., Level 1, 24 The Warehouse Way, Northcote, Auckland, PO Box 91-536 Auckland Mail Centre, New Zealand, ☏ 64-9-488-3311, FAX 64-9-488-3322, 💻 www.hlcl.com

▷ Von Australien nach Europa existiert zurzeit keine Direktverbindung. Die Fahrzeuge müssen in Singapur umgeladen werden oder gondeln ca. 3 bis 4 Monate auf einem Schiff rund um die Welt. Zurzeit ist die einzige Möglichkeit Ro/Ro zu verschiffen mit den inzwischen fusionierten Wallenius-Wilhelmsen Lines. Wilhelmsen Australia unterhält Büros in Perth, Melbourne, Sydney und Brisbane. Wir wickelten die Verschiffung über die Spedition Hartrodt in Brisbane ab. Die Kosten lagen dabei nicht höher, als wenn wir direkt bei der Linie abgeschlossen hätten.

- A. Hartrodt Queensland pty ltd, Herr Manfred Schlegel, Direktor, 22 Chapman Place, PO Box 1560, Eagle Farm, QLD, 4009, ☏ 61-7-36306700, FAX 61-7- 36306777
- Wilhelmsen Lines Australia Pty Ltd, 189 Kent Street, GPO Box 4097, Sydney NSW 2000, Australia, ☏ 0061-2-92550112, FAX 0061-2-92479156
- WLB Shipping Pty. Ltd., 11-17 Cliff Street, PO Box 497, Freemantle WA 6160, Australien, ☏ 0061/894300400, FAX 0061/894300423.

Verschiffungskosten

Die Ro/Ro-Verschiffung wird in der Regel nach Kubikmetern berechnet. Auch wenn es unlogisch erscheint, der hohe Aufbau muss also meist mitbezahlt werden. Für unser Wohnmobil mit den Maßen: Länge 6,30 m, Breite 2,27 m, Höhe 3,10 m bezahlten wir von...

- Bremerhaven nach Baltimore 3.340 DM + Versicherung: DM 1.200 + Hafengebühr in Baltimore: US$ 70.
- Los Angeles nach Auckland: US$ 3.900 + Versicherung: US$ 25.
- Auckland nach Sydney: NZ$ 2.040 (Pauschalpreis bis 7 m Länge) + Versicherung: NZ$ 500.
- Brisbane nach Hamburg (Antwerpen): AU$ 9.000 + Versicherung: AU$ 900.
- Fährkosten Melbourne-Tasmanien inkl. Überfahrt für 2 Pers.: AU$ 1.138, 1 Überfahrt Haupt-, 1 Nebensaison.
- Fährkosten zwischen der Nord- und Südinsel Neuseelands, hin und zurück: NZ$ 458.

Visa

▷ **USA**: Das B1/B2 Visum ist 10 Jahre lang gültig und berechtigt jeweils zum sechsmonatigen Aufenthalt in den USA. Die relativ aufwändige Prozedur der Beantragung, sowie das Antragsformular finden sich im Internet unter 💻 http://www.us-botschaft.de/

- Amerikanisches Generalkonsulat, Siesmayerstr. 21, 60323 Frankfurt. Zuständig für die Länder: Hessen, Rheinland-Pfalz, Baden-Württemberg, Saarland, and Nordrhein-Westfalen
- Embassy of the United States, Clayallee 170, 14195 Berlin, ☎ 030/8305-0, für Berlin, Brandenburg, Sachsen-Anhalt, Sachsen, Thüringen, Mecklenburg-Vorpommern, Schleswig-Holstein, Niedersachsen, Hamburg, and Bremen
- Für Bayern ist das neue Generalkonsulat in München zuständig: Königinstr. 5, 80539 München

▷ **Neuseeland**: Ein Visum bis zu drei Monaten muss nicht extra beantragt werden, es wird bei der Einreise erteilt. Wer länger im Land bleiben will (max. 9 Monate), muss einen Antrag stellen. Zwingend vorgeschrieben sind neben ausreichenden finanziellen Mitteln auch ein Rück- oder Weiterreiseticket.

Wir buchten zu diesem Zweck ein One-Way-Ticket nach Australien mit Stopover Neuseeland (eine Buchungsbestätigung des Reisebüros muss dem Visa-Antrag beiliegen). Mit mehreren Wochen Bearbeitungsdauer muss gerechnet werden. Der Antrag ist zu senden an:

- Botschaft von Neuseeland, Visa-Abteilung, Friedrichstraße 60, 10117 Berlin, 💻 http://nzembassy.com (Antragsformular)

▷ **Australien**: Wer ein Jahresvisum beantragt, braucht entgegen anderslautender Behauptungen kein Rück- oder Weiterreiseticket. Nachzuweisen sind ausreichende finanzielle Mittel und eine Auslandskrankenversicherung. Es ist sinnvoll in einem dem Antrag beigefügten Schreiben die Gründe darzulegen, warum man 12 Monate im Land bleiben möchte (beispielsweise Verschiffung des eigenen Mobils).

Wer kein 12-monatiges Visum erhält, hat die Möglichkeit, es vor Ort verlängern zu lassen, wobei wieder die finanziellen Mittel nachgewiesen werden müssen.

- Australische Botschaft, Visitor Visa Section, Friedrichstr. 200, 10117 Berlin, ☎ 030/880088-0, FAX 030/880088-210, ✉ Info@australian-embassy.de

Werkstätten

Wer, wie wir, von Autos nicht recht viel mehr versteht, als worauf man treten muss, damit es fährt, wird unterwegs immer wieder mal auf eine Werkstatt angewiesen sein und sei es nur, um die Bremsflüssigkeit zu wechseln.

Besonders in den USA haben sich viele Werkstätten auf Bremsen und Auspuffanlagen oder Ölwechsel und Abschmieren *(Quick Lube)* spezialisiert. Für unseren ersten fälligen Ölwechsel suchten wir einen dieser Läden auf. Mit dem Ergebnis, dass uns mit dem amerikanischen Zollschraubenschlüssel die metrische Ölablass-Schraube rundgedreht wurde.

Auch wer Reifen wechseln oder flicken lässt, sollte die Augen offen halten, und darauf achten, dass die Muttern mit einem Drehmomentschlüssel (Torque Wrench) angezogen werden. Uns wurden sie beim Reifenkauf mit dem Druckluftschrauber derart fest zugeknallt, dass sie sich kurze Zeit später bei einem unserer zahlreichen "Platten" nicht mehr lösen ließen! - kein Einzelfall.

Wohnmobil

Nach 93.000 km und 3 Jahren Reisedauer stellt sich die Frage, ob wir damals mit unserem Wohnmobil die richtige Entscheidung getroffen haben. In unseren Planungen und Überlegungen spielte ja bekanntlich ein Fahrzeug mit Allradantrieb eine große Rolle. Aus heutiger Erfahrung wissen wir jedoch, dass ein Allradantrieb aus einem Wohnmobil mit den Ausmaßen unseres Aufbaus, das betrifft ganz besonders die Höhe des Alkovens, noch längst kein Offroadfahrzeug macht.

Wer in Australien den Cape York Track oder die Piste zu den Bungle Bungles befahren will, muss sich größenmäßig bescheiden. Auch Jupp und Katharina mit ihrem bulligen Allradtruck mussten am Cape York passen. Größer als ein VW-Synchro sollte das Offroad-Mobil für Australien nicht sein. Auch wer die beliebten Unimogs zum Wohnmobil ausbaut, sollte auf hohe Alkovenaufbauten verzichten. Wir persönlich hätten es allerdings in einem derart kleinen Mobil keine drei Jahre ausgehalten.

Unser Sperrdifferential musste übrigens einige Male in Aktion treten, als wir uns am Strand und auf weichen Wüstenpisten festgefahren hatten!

Wir würden auch aus heutiger Sicht sofort wieder dem Platz- und Komfortangebot eines "richtigen" Wohnmobils den Vorzug vor einem Offroadfahrzeug geben. Die von uns gewählte Kombination von Aufbau und Basis erwies sich als zuverlässig und stabil und steckte auch zahllose ungeteerte Straßen klaglos weg, wobei hässliche Wellblechpisten auch einem Allradfahrzeug zusetzen. Die von kleinen 4x4 Fahrzeugen geübte Praxis, mit ca. 80 km/h über das Wellblech hinwegzubrettern, ist mit einem Wohnmobil allenfalls bei langen, kurvenfreien Strecken ratsam. Wir haben stets jede Bodenwelle einzeln ausgekostet.

Aber auch wer keine ungeteerten Straßen fährt, tut gut daran, auf ausreichende Bodenfreiheit zu achten - selbst im Autoland USA sind an Auffahrten zu Tankstellen oder Supermarktparkplätzen sehr oft tiefe Straßensenken zu überwinden.

Zulassungsformalitäten

▷ Wer mit einem deutschen Kennzeichen Nordamerika, Neuseeland und Australien bereisen will, darf sein Fahrzeug offiziell nicht abmelden! Wir meldeten bei unserer Kfz-Versicherung den Vertrag als "ruhend" (massive Überzeugungsarbeit war allerdings nötig - notfalls Unterstützung vom ADAC einholen!), somit war während unserer Abwesenheit lediglich die Kfz-Steuer zu zahlen. Da bei einem Fahrzeug, das länger als ein Jahr durch Abmeldung stillgelegt ist, automatisch der Kfz-Brief verfällt, d.h. nach der Rückkehr eine komplett neue Zulassung mit Vollgutachten beim TÜV fällig wird, rechnet sich die Abmeldung aus finanziellen Gründen ohnehin nicht.

▷ Neben dem nationalen Führerschein ist der internationale in allen Ländern hilfreich. Achtung! Die Führerscheinklasse 3 ist im internationalen Führerschein auf 3,5 t begrenzt! Wer mit einem Wohnmobil unterwegs ist, das 3,5 t zulässiges Gesamtgewicht überschreitet, muss darauf achten, dass er den auf 7,5 t begrenzten Eintrag der Lkw-Klasse 2 erhält!

▷ Die internationale Zulassung ist nicht unbedingt Pflicht, aber hilfreich. Sie ist ein Jahr gültig und übersetzt die Daten des deutschen Kfz-Scheins.

▷ **USA**: Nachdem man die Auslieferungspapiere bei der Schifffahrtslinie bzw. beim Agenten abgeholt hat, ist der einzige bürokratische Akt das Ausfüllen einer *Temporary Non-Resident Importation*. Diese zeitlich begrenzte Einfuhr ist 12 Monate lang gültig, danach muss das Fahrzeug außer Landes gebracht werden. Da die USA zusammen mit Kanada und Mexiko einen Zollverbund bilden, ist das mitgebrachte Mobil also frühestens in Guatemala außer Landes! Pflicht ist außerdem der Abschluss einer Kfz-Haftpflichtversicherung (s.o.).

▷ **Neuseeland**: Neben den o.g. Papieren ist ein *Carnet de Passages* nötig. Mit diesem Zolldokument, das vom ADAC ausgestellt wird, darf das Fahrzeug 12 Monate lang unverzollt im Land gefahren werden. Außerdem empfiehlt es sich, gleich zu Hause passende Scheinwerfergläser für den Linksverkehr zu besorgen.

Mit den Verschiffungspapieren, die man normalerweise beim Agenten oder direkt bei der Schifffahrtslinie abholt, mussten wir zuerst zum Zoll, wo das Carnet de Passages abgestempelt wurde. Der Zoll nahm dabei unser Wohnmobil nicht persönlich in Augenschein.

Danach ist ein Termin mit der MAF (Ministerium für Agrikultur und Fischereiwesen) zu vereinbaren. Der zuständige Beamte kam zum Hafen und inspizierte unser Wohnmobil von außen und von innen. Da die Neuseeländer panische Angst vor eingeschleppten Sporen, Samen und anderen Kleinstlebewesen haben, muss das Fahrzeug sauber und frei von Erdresten sein. Im anderen Falle ist eine Heißdampfbehandlung fällig. Mit Vorliebe wird der Unterboden in den Radkästen und Falzen kontrolliert. Gelegentlich nehmen gründliche MAF-Beamte auch Schuhsohlen, Sportgeräte und Campingausrüstungen unter die Lupe. Außerdem dürfen keine offenen Lebensmittel, Obst, Gemüse und Samen eingeführt werden. Gewürze in Originalgläsern wurden nicht beanstandet.

Nachdem amtlicherseits bestätigt wurde, dass das eingeführte Gefährt keine Gefahr für Neuseelands Ökologie und Landwirtschaft darstellt, ist eine technische Überprüfung fällig. Sprich, das Auto muss zwecks *Warrant of Fitness* zur *Vehicle Testing Station.* Die Überprüfung ist durchaus mit unserem deutschen TÜV vergleichbar. Es gibt sogar einen richtigen Bremsenprüfstand.

Unsere Scheinwerfergläser, die im Linksverkehr zur falschen Seite strahlen, fanden vor den Augen der Prüfer keine Gnade. Wir bekamen eine Erlaubnis, das Fahrzeug zwei Tage lang bei Tageslicht zu benutzen, und konnten bei Mercedes in Auckland passende Gläser auftreiben. Nach überstandener Prozedur bekommt man einen Sticker an die Scheibe geklebt.

Bei der *Vehicle Testing Station* kann man auch die nötigen Zulassungsformalitäten erledigen. Das Fahrzeug wird registriert und bekommt einen weiteren Sticker an die Scheibe. Die zu entrichtende Gebühr deckt gleichzeitig durch das Fahrzeug entstandene Personenschäden ab.

Dieselfahrzeuge müssen zusätzlich eine Straßenbenutzungsgebühr *(Road User Charge)* bezahlen, die nach Kilometern berechnet wird. 5.000 km schlugen für ein Fahrzeug von unserer Größe mit ca. 120 NZ$ zu Buche. Der Kilometerstand, bis zu dem die Gebühr im Voraus bezahlt wurde, wird auf einen Sticker gedruckt und ebenfalls an die Scheibe geklebt. Weitere Kilometer kann man problemlos in jedem Postamt kaufen.

Bei uns wurde für die Straßenbenutzungsgebühr das Leergewicht von 3,2 t zu Grunde gelegt. Größere Kaliber müssen sich einen Kilometerzähler an die Hinterachse montieren lassen.

Wer sich in der Innenstadt einquartiert, kann übrigens sämtliche Formalitäten in Auckland bequem zu Fuß erledigen. Auch der Hafen ist in wenigen Minuten zu Fuß zu erreichen. Ein Mietauto ist überflüssig und hinderlich!

▷ **Australien**: Die Formalitäten können von Bundesstaat zu Bundesstaat verschieden sein. Wir ließen unser Wohnmobil in New South Wales zu. Das *Carnet de Passages* ist aber in allen Staaten zwingend vorgeschrieben. Und genau wie in Neuseeland muss auch in Australien das Fahrzeug von unten absolut sauber sein.

Nötig ist außerdem ein Schild am Heck mit der Aufschrift: *Left Hand Drive.* Die Buchstaben müssen 75 mm hoch sein. In Sydney gab es dieses Schild nicht zu kaufen. Wir mussten es extra anfertigen lassen. In West Australien ist das Schild beim Automobilclub erhältlich.

Von der ANZDL (inzwischen Hapag Lloyd s.o.) bekamen wir ein Merkblatt mit der genauen Vorgehensweise.

Nachdem uns die Schifffahrtslinie die genaue Ankunft des Schiffes mitgeteilt hatte, mussten wir beim Zoll und bei der Quarantänebehörde vor Ort Termine vereinbaren und im Voraus 80 AU$ berappen.

Der Zoll kam zum Hafen, überprüfte Kennzeichen und Fahrgestellnummer und stempelte unser Carnet de Passages. Danach erschien ein Beamter von der *Quarantine*. Er überprüfte äußerst pingelig den Unterboden, die Radkästen und fuhr mit dem Finger unter die Eintrittsstufen und Stoßstangen. Unser Auto war sauber - andernfalls wäre eine Heißdampfbehandlung fällig gewesen.

Anschließend benötigte das Fahrzeug den sogenannten *Blue Slip*. In einer autorisierten "Fachwerkstatt" wurde das Wohnmobil auf seine technische Sicherheit überprüft, d.h. die Funktion der Bremsen wurde mittels einiger Vollbremsungen auf Asphalt geprüft!

Mit dem *Blue Slip* mussten wir zur *RTA (Roads and Traffic Authority)*, wo wir ein *Permit to Operate an Unregistered Vehicle* beantragten. Dieses Permit enthält gleichzeitig den Green Slip, eine Haftpflichtversicherung, die allerdings nur Personenschäden abdeckt (1.059 AU$ bezogen auf das zulässige Gesamtgewicht von 4,6 t).

Es muss außerdem nachgewiesen werden, dass das Fahrzeug in Deutschland noch zugelassen ist! Mit sehr viel Überzeugungsarbeit muss gerechnet werden. Erst nach einem Anruf bei der Deutschen Botschaft glaubte man uns, dass wir andernfalls keinen Kfz-Schein hätten! Da wir ein Visum für 12 Monate hatten, davon jedoch drei Wochen bereits abgelaufen waren, erhielten wir das Permit für 11 Monate.

Mieten, verschiffen, vor Ort kaufen - was lohnt für wen?

Eine Auszeit mit Tausend Tagen im Wohnmobil um die Welt - ist ja wirklich toll - aber uns wäre das zu lang, wird vielleicht der eine oder andere Leser nach dieser Lektüre bemerken. Er möchte zwar gerne in die USA - aber eben nur für ein paar Monate oder maximal ein halbes Jahr. Oder aber er möchte dem europäischen Winter entfliehen und stattdessen den neuseeländischen Sommer genießen bzw. für einige Zeit nach Australien.

Ab wann lohnt eine Verschiffung?

▷ Es gibt Rechenmodelle, die belegen sollen, dass sich die Verschiffung des eigenen Wohnmobils in die **USA** bereits für einen sechswöchigen Urlaub lohnt. Wenn das Fahrzeug relativ klein und kompakt ist, mag die Kalkulation rein rechnerisch aufgehen, sinnvoll ist die Umsetzung dann, wenn sich die Route auf die Ostküste beschränkt, etwa vom kanadischen Halifax nach Florida.

Es ist aber zu bedenken, dass die Schiffe beileibe nicht immer pünktlich sind. Da an den Wochenenden nicht entladen wird bzw. keine Zollabfertigung möglich ist, kann unter Umständen wertvolle Urlaubszeit verstreichen und zusätzliche Kosten für Mietwagen, Motel und Restaurants machen eventuelle Einsparungen schnell wieder zunichte.

Außerdem muss das Mobil nach Bremerhaven oder Rotterdam gebracht und auch von dort wieder abgeholt werden - was allenfalls bei Nordlichtern nicht weiter ins Kalkül fällt.

Wer in knapp bemessener Zeit den touristisch weit interessanteren Westen besuchen und trotzdem nicht mieten will, sollte den Kauf eines Wohnmobils mit Rückkaufgarantie in Erwägung ziehen. Es handelt sich hierbei zumeist um Fahrzeuge, die ursprünglich aus der Vermietung stammen und aller Regel nach gut gewartet sind. Die Modalitäten lassen sich problemlos von zu Hause aus erledigen, sodass vor Ort keine wertvolle Urlaubszeit verstreicht. Adressen von Anbietern finden sich in den einschlägigen Reiseführern und Reisemagazinen.

Da das Wohnmobil aus Europa an der Ostküste ankommt, zwischen Appalachen und Rockies sich jedoch nur meilenweit uninteressante Mais- und Weizenfelder dehnen, lohnt der Aufwand der Verschiffung eigentlich erst ab einer Reisedauer von mindestens vier Monaten - sofern ein geeignetes Wohnmobil ohnehin vor der Haustür steht.

Auch der Kauf eines gebrauchten *Motorhomes* vor Ort auf eigene Faust lohnt erst ab dieser Zeitspanne, da sowohl die Suche nach einem geeigneten Wohnmobil als auch der Wiederverkauf mit Zeit verbunden sind. Da Amerika das Land der Wohnmobile schlechthin und eigentlich immer Saison ist, dürfte der Verlust beim Wiederverkauf mit Sicherheit deutlich unter den Verschiffungskosten liegen.

Die Versicherung sollte bereits in Deutschland abgeschlossen werden. Die genauen Daten des Fahrzeugs können nach erfolgtem Kauf nachgeliefert werden.

Was trotzdem für die Verschiffung des eigenen Fahrzeugs spricht, sind in jedem Falle die Treibstoffkosten. Während unseres Aufenthaltes lagen die Kosten für Benzin und Diesel umgerechnet bei ca. € 0,23 bis 0,25 pro Liter.

Die Amerikaner haben schon damals lautstark über den "teuren" Sprit gejammert. Mittlerweile explodiert auch im Autoland USA der Benzinpreis, US$ 3,20 pro Gallone (3,8 l), Kanada: Can$ 1,20 pro Liter. Amerikanische und kanadische Wohnmobile mit Dieselmotor werden zwar nach Deutschland exportiert, aus zweiter Hand sind Dieselmobile in akzeptabler Größe aber in Amerika so gut wie nicht zu bekommen.

Ein 8-m-Benzin-Mobil mit vielen *Horsepower* unter der Haube verbraucht in etwa 25 Liter, während sich das deutsche Dieselmobil mit sparsamen 10 bis 13 Litern zufriedengibt. Angesichts steigender Spritpreise ist zwar zu erwarten, dass amerikanische Wohnmobile zukünftig auf kompaktere Ausmaße schrumpfen werden, und auch so mancher Neuwagenkäufer die zusätzlichen fast 5.000 $ für eine Dieselmaschine nicht scheut, bis aber diese Mobile in den Gebrauchthandel kommen, dürfte noch einige Zeit dauern.

▷ Eine Verschiffung ausschließlich nach **Neuseeland** rechnet sich angesichts des kleinen Landes und der kurzen Saison nicht. Mittlerweile ist jedoch das Angebot an Wohnmobilen dort deutlich gestiegen, sodass es nicht allzu schwierig werden dürfte, im Frühsommer ein geeignetes Fahrzeug zu finden. Ob es sich allerdings im Herbst genauso problemlos wieder verkaufen lässt, sei dahingestellt. Leider ist es nicht möglich, ein in Neuseeland gekauftes Wohnmobil nach Australien zu verschiffen, um es dann dort nach Abschluss der Down-Under-Umrundung zu verkaufen - auch nicht umgekehrt - es sei denn, man wäre bereit, etwa 20.000 bis 25.000 AU$ bzw. NZ$, Einfuhrzoll zu bezahlen.

Wer jedoch Neuseeland in Verbindung mit Australien bereisen möchte, sollte die Verschiffung des eigenen Wohnmobils unbedingt in Erwägung ziehen. Falls dem interessierten Leser von irgendeiner Seite erklärt wird, dies sei aus Visa- oder Flugticketgründen nicht möglich, dann möge er bitte unbedingt mehr als nur eine Auskunft einholen, persönlich die Botschaften anrufen bzw. anschreiben und verschiedene Reisebüros aufsuchen. Wir trafen in Melbourne deutsche Reisende, die ihr Wohnmobil für viel Geld von Deutschland nach Australien verschifft hatten, dann das Wohnmobil teuer auf einem Campingplatz in Melbourne deponierten, um für drei Wochen von Melbourne nach Neuseeland zu fliegen, wo sie wiederum für viel Geld ein Mietmobil nahmen. Die Reise war übrigens von einem professionellen Agenten geplant worden!

▷ Die preiswerteste Möglichkeit, mit dem eigenen Wohnmobil nach Australien zu gelangen, ist nach wie vor der Landweg über Indien mit anschließender Containerverschiffung von Madras nach Fremantle. Voraussetzung ist allerdings, dass das Mobil kompakt genug für einen Open-Top-Container ist. Ausgiebige Informationen zur Containerverschiffung, insbesondere Größenangaben, finden sich in dem Buch *Fernreisen mit dem eigenen Fahrzeug*.

In Australien ist das Angebot an gebrauchten Wohnmobilen, die deutschen Ansprüchen genügen, ausgesprochen dürftig. Die wenigen Deutschen, die wir mit einem australischen Wohnmobil trafen, hatten für ca. 75.000 $ einen Winnebago auf Ford-Transit neu gekauft. Der Aussie-Winnebago ist jedoch in keiner Weise mit seinem US-Vetter zu vergleichen, geschweige denn mit europäischen Qualitätsmaßstäben zu messen. Die Eigner bemängelten insbesondere die fehlende Gasheizung. Es mag im ersten Moment paradox klingen, aber nirgendwo musste unsere Heizung so oft in Aktion treten wie in Australien.

Eine interessante Alternative zum Wohnmobil ist die in Australien gebräuchlichere Kombination von einem bulligen 4x4 Zugfahrzeug mit einem Wohnwagen. Leider sind diese meistens unisoliert und nur elektrisch über die Klimaanlage zu beheizen. Die Tracks nach Cape York lassen sich mit solch einem Gespann zwar nicht bezwingen, hingegen ist es durchaus möglich, bei Bedarf den Wohnanhänger auf einem Campingplatz abzustellen, um dann beispielsweise per Auto und Zelt die Piste zu den Bungle Bungles unter die Räder zu nehmen.

Für einen kürzeren Australienaufenthalt ist der Kauf mit Rückkaufgarantie eine gute Alternative. Angeboten wird in erster Linie ein kleines Wohnmobil auf der Basis eines Toyota Landcruiser. Das Gefährt ist zwar sehr eng und spartanisch, dafür aber ausgesprochen geländegängig. Allerdings stammen die Fahrzeuge zumeist aus der Vermietung und haben nicht selten eine stattliche Kilometerleistung auf dem Buckel. Die Afrika- und Australienversion des Landcruisers ist jedoch robust und technisch unkompliziert, weshalb sich auch der sprichwörtliche "Tankwart" damit auskennt. Weil der Toyota auch von Outbackfarmern bevorzugt wird, ist die Ersatzteilbeschaffung problemlos.

Buchtipps

Conrad Stein
<u>Rund Australien</u>
OutdoorHandbuch
Band 118
Der Weg ist das Ziel
Conrad Stein Verlag
304 Seiten
37 farbige und
89 s/w Abbildungen
17 Kartenskizzen und
eine farbige
Übersichtskarte
ISBN 978-3-89392-518-6

Reise-Infos von A bis Z
Von Sydney nach Cairns
Von Cairns nach Darwin
Von Darwin nach Adelaide
Von Adelaide nach Sydney
Fremdsprech
Lexika

Ingrid Stein
<u>USA: Route 66</u>
OutdoorHandbuch
Band 84
Der Weg ist das Ziel
Conrad Stein Verlag
118 Seiten
20 farbige und
9 s/w Abbildungen
22 Kartenskizzen
ISBN 978-3-89392-384-7

Geschichte der Route 66
Wissenswertes von A bis Z
Routenvorbereitungen
Beschreibung der
Route 66 von Chicago in
Illinois durch Missouri,
Kansas, Oklahoma, Texas,
New Mexico, Arizona nach
Los Angeles in Kalifornien
Alternativrouten

Buchtipp

Holger Weber &
Conrad Stein
Ratgeber rund ums Wohnmobil
OutdoorHandbuch
Band 24
Basiswissen für draußen
Conrad Stein Verlag
122 Seiten
ISBN 978-3-89392-024-7

- ▷ Das Wohnmobil
- ▷ Kaufen oder Mieten?
- ▷ Außenausstattung
- ▷ Innenausstattung
- ▷ Hilfe bei kleinen Pannen
- ▷ Zubehör
- ▷ Ausrüstung und Papiere
- ▷ Fahrtipps
- ▷ Winterbetrieb / Pflege
- ▷ Stellplatzwahl
- ▷ Bestimmungen
- ▷ Tipps und Tricks
- ▷ Anhang

Conrad Stein
Kanada:
Rocky Mountains Rundtour
OutdoorHandbuch Band 67
Der Weg ist das Ziel
Conrad Stein Verlag
ca. 300 Seiten
ca. 50 farbige Abbildungen
ca. 11 farbige Kartenskizzen
1 farbige Übersichtskarte
ISBN 978-3-86686-067-4

In Kandas Westen lässt sich in den National- und Provinzparks unberührte Natur noch hautnah erleben, wenn Sie auf Wanderungen, beim Angeln oder bei Touren mit dem Motorhome der faszinierenden Tier- und Pflanzenwelt begegnen. Dieses Buch beschreibt eine ca. 3-wöchige Rundtour mit Abstechern ins Okanagen-Valley und zur Hauptstadt von BC, Victoria auf Vancouver Island.

Bakteriell verunreinigtes Wasser ist weltweit Ursache Nr.1 für Darmerkrankungen

Nicht nur im fernen Ausland ist das Wasser aus den Hahn mit Vorsicht zu geniesen. Meist kommt es unaufbereitet aus einer Quelle oder Zisterne.

Auch bei uns kann das Trinkwasser, aus einem verunreinigten Tank in Caravan oder Reisemobil oder einer verunreinigten Trinkflasche viele Bakterien und Krankheitserreger enthalten.

Treffen Sie deshalb Vorsorge mit

MULTIMAN®

Hygiene- & PflegeProdukte

Trinkwasserhygiene im Urlaub und auf Reisen
Auf Silberbasis mit und ohne Chlor.
Wirkt gegen Bakterien, Viren Amöben und Giardien.

MULTIMAN® Peter Gelzhäuser GmbH · Postfach 1207 · D-82168 Puchheim · Fon: (+49) 089 800 718 35
Fax:(+49) 089 800 718 36 · info@multiman.de

www.multiman.de

Alle Bücher aus dem Conrad Stein Verlag

OutdoorHandbücher - Basiswissen für draußen

Band		€
1	Rafting	6,90
2	Mountainbiking	7,90
3	Knoten	6,90
4	Karte Kompass GPS	7,90
5	Essbare Wildpflanzen	7,90
6	Skiwandern	6,90
7	Wildniswandern	6,90
8	Kochen 1 aus Rucks. u. Packt.	7,90
9	Bergwandern	6,90
10	Solo im Kanu	6,90
11	Kanuwandern	7,90
12	Fotografieren	7,90
13	Wetter	6,90
14	Allein im Wald - Survival für Kinder	6,90
15	Wandern mit Kind	6,90
16	Sex-Vorb. Technik Varianten	6,90
20	Wüsten-Survival	7,90
21	Angeln	7,90
22	Leben in der Wildnis	7,90
24	Ratgeber rund ums Wohnmobil	7,90
25	Wale beobachten	7,90
30	Spuren & Fährten	6,90
31	Canyoning	7,90
34	Radwandern	7,90
35	Mushing - Hundeschlittenfahren	7,90
36	Gesund unterwegs	6,90
39	Erste Hilfe	7,90
45	Solotrekking	6,90
48	Für Frauen	6,90
58	Fahrtensegeln	7,90
65	Seekajak	6,90
68	Minimal Impact - Outdoor - naturverträglich	6,90
69	Abenteuer Teeniegruppe	6,90
70	Wintertrekking	6,90
72	Schnorcheln und Tauchen	6,90
73	Trekkingreiten	7,90
77	Wohnmobil in USA und Kanada	9,90
86	Regenwaldexpeditionen	7,90
94	Wattwandern	7,90
97	Urlaub auf dem Land	7,90
99	Kochen 2 - für Camper	6,90
100	Ausrüstung 1 - von Kopf bis Fuß	7,90
101	Ausrüstung 2 - für Camp und Küche	7,90
102	Ballonfahren	7,90
103	How to shit in the Woods	7,90
104	Globetrotten	7,90
106	Daumensprung und Jakobsstab	6,90
108	DocHoliday - Taschendoktor für Outdoorer, Traveller und Yachties	6,90
120	Trailfinder - Orientierung <u>ohne</u> Kompass und GPS	6,90
129	Kochen 3 - für Zeltlager & Freizeiten	7,90
131	Zeltlager und Jugendfreizeiten - Planung und Vorbereitung	7,90
138	Zeltlager und Jugendfreizeiten 2 Durchführung	7,90
143	Trekking mit Hund	9,90
148	Wenn Kinder fliegen	7,90
165	Fastenwandern	6,90
170	Höhlen - Praxistipps	7,90
176	Vulkane erleben	7,90
181	Kurzweilfibel	7,90
184	Trekking ultraleicht	9,90
197	Pilgern auf d. Jakobswegen	7,90
199	Basiswissen für Wildnisführer	9,90
203	Geocaching	7,90
210	Wale erforschen	9,90

OutdoorHandbücher - Der Weg ist das Ziel

Band		€	Band		€
17	Schweden: Sarek, Padjelanta, Abisco	12,90	71	Nordsp.: Jakobsweg-Küstenweg	14,90
18	Schweden: Kungsleden	12,90	74	Nordirland: Coastal Ulster Way	10,90
19	Kanada: Yukon - Kanu- und Floßtour	12,90	76	Pfälzerwald-Vogesen-Weg	9,90
23	Spanien: Jakobsweg	14,90	78	Polen: Pisa-Narew (Kanuroute)	9,90
26	Schottland: West Highland Way	12,90	79	Bolivien: Choro Trail	10,90
27	John Muir Trail (USA)	10,90	80	Peru: Inka Trail u. Region Cusco	12,90
28	Island: Trekking Klassiker	12,90	81	Chile: Torres del Paine Circuito	12,90
29	Kanada: West Coast Trail	9,90	82	Norwegen: Jotunheimen	12,90
32	Polen: Radtouren in Masuren	12,90	83	Neuseeland: Stewart Island	9,90
33	Trans-Alatau (GUS)	10,90	84	USA: Route 66	9,90
37	Kanada: Bowron Lakes	9,90	85	Finnland: Bärenrunde	9,90
38	Polen: Kanutouren in Masuren	12,90	87	F/CH/I: Montblanc-Rundweg - TMB	9,90
40	Trans-Korsika: GR 20	14,90	88	Griechenland: Trans-Kreta E4	12,90
41	Norwegen: Hardangervidda	12,90	89	Schweden: Skåneleden	9,90
42	Nepal: Annapurna	9,90	90	Mallorca: Serra de Tramuntana	9,90
43	Schottland: Speyside Way	14,90	91	Italien: Trans-Apennin	9,90
44	Tansania: Kilimanjaro	14,90	92	England: Themse-Ring	9,90
49	USA: Grand Canyon Trails	9,90	93	Spanien: Sierra Nevada	12,90
50	Kanada: Rocky Mount. Tageswand.	12,90	95	Norwegen: Nordkap-Route	12,90
51	Tasmanien: Overland Track	12,90	96	Polen: Czarna Hancza/Biebrza-Kanu	9,90
52	Neuseeland: Fiordland	10,90	98	Wales: Offa's Dyke Path	9,90
53	Irland: Shannon-Erne	12,90	107	F: GR 5 - Genfer See - Nizza	12,90
54	Südafrika: Drakensberge	10,90	109	Mecklenb. Seenplatte Kanurundtour	9,90
55	Spanien: Pyrenäenweg GR 11	12,90	112	Norwegen: Telemark-Kanal	9,90
56	Polen: Kanutouren in Pommern	12,90	113	Thüringen: Rennsteig	9,90
57	Kanada: Great Divide Trails	9,90	114	Alpen: Dreiländerweg (CH/A/I)	9,90
59	Kanada: Wood Buffalo NP (Kanu)	9,90	115	Tschechien: Freundschaftsweg	12,90
60	Kanada: Chilkoot Trail	9,90	116	Spanien: Jakobsweg - Vía de la Plata	14,90
61	Kanada: Rocky Mountains-Radt.	10,90	117	Schweiz: Jakobsweg	12,90
62	Irland: Kerry Way	12,90	118	Rund Australien	14,90
63	Schweden: Dalsland-Kanal	12,90	119	Schwäb. Alb: Hauptwanderweg	12,90
64	England: Pennine Way	12,90	121	Italien: Dolomiten-Rundweg	9,90
66	Alaska Highway	12,90	122	D/CH: Schwarzwald-Jura-Weg	9,90
67	Kanada: Rocky Mountains Rundtour	16,90	127	Uganda: Ruwenzori	14,90

Band		€
128	Frankreich: Jakobsweg GR 65	14,90
132	Dem Kommissar auf der Spur	12,90
133	NRW: Natur und KulTour (per Rad)	12,90
134	Mecklenburg- Vorpommern per Rad	9,90
135	Rund Schleswig - Holstein per Rad	9,90
136	Schweiz: Matterhorn - Tour du Cervin	9,90
137	Grönland: Arctic Circle Trail	12,90
139	Belgien: Jakobsweg - Via Mosana	9,90
140	Italien: Alpiner Wanderweg Friaul	12,90
141	Nordspanien: Jakobsweg Alternativr.	12,90
142	D: Jakobsweg Tillyschanz-Konstanz	9,90
144	Kanada: East Coast Trail	9,90
145	Dänemark: Bornholm z. Fuß u.p. Rad	9,90
146	Tschechien: Isergebirge	12,90
147	NRW: Jakobsweg	12,90
149	Nordsp.: Jakobsweg durch den Tunnel v. San Adrián	9,90
150	England: Cleveland Way	9,90
151	Kirgistan: Trekking im Tienschan	12,90
152	Nepal: Langtang, Gosainkund u. Helambu	12,90
154	Deutschland: Rothaarsteig	9,90
155	Deutschland: Jakobweg Aschaffenburg - Freiburg	9,90
156	Südafrika: Wild Coast Trail	12,90
157	Österreich: Jakobsweg	14,90
159	Sächsische Schweiz: Trekkingtour	9,90
160	BB: Wochenendtouren rund um Berlin	9,90
161	Italien: Ligurischer Höhenweg	12,90
162	Frankr.: Jakobsweg - Via Tolosana	12,90
163	Harz: Hexenstieg	9,90
164	Teutoburger Wald: Hermannsweg	9,90
166	Frankreich: Jakobsweg Via Lemovicensis	12,90
167	NL: Nordseeküstenradweg	12,90
168	Bulgarien: Rila- u. Piringebirge	12,90
169	Dänemark: Nordseeküstenradweg	9,90
171	Türkei: Lykischer Weg	9,90
172	Skandinavien: Nordkalottleden	12,90
173	Russland: Flusskreuzfahrt	14,90
174	England: Hadrian's Wall Path	9,90
175	Schweiz: Bärentrek	9,90
177	Frankreich: Wandern im Vercors	9,90
178	Mit dem Rad von Hamburg durch d. südliche Schleswig-Holstein	9,90
179	Dänemark: Ostseeküstenradweg	9,90
180	Deutschland: Nordseeküstenradweg	12,90
183	Österreich: Bregenzerwald	9,90
185	Portugal/Spanien: Jakobsweg Caminho Português	14,90
186	Italien: Franziskaner Wanderweg	9,90
187	Jakobsweg: München - Bregenz	12,90
188	Jakobsweg: Augsburg - Bregenz	12,90
189	BB: Pilgerweg Berlin - Wilsnack	9,90
190	Schottland: Central Highlands & Cairngorms National Park	12,90
192	Rund um Island	14,90
194	Deutschland Frankreich: Jakobsweg Trier - Vézalay	14,90
195	I: Sentiero Italia Trans Sardinien	14,90
196	Kenia: Mount Kenya	14,90
200	S-H: Wikinger-Friesen-Weg	9,90
201	Schweiz Italien: Via Francigena	14,90
202	Hessen: Kellerwaldsteig	9,90
212	Kanarische Inseln: Wanderungen auf La Gomera	16,90
218	NRW: 5 am Tag-Marathonroute in Welver	9,90

OutdoorHandbücher - Fernweh-Schmöker

Band		€	Band		€
46	Blockhüttentagebuch	12,90	126	Kilimanjaro-Lesebuch	7,90
47	Floßfahrt nach Alaska	10,90	130	1.000 Tage Wohnmobil	14,90
75	Auf nach Down Under	7,90	153	Jakobsweg - Lesebuch	7,90
105	Südsee-Trauminsel	9,90	158	Inselfieber	9,90
110	Huskygesang-Hundeschlittenfahrt	7,90	182	Als Frau allein auf der Via de la Plata	7,90
111	Liebe - Schnaps - Tod	7,90	193	Weites Grünes Land	8,90
123	Pacific Crest Trail	9,90	205	Als Frau allein durch Afrika	16,90
124	Zwei Greenhorns in Alaska	6,90			
125	Auf dem Weg zu Jakob	9,90			

ReiseHandbücher

Antarktis	24,90	Rumänien	14,90
Grönland	14,90	Schweiz	18,90
Iran	22,90	Sibirien	22,90
Kiel	12,90	Spitzbergen-Handbuch	22,90
Kiel von oben - Luftbildband	9,90	Tansania Sansibar	22,90
Kurs Nord	24,90		

Fremdsprech

Band		€	Band		€
1	Oh, dieses Dänisch	4,90	6	Oh, dieses Russisch	4,90
2	Oh, dieses Schwedisch	4,90	7	Oh, dieses Norwegisch	4,90
3	Oh, dieses Spanisch	4,90	8	Oh, dieses Niederländisch	4,90
4	Oh, dieses Englisch	4,90	9	Oh, dieses Chinesisch	4,90
5	Oh, dieses Französisch	4,90	10	Oh, dieses Österreichisch	4,90

☺ Weitere Bücher in Vorbereitung.
Fordern Sie unseren aktuellen Verlagsprospekt an:

Conrad Stein Verlag GmbH
☎ 02384/963912 FAX 963913
www.conrad-stein-verlag.de
info@conrad-stein-verlag.de